PERGUNTE A PLATÃO

LOU MARINOFF

PERGUNTE A PLATÃO

TERAPIA PARA QUEM NÃO PRECISA DE TERAPIA
OU COMO A FILOSOFIA PODE MUDAR SUA VIDA

Tradução de
MARIA BEATRIZ DE MEDINA

14ª edição

EDITORA RECORD
RIO DE JANEIRO • SÃO PAULO
2024

CIP-Brasil. Catalogação na fonte
Sindicato Nacional dos Editores de Livros, RJ.

M293p Marinoff, Lou
14ª ed. Pergunte a Platão / Lou Marinoff; tradução Maria Beatriz de Medina. – 14ª ed. – Rio de Janeiro: Record, 2024.

Tradução de: The big question: how philosophy can change your life
Apêndices
Inclui bibliografia
ISBN 978-85-01-06453-0

1. Aconselhamento filosófico. 2. Práxis (Filosofia). I. Título.

04-2727
CDD – 100
CDU – 1

Título original em inglês:
THE BIG QUESTIONS
HOW PHILOSOPHY CAN CHANGE YOUR LIFE

Copyright © 2003 by Lou Marinoff

Ilustração de capa: César Lobo

Todos os direitos reservados. Proibida a reprodução, armazenamento ou transmissão de partes deste livro, através de quaisquer meios, sem prévia autorização por escrito.

Direitos exclusivos de publicação em língua portuguesa para o Brasil adquiridos pela
EDITORA RECORD LTDA.
Rua Argentina 171 – Rio de Janeiro, RJ – 20921-380 – Tel.: (21) 2585-2000, que se reserva a propriedade literária desta tradução.

Impresso no Brasil

ISBN 978-85-01-06453-0

Seja um leitor preferencial Record.
Cadastre-se em www.record.com.br e receba informações sobre nossos lançamentos e nossas promoções.

EDITORA AFILIADA

Atendimento e venda direta ao leitor:
sac@record.com.br

Aos que ousam questionar —
e especialmente aos que ousam questionar um filósofo.

OITO MANEIRAS DE MUDAR SUA VIDA COM A FILOSOFIA

Cura
Vã é a palavra do filósofo que não cura o sofrimento do homem. Pois assim como nada se ganha na medicina quando ela não expulsa as doenças do corpo, nada se ganha na filosofia quando ela não expulsa o sofrimento da mente.

Epicuro

Florescimento
Depois de entender como as vidas humanas estão enfermas, um filósofo digno do nome, como um médico digno do nome, passará a tentar curá-las. A grande razão da pesquisa médica é a cura. Do mesmo modo, a grande razão da filosofia é o florescimento humano.

Martha Nussbaum

Realização
Na imensurável extensão do tempo, vê-se que a vida se move para a frente e para cima, dos infusórios ao homem, e não se pode negar que infinitas possibilidades de maior perfeição ainda aguardam a humanidade.

Thomas Mann

Emancipação
A vida está cheia de um potencial verdadeiramente incompreensível (...) na maioria dos casos, nossas ditas limitações nada mais são que nossa própria decisão de nos limitarmos.

Daisaku Ikeda

Despertar
O que está atrás de nós e o que está à nossa frente são coisa pouca, comparado ao que está dentro de nós.

Ralph Waldo Emerson

Gerenciamento
A filosofia recupera-se quando deixa de ser um mecanismo para lidar com os problemas dos filósofos e torna-se um método, cultivado por filósofos, para lidar com os problemas dos homens.

John Dewey

Purificação
Todos os fenômenos da existência têm a mente como seu antecedente, a mente como seu líder supremo e da mente são feitos. Quando alguém fala ou age com a mente pura, a felicidade o segue como a sombra que nunca o abandona.

Gautama Buda

Ser
Não temas a vida. Acredita que vale a pena vivê-la e tua crença ajudará a criar o fato.

William James

SUMÁRIO

Agradecimentos   11

Parte I

1. Doença ou mal-estar?   17

Parte II

2. Como saber o que é certo?   43
3. Você é guiado pela razão ou pela paixão?   77
4. Quando é ofendido, você sofre algum dano?   111
5. É preciso sofrer?   145
6. O que é o amor?   179
7. Não podemos simplesmente conviver?   217
8. Alguém pode vencer a "guerra dos sexos"?   255
9. Quem manda aqui: nós ou as máquinas?   291
10. Você é um ser espiritual?   325
11. Como lidar com as mudanças?   357

Parte III

12. Como construir sua casa filosófica   391

Parte IV Recursos adicionais

Apêndice 1. Parada de sucesso das idéias   413
Apêndice 2. Entidades de prática filosófica   453
Apêndice 3. Lista de orientadores filosóficos
            aprovados pela APPA   459
Apêndice 4. Outras leituras   473

AGRADECIMENTOS

MUITOS AMIGOS, COLEGAS e consócios, assim como alguns membros da família, ajudaram a conceber, gestar e dar à luz este livro. Não é possível agradecer a todos pelo nome, mas quero mencionar alguns.

Obrigado à minha mãe, Rosaline Tafler, estóica residente da nossa família, por todos os seus conselhos e encorajamento; e aos três Marinoff mais jovens — Sarah, James e Julian — por serem quem são.

Obrigado a vários amigos que me agüentaram durante mais de trinta anos, como Bernard de los Cobos, Moshe Denburg, Michael Godfrey, Keith MacLellan e Mark Seal, por seus conselhos e encorajamento.

Obrigado a Tim Duggan, Kristin Ventry e outros da Harper-Collins USA por levarem *Mais Platão, menos Prozac* a leitores do mundo inteiro e abrir caminho para este livro.

Obrigado a muitos amigos e colegas da American Philosophical Practitioners Association, como Richard Dance, Wilfried ver Eecke, Vaughana Feary, Pierre Grimes, Michael Grosso, George Hole, Chris Johns, J. Michael Russell, Paul Sharkey e Michelle Walsh, entre outros, por seus conselhos, sua lealdade e sua amizade. Um agradecimento especial aos amigos e colegas europeus, como Ida Jongsma, Anders Lindseth, Anti Matilla e Henrik Nyback, por sua colaboração no exterior.

Obrigado a muitos outros amigos da prática filosófica, como Julian Baggini, Paul Bennett, Paul del Duca, Jan e Robert Dilenschneider, Jennifer Farrell, David Feldman, Christina Garidis, Thor Henrikson, Merle Hoffman, Sebastiaan Jansen, Robert Kennedy, Tova Krentzman, Katie Layman, Andrew Light, Liv Marinoff, Tan Chin Nam, Len Oakes, Ron Perowne, Christian Perring, Tanis Salant, Allen Sessoms, Liz Sheean, Jeremy Stangroom, Jennifer Stark, Rose e Arthur Sturcke e Masao Yokota, entre outros, que deram todo tipo de conselho e encorajamento.

Obrigado a Jeet Khemka por suas idéias, a Daisaku Ikeda por sua avaliação e a Paulo Coelho e Elie Wiesel por sua inspiração.

Obrigado aos defensores inflexíveis das liberdades civis na educação superior dos Estados Unidos, como Steven Hudspeth, David Koepsell, Alan Kors e David Seidemann, por lembrar aos esquecidos que até os filósofos gozam da proteção da Constituição.

Obrigado ao Programa de Pós-Graduação do City College de Nova York por me conceder uma licença das funções letivas durante este ano.

Obrigado a Kathleen e Andrew Lawrence pelo uso de sua fascinante morada no Lago Walton, onde foi escrita a maior parte deste livro. Sua casa encantadora ainda é visitada pelo espírito do construtor — o grande e falecido George M. Cohan. Retransmito suas lembranças à Broadway.

Obrigado aos profissionais cujos casos citei: Vaughana Feary, Anders Holt, Alex Howard, Ida Jongsma, Kenneth Kipnis, Christopher McCullough, Martha Nussbaum e Emmy van Deurzen. Obrigado também aos profissionais que apresentaram casos que não pudemos incluir, devido às costumeiras restrições.

Obrigado aos muitos clientes da prática filosófica — pessoas, grupos e entidades igualmente — com os quais aprendemos mais do que eles imaginam sobre as aplicações da filosofia, mesmo quando os ajudamos a aplicá-la sozinhos. Os nomes, ocupações e outros detalhes dos clientes aqui citados foram alterados para proteger sua anonimidade, mas seus problemas são reais, assim como os benefícios que obtiveram com a filosofia.

Por último, e de modo algum de somenos importância, obrigado aos que colaboraram mais intimamente comigo neste livro: Joelle Delbourgo, que (como em *Mais Platão, menos Prozac*) ajudou a dar forma à visão aqui exposta; Colleen Kapklein, que (como em *Mais Platão, menos Prozac*) ajudou a deixar sua mensagem acessível a todos; Jenny Meyer, por tornar tudo mais fácil; Santiago del Rey, das Ediciones B, por seu apoio; e Colin Dickerman, Karen Rinaldi, Alan Wherry e toda a equipe da Bloomsbury USA por revisá-lo e publicá-lo.

Assumo toda a responsabilidade pelas idéias e opiniões expressas neste livro. Meus amigos, colegas e consócios não partilham necessariamente de todas as minhas opiniões nem necessariamente se opõem a elas — e vice-versa. Reconhecer a humanidade do outro é respeitar sua independência de pensamento.

LOU MARINOFF
Monroe, NY
Dezembro de 2002

Parte I

I
DOENÇA OU MAL-ESTAR?

> É próprio da natureza do Homem ser inquisitivo das causas dos eventos que vê, alguns mais, outros menos; mas todos os homens o são, de modo a serem curiosos na busca das causas de sua própria boa e má fortuna.
>
> Thomas Hobbes

> O importante é não parar de questionar.
>
> Albert Einstein

QUE GRANDES QUESTÕES lhe inspiraram ou vão lhe inspirar perguntas hoje? Em todos os estágios da vida, fazemos perguntas importantes sobre nós e os outros, nossos problemas e os de todo mundo, o mundo inteiro e o universo ainda maior, o significado e o objetivo de nossa existência. Indagamos sobre o passado, o presente e o futuro. Investigamos todos os assuntos concebíveis. Os seres humanos querem e precisam entender o sentido do que acontece — ou não — a curto prazo e em prazo mais longo. Nossa capacidade de indagar é nosso meio principal para isso. Todo mundo faz ainda mais perguntas em épocas de dificuldades e tribulações; quanto mais difícil a situação, mais abrangentes as questões. Mas, ironicamente, às vezes as respostas que buscamos com mais urgência são as mais difíceis de encontrar.

É aí que a filosofia pode ajudar. E com "filosofia" não quero dizer apenas o estudo por si só de idéias abstratas. Isso é muito bom para acadêmicos profissionais, que apreciam o debate da teoria pela teoria e nele se destacam. Mas a filosofia também pode ser proveitosa para as pessoas comuns com a aplicação de idéias úteis a seus problemas concretos na vida. Quando ouviu falar pela primeira vez em aconselhamento filosófico, um filósofo americano que trabalhava na Ásia disse: "Isso se parece com bom senso em grau mais adiantado." Estava corretíssimo. É de supor que você já tenha um bom senso elementar, e por isso está lendo este livro. Agora, está pronto para um estudo um pouco mais adiantado.

Os filósofos são indagadores incansáveis. Questionamos tudo o que existe sob o sol. Não pressupomos nada. Sempre digo aos meus alunos de filosofia que não existem perguntas tolas — mas, naturalmente, quem sair perguntando vai acabar recebendo algumas respostas tolas! No entanto, há uma verdadeira arte de perguntar com eficácia, e obter respostas certas depende, freqüentemente, de fazer as perguntas certas. Se você precisa abordar ou resolver uma Grande Questão em sua vida, este livro vai ajudá-lo a aproveitar as grandes idéias dos principais indagadores filosóficos da antigüidade à atualidade. Vai lhe mostrar como a filosofia pode mudar sua vida, transformando seu mal-estar em bem-estar. Não só na teoria, mas na prática. Todos os capítulos contêm casos que ilustram como os orientadores filosóficos ajudam seus clientes a atacar suas Grandes Questões. E todos os capítulos terminam com exercícios filosóficos que você pode fazer para também se ajudar.

Minha seleção de Grandes Questões baseou-se em problemas importantes que vejo as pessoas enfrentarem e que afrontam as pessoas todos os dias, e sobre os quais costumo orientar os clientes de minha prática filosófica. Este capítulo apresenta a abordagem filosófica do aconselhamento. Na parte II, cada Grande Questão tem seu próprio capítulo: Como saber o que é certo? Você é guiado pela razão ou pela paixão? Quando é ofendido, você sofre algum dano? É preciso sofrer? O que é o amor? Não podemos simplesmente conviver? Alguém pode vencer a "guerra dos sexos"? Quem manda aqui: nós ou as máquinas? Você é um ser espiritual? Como lidar com as mudanças? A Parte III dá conselhos para a construção de sua filosofia de vida. A Parte IV contém recursos adicionais, como uma "parada de sucesso" dos filósofos e uma listagem de orientadores filosóficos.

Antes que a filosofia possa ajudá-lo a mudar sua vida, você precisa perguntar-se sobre uma Grande Questão básica: está sofrendo de alguma doença ou de um mal-estar? O objetivo deste capítulo é ajudá-lo a perceber a diferença.

O QUE É NORMAL?

> Antigamente, quando a religião era forte e a ciência fraca, os homens confundiam medicina com mágica; hoje, quando a ciência é forte e a religião fraca, os homens confundem mágica com medicina.
>
> Thomas Szasz

A arte e a ciência médica dedicam-se a manter a saúde, sarar as feridas e curar as doenças. O que é doença? Em geral, é uma coisa que afeta o corpo de forma a atrapalhar ou impedir seu funcionamento normal. A maioria dos leigos pode rabiscar uma lista de doenças que sofreram na infância, como sarampo, caxumba e catapora — sem falar de resfriados comuns. Os adultos podem ser vítimas de todo um catálogo de doenças e a maioria de nós conhece alguém que lutou contra o câncer, problemas cardíacos ou o mal de Alzheimer, entre muitas possibilidades. Estamos todos destinados a morrer de alguma coisa e, com muita freqüência, esta "alguma coisa" é uma doença ou alguma complicação dela advinda.

Ainda assim, devemos considerar que a definição de "funcionamento normal" baseia-se, em parte, em normas sociais, além de biológicas. Por exemplo, se você sofre regularmente de alucinações, ou seja, se vê e ouve coisas que ninguém mais ouve nem vê, pode ser chamado de "psicótico" e diagnosticado com uma doença psiquiátrica. Mas, novamente, se vê coisas que ninguém mais vê e transforma-as em filmes, ou ouve coisas que ninguém mais ouve e transforma-as em sinfonias, é possível que seja um diretor de cinema ou um compositor erudito. Se consegue domar sua mente selvagem de modo a criar beleza ou clareza sem igual, pode ganhar um Prêmio Nobel, como John Nash. Mas, outra vez, se tivesse alucinações noutro ambiente social, podia ser uma viagem psicodélica normal durante a década de 1960 ou o trabalho normal do pajé de sua tribo.

Uma das morais desta história é: mesmo as "doenças" democraticamente eleitas do chamado tipo mental podem ser consideradas normais caso as circunstâncias sociais sejam propícias. Mas esta moral é uma rua de mão dupla. Se as circunstâncias sociais forem propícias, muitos problemas que de jeito nenhum são doenças podem ser "diagnosticados" como se fossem. E isso pode lhe trazer grandes problemas.

Por exemplo: se você condenasse a antiga União Soviética morando lá, podia ser internado num hospital psiquiátrico em vez de ir para uma prisão política. Por quê? Porque a antiga União Soviética foi declarada pelo Partido um "paraíso dos trabalhadores". É óbvio que quem faz objeções a viver no paraíso está maluco. Isso é bastante lógico, mas chamar o inferno ou o purgatório de "paraíso" todos os dias, em massa, não faz com que se transformem nisso. Também é claro que se pode abusar da prática médica como meio de controle social ou político.

Outro exemplo: no final do século XIX, todos os candidatos a empregos públicos no Estado de Nova York (entre outros lugares dos Estados Unidos e do Reino Unido) tinham de se submeter a exames frenológicos. A frenologia era ostensivamente uma "ciência" que detectava as características da personalidade das pessoas pela localização de várias protuberâncias do crânio. Uma protuberância atrás da orelha esquerda significava, supostamente, que o candidato era corajoso; atrás da orelha direita, egoísta. Dúzias de traços de caráter foram assim "mapeados" nas protuberâncias de todo o crânio. Mas acontece que a frenologia era uma ciência completamente falsa e ainda bem que sua capacidade de exercer controle político e social teve vida curta.

Vejamos outro exemplo: suponhamos que você passou por uma má experiência de vida que lhe causou profunda impressão. Talvez tenha sido assaltado, surrado ou estuprado. Talvez tenha sofrido um grave acidente de carro, ou sido atacado por um animal perigoso, ou participado de combates ou alguma outra situação ameaçadora. Se ainda é incomodado pelo passado, pode ser "diagnosticado" como portador de TEPT, ou Transtorno do Estresse Pós-Traumático. Parece impressionante, não é? O que significa exatamente? Significa que você é incomodado pelo passado. Ou seja, você é incomodado por suas lembranças do passado, seus sentimentos a respeito, suas perguntas sobre ele e seu desejo de entendê-lo para se autopreservar. Desde quando lembranças se tornam uma doença a ser diagnosticada por médicos e alguns psicólogos? É essa a melhor explicação que conseguem conceber? Desculpem, mas os filósofos podem fazer igual ou melhor! Todos têm lembranças ruins, assim como boas, mas precisam de explicações melhores, e não piores, de seu significado.

O TEPT é uma doença real? Ou é meramente um mal-estar? É classificado como "doença" pelo DSM (Manual de Diagnóstico e Estatística) da Associação Psiquiátrica Americana. Assim que algum mal-estar é votado para ser incluído no DSM como "doença", os psiquiatras e psicólogos clínicos podem "diagnosticá-lo". Sim, as "doenças" do DSM são democraticamente eleitas! Cada vez mais o gerenciamento dos custos da assistência médica exige que os terapeutas da palavra façam "diagnósticos", senão as seguradoras de saúde não os reembolsam por seus serviços. Assim, é bom que encontrem alguma "doença", se querem ganhar a vida. O TEPT é uma doença útil. Cobre um grande terreno: todo o seu passado. Quanto mais velho se fica, mais coisas podem ter dado errado na vida.

Todo mundo tem um passado e quase todo mundo lamenta ter feito ou não certas coisas, e quase todo mundo consegue recordar coisas agradáveis e desagradáveis que lhe aconteceram. Como orientador filosófico, eu diria que quem se sente incomodado com o passado tem algum mal-estar, mas não necessariamente uma doença. Tratar a doença como se fosse um mal-estar é um tipo de erro; tratar o mal-estar como se fosse doença é outro. Como saber a diferença? Assim como a arte do bem viver, nem sempre é fácil.

É seu o ônus de pensar por si mesmo e descobrir o tipo certo de auxílio para a sua situação. O melhor tratamento é o tratamento adequado. Pergunte. Procure um médico e certifique-se de estar clinicamente bem. Procure um psiquiatra, um psicólogo, um psicoterapeuta, um assistente social ou um orientador filosófico e peça também suas opiniões profissionais. Enquanto isso, visite sua avó e seu guru local. Mande pôr as cartas do tarô. Mas lembre-se: assim como você deveria ser considerado inocente até que provassem sua culpa em questões criminais, também deveria ser considerado estável, funcional e saudável até que provassem sua instabilidade, disfunção ou insanidade em questões civis, ou seja, na conduta pessoal e profissional da sua vida. Mas a suposição de inocência e a de sanidade foram desgastadíssimas nos últimos anos por forças políticas, sociais e comerciais que trabalharam arduamente para minar suas liberdades fundamentais. Isso torna mais difícil conseguir imparcialidade no tribunal, assim como uma opinião isenta de profissionais de "saúde mental" sobre seu mal-estar.

Por exemplo: há algum tipo de coisa acontecendo em sua vida? Tem de se levantar e ir trabalhar toda manhã? Tem reuniões marcadas, apresentações a fazer, prazos a cumprir? Está se preparando para provas finais, entrevistas de emprego ou um encontro? Está passando por uma transição difícil, como um divórcio ou mudança de carreira? Está criando uma criança ou adolescente que venha passando por uma transição difícil? Tem evitado um confronto iminente com o cônjuge, um colega ou o chefe?

Ainda tenta entender o terrorismo? Se algum desses cenários lhe traz alguma preocupação, então supõe-se que você tenha uma "doença". Chama-se Transtorno da Ansiedade Social Generalizada (TASG) e o principal medicamento para "tratá-lo" é o Paxil [antidepressivo cloridrato de paroxetina, vendido no Brasil como Aropax]. Este medicamento, que exige receita médica, vem sendo amplamente anunciado nos EUA, no horário nobre, como panacéia para a chamada "doença" de ter preocupações na vida! O que isto nos diz sobre a suposição de sanidade? Diz que, se você sofre de algum mal-estar, seja qual for, tem uma doença chamada TASG. Em outras palavras, supõem que você seja instável, desajustado ou coisa pior. Quem supõe? As empresas farmacêuticas, que pretendem ganhar muito dinheiro convencendo você de que seu mal-estar é uma doença. Isso não é ciência; é comércio. E no comércio, acautelem-se os compradores.

Como orientador filosófico, eu diria que preocupar-se com os acontecimentos importantes da vida é perfeitamente natural. Atletas e artistas costumam sofrer de "comichões" no estômago antes do início do jogo ou do espetáculo. E isso é bom sinal: significa que estão envolvidos no processo e preparam-se para fazer o melhor. Se não sentissem nada antes, significaria que nem se importam. Quando suas "comichões" ficam fortes demais e se transformam em "angústia da apresentação" — outro mal-estar que não é doença — atletas e artistas têm várias opções à disposição. Betabloqueadores, hipnoterapia, psicoterapia, meditação, ioga, *biofeedback* e outras técnicas de relaxamento são opções viáveis. Qual delas é melhor depende do caso.

E o que é melhor para seu mal-estar específico também depende de você. Assim, se lhe basta ser "diagnosticado" pelo Dr. TV, então ótimo, e melhor ainda para a indústria farmacêutica. Mas se você realmente se preocupa com sua vida, está fadado a sofrer de algum mal-estar ao prever acontecimentos importantes e preparar-se para eles. Isso não é uma doença; é uma oportunidade! A fraude toda se baseia em sua confusão: se soubesse a diferença entre mal-estar e doença, não precisaria de remédios para tratar dos desafios normais da vida. Então do que você precisa? De uma filosofia de vida! E este livro vai ajudá-lo a desenvolvê-la, ou a articular aquela que já desenvolveu. A vida não é uma doença. E suas dificuldades e tribulações, que às vezes provocam mal-estar, também não são sintomas de doença.

Não me entenda mal. A pesquisa médica, financiada pelas empresas farmacêuticas, desenvolveu alguns potentes medicamentos "milagrosos" para curar ou controlar doenças de verdade. A natureza, mestra dos bioquímicos e farmacêuticos, também criou medicamentos espantosos com o mesmo objetivo, muitos dos quais ficarão desconhecidos até que transformemos selvas e florestas em estacionamentos. Há quem realmente se beneficie com fórmulas sintéticas como Prozac ou Aropax, assim como outros se beneficiam com ervas naturais. Mas quando a química do seu cérebro se estabilizar e você estiver funcionando bem, ainda vai precisar de uma filosofia de vida para lidar com todos os mal-estares que está fadado a enfrentar. Felizmente, ainda pode obter orientação filosófica "sem receita médica".

Assim, por favor, pense com cuidado sobre a diferença entre doença e mal-estar. Se acha mesmo que sofre de uma doença clínica, dê um jeito de obter ajuda médica adequada: exames, diagnóstico e tratamento. Mas se sofre de um mal-estar, que é um desconforto na consciência e não uma disfunção do corpo, procure ajuda adequada para isso também. Examine seu modo de pensar e de viver. Dê um jeito de entender a sua situação e aplique os princípios que melhor o guiarão nesta travessia. Isso se chama "filosofia aplicada". O nome que Aristóteles dava a isso era *phronesis*, ou sabedoria prática.

Nem sempre é possível mudar as circunstâncias da vida, mas sempre se pode mudar a maneira como as interpretamos. A maneira como você interpreta estas circunstâncias é nada mais nada menos que sua filosofia de vida! Eis minha pergunta: sua filosofia de vida funciona a seu favor, contra você ou não funciona? Se já funciona, ótimo; mas você pode fazê-la funcionar ainda melhor. Se funciona contra você, não é tão bom assim; mas ainda se pode fazer com que passe a funcionar a seu favor. Se não funciona, é uma perda de tempo; mas é possível consertá-la e fazê-la funcionar.

PSIQUIATRIA, PSICOLOGIA E FILOSOFIA

> O médico cura, a Natureza faz bem.
>
> Aristóteles

Todas essas três disciplinas lançam uma luz importante sobre a condição humana interior, mas fazem-no a partir de pontos de vista muito diferentes. Cada uma delas tem algo único a oferecer em termos de ajudar o ser humano e, dependendo de sua doença ou mal-estar, qualquer uma delas pode ser a fonte mais adequada de ajuda em cada ocasião. Reitero que cabe a quem procura ajuda (você) descobrir quem vai ajudá-lo melhor. Às vezes é óbvio. Por exemplo, se tem dor de dentes, procure um dentista. No entanto, os mal-estares da vida nem sempre são tão óbvios. Se sofre de algum mal-estar, como saber se quem vai ajudá-lo melhor é um psiquiatra, um psicólogo ou um filósofo — ou, aliás, um astrólogo, um aromaterapeuta ou um guia de viagens astrais? Às vezes, simplesmente não se sabe com antecedência quem é melhor consultar sobre uma dada questão e, assim, é preciso ir por tentativa e erro. Em termos filosóficos, isso faz de você um *empirista*: precisa aprender uma lição importante pela experimentação e pela experiência. Se encontra alguma disciplina cujas idéias condutoras o ajudam, é provável que ponha a mão no fogo por ela e recomende-a aos amigos. Em termos filosóficos, isso faz de você um *pragmático*: convence-se de alguma coisa porque funciona na prática.

Certos tipos de problema são passíveis de tratamento num único ambiente limitado. Por exemplo, um dentista e sua enfermeira podem cuidar daquela dor de dentes enquanto você fica sentado numa cadeira confortável e suporta um pouco de desconforto físico. Outros tipos de problema podem exigir a intervenção cooperativa de muitos profissionais. Por exemplo, se você está passando por um divórcio complicado que envolve uma batalha sobre a custódia dos filhos além de uma disputa de patrimônio, pode precisar da ajuda de um advogado, um contador, um psicólogo infantil, um psicoterapeuta, um psiquiatra, um mediador, um pastor e um filósofo — além de seu melhor amigo. E pode ter de suportar bastante desconforto emocional.

Mas se só precisa conversar com alguém sobre as circunstâncias de sua vida para conseguir entendê-las ou para discernir seu significado, propósito e valor, então um filósofo pode ser a pessoa certa para ajudá-lo. No mundo antigo e no decorrer da história, havia filósofos à disposição para servirem de guias nos mal-estares da vida; mas no mundo moderno eles se tornam cada vez menos disponíveis, mais inacessíveis ou menos preocupados com estes problemas. Só que muita gente sente falta do tipo de conselho que os filósofos podem dar e da variedade de pontos de vista que podem oferecer. Assim, nas últimas décadas a prática filosófica teve um renascimento extraordinário. Os filósofos ressurgiram como orientadores de clientes individuais, facilitadores de grupos e consultores de empresas e entidades. Alguns de nós também estão treinando filósofos para que se tornem orientadores, de modo a complementar os papéis acadêmicos que desempenham como professores e estudiosos. (Para mais informações sobre como encontrar ou tornar-se um filósofo profissional, veja os dados no fim do livro.)

Mas não estamos tentando substituir ou suplantar a psiquiatria ou a psicologia. Estamos simplesmente devolvendo a filosofia ao seu devido lugar, em parceria com outras profissões que prestam ajuda. Muito menos estamos tentando subverter a filosofia acadêmica (ou seja, "teórica"); pelo contrário, os filósofos profissionais de maior fama obtiveram seus diplomas em cursos tradicionais de filosofia, antes de serem treinados como orientadores.

As pessoas devem conhecer-se clinicamente para preservar a saúde física — inclusive o funcionamento adequado da química do cérebro. Para isso, é necessário consultar médicos, tais como psiquiatras. Do mesmo modo, as pessoas precisam conhecer-se psicologicamente para manter o bem-estar emocional. Para o crescimento pessoal é necessário compreender as forças que condicionam e influenciam a personalidade, os hábitos, os gostos, os desgostos, as ambições, as aversões e tudo o mais. Há muitos tipos de psicólogo para ajudar neste processo. Mas que fazer quando alguém é clinicamente estável, emocionalmente contido, mas ainda assim sofre de mal-estar causado por alguma questão candente? Este livro aconselha-o a abordar o problema em termos filosóficos: oferece-lhe a terapia para gente saudável. Aprimorar seu ponto de vista pode transformar o mal-estar em bem-estar. Entender de modo filosófico as circunstâncias da vida é como encontrar o olho do furacão: fica-se num estado calmo e tranqüilo, ainda que muita coisa possa rodopiar à sua volta.

Isso tem dupla ação. Um mal-estar, quando não se transforma em bem-estar, pode acabar se transformando em doença. É muito mais fácil tratar um mal-estar com boas idéias antes que ele cresça, vire doença e precise de tratamento médico. Um estado persistente de mal-estar pode influenciar ou estragar os pensamentos, as palavras e os atos e afetar também, negativamente, o bem-estar emocional e físico. Um dilema moral não resolvido, uma injustiça não sanada ou um objetivo não atingido são todos fontes de mal-estar; se não forem examinados filosoficamente podem, com toda certeza, manifestar-se como problemas psicológicos e até clínicos mais adiante.

Em determinado caso, pode ser visível que alguém precisa da ajuda específica de um psiquiatra, um psicólogo ou um filósofo. Novamente, às vezes mais de um profissional pode ser capaz de dar uma força. Um determinado caso pode ficar numa área indefinida no meio dessas profissões; então também cabe ao paciente ou cliente (você) descobrir, de forma empírica e pragmática, o tipo de ajuda mais adequado. Cada disciplina tem suas próprias áreas de interesse especial e também interesses que se sobrepõem aos das outras. E há uma área central comum a todas. O que os melhores orientadores psiquiátricos, psicológicos e filosóficos têm em comum é a capacidade de dialogar eficazmente com seus pacientes ou clientes — e vice-versa — sobre questões de significado, propósito e valor na experiência de vida.

CRENÇAS SOBRE CRENÇAS

> A maior descoberta de minha geração é que os seres humanos podem alterar sua vida alterando suas atitudes.
>
> William James

Os filósofos interessam-se profundamente pelos sistemas de crenças. Muitos filósofos, de Platão a William James, notaram o papel fundamental de nossas crenças — para o bem ou para o mal — em nosso dia-a-dia. Hobbes observou que o mundo humano é governado pela opinião. As opiniões são apenas crenças prematuras sobre questões que atraem nossa atenção imediata. O exame filosófico de um sistema de crenças envolve tentar compreender não só em que as pessoas acreditam mas também como passaram a acreditar naquilo, que razões têm para acreditar no que acreditam, como suas crenças afetam seu modo de viver e até que ponto suas crenças são fonte de bem-estar, de mal-estar ou de doença.

Uma coisa espantosa nas crenças humanas é que não importa em que alguém venha a acreditar; sempre é possível encontrar alguém que acredita no contrário ou em algo incompatível. Isso pode levar a ações humanas que também são contraditórias ou incompatíveis. Por exemplo, Nero, imperador romano pagão, mandou matar cruelmente quem acreditasse no cristianismo. Alguns séculos depois, a Inquisição mandou matar cruelmente quem não acreditasse em sua versão de cristianismo. Nunca saberemos se Nero e os inquisidores estavam insanos ou meramente iludidos.

Durante a Guerra Revolucionária Americana, os signatários da Declaração de Independência foram considerados heróis nas treze colônias da América do Norte, mas traidores pela Coroa britânica. Se fossem presos, os Fundadores dos Estados Unidos seriam enforcados por traição. Eram esses signatários suicidas? De forma alguma. Eram homens corajosos, que só agiram depois de muito exame de consciência e debate público e que aplicaram profundos princípios filosóficos enquanto agiam.

Para usar um exemplo mais recente e arrepiante: a maioria dos norte-americanos, europeus e asiáticos acredita que os dezenove árabes que seqüestraram quatro aviões em 11 de setembro de 2001 eram terroristas que cometeram crimes hediondos contra a humanidade e uma afronta à civilização. Algumas pessoas do mundo islâmico acreditam que eram mártires, heróis e guerreiros.

Embora este livro se dedique a ajudá-lo a efetuar pacificamente uma mudança pessoal, veremos, no capítulo 4, que examinar ou mudar sua filosofia pode efetivar, sem guerra nem violência, até mesmo mudanças políticas, novamente por meios filosóficos.

Enquanto isso, esses exemplos extremos ou violentos ilustram não só o papel fundamental das crenças que governam a conduta na vida mas também como as crenças sobre as crenças dos outros governam de forma fundamental a conduta na vida. Compreender tudo isso é uma tarefa filosófica. Compreender como as crenças e as crenças sobre crenças podem tornar melhor ou pior a vida humana também é uma tarefa filosófica.

Caso isso o leve a acreditar que sou um relativista moral, deixe-me corrigir imediatamente sua crença sobre minhas crenças. Um relativista moral acredita que o bem, o certo e o justo são relativos às crenças das pessoas. Em outras palavras, um relativista moral acredita não só que os cristãos que Nero lançou aos leões estavam justificados em sua fé e seu martírio como também que Nero estava justificado ao martirizá-los. Os relativistas morais acreditam que foi uma grande tragédia tantos civis inocentes morrerem nos aviões seqüestrados e na destruição do World Trade Center, mas também acreditam que os seqüestradores eram guerreiros justificados por travar sua *jihad* segundo suas regras. A disseminação do relativismo moral e seu infeliz patrocínio político por centros de instrução superior europeus e norte-americanos causaram muita confusão no mundo ocidental durante o último terço do século XX. Privados de uma bússola moral, entre outras ferramentas filosóficas necessárias para examinar e compreender os sistemas de crenças, milhões de pessoas acham difícil ou impossível determinar um contexto para os acontecimentos atuais, não importa quão horríveis eles sejam. Com freqüência isso acrescenta escárnio à tragédia.

Registre-se: não sou um relativista moral. Acredito que as pessoas devem ter a liberdade de acreditar em seu próprio deus ou deuses e venerá-los a seu próprio modo, mas que tal liberdade *nunca* traz consigo a liberdade de prejudicar ou matar outros que acreditem em outra coisa. Portanto, tolero as crenças dos outros, contanto que não sejam intolerantes. Assim, sinto empatia pelos primeiros mártires cristãos, que morreram por sua fé mas não tentaram matar outros por isso, e deploro Nero, a Inquisição e todos os terroristas, por serem assassinos intolerantes. Minha condenação não tem nada a ver com paganismo, cristianismo ou islamismo; tem a ver com o mal premeditado, que sempre aumenta e nunca reduz o sofrimento no mundo. Segundo meus padrões, é, portanto, errado. E isso não é relativismo.

Como filósofo, conheço muitas maneiras de defender ou atacar, reforçar ou subverter qualquer crença ou sistema de crenças. Podem-se encontrar filósofos que defenderão todo e qualquer ponto de vista, não importa quão sagazes ou absurdos; e antigamente treinávamos defensores (na época chamados "sofistas", hoje "advogados") para fazer isso como meio de vida. Como orientador filosófico profissional, estou interessado no que meus clientes acreditam. Afinal, se suas crenças fazem com que sintam mal-estar e se lhes falta orientação filosófica para lidar construtivamente com este mesmo mal-estar, estão fadados a sofrer sem necessidade e, talvez, espalhar seu mal-estar destrutivamente entre outras pessoas, como algum contágio virulento da mente. Acredito com firmeza que algumas crenças provocam mais mal-estar que outras e que algumas são mais prejudiciais que outras. Isso também não é relativismo moral. (Direi mais sobre a moralidade no capítulo 2 e sobre o sofrimento no capítulo 5.) Há muitas maneiras de causar dano a si e aos outros, e causar dano é mau. Isso é absoluto. Há também muitos modos de ajudar a si e aos outros, e ajudar é bom. Isso também é absoluto. Se vai preferir ajudar a si mesmo e aos outros, cabe a você decidir.

Isso é relativo.

O QUE NOS FAZ PENSAR?

> A felicidade da vida depende da qualidade de nossos pensamentos.
>
> Marco Aurélio

Agora, voltemos a você: o que o faz pensar? Como muitas perguntas importantes, essa é enganosamente simples. Ainda assim, é uma Grande Questão e ponto de partida da nossa jornada. Se vamos pensar sobre como entrar ou sair de alguma coisa, precisamos primeiro saber exatamente o que é pensar e como isso nos acontece. Já que esta pergunta não tem uma resposta única e definitiva, vamos explorar diversas respostas possíveis e comparar o que aprendemos.

Alguns neurocientistas contemporâneos podem supor que estamos perdendo tempo com uma questão estúpida, porque é óbvio (para eles) que é nosso cérebro que nos faz pensar. Tem conversado com alguém sem cabeça ultimamente? Ou teve alguma conversa fascinante com alguém que teve o infortúnio de sofrer de morte cerebral? É claro que não. Deste ponto de vista, o cérebro nos faz pensar, e isso basta. Assim que entendermos o cérebro, entenderemos o pensamento. Ou assim dizem.

Mas pare por um momento e pense sobre o pensar, e veja exatamente o que entende por pensamento. De que cor é um pensamento? Que forma tem? Qual seu comprimento? Qual é a massa de um pensamento? Quando pesa um pensamento na Lua? Quanto tempo leva para pensar? Os pensamentos não são como as outras coisas; suas propriedades são muito diferentes.

E os pensamentos que chamamos de lembranças? Quando você pensa em episódios da infância ou em pessoas que conheceu, como essas lembranças ficam guardadas? Se são estados eletroquímicos do cérebro, como se mantêm? Se são moleculares, como são renovadas? Como você acessa esses dados sempre que quer e, quando envelhece, por que não consegue acessar tudo quando quer? E por que, no fim da vida, as lembranças mais antigas voltam com tanta clareza?

Já que ninguém tem respostas a essas perguntas, não é muito satisfatório concluir que o cérebro nos faz pensar. É como dizer: "Nossas pernas nos fazem andar" ou "O motor faz o carro funcionar". Embora seja óbvio que pessoas sem pernas que funcionem não andam e que carros sem motores que funcionem não vão a lugar algum, assim como corpos sem cérebros que funcionem nada pensam, é coisa bem outra explicar o que são os motores (o que podemos fazer, já que os inventamos) ou o que é o cérebro (o que não podemos, já que estamos apenas começando a entender como funciona).

Estou olhando duas fotografias coloridas de um cérebro (imagens de ressonância magnética) publicadas num número recente da revista *Newsweek*. Uma delas mostra um cérebro "normalmente consciente"; o outro, o cérebro de um budista em meditação profunda (*samádi*). As duas imagens mostram que áreas cerebrais diferentes "iluminam-se" de maneira correspondente aos diferentes estados do cérebro, influenciados por estados diferentes da mente. Isso dificilmente surpreenderia. Se você decidir derreter seu cartão de crédito de tanto fazer compras na Quinta Avenida, sem dúvida vai ativar alguns conjuntos de circuitos cerebrais no processo. Se, por outro lado, decidir derreter seus apegos às coisas mundanas pela prática da meditação, sem dúvida ativará outros conjuntos de circuitos cerebrais. É interessante tirar fotografias desses estados cerebrais. Mas, como nos lembrou o filósofo Alfred Korzybski, "um mapa não é o território". Os estados cerebrais são efeitos de causas e essas causas são noéticas — quer dizer, pertencem à mente. Alguém decidiu comprar ou decidiu meditar, e este alguém é diferente do comprador ou do meditador e diferente do cérebro do comprador ou do cérebro do meditador. Este "alguém" pode até ser uma ficção! Este alguém pode ser ninguém, ou uma parte de todo mundo.

Uma fotografia do cérebro não é uma fotografia da mente nem da consciência. Não há fotografia da mente porque a mente não é uma coisa física. Não podemos tirar fotografias de volições, intenções, atitudes, crenças, apegos, desapegos, concepções, significados, imagens de si mesmo, alegrias ou tristezas, possivelmente porque essas coisas se originam na mente e só se espelham no cérebro. Mesmo que a mente nasça do cérebro, as mentes têm propriedades que independem dos cérebros. É a sua vontade — ou seja, a focalização de sua consciência — que determina, em parte, o seu estado cerebral. Mostrar a fotografia de um cérebro iluminado de determinada forma e afirmar que isso "explica" o *samádi* é como mostrar uma fotografia de uma árvore enfeitada de determinado jeito e afirmar que isso "explica" o Natal.

Assim, o que faz você pensar não é o seu cérebro; mais do que isso, é a sua consciência. As mentes são fontes locais de consciência. O pensamento é a irradiação da mente. Como as formas físicas de energia radiante, o pensamento tem propriedades como amplitude, freqüência, intensidade. Diversamente das formas físicas de energia radiante, o pensamento também tem propriedades como apego, sentimento, discernimento.

Em suma, sua consciência é a fonte que lhe permite pensar e também consome muito alimento mental. Ingere todo tipo de ração, algumas mais tóxicas que outras: intenções, volições, revelações, preconceitos, razões, paixões. Se quer pensar com clareza, é preciso nutrir sua mente com o alimento mais saudável possível. Este alimento é a filosofia: pensamento de primeira, ao contrário de pensamento estragado.

Sua vida é um veículo. Seu cérebro é o motor do veículo. Se o motor funciona direito (e se todos os outros sistemas estão bem), o veículo pode se mover. Depois vêm outras Grandes Questões: Para onde irá? Depressa ou devagar? Por qual caminho? Quantas paradas fará? Quem mais vai com você? Para que essas questões tenham significado, precisamos de um motorista. Este motorista é a sua mente. Sem mente, o veículo sem motorista de sua vida não vai a lugar nenhum. Mas com sua mente ao volante, o veículo pode levá-lo numa viagem maravilhosa. Em termos literais e figurativos, é a viagem de uma vida.

O QUE O FAZ PENSAR QUE HÁ ALGO ERRADO?

> Ninguém, enquanto se desloca pelas correntes da vida, está livre de problemas.
>
> Carl Jung

Há apenas duas coisas que podem fazê-lo pensar que há algo errado: doença ou mal-estar. E aí reside uma enorme diferença.

Se seu estado de saúde física é estragado por alguma doença, digamos, uma infecção bacteriana ou um problema cardíaco, você pode ter sintomas desconfortáveis. Potencialmente, isso é bom: os sintomas estão lhe avisando que há algo errado. Se pode fazer alguma coisa para curar a doença, então, em retrospecto, os sintomas ajudaram-no a sobreviver. Esse tipo de desconforto pode salvar vidas. Você preferiria o conforto perpétuo? Compare o cenário do sintoma desconfortável com uma pessoa aparentemente saudável que, sem aviso, cai morta de repente por um infarto ou derrame. Eu prefiro o aviso do desconforto, obrigado, e aposto que você também. A moral filosófica desta história é que a dor e o desconforto não são sempre e necessariamente coisas ruins.

E o prazer não é, sempre e necessariamente, uma coisa boa. As dores são boas quando nos avisam de que há alguma coisa errada que exige atenção, como uma dor de dentes ou uma crise de apendicite. Do mesmo modo, os prazeres são ruins quando deixam de nos avisar que há algo errado que exige atenção, como, por exemplo, no vício em narcóticos. Embora injetar heroína seja supostamente muito prazeroso, causam-se danos terríveis para obter o dinheiro para comprar a droga e o próprio estilo de vida de um viciado não é lá muito agradável. Do mesmo modo, embora o sexo seja claramente prazeroso, através dele podem-se contrair ou disseminar doenças fatais, como o HIV.

De qualquer modo, se você tem uma doença que traz consigo um conjunto de sintomas, vai começar a achar que há algo errado porque vai se sentir diferente do normal, seja como for que você se sente normalmente. Esta é uma situação interna.

O mal-estar é uma coisa inteiramente diferente. Por um lado, sua origem é externa. Os cinco sentidos dos quais somos normalmente dotados podem, cada um deles, provocar mal-estar trazendo à atenção de nossa mente um ou outro estímulo que consideramos perturbador.

Vamos usar como exemplo alguma coisa trazida à mente pelo que você vê. Para os que enxergam, a visão é o sentido mais poderoso e, assim, o que vemos pode nos causar o maior mal-estar. Suponhamos que você esteja caminhando pela rua e, de repente, veja alguma coisa que não costuma ver em seu bairro — talvez um casal homossexual de mãos dadas, um mendigo esperando para lhe pedir um trocado ou um jovem de cabelo azul e *piercings* espalhados pelo corpo.

Essas pessoas não representam perigo nem ameaça pessoal a você, mas vê-las pode lhe causar mal-estar. Por quê? Sobretudo porque as imagens que está captando se chocam com alguma noção preconcebida sua sobre heterossexualidade, prosperidade ou moda. Na verdade, só há três maneiras de lidar com seu mal-estar. Em primeiro lugar você pode tentar remover essas pessoas do seu bairro e, portanto, de sua linha de visão. Sem dúvida isso vai lhe criar novos problemas, sendo que um dos mais importantes é violar os direitos delas. Em segundo lugar, você pode tentar convencê-los a ser mais parecidos com você: heterossexuais, trabalhadores e sem *piercings*. Isso pode ser um grande desperdício de seu tempo. Em terceiro lugar, você pode se perguntar exatamente quais as crenças que fazem esses estímulos visuais lhe causarem mal-estar. Já que essas pessoas que vê não o prejudicam, seria mais fácil e melhor você modificar seus preconceitos para aceitar a homossexualidade, a mendicância e os *piercings*, em vez de tentar modificar os homossexuais, os mendigos e os que usam *piercings* corroborando seus preconceitos.

O mesmo se aplica a todos os outros sentidos: audição, olfato, paladar e tato. Desde que o estímulo não cause danos, seu mal-estar resulta, principalmente, de seus conceitos anteriores sobre o estímulo. Se quer banir o mal-estar e sentir conforto, deve banir os preconceitos. Os exercícios filosóficos deste livro vão ajudá-lo. É mais fácil falar do que fazer, mas com certeza é melhor fazer do que não fazer.

Encontramos milhares de prazeres e dores em nossa jornada na vida — bem-estar, mal-estar e doença. Embora a maioria das pessoas consiga sempre encontrar algo errado em sua vida e embora todos acabem morrendo de uma ou outra disfunção orgânica, a norma da vida propriamente dita é o bem-estar, não a doença. Use os sinais recebidos de que alguma coisa está errada para corrigi-la. Mascarar os sintomas sem corrigir o problema subjacente que anunciam seria um desastre. Devemos ser gratos por esses sinais, apesar do desconforto. Então estaremos livres para nos regozijar pelo bem-estar.

O QUE O FAZ PENSAR QUE HÁ ALGO ERRADO COM VOCÊ?

> As pessoas não são perturbadas pelas coisas, mas pelas visões que têm das coisas.
>
> Epicteto

Agora que conhecemos as duas únicas boas razões para supor que há algo errado (doença e mal-estar), o próximo passo é saber quando há algo errado com você. Doença e mal-estar podem dar origem a dois tipos de aviso: dor e sofrimento, respectivamente.

Nem todas as doenças lhe causam dor imediata e, assim, a detecção precoce é, obviamente, sua melhor opção. Muita gente é ótima para "desdenhar" o que parece ser um pequeno desconforto físico. Muitas vezes, gente ocupada e bem-sucedida é muito negligente neste aspecto, em parte porque o sucesso às vezes dá uma falsa sensação de invulnerabilidade e em parte porque suas agendas cheias não aceitam a doença com facilidade.

Se seu corpo sente alguma dor incomum, deve haver algo errado com você — talvez uma doença. Isso é claro. Mas se você está sentindo sofrimento? Isso nasce tanto do mal-estar quanto da doença. Há algo errado em seu ambiente ou num relacionamento que esteja causando seu mal-estar? Está sofrendo porque alguém o faz sofrer ou porque você mesmo se faz sofrer? Supondo que nada esteja lhe causando dano, esta é uma dicotomia falsa. Você pode culpar os outros por seu mal-estar, mas seu sofrimento é só seu. Eis uma boa notícia: se é seu, você pode deixar de tê-lo.

Temos de ter cuidado ao falar de sofrimento em oposição à dor. Às vezes, o sofrimento é reflexo de um problema físico. Por exemplo, é claro que pessoas cronicamente deprimidas estão sofrendo por sua depressão, que pode ser causada por um problema químico do cérebro e, assim, não pode ser alterada apenas por um ato de vontade. Neste caso, o sofrimento será aliviado com um medicamento. Este tipo de sofrimento equivale a uma "dor no cérebro" — tem origem realmente física. O cérebro propriamente dito não dói e, assim, uma doença do cérebro pode traduzir-se em sofrimento da mente. Mais uma vez, algumas dores aparentes são na verdade criações da mente. O exemplo clássico é a chamada "dor fantasma" de amputados que afirmam sentir dor nos membros que lhes faltam. Se sua perna direita dói mas não existe mais, não pode haver nada de errado em sua perna.

Assim, nossa principal tarefa é entender os tipos de sofrimento criados pelas crenças, preconceitos e hábitos da própria pessoa e que, portanto, podem ser aliviados pela modificação das crenças, pelo descarte dos preconceitos e pela alteração dos hábitos. Isso se constitui em prática filosófica.

Todo sofrimento indica que há algo mentalmente errado com você? De forma alguma! O sofrimento, embora não seja necessário nem bom em si mesmo, pode ser um grande professor, um meio para um fim melhor. (O capítulo 5 revelará algumas de suas lições.) Por favor, não me entenda mal. Não estou afirmando que você deva buscar o sofrimento para superá-lo; isso não faz sentido. Os californianos costumam chamar isso de síndrome do "bata-a-cabeça-na-parede-porque-é-muito-bom-quando-a-gente-pára". Mas se já está sofrendo e busca compreender as verdadeiras causas de seu sofrimento, talvez descubra que você mesmo é a verdadeira causa. Se for este o caso, e para muita gente é, então você escolhe sofrer, e assim tem o poder de reduzir ou eliminar o sofrimento escolhendo não sofrer.

Assim, eis uma Grande Questão para quem sofre: está sofrendo porque há algo errado com você, como numa doença? Ou porque age errado consigo mesmo, como no mal-estar? Há uma imensa indústria por aí, sustentada por pensamentos curtos e bolsos profundos, cuja missão é convencê-lo de que sofre somente e sobretudo porque há algo errado com você. Para contrabalançar, há uma pequena indústria filosófica crescendo pelo mundo, sustentada por bolsos curtos e pensamentos profundos, cuja missão é convencê-lo de que você sofre somente e sobretudo porque está agindo errado consigo mesmo.

Assim, se está disposto a atacar filosoficamente algumas Grandes Questões, continue lendo. Se precisa tomar Prozac ou Aropax antes, vá em frente. As Grandes Questões continuarão a existir. Se precisa de alguns anos de psicoterapia ou algumas décadas de psicanálise antes de filosofar por um dia, tudo bem. Contanto que tenha tempo. As Grandes Questões estarão à sua espera. A vida está sempre disposta a mudá-lo. Quando você estará disposto a mudar sua vida?

Parte II

2
COMO SABER O QUE É CERTO?

> No mundo do conhecimento, a última coisa a ser percebida, e com muita dificuldade, é a Forma Essencial do Bem (...) Sem ter uma visão desta Forma ninguém pode agir com sabedoria, seja na própria vida, seja em questões de Estado.
>
> Platão

> Se você não gosta dos meus princípios, arranjo outros.
>
> Groucho Marx

EMBORA OS QUE BUSCAM orientação na filosofia tenham circunstâncias muito diferentes em sua vida pessoal, sua carreira e suas aspirações, muitos compartilham a mesma questão. Qual a grande preocupação que pessoas de tantos e tão variados caminhos na vida podem ter em comum? Vou lhe contar: querem saber o que é bom, fazer o que é certo, servir ao que é justo. Essas metas elevadas são bastante fáceis de enunciar, mas podem ser difíceis de atingir. Assim, muitas vezes me vejo sentado à frente de alguém que luta para fazer "a coisa certa". Um cliente me perguntou, por exemplo, qual *o jeito certo* de lidar com vizinhos barulhentos que perturbam sua paz. Outro queria saber *o jeito ético* de lidar com um divórcio complicado. Ora, foi bom terem procurado um orientador filosófico, porque a maioria deles já alimentava uma falsa concepção básica: supunham que há um conceito único de certo com o qual todos concordam — e, para piorar, que um orientador filosófico poderia dizer-lhes qual é.

Infelizmente, embora verdadeiro, a ética não é como a matemática. Equações algébricas simples (como $x + 2 = 3$) têm soluções únicas. Só há uma resposta correta, fácil de encontrar, e infinitas respostas erradas, que podemos rejeitar. A ética parece-se mais com a álgebra de duas variáveis, com equações como $x + y = 3$. Aqui encontramos infinitas soluções corretas, com interdependência entre x e y. Não faz sentido perguntar "Qual é o valor correto de x?", a menos que se especifique primeiro o valor de y. Do mesmo modo, quem pensa "O que é certo fazer?" precisa especificar alguma coisa sobre sua própria intuição moral ou sua teoria ética fundamental. Aí teremos um contexto personalizado — o seu contexto — para examinar o "certo".

Em teoria, há inúmeros modos de pensar sobre o bem, o certo e o justo. Na prática, uma alternativa pode ser mais viável do que outras, mas tem de fazer sentido para você, harmonizar-se com a sua intuição e experiência e funcionar em seu caso específico. Já que não há como avaliar adequadamente todas as teorias num só capítulo, sequer num livro inteiro, vou começar com dez maneiras de decidir o que é certo. Às vezes você pode ter de optar entre fazer a coisa certa pelas razões erradas e fazer a coisa errada pelas razões certas. Mas no final terá de assumir sua própria postura. Depois de examinarmos essas dez teorias, vamos observar alguns casos reais e ver quais delas foram utilizadas.

DEZ MANEIRAS DE SER BOM, CERTO E JUSTO

Para ajudá-lo a entender como essas maneiras de determinar o que é "certo" funcionam na prática, vou aplicar cada uma delas a um caso que suponho que você conheça bem: a lenda de Robin Hood. Para lhe refrescar a memória, quando o bom rei Ricardo Coração-de-Leão partiu para a Cruzada, seu irmão cruel, o príncipe João, usurpou o trono e colocou no poder seus amigos despóticos, inclusive o xerife de Nottingham. O xerife oprimia o povo local e cobrava impostos extorsivos. Assim, Robin Hood e seu alegre bando se esconderam na Floresta de Sherwood, num tipo de "guerrilha" contra o regime opressor do xerife, roubando dos ricos e dando aos pobres, como diz a lenda. E tudo pela causa da justiça.

Assim, vamos nos perguntar: Robin estava certo quando roubava? Eis como responder — de dez maneiras diferentes, segundo dez diferentes sistemas éticos. Observação: esta não é uma classificação, é apenas uma listagem. Assim, não há nada de especial em sua ordem.

Deontologia. Esta palavra vem do grego *deon*, ligado à noção de dever. Na prática, significa seguir as regras da moralidade. As próprias regras são predefinidas como "boas". Segui-las, portanto, é "certo". Se a maioria segui-las, a sociedade será "justa". Em contextos religiosos, um desses conjuntos de regras são os Dez Mandamentos, muito usados por judeus e cristãos. Em contextos religiosos e seculares, outro conjunto desses são os Oito Caminhos, muito usado pelos budistas. Em contextos seculares, alguns filósofos seguem uma regra de Kant conhecida como "imperativo categórico".

Todos esses conjuntos de regras condenam o roubo. O Oitavo Mandamento de Moisés é: "Não roubarás". O quarto dos Oito Caminhos de Buda diz (entre outras coisas): "Evita roubar e abstém-te do roubo". Kant nos diz para só fazer o que desejaríamos que todos fizessem o tempo todo. Como não queremos uma população de ladrões em tempo integral, nós mesmos não deveríamos roubar. Assim, segundo essas deontologias, entre outras, Robin Hood está errado ao roubar. É bem simples.

Contudo, como todos os sistemas éticos, a deontologia tem seus próprios pontos fortes e fracos. Seu principal ponto forte é a afirmação clara de regras morais. Quando as pessoas estão em dúvida sobre o que é certo ou errado, têm as regras para consultar. Seu principal ponto fraco, contudo, é a incapacidade de resolver as exceções às regras. Não se dá a Robin nenhuma folga, ainda que ele esteja bem-intencionado e dê o produto do roubo aos pobres.

A natureza preto no branco das deontologias não admite com facilidade os inevitáveis tons de cinza. Por exemplo, a maioria delas tem uma regra que diz, mais ou menos, "Não matarás". Normalmente, entendemos que isto significa que não devemos matar nossos irmãos humanos só porque nos dão nos nervos. Mas há muitas exceções possíveis a esta regra, sem concordância universal a respeito. É certo matar outros animais para comer? É certo matar em defesa própria? É certo matar assassinos condenados? É certo matar o inimigo durante a guerra? É certo matar fetos no útero? É certo matar-se a si mesmo? Não só não há concordância sobre o que constitui uma exceção tolerável como as pessoas chegam a matar-se em brigas sobre as exceções. Em outras palavras, assassinam para não matar!

Confesso que simplifiquei demais o modo como a deontologia trataria Robin Hood. Embora declarem que o ato de roubar é errado, algumas deontologias também levariam em conta os motivos de Robin e suas ações subseqüentes (dar aos pobres). Alguns sistemas de justiça penal têm conjuntos de regras que fazem exatamente este tipo de distinção moral. Nos Estados Unidos, se Robin roubasse e colocasse o dinheiro em sua conta bancária na Suíça receberia uma pena mais pesada do que se roubasse e doasse o dinheiro a instituições de caridade. As intenções podem mitigar a punição, mas não exoneram a má ação. Os atos de furto ou roubo ainda estarão errados. Assim, embora a deontologia ofereça diretrizes morais fortíssimas, deixa muito terreno à discussão das exceções às regras.

> Aja somente segundo aquela máxima [isto é, regra] que você possa, ao mesmo tempo, querer que se torne uma lei universal.
>
> Immanuel Kant

Teleologia. Esta também vem de uma palavra grega, *telos*, que significa "propósito" ou "fim". A teleologia (ou o conseqüencialismo, como é muitas vezes chamada) afirma que nenhum ato é certo ou errado em si mesmo, mas que sua correção ou erro depende de quão boas ou más sejam suas conseqüências. Em outras palavras, se obtiver um bom resultado você fez a coisa "certa". Se obtiver um mau resultado, fez a coisa "errada".

Uma das formas mais comuns de teleologia é chamada "utilitarismo das ações". Se eu tivesse de resumi-la numa só frase, diria: "aja de modo a produzir o maior bem para o maior número de pessoas". Segundo este ponto de vista, com certeza Robin Hood está justificado por roubar dos ricos para dar aos pobres. Afinal de contas, há muito mais pobres do que ricos! Muito mais gente será beneficiada do que prejudicada pela "redistribuição de renda" de Robin. Segundo o utilitarismo das ações, este é um bom resultado. Assim, Robin está certo ao roubar.

O principal ponto forte da teleologia é sua abertura. Ela não aprova nem rejeita nenhuma ação *a priori*, mas espera o resultado antes de fazer um julgamento. Mas este também é um de seus principais pontos fracos: quase toda ação, não importa o quanto seja execrável, pode ser justificada pelo apelo às suas conseqüências. Por exemplo, o utilitarismo das ações pode ser usado para justificar o linchamento de pessoas suspeitas de crimes, em vez de levá-las a um julgamento justo. Afinal de contas, a turba linchadora fica feliz com seu comportamento, ainda que o linchado discorde. Se a felicidade é boa, então linchar é um exemplo de "bem maior para o maior número de pessoas" e, portanto, justificável pelo utilitarismo das ações. Mas quem usa o utilitarismo das ações deste modo deixa de levar em conta o maior sofrimento do menor número e, portanto, permite que uma maioria ignore os direitos de uma minoria. Quando os sentimentos de um grupo predominam sobre os direitos do indivíduo, raramente estará longe a injustiça.

A teleologia também tem outros pontos fracos. Pressupõe que sabemos como medir o "bem" ou o "mal" dos resultados, como se houvesse esse tanto de carne ou de legumes numa balança. Na verdade, ninguém tem a menor idéia de como medir o bem ou o mal. Se não pode haver, então, acordo universal se um determinado resultado é bom ou mau, não pode haver acordo se o ato que o produziu está certo ou errado. Só pode haver um consenso que se autojustifica e que poderia ser mal usado para apoiar um mal ainda maior.

Assim, Robin precisa ter cuidado ao justificar suas ações com a teleologia. Pensar sobre as conseqüências dos atos é importante, mas os fins nunca são independentes dos meios usados para obtê-los.

> Os fins e os meios são uma teia sem emendas.
>
> Gloria Steinem

Ética da virtude. Aristóteles, Buda e Confúcio formam o "ABC" da ética da virtude, e, portanto, suas raízes são muito antigas. Esses três sábios pregaram um tipo de moderação, ensinando, de formas distintas, que o bem vem simplesmente da prática das virtudes e da rejeição dos vícios. As virtudes e os vícios (não muito diferentes dos vírus) são coisas que pegamos dos outros e transmitimos aos outros. São como bons e maus hábitos. Assim, se nosso objetivo é ver gente boa agindo corretamente numa sociedade justa, devemos criar e manter ambientes virtuosos — em casa, na escola, no trabalho, no governo e assim por diante.

Os éticos da virtude podem argumentar que em geral o roubo é errado, mas também reconheceriam que as pessoas precisam cuidar de si mesmas. Se um governo abusa de sua autoridade roubando a comida dos cidadãos, extorquindo sua renda e negando-lhes justiça, pode ser necessário corrigir esses erros. Talvez seja *necessário* um Robin Hood. A ética da virtude favorece que as pessoas sejam mais autônomas e não precisem ser constantemente governadas por outras, o que minimiza o risco de cair vítima da anarquia num extremo e do despotismo no outro.

Na época de Robin Hood, a gente comum estava à mercê dos monarcas, muitos deles déspotas corruptos. Se um príncipe decidisse tornar-se um ladrão louvado e roubar sistematicamente seus súditos, estes súditos tinham pouca opção além de envolver-se no contra-roubo, apenas para sobreviver. Eticamente não é desejável, mas na prática é necessário. Assim Robin Hood pode obter o selo de aprovação da ética da virtude devido às circunstâncias excepcionais. Neste caso, a ética da virtude aponta o sistema vicioso como culpado. Robin Hood seria visto como vítima de seu ambiente aético. É assim: o Estado "bom" é aquele no qual nenhum cidadão precisa desrespeitar a lei, de modo que quem é obrigado a tornar-se um fora-da-lei devido aos abusos políticos não tem culpa de viver fora da lei. Um fora-da-lei ainda pode ser bom, certo e justo.

O principal ponto forte da ética da virtude é sua ênfase na educação e na formação de hábitos como guias e canais do bem viver. Com otimismo, vê o caráter humano como a argila, que pode adotar muitas formas, através da família e da sociedade, do berço ao túmulo. Ainda que deformado, pode ser reformado. Neste sistema, quase ninguém é impossível de recuperar. Ao mesmo tempo, o sistema também reconhece que indivíduos diferentes têm capacidades diferentes. Dadas oportunidades iguais num ambiente virtuoso, as pessoas vão manifestar a excelência de forma diferente. Dadas oportunidades iguais num ambiente indiferente, manifestarão a apatia de forma diferente. Dadas oportunidades iguais num ambiente vicioso, manifestarão o vício de forma diferente.

São dois os pontos fracos da ética da virtude. Num extremo, na Ásia, a ênfase do confucionismo na família como tijolo da comunidade, da sociedade e da política pode levar — e levou — à corrupção e ao favoritismo, sob a forma de nepotismo e vícios assemelhados. No outro extremo, onde a ênfase ocidental moderna na liberdade individual minou as famílias nucleares e o poder político é uma mercadoria que tem de ser comprada, há uma atenção totalmente insignificante à virtude. Quando as pessoas são deixadas por sua própria conta e nunca encorajadas — nem obrigadas — a adotar sistemas éticos, costumam preferir os vícios à virtude.

Como o mundo físico, o mundo moral não tem eficiência perfeita. A perda de eficiência ou o ganho de entropia — movimento da ordem em direção ao caos — aumenta no mundo físico. Todos os processos são menos que 100% eficientes. Do mesmo modo, é mais fácil adquirir maus hábitos do que bons hábitos e mais difícil abandonar os maus do que os bons. A curto prazo e do ponto de vista individual, o vício parece mais divertido que a virtude. Mas a longo prazo e do ponto de vista social, uma sociedade viciosa funciona mal e é inimiga do bem-estar de seus membros, enquanto a virtuosa continua a funcionar bem e sustenta o bem-estar de seus membros. Assim, Robin precisa pensar em que virtudes de longo prazo está tentando proteger com seus atos de curto prazo numa época desesperada.

> Todas as pessoas devem esforçar-se para seguir o que é certo, e não o que está estabelecido.
>
> Aristóteles

Ética religiosa da Providência. Várias religiões compartilham a opinião de que Deus criou o mundo, fez os seres humanos à Sua imagem e nos deu uma missão: sejam bons e façam as coisas certas neste mundo e obterão a justiça como recompensa (eterna) no próximo. Mais uma vez, se você é mau e faz as coisas erradas neste mundo, receberá a justiça como condenação (eterna) no próximo. "Providência" significa cuidado e proteção, e as religiões providenciais sustentam que estamos sob os cuidados e a proteção de Deus. Quando coisas ruins acontecem às pessoas — sejam males infligidos pela natureza ou por outras pessoas — dificilmente isso parece "cuidado" ou "proteção"; na verdade é bem ao contrário: parece negligência e insegurança. Este é o problema filosófico mais antigo da religião (o problema do mal, ou "problema da teodicéia") e sua resposta padrão é: você sofre aqui e agora para ter sua fé testada neste mundo. Se passar no teste, será recompensado mais tarde — em geral no outro mundo ou na próxima vida.

Freud e outros compararam a psicologia desta afirmação com a maneira como os pais cuidam dos filhos pequenos e protegem-nos. "Fique bonzinho na cadeira do dentista e compro um sorvete pra você depois." Esta também é a base do behaviorismo: provocar comportamentos desejados por meio de recompensas ou punições. Assim, Freud concluiu que as religiões são infantis. Contudo, embora o cuidado e a proteção de um filho exija necessariamente expô-lo a alguns desconfortos temporários, como um tratamento médico ou dentário, é menos claro que o "cuidado e proteção" de Deus a seus filhos (ou seja, nós) envolva necessariamente nos expor à miríade de sofrimentos deste mundo. Daí a importância de acreditar na Providência Divina: todos sabem muito bem que muitíssimos males não poderão jamais ser desfeitos ou revertidos neste mundo, mas sempre podem ter esperanças num mundo melhor que há de vir. As pessoas acham que a esperança é boa para elas. As religiões oferecem mais esperança do que muitos de seus adeptos conseguem agüentar.

As éticas religiosas variam tanto de seita a seita que é impossível captá-las todas. No entanto, apresentarei breves pontos de vista de quatro religiões principais.

Judaísmo: O judaísmo ensina que o Messias virá um dia para corrigir todos os erros. Enquanto isso, os judeus não devem enfrentar o mal com o mal. (Salomão: "Não entres pela senda dos ímpios e não andes no caminho dos perversos!") O judaísmo dura porque os judeus suportam o sofrimento. Do ponto de vista judeu, o xerife de Nottingham é uma pequena irritação se comparado à servidão no Egito, à conquista romana, à Inquisição espanhola, aos *pogroms* eslavos, ao genocídio nazista, ao terrorismo árabe e a outras coisas. Provavelmente Robin Hood não era judeu: sua mãe nunca aprovaria que se tornasse um fora-da-lei.

Cristianismo: Aqui é difícil apostar. A linha principal do cristianismo abomina o derramamento de sangue e ao mesmo tempo trava guerras justas. O ambiente de Robin Hood é a Cristandade. O próprio Jesus disse: "Dai a César" (isto é, pague seus impostos), e ensinou: "Não combatei o mal" (ele também era judeu). Só que as treze colônias da América do Norte eram em sua maioria cristãs quando lutaram pela independência da Inglaterra e contra a cobrança de impostos pela Coroa britânica sem que tivessem representação no governo. No entanto, os cristãos norte-americanos e britânicos também estavam envolvidos no comércio de escravos. Isso não era muito cristão, e então torceram as regras para justificá-lo. Mais uma vez, os Estados Unidos, a Inglaterra e seus aliados eram na maior parte cristãos quando combateram os males do nazismo e do totalitarismo soviético. Assim, é possível que Robin Hood também esteja fazendo uma "coisa cristã", mas exatamente o que isso significa é muito discutível. Enquanto isso, é provável que devesse orar pedindo orientação e perdão e continuar sua busca ética.

Islamismo: A principal recomendação ética da linha principal do Islã é menos ambígua que a do cristianismo. Para começar, o "bom" rei Ricardo estava numa Cruzada em algum lugar ou a caminho da Arábia quando o "mau" príncipe João tomou o poder. Embora a mitologia espiritual das Cruzadas envolvesse a busca do Santo Graal, materialmente elas foram uma série de invasões armadas, conflitos letais, com saques inevitáveis dos vitoriosos, fossem árabes ou europeus, em qualquer batalha. Não nos esqueçamos de que a destruição do World Trade Center é percebida por alguns povos islâmicos como retaliação pelas Cruzadas européias dos séculos XI, XII e XIII. Deixe pra lá a ironia de que milhões de norte-americanos nunca ouviram falar dos Cavaleiros Templários e sequer se recordam da Guerra do Golfo de 1991.

Os extremistas islâmicos podem afirmar que o reinado do príncipe João era a forma de Alá punir os "infiéis" ingleses por enviar o rei Ricardo para invadir as terras dos "fiéis". Isso torna Robin Hood definitivamente um bandido por tentar minar a obra de Alá. Que Robin Hood não espere apoio de nenhum sistema teocrático no qual a conformidade das massas à autoridade, a intolerância com a liberdade pessoal, a supressão da diferença e a violência suicida contra os que forem considerados inimigos sejam a norma.

Os estados islâmicos moderados e as seitas esotéricas do islamismo, como o sufismo, são completamente diferentes. Esses muçulmanos são guerreiros da paz, travando dentro de si sua *jihad* contra as imperfeições. Khalil Gibran diz: "E se é um déspota que destronarás, cuida primeiro de destruir seu trono construído dentro de ti." Assim, Robin é exortado a enfrentar seus próprios demônios e derrotá-los antes de travar batalhas externas. Se enfrentar o xerife, deve agir a partir do nível mais profundo, com motivos puros. Este é um ensinamento avançadíssimo e deveria levar Robin a examinar ensinamentos semelhantes de outras tradições.

Hinduísmo: No hinduísmo, a alma viaja de vida em vida, habitando e abandonando corpo após corpo em sua jornada rumo à unificação com a divindade. Esta vida atual é resultante das vidas anteriores. O que é "certo", no hinduísmo, é cumprir seu dever, seja o que for que a vida lhe prescreva. Assim, o xerife está cumprindo seu dever de opressor e presume-se que reencarne como oprimido, para aprender uma lição. Enquanto isso, os servos cumprem seu dever de oprimidos e provavelmente reencarnarão como algo melhor da próxima vez — talvez como xerifes. Robin Hood também está cumprindo seu dever de arqueiro e guerreiro e está muito perto de não precisar mais reencarnar. Na verdade, outro grande arqueiro e guerreiro, ou seja, Arjuna, teve a revelação deste mesmo ensinamento por Krishna, o Deus que dirigia seu carro, no Bhagavad Gita: "É melhor cumprir o seu dever, por pior que seja, do que seguir o dever de outro, por melhor que se possa fazê-lo."

O hinduísmo pode identificar-se bastante com Robin Hood e provavelmente o aconselharia a prosseguir. E também, talvez, a encontrar um *ashram* e praticar um pouco de ioga na Floresta de Sherwood — lugar perfeito para isso.

Existencialismo. O existencialismo surgiu no final do século XIX na Europa, com base na idéia de que a existência material de uma coisa precede sua essência imaterial. Esta posição inverte a de Platão de que a essência imaterial precede a existência material da coisa. Por exemplo, segundo Platão o bem é uma idéia eterna. O que torna um ato "bom" é a extensão em que contém a essência do Bem. Assim, para fazer o bem é preciso entender o Bem e capturar sua essência em seus atos. Os existencialistas, ao contrário, rejeitam o platonismo. Supõem que optamos por fazer determinada ação segundo deliberações e preferências pessoais. Depois da ação realizada, podemos determinar, a partir de sua existência, a idéia essencial de Bem.

Dessa forma, a maioria dos existencialistas rejeita deuses, almas, espíritos e outras noções religiosas, embora alguns, notadamente Kierkegaard e Buber, também fossem bastante religiosos. A idéia central do existencialismo humanista é que a natureza humana não é necessariamente "fixada" por nenhuma idéia preconcebida a seu respeito, seja o pecado original de Agostinho, o complexo de Édipo de Freud, o super-homem de Nietzsche ou o que for. Em vez disso, nossa natureza essencial é determinadas *por* nós (não *para* nós). Platão diria que o que aprendemos a valorizar em nosso ser essencial determina e ilustra o que fazemos e como existimos. Sartre diria que o que escolhemos fazer e como escolhemos existir determina e ilustra o que aprendemos a valorizar como essência de nosso ser.

A visão incansavelmente otimista que o existencialismo tem do homem desdobra-se contra um pano de fundo cósmico que é, do mesmo modo, incansavelmente pessimista. Estando Deus ausente, o universo é um lugar sem significado nem propósito. É um imenso acidente cósmico, que deu origem a uma miríade de subacidentes insignificantes, um dos quais é o ser humano. Se as essências espirituais são criações de nossa imaginação, também o são as essências morais. Não há uma luta titânica entre o bem e o mal a se desenrolar no cosmo, contrariamente ao que acredita a maioria das religiões e culturas. Em vez disso, há apenas uma série de eventos que se desdobram sem ritmo ou razão específica. Nenhum poder maior observa o mundo, nem cuida de seus habitantes, nem os protege.

É isto o que dá ao existencialismo sua fama de deprimente, desesperador e desencorajador. Não há dúvida de que esta escola de pensamento atrai estes tipos de personalidade e com freqüência os deixa piores. Acho que tornou muita gente infeliz desnecessariamente. Raramente recomendo textos existencialistas a meus clientes, a menos que estejam se sentindo bem demais e queiram algum mal-estar para variar (um estado realmente raríssimo) ou que estejam avançados o bastante em sua jornada filosófica para ir ao fundo do leito moral do existencialismo. Na verdade, os existencialistas franceses como Sartre, Beauvoir e Camus são pessoas bastante morais. Por quê? Porque afirmam o seguinte: temos de tentar fazer as coisas certas na vida, mesmo que o universo não forneça nenhuma bússola moral confiável que aponte a direção do bem e afaste do mal. Exatamente porque o universo é um lugar amoral, é ainda mais obrigatório que os seres humanos se comportem corretamente e não erradamente. Esta é uma postura corajosa e desafiadora.

Então, o que é *certo* ou *errado* para os existencialistas? Isso é menos claro. Uma pista é assumir a responsabilidade pelas próprias ações. Assim, os existencialistas diriam que o xerife de Nottingham deve assumir a responsabilidade de ser um opressor (isto é, responder pelos seus atos); mas que os servos supostamente infortunados devem também assumir alguma responsabilidade por serem oprimidos (isto é, responderem por sua inação). Segue-se que Robin Hood, por suas ações, valoriza um mundo em que haja menos opressores e menos oprimidos. Diversamente do resto, Robin dispõe-se a sacrificar-se por seus valores. *A si mesmo*, não aos outros! Portanto, Robin é um bom exemplar da autenticidade pessoal que os existencialistas valorizam acima de tudo.

O grande ponto forte do existencialismo é sua insistência de que somos agentes livres e que escolhemos nossos valores através das ações. Mas seu principal ponto fraco é que nem todo mundo está disposto a aceitar a responsabilidade pessoal conferida pela liberdade nem a necessidade de responder pelo que faz exigida pela liberdade. Outro ponto fraco é que muitos sentem-se tentados a obter mais poder do que podem responsavelmente manter. Seguindo a idéia de *Übermensch* (super-homem) de Nietzsche, quando o homem rebaixa Deus à imaginação, promove-se à deidade mundana e enfrenta as convenções morais para elevar-se acima da "manada", pode tornar-se um monstro. Talvez seja uma estratégia útil para artistas criativos (como poetas, escritores, pintores e compositores), mas o jogo é perigoso para todos os envolvidos quando líderes religiosos ou políticos adotam esta postura.

Assim, Robin tem de ter cuidado aqui para servir à justiça, mas não ser corrompido pelo poder.

> Antes a questão era descobrir se a vida precisava ter significado ou não para ser vivida. Agora, pelo contrário, fica claro que será ainda mais bem vivida se não tiver significado.
>
> Albert Camus

Ética objetivista. Esta filosofia de interesse pessoal esclarecido estimula boa parte do sucesso do Ocidente como pioneiro da democracia, da ciência, da tecnologia, do desenvolvimento econômico e da globalização. Diz mais ou menos assim: as necessidades e quereres do indivíduo têm prioridade sobre as necessidades e quereres do coletivo, o que também é melhor para o grupo a longo prazo. Ayn Rand é a defensora mais famosa desta idéia. Ela sustenta que, mesmo quando ajudamos os outros, agimos assim porque é em nosso próprio interesse. Seus dois grandes romances *A nascente* (*The Fountainhead*) e *Quem é John Galt?* (*Atlas Shrugged*) elaboram o tema de que o melhor modelo para atingir todo o potencial tanto do indivíduo quanto da sociedade é aquele que engendra a competição construtiva e afirma os direitos do indivíduo sobre os do coletivo. Sem isso, diria ela, não estaríamos em melhores condições que os insetos sociais — formigas, vespas e abelhas.

Os grandes pontos fortes do objetivismo são o reconhecimento do mérito do indivíduo e a promoção da excelência individual. Seu principal ponto fraco é a suposição romântica de que líderes esclarecidos (ou déspotas benévolos) triunfarão sobre líderes não esclarecidos (ou déspotas malévolos) e, assim, que os principais interesses das massas também serão atendidos. No caso de Robin Hood, é claro que isso não aconteceu. Os déspotas menos esclarecidos — o príncipe João e seus subordinados — estão mandando no galinheiro e devastando tudo o mais. O objetivismo se opõe a todo tipo de ditadura e perdoa o combate a sistemas injustos com meios injustos.

Em *Quem é John Galt?*, um dos industriais mais talentosos do mundo torna-se um pirata, tomando de volta, com atos de pirataria, o que fora saqueado por indivíduos despóticos agindo em nome do "povo". Do mesmo modo, outros grandes industriais cometem atos de sabotagem deste sistema corrupto no qual déspotas não esclarecidos confiscam a riqueza de indivíduos bem-sucedidos em nome do "povo", enquanto estes déspotas, na verdade, arruínam a economia e fazem o povo ficar sem emprego e passar fome. Assim, a ética objetivista de Ayn Rand perdoaria os atos de Robin e seus homens e condenaria o governo violento que o levou a adotar esta postura.

> Quando o "bem comum" de uma sociedade é visto como algo isolado e acima do bem individual de seus membros, significa que o bem de alguns homens tem precedência sobre o bem dos outros, sendo estes outros destinados à condição de animais de sacrifício.
>
> Ayn Rand

Deveres *prima facie*. *Prima facie* significa "à primeira vista". Este sistema, nascido da ética da virtude, originou-se no século XX com o eticista aplicado William Ross. Considera cada ser humano como participante de um contrato social, segundo o qual obtemos certos direitos legais e benefícios morais e aceitamos alguns deveres legais e obrigações morais. Em países civilizados, os cidadãos gozam de uma série de direitos e benefícios, mas ao mesmo tempo têm deveres e obrigações — por exemplo, com os cônjuges, filhos, amigos, vizinhos, colegas, sócios, empregadores, empregados e assim por diante, sem falar da participação obrigatória no júri.

Agora surge a pergunta: o que acontece quando dois ou mais deveres entram em conflito, de modo que honrar um deles signifique desonrar o outro e vice-versa? Por exemplo, suponhamos que prometi almoçar com um sócio que quer discutir uma proposta de negócios. Agora, suponhamos que estou a caminho do almoço mas de repente me chamam da escola para buscar meu filho, que torceu o tornozelo na aula de ginástica. Os deveres *prima facie* sustentam a resposta óbvia de que meu dever para com meu filho numa emergência tem prioridade sobre meu dever para com meu sócio numa reunião de negócios. É tarde demais para "adiar" o tornozelo torcido; mas com certeza podemos adiar a reunião.

No entanto, nem sempre é tão fácil priorizar os deveres. Jean-Paul Sartre escreveu sobre um exemplo que envolvia um de seus alunos, que teve de optar entre unir-se à Resistência Francesa para combater os nazistas e ficar em casa para cuidar da mãe idosa. Não há um modo claro de priorizar esses deveres conflitantes. E a ética humanista de Sartre também não ajudou muito.

O caso de Robin Hood é igualmente complicado. Deduzimos que Robin é um cidadão independente, que abraça ambos os valores da excelência individual (neste caso, como arqueiro) e da cooperatividade social (seus homens são alegres quando estão juntos, não entram em conflito entre si). Podemos supor que seus deveres de combater a tirania e promover a justiça têm precedência sobre seus deveres de ser um súdito obediente e constituir família com a donzela Marion. Se triunfar em sua luta, talvez consiga gozar uma vida normal depois. Mas observe-se que os deveres *prima facie* não obrigam ninguém a fazer a mesma opção de Robin; alguns vão se unir a ele na floresta e outros ficam em casa e honram compromissos anteriores.

> Alguns (deveres) apóiam-se no simples fato de que há outros seres no mundo cujas condições de vida podemos melhorar.
>
> William Ross

Sociobiologia. Criada na década de 1970 com E. O. Wilson e Richard Dawkins na linha de frente, a sociobiologia visa explicar os comportamentos sociais em termos dos processos biológicos subjacentes. Embora isso faça todo o sentido quando se estudam insetos sociais e explique bastante bem vários comportamentos sociais em animais, inclusive macacos, sua aplicação a seres humanos continua a ser muito contestada, em especial quando tentamos reduzir comportamentos morais a preocupações biológicas. É possível que, assim de passagem, eu não possa fazer justiça a este debate complexo, mas quero resumir os pontos-chave. No mundo natural, com exceção dos seres humanos, não encontramos nada parecido com a moralidade. Formigas, abelhas e vespas não são "altruístas" quando se sacrificam pelo bem do ninho ou da colmeia; estão meramente seguindo sua programação biológica em contextos sociais. Do mesmo modo, tubarões, escorpiões, cobras e outros animais perigosos não são "maus" por serem perigosos; simplesmente nasceram assim e não podem comportar-se de outro modo. Nenhuma dessas criaturas faz uma escolha moral. Somente com os grandes macacos vemos o verdadeiro início da fraude, do adultério e de outros comportamentos que anunciam o potencial humano de completa moralidade — e também de imoralidade.

Deterministas biológicos objetivos como Jacques Monod gostariam que acreditássemos que toda escolha moral é quase inteiramente determinada por nossos genes. Acho isso duvidoso e não me convencerei até que os sociobiologistas possam separar um nazista de um quacre simplesmente examinando seus respectivos DNAs. Mas, de qualquer modo, segundo este ponto de vista o xerife de Nottingham e Robin Hood estão ambos "certos", já que estão simplesmente fazendo o que seus genes lhes ditam. O xerife tem genes "despóticos", os servos de Nottingham têm genes "oprimidos", Robin tem genes "heróicos", os Alegres Homens de Robin, claro, têm genes "alegres" e nenhum deles poderia comportar-se de outro modo.

Se conseguirmos reduzir os comportamentos morais e imorais à genética, ninguém será responsável por nada. O xerife não é um déspota porque prefere o despotismo; seus genes o fizeram assim. É a mesma coisa com o heroísmo de Robin. Teremos, então, de fechar um monte de penitenciárias e substituí-las por laboratórios de engenharia genética. Teremos de substituir genes em vez de reformar atitudes, corrigir comportamentos e examinar crenças. Só podemos esperar que o futuro filho de Robin e Marion não seja um filhote de foras-da-lei.

> (...) chegou a hora de remover temporariamente a
> ética das mãos dos filósofos e biologizá-la.
>
> E. O. Wilson

Ética centrada no outro. Obrigado a Emmanuel Levinas pela idéia simples mas atraente de que a própria noção de moralidade envolve o relacionamento com os outros. Para Levinas, moralidade significa pensar nos outros. Nossas responsabilidades para com os outros nascem da própria existência deles.

A preocupação consigo mesmo não é necessariamente moral — por exemplo, alimentar-me quando tenho fome é apenas uma questão de autopreservação. Mas a mesma preocupação dirigida a outra pessoa, como ao alimentar uma criança, hóspede ou estranho com fome, significa cuidar daquela pessoa de uma maneira moral. Do mesmo modo, "servir-se" de alguma coisa pode ter conotações egoístas ou cobiçosas, enquanto servir aos outros de algum modo sempre parece conotar um ato moral. Para Levinas, todo o conceito de moralidade envolve, portanto, o reconhecimento do *outro*, fora de nós mesmos, como alguém que merece nossa consideração e nosso auxílio. Levinas exorta o ser humano a concretizar todo o seu potencial moral através da compreensão de que a própria *existência* de outros seres humanos nos impõe obrigações morais inescapáveis. Apresenta uma justificação existencial para a ética universal da assistência. Os outros existem. Sentem mal-estar. Sentimos sua sensação de mal-estar, que nos provoca mal-estar. Devemos ajudar se pudermos. Nossa própria felicidade não pode ser independente da dos outros. Esta é também a posição do budismo mahayana.

Aplicada ao caso de Robin, fica claro que Robin Hood sente profunda compaixão pelo sofrimento dos outros, a ponto de arriscar a própria vida para ajudar a aliviar este sofrimento. Robin, seu bando e a donzela Marion são "seres morais" no sentido mais nobre da palavra. O xerife de Nottingham, infelizmente, não consegue sentir empatia pelos outros e continua provocando milhares de sofrimentos e, portanto, é imoral.

O ponto forte do sistema de Levinas é sua ênfase na percepção dos outros como base do pensamento e do comportamento morais. Seu ponto fraco, contudo, é trazido à luz pelas próprias fraquezas dos seres humanos, que incluem, comumente, imaturidade, vaidade, egoísmo, egotismo, sadismo e todo tipo de desejo de poder pelo poder. Em muitíssimos seres humanos, essas características negativas suplantam qualquer pensamento ou sentimento pelos outros. Essas pessoas oprimiram os outros durante toda a história humana, e a ética centrada no outro não contém diretrizes para educá-las ou convencê-las a reconhecer o ser moral dos outros. Além disso, se temos consideração por aqueles que não têm consideração por nós, podemos ser eticamente explorados ou coisa pior.

> (...) a justiça só continua a ser justiça numa sociedade em que não haja distinção entre próximos e distantes, mas na qual também haja a impossibilidade de ignorar os mais próximos.
>
> Emmanuel Levinas

Ética budista. Na ética budista, tudo o que causa sofrimento é mau, enquanto tudo o que o alivia é bom. Mas o sofrimento propriamente dito é também um tipo de professor, que aumenta nossa percepção da condição humana, de sua impermanência e ilusão, de sua fragilidade, futilidade, vanidade e nobreza. Buda propôs que estar vivo e consciente é sofrer (sua "Primeira Nobre Verdade"). O sofrimento é onipresente entre seres humanos, um tipo fundamental de mal-estar pelo qual todos passam, sejam quais forem as causas específicas. Ricos e pobres sofrem igualmente, assim como homens e mulheres, negros e brancos, velhos e jovens, embora o sofrimento de cada um pareça a si mesmo ser único.

Você conhece alguém que nunca tenha sofrido em nenhum momento? Você também não sofre de vez em quando? Há quem suporte o sofrimento de maneira mais estóica ou humorística que os outros, mas todos, seguramente, sofrem de alguma coisa às vezes, ainda que exprimam isso de maneiras diferentes. Alguns sofrem em silêncio; outros protestam em voz alta. Alguns rezam para se aliviar; outros se tornam cínicos. Alguns culpam os outros; outros culpam a si mesmos. Alguns odeiam ou matam os outros; outros odeiam ou matam a si mesmos. Alguns buscam fugir do sofrimento, outros sofrem por tentativas de fuga. Alguns atingem metas para distrair-se do sofrimento; outros sofrem por atingirem estas metas ou pela própria distração.

A boa nova é que Buda também propôs que o sofrimento é o efeito de causas identificáveis (sua "Segunda Nobre Verdade") e que, com a remoção destas causas, podemos remover os efeitos (sua "Terceira Nobre Verdade"). Então ele ensinou maneiras muito simples e práticas de remover as causas do sofrimento e, assim, de levar a consciência de um estado de mal-estar para um estado de bem-estar (sua "Quarta Nobre Verdade").

Às vezes isso é chamado de travessia do mar de sofrimento da vida. Quem aprender a cruzar este mar encontra a serenidade e a compaixão para ajudar os outros a cruzá-lo também. As práticas budistas são como aulas de natação: ensinam-nos a atravessar o mar de mal-estar e chegar à praia do bem-estar. Pode-se nadar de várias maneiras, mas o destino final é sempre o mesmo.

Aplicando-se isto a Robin Hood: a ética budista examinaria o sofrimento de todos e suas causas particulares e estudaria a melhor maneira de removê-lo. Em termos budistas, Robin Hood e seu bando sofrem menos que os outros neste cenário por serem menos apegados ao mundo, menos egoístas e condenatórios em sua visão das coisas e menos ofuscados pelas ilusões. Depois de renunciar à própria segurança e se exilarem da sociedade, estão alegres. Morando na floresta, sem muito conforto material, estão em casa no mundo. Ao arriscar a vida diariamente, não para o lucro pessoal mas a serviço dos outros, sentem-se realizados. Não gostam que os outros sofram, mas não se desagradam de suas próprias dificuldades, que aceitam voluntariamente. Sua vida tem significado e objetivo. Não buscam prejudicar ninguém, somente equilibrar o errado com o certo. Aliviam o sofrimento. Trazem esperanças. Inspiram o bem.

Os vários camponeses e servos sob o calcanhar do xerife sofrem somente por estarem vivos e também porque o xerife está tornando sua vida mais difícil do que precisava ser. Mas suponhamos que o xerife fosse deposto e substituído pelo próprio Robin Hood — um bom sujeito. O povo pararia de sofrer? Não, não pararia. Se sua opressão política terminasse, estariam "liberados" para reiniciar toda uma mistura de outros sofrimentos. Sofreriam por doenças e morte e pela morte prematura dos entes queridos. Sofreriam por maus casamentos, más colheitas, mau tempo, maus vizinhos e má sorte — e com desemprego, exploração, tributação e tudo o mais. Também teriam bons momentos e lembranças felizes, mas seriam afortunados se sua alegria excedesse a tristeza a longo prazo.

O xerife de Nottingham exerce um poder opressor que faz sofrer aqueles que oprime — e, segundo a lei do carma, este sofrimento volta para persegui-lo também. Todos os opressores, inclusive o xerife do qual tratamos agora, sofrem deste modo, alguns mais, outros menos. Para dar fim ao seu sofrimento, devem dar fim à opressão. Muitos cometem o erro de aumentar a opressão, aumentando assim seu sofrimento — e o de todo mundo.

> Como a violência só pode gerar mais violência e sofrimento, nossa luta deve permanecer não violenta e livre de ódio. Tentamos acabar com o sofrimento de nosso povo, não causar o sofrimento dos outros.
>
> Dalai Lama

Moralismo legal. Esta escola de pensamento iguala a legalidade à moralidade. Seu lema é: "Se é legal, é moral". Do lado bom, é claro que queremos que nossas leis reflitam nossa moral. Ao mesmo tempo, não podemos permitir que nossas leis ditem nossa moral. A escravidão já foi legal na América, embora dificilmente pudesse ser considerada moral. O genocídio já foi legal na Alemanha nazista, mas nenhum ser humano moral conseguiria justificá-lo. Os expurgos de Stalin foram legais na antiga União Soviética, assim como a Revolução Cultural de Mao Tsé-tung na China, mas também foram além do marco da sensibilidade moral. O problema é que leis e moral não são a mesma coisa. Não são congruentes; ou seja, não cobrem o mesmo território.

Os exemplos óbvios incluem o aborto e a pena de morte. Ambos são legais em muitos lugares, mas muita gente nestes lugares considera-os imorais. Por outro lado, vejamos "crimes sem vítimas", como a prostituição e o porte de maconha. Ambos são ilegais em muitos lugares, mas muita gente nestes lugares não os considera imorais.

A questão é, então, quando as leis e a moral entram em conflito, qual delas tem prioridade? Esta questão, que data pelo menos de Sócrates, é uma das mais difíceis da filosofia. Os atenienses, obedecendo às suas leis, condenaram Sócrates à morte. Mas muitos acharam que esta pena de morte era imoral e insistiram com ele para que fugisse. Sócrates discordou. Achava que as leis eram justas e assim era moralmente certo honrá-las.

Muito depois, filósofos como Thoreau defenderam a desobediência civil contra leis injustas, uma idéia que Sócrates aprovaria. Esse tipo de resistência não violenta foi transformada em prática política poderosa por Mahatma Gandhi, na Índia, e por Martin Luther King Jr., nos Estados Unidos.

A mensagem filosófica final é que temos o dever, como seres humanos, de apoiar as leis justas e combater as injustas. Mas uma questão chave — o que é justo? — nunca foi totalmente resolvida.

Quanto a Robin Hood, os moralistas legais diriam que, como os legisladores em exercício tinham legalizado os impostos elevados e a opressão, suas ações eram legais, e portanto morais. Isso faz de Robin Hood um criminoso comum e dos homens de seu bando seus cúmplices. Deviam ser presos e punidos.

Se em geral você apóia a lei e a ordem mas ainda não gosta dessa linha de argumentação, não está sozinho! Este raciocínio foi usado para justificar muitos tipos de opressão, injustiça e atrocidade. Mesmo em circunstâncias menos extremadas, essa idéia pode ser bastante prejudicial, como no caso da cultura empresarial que dita: "Se não é ilegal, é ético." Há muitas maneiras tecnicamente legais de empresas e profissionais roubarem e fraudarem os outros, mas o roubo e a fraude nunca serão práticas profissionais éticas.

Há outro lado feio do moralismo legal, conhecido como "argumento do agente leal". Se alguma autoridade legalmente constituída lhe ordena que faça alguma coisa e você o faz sem questionar, é um "agente leal". Ser um agente leal é bom na hora de pagar os impostos, fazer o trabalho que lhe é atribuído, mandar os filhos para a escola e assim por diante. Mas se o seu governo lhe ordenar que fira, torture, estupre ou assassine com algum pretexto político? E se seu chefe manda você destruir alguns documentos que podem ser importantes numa auditoria? Se mais tarde você for acusado de agir mal, sua defesa — "estava apenas obedecendo ordens" — é moralmente inadequada (e, aliás, muitas vezes legalmente inadequada também). Basear-se no argumento do agente leal encoraja as pessoas a se tornarem zumbis morais, sem aceitar responsabilidade alguma por seus próprios atos, por mais abomináveis que sejam, contanto que os atos tenham sido ordenados de cima.

Podemos ver também os pontos fracos dessa abordagem no fanatismo religioso, numa afirmação assemelhada: o argumento do agente devoto. Se uma autoridade religiosa dá ordens e você obedece sem questionar, você é um "agente devoto". Isso pode ser bom enquanto você estiver ajudando os outros. Mas suponhamos que você comece a acreditar que Deus lhe manda explodir uma bomba num lugar público cheio de gente, ou assassinar um médico que faz abortos, ou agredir uma pessoa de cujos gostos você não compartilha. Está seguindo ordens divinas e, portanto, comportando-se de maneira justa? A indiferença insensível à vida humana, o ânimo para causar sofrimento e a reverência da morte são coisas boas? Afirmar que Deus ordenou essas coisas não é defensável. Assim, o moralismo religioso radical não conduz necessariamente ao bem, e pode, com efeito, produzir e justificar o mal.

A lealdade pode ser uma qualidade muito louvável mas, como o amor, costuma ser cega.

> Nunca deveríamos nos esquecer de que tudo o que Adolf Hitler fez na Alemanha era "legal" e que tudo o que os combatentes húngaros pela liberdade fizeram na Hungria era "ilegal".
>
> Martin Luther King Jr.

O QUADRO MAIS AMPLO: RELATIVISMO METAÉTICO

Agora que você aprendeu dez maneiras diferentes de ser bom, enfrenta um verdadeiro paradoxo: como decidir quais são *melhores* e qual (se é que alguma) é *a melhor*? O problema é que não podemos decidir qual teoria do *bem* é melhor a menos que saibamos o significado do próprio *bem*. E assim estamos de volta ao ponto de partida, com muitas teorias concorrentes do bem (das quais essas são apenas uma amostra). Se você já foi totalmente doutrinado em sua vida ou se já se decidiu por uma teoria ética específica por alguma outra razão, não tem este problema. Mas se é uma pessoa meditativa, pode concluir que nenhuma teoria ética isolada pode ser esticada até cobrir todas as contingências morais. A única alternativa, então, é supor que sistemas éticos diferentes funcionam melhor em situações diferentes. Esta abordagem é chamada de relativismo metaético.

O relativismo metaético não é a mesma coisa que o relativismo ético, que supõe, subjetivamente, que a ética de um é tão válida quanto a ética de outro e, igualmente, que absolutamente tudo é permissível em determinada situação. O relativismo ético diz que Robin Hood está correto ao acreditar que faz o certo, enquanto o xerife de Nottingham também está correto ao acreditar que Robin Hood age errado. Se você acha problemático considerar a mesma ação como boa e má ao mesmo tempo, então não é um relativista ético.

Mas há algum ponto de vista objetivo que constitua uma bússola moral mais sábia e digna de confiança? É aí que o relativismo metaético vem nos ajudar a descobrir que sistema ético, entre aqueles mencionados acima — e os não mencionados, e as variações de todos — cumpre três tarefas vitais. Em primeiro lugar, precisa harmonizar-se com sua intuição moral. Em segundo lugar, precisa fundir-se à sua experiência anterior de ética. Em terceiro lugar, deve ajudar a remediar o problema propriamente dito. Não há respostas fáceis aqui e é necessário arte (assim como esforço) para responder à pergunta "Que sistema ético você acha que é melhor no seu caso, e por quê?" Agora, vamos ver três casos ilustrativos para lhe mostrar como se faz.

Todas as questões éticas são importantes, quer envolvam assuntos de vida ou morte, quer não. Um dilema moral não resolvido pode causar muito mal-estar e nunca parece trivial para a pessoa que o vivencia.

O caso de Ed: vizinhos barulhentos

Vamos começar com o cliente que mencionei no início do capítulo, que me perguntou sobre "o jeito certo" de lidar com vizinhos barulhentos que lhe perturbavam a paz. Os novos moradores do apartamento em cima do de Ed tinham filhos muito barulhentos e parecia que ninguém na casa sabia andar sem bater com os pés nem falar sem gritar. E faziam ambas as coisas todas as horas do dia e da noite. O teto era fino e cada pisada parecia um trovão. Também recebiam uma torrente de hóspedes aparentemente interminável e deixavam o som e a televisão aos berros o tempo todo. Para piorar as coisas, Ed trabalhava em casa e assim não podia fugir do massacre nem para ir ao trabalho. Sua paz de espírito estava sendo realmente perturbada e sua capacidade de trabalhar e descansar na própria casa gravemente comprometida. Embora algumas pessoas consigam simplesmente ignorar esses barulhos, outras são supersensíveis. Ed era do tipo sensível.

Conforme Ed e eu conversávamos, exploramos seis possíveis rumos de ação: defensivo, amigável, ofensivo, retaliativo, evasivo e remediador. Ed acabou experimentando quase todos. Vamos caracterizar rapidamente a ética de cada um.

Defensivamente, ele poderia tentar bloquear o barulho com revestimentos à prova de som, ouvindo música ou assistindo à TV com fones de ouvido e assim por diante. Esta é uma forma de teleologia benevolente: obteria um bom fim (paz e tranqüilidade) por meios puramente defensivos. Nenhum dano causado a ninguém. Infelizmente, contudo, as perturbações que vinham de cima atravessaram as defesas tecnológicas de Ed.

Sendo amigável, tentou sentar-se com eles e fazê-los perceber seu sofrimento, ver se se dispunham a cooperar e encontrar maneiras de diminuir a perturbação. É a ética centrada no outro de Levinas em funcionamento. Contudo, eram maus vizinhos, porque não se importavam em estar incomodando. O sistema de Levinas desmorona se o outro que você reconhece deixa de reconhecer você, também, como outro.

Assim, Ed passou à ofensiva e fez uma queixa contra eles junto à associação do condomínio. Os vizinhos foram multados por perturbar a paz, mas não pararam. (Na verdade, pioraram.) Em termos éticos, este é um caso de moralismo legal: temos leis contra perturbar a paz e justificativas morais para aplicar essas leis para restaurar a paz e a tranqüilidade. É também um caso de dever *prima facie*: os pais têm deveres para com os filhos, que incluem permitir-lhes tempo suficiente para brincar e socializar-se. Mas os pais também têm o dever de ensinar aos filhos respeito e consideração pelos outros, tais como os vizinhos. Mas, como neste caso, alguns pais não pensam nem refletem sobre seus deveres parentais.

Assim, Ed pensou em retaliação, gerando ele próprio muito barulho — dando-lhes uma prova do próprio remédio. Mas não o fez, principalmente devido à deontologia. A ética judaico-cristã da criação de Ed ensinava-lhe que "não se conserta um erro com outro erro". E Kant também diria que é errado retaliar, porque se todo mundo retaliasse a cada mal causado (real ou imaginário), o conflito não teria fim — e dar-lhe fim seria supostamente a principal razão de retaliar.

A seguir, Ed poderia tentar fugir à perturbação tentando não ficar em casa nas piores horas. Esta, em parte, era uma questão sociobiológica: Ed acreditava ser "supersensível" por natureza e "programado" para não tolerar muito bem o barulho. Acreditava também que seus vizinhos eram pessoas naturalmente barulhentas. Algumas são. Neste caso, então é claro que Ed tinha de encontrar outro lugar para trabalhar. Mas como trabalhava em casa, a lógica ditava que encontrasse outro lugar para morar.

Finalmente, como remédio, Ed moveu-se para um lugar muito mais silencioso. Mas sua interpretação ética final deste episódio foi budista. Por quê? Porque Ed acabou assumindo parte da responsabilidade por seu próprio mal-estar. Uma vez que era capaz de "possuir" seu sofrimento, estava livre para tomar providências para deixar de tê-lo. Antes que a filosofia possa mudar sua vida, você pode ter de mudar a sua filosofia. Na verdade é simplíssimo. Em vez de tentar obrigar seu ambiente a mudar, obrigue-se a mudar seu ambiente. Este, principalmente, é um ato de vontade. Visualize o tipo de lugar onde precisa estar para realizar suas próximas tarefas na vida, para cumprir seu dever da forma como o concebe. Agora, faça com que a visualização fique o mais clara possível e persista na vontade de tornar real essa visão. Aí, o caminho para sua realização aos poucos se materializará. Você se tornará aquilo que deseja. Este é o núcleo dos ensinamentos de Buda. Também é possível, desejável e preferível atingir suas metas sem prejudicar os outros.

Faz alguma objeção? Está pensando: "Por que *ele* teve de mudar-se? Por que deixou que o expulsassem, quando eles é que estavam errados?" Supõe-se que seu lar seja o seu castelo (na lei inglesa consuetudinária) e seu refúgio. Mas os maus vizinhos tinham invadido o castelo de Ed e estragado seu refúgio. Assim, tudo se resumiu a isso: ele preferia travar uma guerra justa contra os vizinhos ou viver em paz com outros vizinhos em outro lugar? Esta questão é retórica; a paz é sempre melhor. Mas é preciso vontade (e coragem) para buscá-la.

O bom senso mais adiantado de todos sugere que Ed veja essas perturbações como lição importante do cosmo (a ordem das coisas, o Caminho), que lhe ensina que está na hora de encontrar um lugar melhor para morar. Depois de se instalar, pode enviar um bilhete aos vizinhos barulhentos agradecendo-lhes por terem sido catalisadores de uma mudança positiva. Além disso, em termos de carma (no budismo, o carma é a vontade e os frutos da vontade em ação, e não o destino), a reação de Ed à provocação dos vizinhos determinará se seu próximo lar será melhor ou pior que o atual.

Na outra ponta da escala, a ética budista classificaria a retaliação como o pior dos recursos. Por quê? Porque é claro que as pessoas que perturbam de forma consciente e regular os seus vizinhos, seja sem pensar ou deliberadamente, estão se perturbando a si mesmas. Se Ed permite que o problema dos vizinhos vire um problema seu, tudo o que ganha são problemas. Se tenta aliviar seu sentimento problemático com a retaliação, só vai multiplicar seus próprios problemas, fazer o conflito crescer ou até cometer um crime e ir para a cadeia. Se chegasse a este ponto, é bom lembrar que a cadeia é, entre outras coisas, um lugar muito menos reservado do que o lar de Ed e o verdadeiro oposto do que supostamente queria: paz e tranqüilidade. Mas se ele se muda sem retaliar, recusando-se a ser perturbado pelos problemas dos vizinhos e grato por mandarem-no para um lugar melhor, obterá a serenidade. Esta solução harmonizou-se com Ed e também resolveu a situação.

O mundo está sempre cheio de provocações. Seu desafio filosófico é reagir, ou não, da forma mais sábia possível. Afinal de contas, é sua reação atual que determinará as circunstâncias futuras. Isso é verdade para todo tipo de provocação na vida.

O caso de Melissa: um divórcio complicado

Mencionei antes a cliente que enfrentava o rompimento complicado de seu casamento. A maneira como Melissa me apresentou o assunto foi perguntar: "Qual é a 'maneira ética' de lidar com um divórcio complicado?" Observe que ela supunha que só há uma maneira de lidar eticamente com uma determinada situação. Isso nasce de sua intenção de fazer o que é certo, mas ainda assim a primeira tarefa de nosso diálogo foi questionar aquela suposição, fazê-la pensar sobre várias maneiras de entender o "certo", ver que noções eram mais compatíveis com as suas idéias (na maior parte não articuladas) sobre moralidade e também ajudá-la a atravessar o processo.

Melissa era sinceramente cristã e assim sua ética religiosa e sua moralidade pessoal baseavam-se na Bíblia. Supunha a existência de um sistema monolítico correspondente de ética secular, no qual queria se basear agora. Para os que estão aí pensando por que uma cristã se incomodaria com ética secular, talvez ajude saber que o marido, John, e o casamento não eram religiosos. Também não impuseram a religião aos dois filhos. Por morar nos Estados Unidos, Melissa sabia que seu divórcio e as questões acessórias da guarda dos filhos, da divisão do patrimônio, da pensão e do sustento das crianças seriam resolvidas num contexto secular: o tribunal.

As preocupações éticas específicas de Melissa concentravam-se na questão da *justiça*. As leis estaduais norte-americanas sobre o divórcio recomendam cada vez mais uma divisão do patrimônio e das responsabilidades parentais que seja *equânime* (ou justa), embora não necessariamente *igualitária*. Assim o casal (ou o tribunal) devem determinar: "O que é *justo* nestas circunstâncias?" É claro que esta é uma questão advinda diretamente do relativismo metaético.

Se o divórcio de Melissa se transformasse numa guerra, ela sabia muito bem que sairia caro, em termos emocionais e financeiros. O tribunal acabaria impondo um acordo que, sem dúvida, deixaria ela e John infelizes, não seria necessariamente melhor para os filhos e teriam de pagar um preço exorbitante para pô-lo em prática! Ela queria que conseguissem resolver as diferenças de maneira amigável, com mediação ao longo do caminho e representação legal independente ao final para garantir que o estado ratificasse os termos já acordados. Achava que era a única maneira de ambos terem esperanças de ficar satisfeitos com o resultado e de impedir que o divórcio se tornasse insuportável, em termos emocionais ou financeiros. Para isso, precisavam de boa vontade mútua, coisa não muito fácil de manter durante um rompimento difícil de uma relação antiga.

Assim, ao examinar as várias posturas éticas para encontrar a mais adequada ao seu modo de pensar, sua intuição e sua situação, Melissa foi atraída pela ética centrada no outro, combinada à noção de Martin Buber de manter uma relação eu-tu entre ela e John. Para Buber, isto significa tratar o outro sempre como uma pessoa (tu) e nunca como uma coisa (isto). Se ela mantivesse uma ética centrada apenas em si mesma, Melissa talvez passasse a considerar o seu (quase) ex-marido como um tipo de caixa automático para ela e os filhos. Se ele também a despersonalizasse, o divórcio poderia ficar tão emaranhado e amargo que nem dá para imaginar. Mas se, mesmo tendo falhado o casamento, continuassem pensando um no outro, alguma relação mutuamente respeitosa e carinhosa sobreviveria e os conflitos inevitáveis poderiam ser resolvidos da forma mais sensata, responsável, calma e justa possível.

Assim, a ética dificilmente é contrária aos nossos maiores interesses: na verdade, o arcabouço ético pode nos ajudar a obter o máximo de uma situação difícil.

O caso de Gary: a ética de ir a Disney World

Outro cliente meu tinha um dilema muito mais feliz, que ainda assim lhe provocava muito mal-estar. O plano de Gary era levar os filhos à Disney World. Talvez você não veja o problema de imediato. Mas Gary, socialista ardente, sentiu-se em conflito com isso. Como poderia gastar tanto dinheiro com a diversão dos filhos quando tantas outras crianças no mundo precisavam tanto de comida, roupa e abrigo?

A infância do próprio Gary fora materialmente difícil, mas quando adulto ele se tornara muito bem-sucedido em termos profissionais (e financeiros), ganhando a vida como engenheiro aeronáutico. Eis o sonho americano. Mas Gary também sofria de culpa, porque faltava a tantas crianças o atendimento de necessidades básicas da vida enquanto ele se preparava para desperdiçar uma pequena fortuna para levar a esposa e os filhos a um parque temático. Com certeza a família de Gary estava animadíssima com a perspectiva dessas férias e para eles, acostumados à riqueza, nada parecia extravagante.

Este caso também seria interessante para psicoterapeutas e padres, que tendem a se envolver quando ouvem a palavra "culpa". Embora haja dimensões definitivamente psicológicas e talvez teológicas neste caso, Gary procurou uma solução filosófica para seu problema ético imediato: como justificar a viagem com a família nas férias.

Platão explicou como idéias prejudiciais às vezes nos são implantadas por outros em quem confiamos, como nossos pais, quando somos jovens, vulneráveis e crédulos. Embora essas idéias possam mais tarde exercer sobre nós influência restritiva e insalubre, como camisas-de-força mentais, ainda assim temos de defendê-las, porque achamos erradamente que são nossas. Todo ser humano precisa identificar as idéias autênticas em si e para si e desmascarar e rejeitar idéias inimigas disfarçadas de velhas amizades. Um orientador filosófico pode ajudá-lo nisso através da indagação socrática. O filósofo é como uma parteira que ajuda as idéias do cliente a nascer dos recessos da mente para a luz do diálogo, de modo que o cliente possa determinar se são suas filhas genuínas ou não.

Assim, Gary descobriu e enfrentou um "pensamento definidor" do início de sua vida. Seus pais tinham-lhe repetido uma ladainha no decorrer dos anos, dizendo-lhe que eram bons porque eram pobres. Definir a pobreza como virtude, portanto, transformou a riqueza num vício — e tantos anos depois Gary sentia-se culpado porque era rico. Assim, resolveu rejeitar a idéia de que a pobreza é uma virtude (e a riqueza um vício), e logo que o fez sua culpa se abateu. Isso levou mais tempo para ser conseguido do que para ser explicado, mas pode ser feito.

Como vários clientes meus, Gary realmente já se decidira por uma trajetória antes de nos conhecermos, mas exigiu criticamente uma justificativa ética — neste caso, para ir à Disney World. A ética da virtude de Aristóteles deu-lhe prontamente um novo modo de pensar para substituir a ladainha "pobreza é bom" de seus pais. Aristóteles concebia cada virtude como um meio-termo entre dois extremos de vício. No caso de Gary, um extremo seria ter muito dinheiro e estragar os filhos de mimos; o outro, ter muito dinheiro e não gastar nada com os filhos. A média virtuosa aristotélica, portanto, foi levar os filhos à Disney World. Então, para fazer o bem aos outros (e a si mesmo, aliviando a culpa que lhe restava), Gary poderia doar quantia igual a uma instituição de caridade. Todos saem ganhando.

Uma idéia condutora do aconselhamento filosófico — quer se concentre na ética, quer em outra das muitas dimensões da filosofia — é trabalhar o máximo possível com o presente com vistas ao futuro. Isso pode realizar mudanças positivas. Pelo contrário, gastar tempo demais no presente e prever demais o futuro, só para trabalhar com o passado, é uma receita para nada mudar.

EXERCÍCIOS FILOSÓFICOS

1. Questão elementar: Escoteiros e bandeirantes são encorajados a fazer uma boa ação por dia. Se você também precisa de encorajamento, ei-lo: saia e faça uma boa ação hoje. Mas, antes, pergunte-se: "O que, exatamente, a torna boa? Segundo que teoria ética?"

2. Questão intermediária: Pense nalguma coisa sobre a qual você tenha uma forte opinião moral, digamos, "isso aqui é a coisa certa (ou errada) a fazer!" O que a torna certa (ou errada)? Se conhece alguém que discorda de sua opinião com a mesma ênfase, o que a torna errada (ou certa) do ponto de vista dessa pessoa? Há algum sistema ético no qual vocês pudessem resolver suas diferenças?
3. Questão adiantada: Discutimos a justiça de forma apenas indireta mas, segundo Platão, ela deveria brotar da compreensão do bem. Você pode dar um exemplo no qual a justiça tenha sido feita? Pode dar um exemplo de injustiça? Como fazer justiça no caso da injustiça? (Tome cuidado para não criar ainda mais injustiça.)
4. Questão cotidiana: Está sentindo mal-estar devido a um dilema moral pessoal ou alguma questão ética profissional? Em caso positivo, que teoria deste capítulo lhe oferece uma solução ou, pelo menos, indica o caminho para uma solução?

3
VOCÊ É GUIADO PELA RAZÃO OU PELA PAIXÃO?

> Muitas vezes a alma é um campo de batalha, no qual a razão e o discernimento travam uma guerra contra a paixão e os apetites.
>
> Khalil Gibran

> Se a paixão o conduz, que a razão segure as rédeas.
>
> Benjamin Franklin

ALGUÉM JÁ O ACUSOU de ser "racional demais", movido muito mais pelo intelecto do que pelo sentimento? Ou alguém já o acusou de ser "emocional demais", movido mais pelos sentimentos do que pelos princípios? Sua razão e sua paixão, às vezes ou com freqüência, entram em conflito, ficando seus interesses presos no fogo cruzado? Podem essas duas forças — a mente e o coração — ser levadas a uma coexistência mais pacífica? São estas as Grandes Questões deste capítulo.

Nicole e Alex: dois campos de batalha contrastantes

Nicole e Alex não se conhecem, mas são clientes de aconselhamento filosófico com problemas semelhantes, que enfrentaram de maneira bem diferente. Ambos alcoólatras, ambos muito inteligentes e bem articulados, ambos estudantes adultos maduros e ambos desejosos de fazer pós-graduação. E suas almas também eram campos de batalha entre a paixão e a razão. Nicole venceu sua batalha e Alex ainda trava a sua. Por quê? Tem alguma coisa a ver com a respectiva disposição deles de usar a filosofia como agente de mudança.

Os pais de Nicole eram ambos alcoólatras e assim ela teve um mau começo na vida no que tange ao exemplo familiar. Por essas e outras razões, teve uma infância infeliz e uma adolescência turbulenta. Foi atraída para o álcool para fugir da infelicidade, mas é claro que o alcoolismo é uma doença de dependência (não um mal-estar) que sempre parece provocar, mais do que aliviar, a infelicidade. Mas era também uma pensadora forte e original, que possuía a convicção interior de que podia desenvolver seus recursos intelectuais e levar uma vida melhor que a dos pais. Assim, a batalha inicial de Nicole foi entre sua sede apaixonada de álcool e sua aspiração sensata a conquistar um diploma universitário — paixão *versus* razão. Observe-se que ela, pelo menos, tinha o "luxo" de travar uma batalha. Alcoólatras sem esperanças sensatas podem apenas sucumbir à bebida. Nicole venceu a primeira rodada de sua batalha ao tornar-se uma alcoólatra em recuperação em vez de uma alcoólatra praticante — o costumeiro programa de doze passos funcionou bem com ela.

Depois de parar de beber, estava pronta para a próxima rodada, que lançou seus temores e inseguranças emocionais contra seus interesses e ambições intelectuais — paixão *versus* razão, segundo tempo. Foi aí que a filosofia ajudou. Em seu caso, a idéia existencialista de que não estava condenada pelas circunstâncias do passado e que podia reinventar-se como estudante de pós-graduação caso fizesse e desejasse esta escolha mobilizou sua confiança e sua coragem interiores. Superou suas ansiedades, candidatou-se a escolas de pós-graduação e foi aceita num programa no qual hoje vem tendo bom desempenho. Depois de transformar a sede destrutiva de álcool numa sede construtiva de ensinamento, a paixão de Nicole pode hoje ser conduzida pela razão, em vez de opor-se a ela. Esta condução da paixão pela razão é aconselhada por muitos filósofos de diversas tradições, Khalil Gibran, por exemplo:

> Portanto, deixa tua alma exaltar tua razão às alturas da paixão, para que ela possa cantar; e que tua paixão seja dirigida pela razão, que tua paixão possa viver pela própria ressurreição diária e, como a fênix, elevar-se acima das próprias cinzas.
>
> Khalil Gibran

Em contraposição, os pais de Alex não eram alcoólatras. Como Nicole, Alex era um pensador original e criativo, também passara por uma adolescência turbulenta e voltara-se para o álcool, em parte, como forma de fugir ao conceito de "desajustado" que tinha de si mesmo. De fato, Alex era bastante extrovertido e popular e tinha uma vida social ativa, mas nunca sentiu que "pertencesse" a nenhum grupo de amigos. Preferia desenvolver sua própria maneira de pensar sobre as coisas e aspirava transformar esses pensamentos num sistema filosófico original — ou, pelo menos, numa tese de pós-graduação. Assim, como Nicole, Alex tinha uma sede apaixonada de álcool e uma aspiração sensata à pós-graduação. Mas, diversamente de Nicole, não parou de beber. Como resultado, o tempo e a energia absorvidos pelo alcoolismo de Alex prejudicaram sua preparação acadêmica. Suas notas eram boas (excelentes, considerando-se seu hábito de beber), mas não tão boas quanto poderiam ser. Candidatou-se a cursos de pós-graduação, mas não foi aceito. Além disso, o progresso de Alex no aconselhamento filosófico ficaria limitado, a menos que parasse de beber e desse expressão à filosofia como mudança de seu modo de vida — não apenas como distração interessante entre (ou durante) as doses. Alex sentiu-se ajudado pelo aconselhamento filosófico e provavelmente o foi até certo ponto, mas não venceu a primeira batalha crucial entre a sede destrutiva de álcool e a ambição construtiva de desenvolvimento intelectual. Até agora a paixão de Alex derrotou sua razão.

Isso não quer dizer que Alex seja uma "causa perdida" ou esteja condenado ao fracasso, ou qualquer coisa assim. Todo mundo progride ou regride em seu único e próprio caminho e cada caminho tem suas próprias curvas e volteios. Cada floco de neve é único, assim como cada onda do mar. Mas todos os flocos de neve, como todas as ondas, são governados pelas mesmas leis básicas da natureza. Os seres humanos também são assim. E uma das leis básicas da natureza humana é que a paixão e a razão competem incessantemente na alma humana, como dois candidatos a motorista brigando pelo volante de um carro. Outra lei é que, em geral, estamos em melhores condições quando a paixão alimenta o motor e a razão dirige o veículo.

VISÃO GERAL DO CAMPO DE BATALHA

Uma pletora de grandes pensadores abordou este conflito fundamental e eis aqui uma breve visão geral. Quando os filósofos usam a palavra "razão", não queremos dizer apenas a lógica. Estamos nos referindo à capacidade humana de ser racional, que vem da palavra grega *ratio*, que significa equilíbrio. Isso significa entender ativamente as circunstâncias e usar o entendimento para manter o equilíbrio, em vez de ser passivamente varrido pelas circunstâncias e arrastado pela emoção. Quando os filósofos usam a palavra "paixão", não queremos dizer apenas o amor apaixonado. É a maneira de nos referirmos a todas as emoções e desejos que os seres humanos herdam e, especialmente, nossos apetites e aversões. Isso cobre um território bem grande.

Os antigos filósofos gregos tendiam a entregar-se igualmente à sua razão e às suas paixões, esperando aperfeiçoar a primeira e amadurecer as segundas. Segundo Platão, Sócrates deu um suspiro de alívio quando seu impulso sexual foi suficientemente reduzido pela idade, permitindo-lhe exercer somente a razão, sem ser manchada pelo desejo sexual. Ele comparou isso a tornar-se são depois de um longo ataque de loucura. Se você já esteve loucamente apaixonado, sabe o que ele quis dizer.

> O amor é uma grave moléstia mental.
>
> Platão

Numa época mais moderna, Simone de Beauvoir sentiu mais ou menos a mesma coisa: depois da menopausa, disse ela, de repente viu o mundo com clareza pela primeira vez, como se uma neblina pesada se dissipasse.

> As velhas se orgulham de sua independência; começam finalmente a ver o mundo com seus próprios olhos (...) sãs e desconfiadas, é comum desenvolverem um pungente cinismo.
>
> Simone de Beauvoir

Para Buda e os outros Sábios da Floresta da Índia, que tiraram muitos de seus ensinamentos fundamentais do Bhagavad Gita e dos Upanishades, a luta humana mais básica não é a busca externa de comida, abrigo ou parceiro — ou uma viagem à Disney World, ou um plano melhor de aposentadoria — mas sim a tentativa de dominar nossas paixões, nossos desejos e anseios interiores. Se não for contido pela prática da meditação, restringido pela razão prática, expresso por hábitos saudáveis ou transcendido pelo despertar consciente, o querer constante dá origem a apegos, que são considerados a fonte de todo sofrimento. A expressão insalubre dos apetites e aversões causa todo tipo de mal-estar; mas o mesmo acontece com sua repressão insalubre por forças sociais mal direcionadas.

Os cabalistas judeus, os gnósticos cristãos, os sufis islâmicos, os brâmanes hinduístas e os despertados pelo budismo ensinam, todos eles, teorias, técnicas e métodos para conduzir de forma sensata as próprias paixões. Se você pratica a união com a Divindade Cósmica ou a descoberta do Vazio Cósmico, isso é com você. Os caminhos do autodomínio parecem-se com os raios de uma roda: todos levam, mais cedo ou mais tarde, ao centro. (Alguns, contudo, são mais retorcidos e, portanto, mais difíceis de seguir que os outros.) O que há no centro? Para alguns, Deus; para outros, o vazio; para todos, equilíbrio. Este é, de fato, o significado esclarecido de *"jihad"*: o domínio das próprias paixões — e não uma "guerra santa" contra os não muçulmanos. Do mesmo modo, "nirvana", que muitos ocidentais igualam à perfeição ou ao paraíso, significa um estado de resfriamento das próprias paixões — "ficar frio" com relação aos fenômenos sensuais ou à extinção da chama do desejo. Manter-se frio é estar no nirvana: você funciona da melhor maneira possível, porque está livre do mal-estar.

> Arjuna indagou:
> — Senhor! Dizei-me, o que leva alguém ao pecado, mesmo contra a sua vontade e como se por compulsão?
> O Senhor Sri Krishna disse:
> — É o desejo, é a aversão, nascidos da paixão. O desejo a tudo consome e corrompe. É o maior inimigo do homem.
>
> Bhagavad Gita

> Budismo é razão.
>
> Nichiren Daishonen

Em essência, os sábios chineses estão de acordo e acreditam que é a razão, e não a paixão, que dá origem à virtude (e a paixão, e não a razão, que dá origem ao vício). Como escreveu Lao-tsé, "Quem vence os outros é poderoso; quem vence a si mesmo é sábio".

Apesar de influências tão abundantes e elevadas do mundo todo e de todos os milênios, a maioria das pessoas costuma achar difícil controlar a paixão pelo exercício apenas da razão. Na verdade, as paixões ganham com tanta freqüência que muitos acreditam que os seres humanos estão "programados" para serem assim. Muito antes que a noção de "programação" se tornasse comum, a idéia essencial foi incrustada na doutrina católica romana do pecado original, inventada por Santo Agostinho. Mas até ele rezava em suas *Confissões*: "Senhor, tornai-me casto — mas não agora!" Queria ser racional em vez de desejoso (apaixonado) — só que mais tarde. E foi, claro, a paixão que o levou a rezar pelo adiamento da própria renúncia, como um fumante que promete largar o hábito... depois de um último cigarrinho. Ou um alcoólatra, depois de uma última bebedeira.

Então nascemos todos com defeito, pelo Gênese ou pela evolução? Neste caso, é fútil tentar vencer a paixão com a razão? Se não, como fazer isso? E temos mesmo de agir assim? Afinal de contas, somos entidades físicas e para manter a própria vida é necessário satisfazer regularmente os apetites do corpo — primariamente, sede, fome, amor e afeição. Mesmo nossa razão concordaria que devemos satisfazê-los para exercer a própria razão. Se você está sedento, faminto, excitado ou simplesmente ávido de afeição, pode ser necessário um esforço enorme para realizar as funções cognitivas mais elevadas (como desenvolver sua filosofia de vida) antes de aplacar temporariamente este apetite. As pessoas muito criativas conseguem transformar sua energia apaixonada em grandes obras de arte, o que às vezes significa levar vidas totalmente insensatas. Além disso, nem todo mundo pode, ou deve, fazer isso, nem consegue ganhar a vida assim, sequer sobreviver desta maneira.

Mas com um pouco de orientação, quase todo mundo pode transformar sua energia apaixonada na arte de viver sensatamente. Assim, seu objetivo não deveria ser erradicar as paixões; deveria ser usar a razão para canalizá-las para formas de expressão benéficas, em vez de prejudiciais.

A partir deste modo de pensar, fica mais claro por que quem não teme a morte é poderoso — para o bem ou para o mal. A maioria dos pais sacrificaria a vida pelos filhos. Os bombeiros arriscam e perdem a vida por estranhos. Os soldados dão a vida por seu país. Este sacrifício é possível quando a paixão pela própria vida fica abaixo dos princípios do dever para com os outros ou para com outras causas — uma vitória da razão sobre a paixão. Também pode ser interpretado como a vitória da paixão de servir aos outros sobre a paixão de preservar-se a si mesmo. Pode até ser interpretado como um modo de dar significado à vida, sacrificando-se por uma "boa causa".

Assim, a coragem pode ser boa ou má: o destemor dos bombeiros (por exemplo) dedica-se a salvar vidas, o que é uma paixão benéfica guiada pela razão certa; o destemor do terrorista suicida num atentado dedica-se a tirar vidas, o que é uma paixão prejudicial guiada pela razão errada.

Nos tempos modernos, Freud pintou um retrato especialmente sinistro da luta entre a paixão e a razão, introduzindo um terceiro elemento no conflito: o inconsciente. Se sabemos de um determinado desejo, podemos utilizar a razão para encontrar a melhor maneira de satisfazê-lo. Mas se ficamos sem saber dele, não podemos raciocinar sobre nosso caminho rumo à satisfação ótima, mas ainda podemos ser forçados a coçar a comichão a qualquer custo. Podemos ficar escravizados aos nossos desejos inconscientes não atendidos ou não atendíveis, e as paixões ocultas nos recessos mais profundos da mente podem levar nossa razão a caminhos distorcidos que se revelam na vida cotidiana, mesmo que não tenhamos consciência de sua verdadeira fonte. Vidas inteiras podem ser arruinadas ou desperdiçadas no processo. Melhor, então, que conheçamos nossas paixões, as conscientes e as inconscientes, para que a razão possa nos ajudar a exprimi-las de forma construtiva.

Nem tudo o que é inconsciente é mau ou dedicado somente às paixões. Podemos até raciocinar inconscientemente, como quem resolve problemas dormindo. O químico Kekulé, que descobriu a forma da molécula de benzeno, ficou famoso ao passar exatamente por isso. Vinha matutando sobre as formas possíveis há anos, sem sucesso visível. Em vez disso, a descoberta aconteceu certo dia quando cochilava num ônibus. Ele acordou com a imagem exata da estrutura em anel da molécula na mente. Muita gente aprendeu a elaborar os problemas enquanto dorme ou descobriu acidentalmente como dar instruções a si mesmo para fazer isso. Os sonhos são outro modo de elaborar problemas, no qual os aspectos imaginativo, intuitivo e integrativo da mente humana põem-se a funcionar. Os sonhos são muito racionais, mas vêm trajados com roupagens fantásticas.

Embora a razão e a paixão funcionem ambas nos níveis mais profundos da consciência e embora ambas sejam bastante óbvias no fluxo da vida cotidiana, um dos objetivos mais antigos da humanidade é libertar-se da invasão da paixão nos terrenos mais elevados do pensamento. Enquanto lutamos, contudo, é importante recordar que a razão também pode ser destrutiva. Para citar apenas um exemplo: o Holocausto nos ensinou muitas coisas, entre elas como a razão calculista pode ser abominável quando a serviço do ódio fanático. Os seres humanos são ao mesmo tempo as criaturas mais racionais e mais emocionais da face da Terra. Podemos equilibrar essas forças para obter o melhor e evitar o pior da humanidade? Não é fácil, mas temos de tentar.

COMO EQUILIBRAR RAZÃO E PAIXÃO

De todas as capacidades que nos concede nosso grande cérebro — linguagem, ferramentas, cultura, a capacidade de reformar nosso ambiente e estruturar nossa vida e assim por diante — o exercício da razão é o poder mais espantoso. Mas quanto mais sabemos, mais percebemos que não sabemos. Ainda assim, a razão nos fez descer das árvores, sair das cavernas, subir aos céus, descer aos mares, rodear a Lua e pode nos levar além de nosso sistema solar.

Cada pessoa concebe-se a si mesma como perfeitamente racional, mas acredita que os *outros* agem da forma mais irracional. Thomas Hobbes observou corretamente que as pessoas tendem a invejar a beleza, a riqueza, o poder, a influência, as realizações e tudo o mais umas das outras, mas notou (com alívio) que nunca encontrara ninguém que invejasse a sabedoria de outrem. Isso fala horrores sobre o conceito do ser humano sobre si mesmo — uma combinação de vaidade e arrogância.

A paixão nunca está inteiramente ausente nem completamente contida. Nem deveria estar. E que inumano seria o mundo se assim fosse! Na série *Jornada nas estrelas* original, o Dr. McCoy vive frustrado com a incapacidade do Sr. Spock de sentir emoções, sem as quais McCoy não pode comunicar seus ideais humanos. Um mundo de Sr. Spock, sem nenhum Capitão Kirk nem Dr. McCoy, seria totalmente lógico mas desprovido de emoção e, portanto, desprovido também de carinho e empatia. Os sentimentos fortes, quer sejam positivos (amor, bondade, gratidão) ou negativos (ódio, inveja, frustração), nos impelem a agir por eles, não por nós. A paixão não pode ser dissipada apenas pela razão e sempre deve ser expressa. Embora o melhor uso da paixão seja a compaixão, as paixões humanas podem ser explosivas ou fumegar enterradas antes de estourar em chamas. A chave é direcionar a explosão e conter o fogo, de modo que o sentimento seja exprimido enquanto se minimizam os danos e maximizam os benefícios. Mesmo as paixões positivas têm de ter controle, como o amor, que permite (ou obriga) que toleremos algum mal-estar, mas, tomara, não muito. Descobertas recentes da neuropsicologia, como as relatadas por Antonio Damasio em *O erro de Descartes*, nos mostram que, na verdade, os seres humanos precisam das emoções para raciocinar direito. As pessoas não são máquinas, nem devemos nos comportar como máquinas. (Mais sobre isso no capítulo 9.)

A filosofia pode nos guiar para encontrarmos um equilíbrio bem-sucedido nesta luta inerente e incessante entre a razão e a paixão, refreando os efeitos prejudiciais das paixões e, ao mesmo tempo, formulando princípios sensatos para a vida. A razão pode temperar a paixão, afrouxando o domínio da emoção e oferecendo formas construtivas de exprimir sentimentos destrutivos. A paixão vence a razão a curto prazo, para o bem ou para o mal. Mas a razão vence a paixão a longo prazo, mais para o bem que para o mal. Quando nos apaixonamos nos comportamos (muitas vezes deliciosamente) de maneira irracional, enquanto a raiva nos leva a "perder a cabeça" e fazer coisas de que mais tarde podemos nos arrepender. Seja como for, as paixões tendem a inflamar-se "no calor do momento", um calor que derrete temporariamente o poder da razão. Mas nossa vida pessoal, social, civil, profissional e política é governada, em última instância, por princípios, e estes princípios são escolhidos pela razão e pelos consortes da razão, como reflexão, interpretação e experimentação.

Você pode poupar-se de muito mal-estar esperando simplesmente que todos (inclusive você) afirmem ser racionais, mas sem esperar que alguém aja racionalmente a curto prazo. E esperando que todos neguem ser governados pela paixão, mas que se comportem apaixonadamente a curto prazo. Deste modo, quando encontrar seres mais evoluídos que conseguiram chegar a algum tipo de equilíbrio, ficará agradavelmente surpreso e não perderá tempo e energia esperando o que não vem naturalmente do rebanho. No capítulo 12, examinaremos com mais profundidade os problemas da expectativa.

Este modelo simplista tem problemas, contudo, porque a paixão e a razão não são estritamente separáveis. Diversamente do açúcar e da farinha, ou do pó de café e das folhas de chá, não são tão fáceis de guardar em vidros separados. Por exemplo, você pode sentir a paixão de viver segundo aqueles princípios que racionalmente especificou para si. Os casos a seguir ilustram a interação complexa entre razão e paixão na vida dos indivíduos.

O caso de Jack: a corda bamba existencial

Jack era médico e escritor de sucesso e sustentáculo de sua comunidade. Estava casado com Joanna há vinte e cinco anos e tinha dois filhos na universidade. Jack e Joanna se amavam e nenhum deles queria dar fim ao casamento. Então por que Jack buscou aconselhamento filosófico? É que Jack tinha uma amante, uma mulher mais jovem chamada Sylvia, com quem também compartilhava uma fatia de sua vida. Sylvia estava fazendo pósgraduação e Jack pagava seu aluguel e a ajudava com as contas. Eram também amantes apaixonados. Joanna sabia mais ou menos de Jack e Sylvia — é quase impossível viver casado com alguém durante vinte e cinco anos e não saber mais sobre esta pessoa do que às vezes se quer — mas não via a moça como ameaça fatal a seu casamento. Pelo contrário, achava que Jack precisava de um caso (talvez até um caso mais sério) para manter seu equilíbrio emocional e acreditava que ele superaria isso e voltaria ao seu "bom senso", ou seja, à sua vida "sensata" com ela. E talvez estivesse certa.

Mas por que Jack buscou aconselhamento filosófico? Não estava tudo "jóia" com o arranjo? O próprio Jack não estava. Viu-se preso num conflito entre a racionalidade de seu casamento com Joanna e a paixão de seu envolvimento com Sylvia. Um cínico talvez observasse que Jack queria "assoviar e chupar cana ao mesmo tempo", mas Jack não era desse tipo. Era um intelectual sério e um judeu praticante. Tecnicamente, não estava cometendo adultério, porque Sylvia não era casada (caso se queira esmiuçar os conceitos religiosos patriarcais).

O que Jack buscava era uma explicação racional para suas paixões de manter ao mesmo tempo seu casamento e sua amante. Isso é diferente de um "diagnóstico" psicológico ou de uma sanção moral. Ele sabia que sua situação não era uma reação psicológica a algum trauma da infância. Nada tinha a ver com Édipo também. Também não a via como "crise da meia-idade". Nem se sentia especialmente culpado. Não buscava absolvição moral.

Queria entender, em termos racionais, exatamente que tipo de criatura é um homem como ele e que tipos de arranjos sociais são sustentáveis, para ele e para aqueles de quem gosta. Essas são questões essencialmente filosóficas.

A essência evolucionária do macho humano é ser o protetor e o provedor de sua família. Em troca, precisa que a família lhe reconheça a competência. Jack cumprira otimamente sua tarefa com Joanna e os filhos e com toda certeza ela valorizava isso, embora não os filhos, é claro. Criados na riqueza, tinham-na como coisa natural, assim como o pagamento de sua universidade. (Não espere gratidão dos filhos.) Mas Sylvia não crescera na riqueza e valorizava muito a capacidade de Jack como provedor. A paixão não saciada de Jack por reconhecimento como provedor de sustento estava destinada a atrair alguém como Sylvia, que precisava ser sustentada e era capaz de demonstrar seu reconhecimento. Tudo isso funciona em nível sociobiológico e independe das características específicas do relacionamento: é um fenômeno fundamental das relações humanas. Não se manifesta deste modo em todo mundo, mas ocorre com muita gente em muitas culturas. E sociedades diferentes encontraram diferentes maneiras de lidar com isso.

A monogamia funciona com alguns casais, preferivelmente com a maioria, ainda mais quando a vida é uma luta ou quando ambos os pais investiram muito no sucesso dos filhos, ou quando há um encaixe entre almas gêmeas, ou onde a cultura reforça-a (ou obriga-a) com vigor. Mas dado o atual nível de divórcios no mundo desenvolvido, o casamento monogâmico de longo prazo tornou-se mais a exceção do que a regra. Num extremo, os franceses parecem menos sensíveis que a maioria quando se trata dessa questão: no funeral do presidente François Mitterrand, a viúva e a amante consolaram-se abertamente na televisão global. Em contraste, os norte-americanos ainda sofrem de um resíduo puritano, bem como do padrão dúplice de sustentar a maior indústria pornográfica do mundo. Assim, o presidente Clinton foi processado por seu caso com uma estagiária da Casa

Branca. É difícil imaginar a primeira-dama e a amante de um presidente norte-americano consolando-se em seu funeral.

Não há regra geral para o que qualquer caso — seja ocasional ou sério — fará a um casamento. Algumas esposas vão querer divorciar-se do marido meramente porque este olhou para outras mulheres, enquanto outras esposas têm seus próprios amantes enquanto os maridos se mantêm fiéis. Na minha opinião, o arranjo ideal é a monogamia, sempre que puder se manter. Mas em minha experiência de orientador, vi casamentos acabarem mas também sobreviverem em parte devido aos casos. Vamos voltar a esta questão no capítulo 8.

Então, onde fica Jack nisso tudo? Em termos filosóficos, o existencialismo é um bom ponto de partida para Jack conciliar sua razão com a paixão. Nietzsche descreve-o da seguinte maneira: "O homem é uma corda estendida entre o animal e o super-homem — uma corda sobre um abismo." A faceta animalesca do homem deve às vezes exprimir-se, mas a consciência do homem lhe diz que é mais que um animal. Da mesma forma, a aspiração do homem de ser a imagem de Deus também se exprime, às vezes com arrogância: o super-homem escapa aos conceitos comuns de certo e errado (a "moralidade do rebanho" para Nietzsche). Mas a consciência do homem lhe diz que se fosse mesmo um deus não teria de escapar de regra nenhuma. Assim, deve ser menos que um deus. Isso o coloca na corda bamba: nossas concepções de nós mesmos como animais e como deidades estão ambas ligadas e também ambas erradas. Ultimamente Jack passou muito tempo nesta corda bamba e procura um jeito de descer. Não tem medo de encontrá-lo.

O caminho para baixo vai direto para o próprio abismo, que alguns acham apavorante contemplar mas que, na verdade, é um lugar maravilhoso. É ali que descobrimos nossa verdadeira natureza humana: nem animal, nem deidade. É no abismo que a filosofia existencial encontra a psicologia budista e acha suas razões para a paixão. Jack tem de descobrir quem é, seja qual for a apreciação de Joanna ou de Sylvia, pois só então poderá apreciar a si mesmo e, assim, evitar envolvimentos potencialmente conflitantes com outras pessoas. A paixão de Jack pela razão pode levá-lo além de Joanna e de Sylvia ou levá-los a todos numa excursão em grupo ao abismo.

O caso de Barry: enfrentando o impensável

A razão e a paixão disputam a supremacia também no caso de Barry. Mais uma vez não são estritamente opostas: a razão está atrelada a um conjunto sofisticado de paixões nobres, tais como a capacidade de amor altruísta, a fé duradoura na justiça e o desejo candente de compreender e entender circunstâncias dolorosas.

Barry estava completamente satisfeito com seu casamento de dezenove anos e orgulhava-se de ser bom marido, bom pai e bom provedor para Sue e seus filhos. Mas Sue vinha ficando cada vez mais insatisfeita há anos, embora não tivesse realmente comunicado isso a Barry. Afinal, seu segredo veio à tona de uma das formas mais dolorosas que se pode imaginar: certo dia Barry encontrou a esposa na cama com seu melhor amigo, Sam. Não há confronto mais violento entre paixão e razão. Para piorar ainda mais as coisas, a esposa de Sam, Patty, também era amiga e vizinha de Sue e os filhos das duas famílias brincavam juntos regularmente. Ambas as famílias estavam sendo devastadas pelo preço de um caso.

Quando Barry entrou no quarto naquele dia, se tivesse seguido sua paixão humana mais primitiva teria arranjado uma arma e matado a esposa e o melhor amigo — e nosso sistema jurídico teria reconhecido este crime como passional, o que, afinal, mitigaria sua pena, caso fosse condenado. Se, em vez disso, tramasse um assassinato a sangue frio, seu crime seria considerado muito mais grave. Nossas leis refletem uma distinção moral essencial entre os crimes cometidos no fulgor do momento, impelidos por emoções extremas, e aqueles calculados com antecedência (ainda que iniciados pela mesma causa — neste caso, a descoberta de uma infidelidade conjugal). Somos considerados menos culpados pelos primeiros. A suposição implícita é que a razão, tendo tempo para funcionar, devia ser capaz de vencer qualquer paixão.

Na verdade, Barry não reagiu de nenhum modo violento à horrível revelação da traição da esposa e do amigo. Suas fortíssimas convicções morais permitiram-lhe absorver o extremo desconforto emocional sem retaliação e seu compromisso intelectual com a idéia da justiça permitiu-lhe buscar uma solução não violenta. Ou seja, sua razão ordenou-lhe que controlasse a tempestade de suas paixões. Ainda assim, sua razão também se baseava na paixão — ou seja, sua profunda preocupação com o bem-estar não só de si mesmo como também dos filhos e até da esposa, assim como com o da esposa e dos filhos de Sam. (É compreensível que Barry estivesse menos preocupado com o bem-estar de Sam. Barry não fingia estar sereno.)

A filosofia básica de vida de Barry, que o ajudou a passar por esta extensa crise, era, em essência, cristã. Acreditava que quem age errado será condenado pelas próprias ações ("Colhemos o que semeamos") e que, como vítima de uma má ação, não devia causar mal ainda maior na vã tentativa de corrigir os males a ele causados ("Dar a outra face"). Isso manteve Barry estável e lhe permitiu concentrar sua paixão na justiça, em vez de na retaliação ou na vingança.

Então por que Barry buscou aconselhamento filosófico? Porque, embora tivesse muita fé no julgamento final de Deus, ainda buscava ajuda para aplicar a razão e exprimir a paixão no aqui e agora. E o "aqui e agora" ficava mais complicado a cada minuto, pois revelou que Sue anunciara sua intenção de divorciar-se de Barry, enquanto Sam anunciara a intenção de divorciar-se de Patty. Para Barry, era claro que este era um prelúdio para a união declarada de Sue e Sam. Para complicar ainda mais as coisas, Barry passava pela agonia de uma mudança forçada de carreira: seu patrão acabara de enxugar a empresa e o demitira. As duas coisas a que dava mais importância e que tinham sido como rochas sólidas em sua vida, ou seja, seu casamento e seu emprego, evaporaram da noite para o dia. A vida de Barry virou um torvelinho e ainda assim ele permaneceu bastante calmo e funcional. E nem recorreu a medicamentos. Em vez disso, desenvolveu uma interpretação construtiva das circunstâncias da vida que lhe permitiu agüentar esta dura tempestade emocional.

A razão de Barry lhe disse que estava trocando de pele, metamorfoseando-se, sendo transportado para um estágio novo e ainda desconhecido de sua vida. Isso pode ser excitante, além de amedrontador. A disposição de Barry de exercer sua liberdade para interpretar os acontecimentos, ainda que dolorosos, sob uma luz positiva e não negativa encorajou-me a lhe apresentar uma idéia ainda mais ousada: existencialista outra vez, mas agora do tipo de Sartre, em vez de Nietzsche. Já que Barry entregara à razão a responsabilidade pela sua liberdade, sugeri-lhe que considerasse se tinha também alguma responsabilidade por suas paixões. Jean-Paul Sartre afirmaria que sim.

Quando se diz: "Sue dormiu com Sam e deixou Barry irritado", Sartre responderia que, embora Sue e Sam tenham responsabilidade pelo que fazem, Barry tem responsabilidade pelo que sente. (Esta também é a conclusão dos estóicos, mas por razões diferentes.) É preciso ter cuidado aqui: a idéia é poderosa e ao mesmo tempo confere poder, mas nem todo mundo está pronto para aceitá-la. Quem se sente completamente vitimado pelas circunstâncias ficará ainda pior com ela, até que esteja pronto a aceitar seu quinhão de responsabilidade pelo que lhe acontece. Se um raio o atinge, é claro que você não é responsável pela descarga elétrica na atmosfera. Mas talvez seja responsável por jogar golfe durante uma tempestade. Vê? É uma questão de como se joga com as probabilidades. Você pode fazer um bom jogo e ainda assim não ter sorte, mas não há desculpa para jogar mal e depois culpar a má sorte.

É preciso sabedoria para aceitar exatamente a quantidade certa de responsabilidade pelos eventos que atingem sua vida. Se aceitar demais, pode tornar-se um solipsista — ou seja, uma pessoa que acha que é única no mundo e, portanto, responsável por tudo. O próprio Sartre flertava às vezes com o solipsismo. Mas se aceita de menos, pode ser vítima da generalizada mas perniciosa doutrina da vitimologia: todo mundo é totalmente refém das circunstâncias passadas da vida pessoal e da história coletiva e, por si só, nada pode fazer para melhorar seu destino. Sua principal função é buscar compensações pelo que lhe "fizeram". Este ponto de vista tragicamente enganoso não permite aceitar o dom maravilhoso da vida, exceto como um grande mal feito a alguém que precisa ser corrigido de algum modo pelos outros.

Como Barry não adotava nenhum desses pontos de vista danificados e danosos, estava pronto para contemplar seu grau de responsabilidade por sentir-se pior ou melhor a respeito dessas mudanças súbitas em sua vida.

> (...) Digo que o homem está condenado a ser livre. Condenado, porque não se criou a si mesmo, mas mesmo assim está em liberdade, e a partir do momento em que é lançado neste mundo, é responsável por tudo o que faz (...) o homem é responsável por sua paixão.
>
> Jean-Paul Sartre

Mais uma vez, é aí que a filosofia existencialista se encontra com a psicologia budista. Afinal, Sartre avistou uma verdade profunda, ou seja, que aquilo que sentimos em reação aos eventos (paixão) é, no fundo, uma questão de como entendemos a conexão entre nós e aqueles eventos (razão). A razão certa não elimina nem anestesia a paixão — isso é o que o estoicismo (ou seja, levar as coisas "filosoficamente") tenta fazer. A razão certa faz mais que isso: permite a transformação de paixões negativas em positivas. Embora alguns existencialistas tenham avistado esta verdade em teoria, não descobriram por completo o passo seguinte:

aplicá-la à sua vida na prática. Como o existencialismo, a filosofia budista afirma que as atitudes e emoções psicológicas de uma pessoa são passíveis de mudança através do raciocínio certo. Diversamente do existencialismo, a filosofia budista também ensina técnicas e práticas para fazer com que as mudanças desejadas e desejáveis aconteçam. Barry queria ler mais por conta própria sobre essas idéias e depois discuti-las comigo. Assim, sugeri-lhe algumas leituras.

Em questão de meses, Barry conseguiu ver favoravelmente e até tirar vantagem daquilo que muita gente chamaria de grande crise. Passou pelo divórcio, obteve a guarda dos filhos e embarcou numa nova carreira, no espírito de encetar uma jornada filosófica. Muito se fala hoje em dia sobre o ideograma chinês da "crise", que combina "perigo" com "oportunidade'. Quem consegue encontrar a oportunidade no perigo, o que significa descer daquela corda bamba e explorar o abismo, nunca entra em crise.

COMO DOMINAR O MEDO

Um uso prático de seus poderes racionais é distinguir mal-estar de doença, classificar suas reações emocionais (sejam biológicas ou psicológicas) e determinar o grau em que é possível controlá-las com suas funções cognitivas mais elevadas. O medo está entre as emoções mais poderosas com que lutamos e quem consegue dominar o medo pode dominar também as outras. Dominar o medo não significa necessariamente que se vá parar de senti-lo, mas sim que ele vai deixar de paralisá-lo. Pessoas corajosas também sentem medo, assim como sentem fome, sede, calor, frio e dor, mas não são debilitadas por ele. Somente os imprudentes são destemidos, e isso não é lá muito bom para eles.

Você é biologicamente programado com respostas físicas imediatas provocadas por qualquer ameaça percebida — aquele antigo conjunto evolucionário de mudanças fisiológicas rápidas conhecidas como "lutar ou correr". Seu corpo não se importa com o que vai acabar fazendo, porque a preparação para ambos é a mesma, em termos fisiológicos, e os dois estão além do controle consciente comum. A reação de "lutar ou correr" acontece na parte mais antiga do cérebro, o sistema límbico, que é pré-lógico e não responde a idéias, sejam boas ou ruins. A decisão executiva de como agir é tomada no neocórtex do cérebro (o "novo cérebro").

Mesmo assim, você pode aprender a dominar todo tipo de medo e ansiedade, impedindo que cresçam e se transformem em coisa mais debilitante. (As fobias irracionais e transtornos semelhantes são outra coisa. A filosofia sozinha não pode fazer muito para combatê-los, mas a hipnoterapia e a terapia comportamental podem.) Tomemos como exemplo meu amigo Bob. Certa vez saltou de pára-quedas para impressionar a namorada. De pé lá em cima na porta do avião, tentando juntar coragem para pular no ar — este, sim, é um abismo —, estava simplesmente apavorado. Seus mecanismos de autopreservação entraram em pânico total, implorando-lhe que voltasse para dentro do avião e encontrasse uma namorada mais comum, se necessário. Mas ele pulou assim mesmo. Seu pára-quedas abriu, ele flutuou até o chão e a namorada ficou bastante impressionada. Embora Bob nunca saltasse de novo, provou à namorada e, mais importante, a si mesmo que realmente podia fazê-lo. Do mesmo modo, soldados, praticantes de artes marciais e outros que se preparam para o combate aprendem a dominar o medo elementar da morte. Aliás, o mesmo fazem milhões de pessoas comuns que voam diariamente nas linhas aéreas comerciais. Se conseguem controlar a mais forte das emoções, você também consegue, além de um monte de outras emoções mais fracas, usando sua razão e sua vontade. Em última instância, se você deixar, suas faculdades mais elevadas estarão no comando, apesar da programação biológica.

SEJA MAJESTOSO

Quando passamos da biologia para o terreno da psicologia, encontramos um problema diferente. Enfrentar situações desagradáveis mas que não ameaçam a vida, como ser alvo de zombaria ou implicância, ser tratado de forma injusta ou ser vítima de um crime não violento, causa um mal-estar que vai de leve a extremo e que fica profundamente (e às vezes de forma nociva) registrado na memória. Mecanismos desconhecidos sincronizam a recordação dos eventos propriamente ditos com a recordação dos maus sentimentos a eles associados. O problema é que repassar um episódio de mal-estar pode ser como vivê-lo de novo, porque as lembranças de maus sentimentos produzem os maus sentimentos equivalentes. Isso é bem diferente dos problemas puramente biológicos: lembrar-se de ter sentido uma sede horrível num dia quente, por exemplo, não deixa você com sede outra vez. Mas lembrar-se de um episódio triste da sua vida pode deixá-lo triste de novo. Até mesmo recordar um episódio feliz pode deixá-lo triste, por não estar vivendo aquela felicidade agora. Mas, novamente, recordar um episódio triste também pode deixá-lo feliz, por não estar enfrentando aquela tristeza agora. É possível beneficiar-se dessa simetria. É você quem está no comando de seu próprio armazém de lembranças e só você despacha os mensageiros mentais para buscá-las. Então, por que não escolher lembrar-se de coisas felizes, em vez de coisas tristes? E por que não ficar feliz porque as coisas tristes já passaram?

Este círculo entra em ação quando crianças agredidas repetem o padrão familiar de comportamento e casam-se com agressores ou agridem os próprios filhos. Mas observe que isto não acontece sempre nem necessariamente. Alguns pais são boníssimos com os filhos exatamente porque foram torturados quando crianças. Não há necessidade de repetir os erros de uma geração a outra. Somos obrigados a herdar os genes de nossos pais, mas não somos obrigados a herdar suas imperfeições morais.

Ter "cicatrizes emocionais" é apenas uma figura de linguagem. Todas as partes de seu cérebro despertadas por qualquer emoção específica, não importa quão extremada, parecem normais num exame físico: nenhuma cicatriz nem lesão real. Se você precisa de cinco anos de psicoterapia ou dez anos de psicanálise para lidar com a "cicatriz" figurativa, pois que seja. Mas também pode usar sua razão para distinguir uma cicatriz física permanente de uma má recordação transitória. Pode até substituir as más lembranças por boas, a começar de agora, exercendo sua vontade para sentir uma coisa positiva. Deste modo, pode curar até uma psique "ferida". Essas pequenas aspas fazem uma grande diferença: significam mal-estar, não doença.

Há uma emoção que vai além da felicidade e da tristeza juntas, que é a majestade. Uma aluna de filosofia que tinha excelente musicalidade mas cuja educação musical fora negligenciada começou a ouvir música barroca por sugestão minha. Embora a complexidade harmônica e a estrutura profunda exercessem forte atração sobre sua inteligência, ela ficou imediatamente arrasada com seu conteúdo emocional. "É tudo assim tão triste?", perguntou-me certo dia. Respondi que não era apenas triste, mas majestosa. Muitos compositores barrocos foram não só grandes artistas criativos como também viveram numa cultura que lhes permitiu ter um rico ponto de vista sobre a vida — uma janela para o mundo — que pouquíssimos artistas tiveram o privilégio de gozar desde então. Como resultado, sua visão geral da vida tornou-se majestosa e foram capazes de infundir esta majestade em suas composições. Sua música, como toda grande música, captura as experiências mais profundas tanto de alegria quanto de tristeza — e tudo o que há entre elas, passando por todo o espectro emocional. Se a aluna de filosofia fosse uma pessoa mais feliz, poderia ter perguntado. "É tudo assim tão alegre?" E minha resposta seria coerente: "Não é apenas alegre; é majestosa."

E este é exatamente o modo que você pode preferir para ver a sua vida: como majestosa. Talvez nunca consiga sentir-se feliz, triste ou indiferente por um ato de vontade, mas sempre pode escolher onde localizar suas emoções num mapa maior: o mapa da nobreza da existência, mesmo em face de sua impermanência. Todo ser humano pode sentir a maravilha de estar vivo e episódios de felicidade e tristeza apenas aumentam a beleza e a majestade disso tudo. Pense em si mesmo como uma montanha majestosa na vasta cordilheira humana. Descreva-se como o grande filósofo ambiental John Muir descreveu os picos do Yosemite:

> Alguns se inclinam em majestoso repouso; outros, quase ou absolutamente puros por milhares de metros, avançam além de seus companheiros em atitude pensativa, dando as boas-vindas tanto às tempestades quanto às calmarias (...) em majestade severa e inamovível, como essas rochas das montanhas são suavemente adornadas e como são educadas e confiantes as companheiras que têm.
>
> John Muir

FÉ

Sozinha, a razão não pode responder a todas as perguntas que os seres humanos são capazes de fazer. Grandes questões como "O que é a vida?", "O que é a consciência?" e "Existe alguma coisa após a morte?" continuam opacas à luz do pensamento, e assim a fé ainda tem um grande papel nos assuntos humanos. Os que não conseguem conviver com as incertezas inevitáveis que vêm com uma vida de razão costumam voltar-se para a fé religiosa, quer buscando o conforto de Deus em face do desconhecido (e do incognoscível), quer na esperança de encontrar respostas para esses mistérios nas Escrituras. A fé é uma paixão fortíssima, para o bem ou para o mal. A fé na justiça divina ou simplesmente em finais felizes ajuda algumas pessoas a suportarem o insuportável sem piorar as coisas para os outros. Mas a fé também pode levar pessoas a buscarem uma morte violenta e prematura para si e para os outros, fazendo do mundo um lugar pior do que aquele que encontraram. Assim, se alguém diz que possui muita fé, tem uma espada de dois gumes: serve para a guerra e para a paz. A fé é muitas vezes inimiga do exercício da razão, o que a torna uma paixão forte mas potencialmente capaz de cegar.

Ao contrário, a dúvida é uma ferramenta importante para exercer a razão e é complementar à fé. Assim, as pessoas que se baseiam inteiramente na fé acharão difícil exercer a dúvida, o que restringirá sua capacidade de fazer indagações filosóficas, deixando-as, talvez, ligadas de forma apaixonada a contos de fadas ou superstições. Ter fé não elimina a vivência da dúvida, mas pode levar a ocultar a dúvida, o que só leva à infelicidade. Mas a incerteza e a infelicidade, ou a dedicação a superstições, em especial se compartilhadas por grupos grandes, podem levar à zelotipia e mesmo à intolerância furiosa — e a um comportamento definitivamente insensato. As pessoas de fé que suprimem as próprias dúvidas buscam muitas vezes impor suas opiniões a todos, na vã esperança de que isso lhes aliviará as dúvidas. É claro que nunca dá certo. Para mim, a principal prova da fé de alguém é ver se pode simplesmente adorar seu deus em paz, sem tentar envolver ou coagir o mundo todo nisso.

Bertrand Russell observou que o bem ou o mal do povo não provém de sua fé religiosa; a fé amplia o que já existe. Toda religião baseada na fé tem capacidade de fazer isso, para o bem ou para o mal. Nenhuma fé é racional; toda fé é apaixonada. Walker Percy, grande romancista, filósofo e cientista social norte-americano, foi agnóstico durante a maior parte da vida. Quando, já mais velho, buscou professar uma fé, sua "listinha" de candidatos consistia de judaísmo, catolicismo romano e protestantismo. Depois de exaurir a razão tentando descobrir que opção escolher, tornou-se finalmente católico romano. Quando lhe perguntaram por quê, disse que, dentre os três, o catolicismo era o mais inacreditável e, portanto, o mais merecedor de sua fé!

É importantíssimo enfatizar que o bem ou o mal que as pessoas fazem no mundo não depende de terem ascendido aos cumes mais elevados da razão e, do mesmo modo, não depende da profundidade de seus poços de fé. Assim, se deseja melhorar sua vida e também fazer do mundo um lugar melhor de se morar, é hora de pensar em outro ponto de vista sobre a razão e a paixão que não as considere competidoras diretas.

> Homens cruéis acreditam num Deus cruel e usam sua crença para desculpar a crueldade. Somente homens bondosos acreditam num Deus bondoso, e serão bondosos de qualquer jeito.
>
> Bertrand Russell

RAZÃO E PAIXÃO JUNTAS: OS DEZ MUNDOS

Como vimos até aqui, já se dedicou muita filosofia à questão da razão contra a paixão e de como exercer uma delas muitas vezes significa ignorar a outra. Filósofos orientais e ocidentais supuseram há muito tempo que o ser humano está em guerra consigo mesmo e que o conflito fundamental é entre o intelecto e a emoção. No entanto, há outro ponto de vista sobre este assunto que vale a pena levar em conta e quero apresentá-lo aqui a você. É a idéia budista dos Dez Mundos, aplicada com muita eficácia à vida cotidiana por Nichiren Daishonen no Japão, no século XIII. Nichiren foi um tipo de Sócrates japonês. Professor sábio e benevolente, além de monge e estudioso budista, enfrentou graves problemas políticos quando denunciou a corrupção de sua época, em especial como o próprio budismo fora corrompido pelas classes dominantes e estava sendo mal usado para controlar e empobrecer as massas, em vez de esclarecê-las e ajudá-las a melhorar. (Toda religião passa por este estágio. Algumas ficam nele por muito tempo.) Como se pode imaginar, Nichiren fez inimigos poderosos ao dizer estas verdades. Também fez alguns amigos poderosos. Escapou por pouco da execução e sofreu um duro exílio. Mas sobreviveu e tornou-se um grande expoente do Sutra do Lótus, que incorpora, entre outras coisas, o ensinamento dos Dez Mundos.

Esses Dez Mundos são, na realidade, dez estados de espírito diferentes, que vivenciamos ao mesmo tempo. Estão todos presentes juntos, como os muitos ingredientes de um ensopado. Mas em qualquer momento dado, dependendo do que você pensa ou faz ou do que acontece à sua volta, vivenciará com prioridade um desses estados. Ele pulará para o proscênio de sua consciência e ensombrecerá os outros, mas só por algum tempo. Um estado se transforma em outro várias vezes ao dia (e também quando se está dormindo). O que são esses estados? Seus nomes são inferno, fome, animalidade, ira, tranqüilidade, alegria, erudição, absorção, *bodhisattva* (ajuda) e estado de Buda (despertar). O que os caracteriza? Primeiro vou resumir cada um deles e depois voltar ao caso de Barry, mostrando como funcionam na prática.

Inferno: Sempre que alguma coisa terrível ou mesmo desagradável acontece, você fica irritado ou perturbado. Qualquer ansiedade, medo ou outro mal-estar pode ser infernal. Doenças como a depressão crônica ou a fase deprimida da bipolaridade (maníaco-depressiva) são também infernais. Também o são o chefe do inferno, o emprego do inferno, o encontro do inferno ou o casamento do inferno. As pessoas consumidas pelo ódio estão no inferno. Sempre que sentimos dor ou sofrimento, estamos no inferno. É o pior mundo para se morar e está além tanto da razão quanto da paixão.

Fome: Não se refere ao apetite físico, mas aos anseios. As pessoas obcecadas têm esta fome, assim como as viciadas em álcool, drogas ou outras coisas. Muitos obesos têm uma fome terrível — seja de significado, propósito, amor ou afeição em sua vida — que tentam, mas não conseguem, satisfazer com comida. Comem o tempo todo e continuam famintos. Esses tipos de fome são paixões extremadas (ou não naturais).

Animalidade: São os apetites e impulsos animalescos que sua natureza corporal lhe confere. As necessidades normais de ar, comida, água, sono, amor, afeição, excreção e sexo são todas instintivas. Não são aprendidas. Ninguém lhe ensinou a sentir sede, cansaço, saudade ou desejo. Você não precisa de relógio para saber quando comer; seu estômago lhe diz. Nossos apetites animalescos são paixões normais (ou naturais).

Ira: Isso significa mais do que perder a calma. Algumas pessoas parecem enraivecidas o tempo todo; outras, intermitentemente mal-humoradas. Outras ainda se irritam com um determinado estímulo, seja um alarme de carro disparado na rua ou cheiro de perfume barato (ou nenhum perfume) no metrô. Outros ainda parecem envolvidos nalguma cruzada e estão perpétua e agressivamente pregando o seu programa, seja ele qual for. E há outros que vivem discutindo ou são supercríticos. E outros são arrogantes ou sádicos. Esses tipos de ira são paixões insensatas e exageradas.

Tranqüilidade: Este é um estado pacífico em que sua mente não é perturbada, como a superfície lisa de um lago num dia perfeitamente calmo. Muitas vezes chega-se a um estado mental tranqüilo depois de um violento esforço físico, de uma refeição pesada, durante a meditação, numa longa viagem, em devaneios ou nalgumas fases do sono. Nada em particular o perturba, nem você mesmo se perturba. Tranqüilidade é neutralidade e ausência tanto de paixão quanto de razão.

Alegria: Este é um estado de súbita felicidade, ou mesmo de êxtase. Talvez você tenha recebido um aumento ou uma promoção no trabalho. Talvez tenha dado uma renovada no visual ou comprado a casa dos seus sonhos. Talvez pediu-a em casamento e ela disse sim, ou ele a pediu e você disse sim. Quem sabe seu time ganhou o campeonato. Ou aconteceu uma surpresa agradável. Talvez os exames médicos tiveram resultado negativo e lhe deram um novo fôlego na vida. Nada é melhor que a alegria, enquanto dura. É a paixão mais risonha, mas por esta mesma razão não pode durar.

Erudição: Neste estado você exerce suas habilidades cognitivas, desenvolvendo seus músculos intelectuais. Pode estar aprendendo um novo idioma, um novo conceito, uma nova peça musical, um novo jogo. Pode estar estudando para uma prova, pesquisando uma tese ou navegando na internet. Pode estar se atualizando sobre o que anda acontecendo no mundo ou planejando uma viagem. Seja o que for, sua mente pensante está envolvida em alta rotação. Você é um ser racional.

Absorção: Absorção é descoberta, invenção, conexão. Suponhamos que esteja estudando geometria e acabou de aprender a relação entre a hipotenusa e os catetos de um triângulo retângulo. Esse teorema foi originalmente uma descoberta de Pitágoras. Do mesmo modo, Shakespeare concebeu *Macbeth*, Bach concebeu o *Cravo bem temperado*, Einstein concebeu que $E = mc^2$ e Salk concebeu a vacina contra a poliomielite. Com certeza você mesmo já concebeu muitas coisas no estado de absorção. Platão concebeu que as pessoas podem conceber e concebem idéias que outros já conceberam antes. Jung concebeu que novas concepções costumam acontecer ao mesmo tempo. A absorção é a razão inspirada pela paixão criativa.

Bodhisattva (*ajuda*): Eu não poderia estar escrevendo estas palavras e você não poderia lê-las sem muita ajuda dos outros. Pais, professores, treinadores e cuidadores todos ajudam. E também produtores de alimentos e de livros. Bombeiros e todos os que arriscam a vida por outros são ajudantes. Com certeza você também ajuda, pelo menos às vezes. O estado de espírito de quem ajuda é, em essência, um estado de doação. Em seus aspectos mais elevados, nada busca em troca, visando apenas substituir o mal-estar dos outros por bem-estar. Os que agem assim são chamados *bodhisattvas*. Seu maior objetivo — deles e também seu — é ajudar os outros a despertarem mais inteiramente. Eles — e você — são lâmpadas que iluminam o Caminho. A ajuda é a razão motivada pela compaixão.

Estado de Buda (*despertar*): Muita gente anda ou fala durante o sono. Não muita gente consegue dirigir assim, pelo menos não por muito tempo. Tudo o que você pode fazer dormindo faz melhor acordado (exceto dormir). Os outros nove mundos são estados da mente parcialmente desperta; alguns mais, outros menos. O mundo do total despertar é o estado de espírito de Buda. O Sutra do Lótus ensina que você já é um Buda, mas talvez ainda não tenha percebido isso direito. Este é o único estado em que até a dor e o sofrimento são bem aceitos. Ele é imune ao inferno. É o melhor mundo para habitar. E nada impede que você o habite, exceto seus outros estados de espírito.

Agora vamos voltar rapidamente ao caso de Barry para ilustrar como todos esses dez mundos se manifestaram em vários estágios. Durante muito tempo, Barry viveu em estado de alegria com Sue. E era bom para ajudar a ela e aos filhos. Tinha tranqüilidade na vida doméstica e no emprego. Durante tudo isso, por sua vez, também foi capaz de satisfazer seus instintos animais. Quando descobriu Sue na cama com Sam, entrou imediatamente no inferno. Sentiu por Sam uma ira candente e ansiou pela volta do estado de alegria com Sue. Através da erudição, aprendeu a conter suas emoções negativas, soube do descontentamento oculto de Sue e descobriu muitas coisas sobre os passos para obter o divórcio e a guarda dos filhos. Percebeu que passava por uma grande transformação na vida, que podia mobilizar recursos interiores para enfrentar os desafios e também que havia muitos ajudantes no mundo para lhe dar apoio, encorajamento e conselhos. Durante tudo isso, ainda teve de ajudar e guiar os filhos. Espantosamente, também teve serenidade para lidar com todos esses outros estados de espírito. Assim, Barry habitou continuamente todos os dez mundos, e passou de um a outro. Como todos nós.

> Para mentes diferentes, o mesmo mundo é um inferno e um paraíso.
>
> Ralph Waldo Emerson

TODA A VERDADE

Agora é hora de lhe contar um segredinho. Eu disse a verdade sobre os Dez Mundos, mas não toda a verdade. Veja, apresentei-os do ponto de vista do debate tradicional da paixão contra a razão. Como vimos antes neste capítulo, em sua maior parte as filosofias orientais e ocidentais buscaram, em geral, vencer a paixão e exaltar a razão. As paixões são retratadas como más, a razão como boa. Os ensinamentos de Nichiren, considerados como um ensinamento avançado de Buda, dizem coisa bem diferente. Com exceção do estado de completo despertar, todos os outros nove estados de espírito podem dar origem a conseqüências proveitosas ou danosas. É muito importante ter isso em mente, seja qual for o seu estado agora. Vou lhe dar alguns exemplos.

Sabemos que o inferno é mau. Que bem pode vir dele? Para começar, grandes obras de arte podem nascer de uma mente no inferno. Van Gogh é um exemplo, Dante outro. Mais perto dos nossos dias, Jim Morrison (dos The Doors) e Jimi Hendrix são outros exemplos. Belas pinturas, literatura, poesia e música podem vir do inferno. Além disso, muita gente que admira e aprecia essas obras fica grata por seus próprios infernos não serem tão ruins quando comparados àqueles.

Sabemos que a fome (como os anseios) é má. Que bem pode vir dela? Para começar, grandes reformas sociais ou políticas são provocadas muitas vezes por líderes com fome ou sede de justiça. O próprio Nichiren foi um bom exemplo, assim como Martin Luther King Jr. Pode-se também ter fome de verdade, como acontece algumas vezes durante anos com os cientistas, até vivenciarem a absorção e a concepção. Kepler e Pasteur são dois dentre muitos exemplos. Se esta fome estiver subordinada a uma causa mais elevada e não for corrompida pela ira, pode ser um meio para atingir um fim que valha a pena.

Sabemos que o debate sobre a animalidade ainda é candente. Por exemplo, veja a enorme variedade de atitudes quanto ao sexo, um de nossos impulsos animais mais fortes. Algumas culturas são abertas e naturais quanto à sua expressão; outras são apavoradas e repressoras. No ensinamento dos Dez Mundos, o estado animal da mente não é bom nem mau: o que realmente conta é o que você decide fazer com ele. Se exprime seu desejo sexual através do amor por um parceiro que o aceita (e que não esteja comprometido com outrem), isso é bom. Se você sai e estupra alguém, é mau.

Sabemos que em geral a ira é má. Que bem pode vir dela? Às vezes precisamos da força da convicção para demonstrar nossa seriedade ou para marcar uma posição. Às vezes pode ser necessário ser inflexível ou até veemente para esclarecer um ponto ou servir a uma causa. Suponhamos que você queira que seu filho pare de brincar com fósforos, mas ele é pequeno demais para entender o porquê. Se transmitir suficiente desprazer emocional quando ele pega os fósforos, a criança sentirá sua emoção e vai parar — para agradá-lo ou por medo do seu desprazer. Você não tem raiva do seu filho, mas precisa protegê-lo de si mesmo. A paixão controlada pode ser útil, como ao usá-la para evitar danos, e pode, portanto, ser boa.

Estamos habituados a acreditar que, em geral, a tranqüilidade é boa. Que mal pode vir dela? Algumas pessoas são tranqüilas ao ponto da procrastinação, da indolência ou da preguiça Isso é ter uma coisa boa em quantidade demasiada. Outros são tranqüilos ao ponto da apatia, de modo que, se algo realmente tiver de ser feito, não vão se envolver. Lembremos do caso famoso de Catherine Genovese, a pobre mulher atacada e esfaqueada até a morte em Nova York, em 1964, enquanto trinta e oito vizinhos seus viam e ouviam da janela, sem que nenhum interviesse nem chamasse a polícia. Sua tranqüilidade — neste caso, apatia — provavelmente custou a vida de Catherine. Assim, às vezes a tranqüilidade pode ser má.

Acreditamos que a alegria é maravilhosa. Que mal pode vir dela? Um sempre vem: a alegria acaba, e costuma acabar no inferno. Os maiores casos de amor são, inevitavelmente, os mais trágicos, desde Antônio e Cleópatra na história antiga até a lenda medieval de Tristão e Isolda e Romeu e Julieta na ficção. O gênio criativo também é arrebatado e costuma ter o mesmo fim infernal. Quando Ernest Hemingway não conseguiu mais escrever, matou-se. Depois de sofrer um derrame, Maurice Ravel ainda "ouvia" composições em sua mente, mas não podia tocá-las nem escrevê-las. Viveu quatro anos neste inferno, até morrer. A maioria das pessoas não sente tanta alegria, o que também é justo: a maioria delas não suportaria o preço elevado de seu fim.

Acreditamos que, em geral, a erudição é boa. Que mal pode vir dela? É possível aprender coisas úteis ou prejudiciais. Se você aprende medicina, pode curar os outros e aliviar o sofrimento. Se aprende terrorismo, pode prejudicar os outros e criar sofrimento. Mesmo coisas normalmente boas, como a medicina, podem ter aplicações más. Por exemplo, os médicos nazistas realizaram experiências bárbaras em seres humanos. Em nossa época, os computadores são ferramentas indispensáveis, mas fatos sobre a vida das pessoas aprendidos na internet podem resultar em roubo de identidade. Há muitos modos de aplicar a razão para maus fins.

Acreditamos que, em geral, a absorção é boa. Que mal pode vir dela? Assim como a erudição, a absorção pode ser um tiro pela culatra. A energia nuclear pode ser usada para gerar eletricidade, o que é bom, a menos que o núcleo do reator se derreta, como quase aconteceu em Three Mile Island e aconteceu em Chernobil. A descoberta da energia nuclear também permitiu a construção de armas nucleares, que são um problema persistente que ainda pode voltar. Os antigos chineses descobriram a pólvora e inventaram os fogos de artifício. Os europeus do início da era moderna descobriram a pólvora e inventaram as armas de fogo. Os sociopatas são seres calculistas, que usam sua inteligência inventiva para causar males selvagens. A razão criativa é uma faca de dois gumes.

Acreditamos que, em geral, ajudar os outros é bom. Que mal pode vir disso? Um amigo meu deu à filha uma boa quantia como presente de casamento, sem saber (na época) que ela e o marido eram viciados em cocaína. Adivinhe o que ela comprou? Uma estrada para o inferno, pavimentada com as boas intenções do pai. Em grande escala, considere o impacto das medidas de bem-estar social. Embora governos cheios de compaixão possam oferecer uma "rede de segurança" a seus cidadãos, muitas famílias, em nações desenvolvidas, vivem há gerações desses benefícios: perderam o incentivo, a iniciativa e a confiança. Isso não é bom para elas. Assim, se damos ajuda inadequada, ela pode tornar-se danosa.

Finalmente, o despertar é sempre bom, porque não acontece em presença de um pensamento ou ação prejudicial.

Assim, as lições dos Dez Mundos reformam e resolvem o debate constante sobre a paixão e a razão. O objetivo adequado para os seres humanos não é erradicar a paixão e elevar a razão. O objetivo adequado é cultivar apenas os aspectos benéficos de todos os seus possíveis estados de espírito. Deste modo, seja qual for o estado que se manifeste, você se dirigirá para o melhor de todos os mundos possíveis.

EXERCÍCIOS FILOSÓFICOS

Paixão e razão

1. Qual é a sua paixão mais construtiva? Que benefícios ela traz a você e aos outros?
2. Qual é sua paixão mais destrutiva? Que malefícios traz a você e aos outros?
3. Use seu poder de raciocínio para imaginar formas de transformar sua paixão destrutiva em construtiva. Experimente algumas dessas formas e veja qual funciona melhor para você.

Estoicismo

4. Ao que você é mais apegado? Consegue manter este apego sem medo de perda? Se consegue, é um estóico. Se não consegue,

está em poder de outrem. Descubra quem é e lute para se libertar de seu jugo reduzindo seu apego. (Há outro exercício sobre apego no fim do último capítulo.)

Budismo
5. Em qual dos Dez Mundos você passa mais tempo? Se quer *aprender* mais sobre as transições de um para o outro, *perceber* quanto controle você tem deste processo e *ajudar-se* e aos outros aproveitando o melhor de cada mundo, dê uma olhada no budismo de Nichiren Daishonen. O livro *The Buddha in Daily Life* (O Buda na vida cotidiana), de Richard Causton, é uma boa introdução.

4
QUANDO É OFENDIDO, VOCÊ SOFRE ALGUM DANO?

Uma ninharia nos consola porque uma ninharia nos irrita.

Blaise Pascal

O que está em julgamento aqui hoje é a correção política. Ora, a idéia de ser politicamente correto supõe que a pior coisa que se pode fazer é ofender alguém. Bem, muita gente ficou ofendida quando Galileu sugeriu que a Terra girava em torno do Sol. Muita gente ficou ofendida com Picasso porque em seus retratos os olhos não estavam onde deviam estar. Muita gente ficou ofendida com Rosa Parks quando ela não se sentou na parte de trás do ônibus no Alabama só por causa da cor da sua pele. Veja bem, todo mundo se ofende com alguma coisa. Uma piada, um programa de TV, uma canção, uma idéia... E ofender é muito diferente de ferir... A correção política tenta nos proteger de nós mesmos, mas para isso temos de abrir mão do quê? Abrimos mão do nosso senso de humor, nosso senso de romance, nosso senso de brincadeira. Abrimos mão da coragem de ser diferente, de pensar diferente.

Alfred Molina, na série da TV americana *Ladies Man (O terror das mulheres)*

GENTE DEMAIS SENTE mal-estar desnecessário devido a algumas confusões fundamentais. Com freqüência cada vez maior atualmente, as pessoas confundem privilégios com direitos, objetividade com subjetividade, desejo com vontade, querer com precisar, preço com valor, riqueza com realização, realidade com aparência e mesmice com igualdade. Sem mencionar doença com mal-estar! Nesta linha, as pessoas causam a si mesmas e aos outros muito sofrimento desnecessário por ignorar a distinção entre ofensa e dano. O custo desta ignorância, tanto pessoal quanto social, é desmedido. Antes de chegarmos aos problemas que esta falsa equivalência nos causa, precisamos esclarecer primeiro exatamente o que são "dano" e "ofensa" e, assim, deixar clara a diferença entre os dois. Se conseguir aprender a não confundi-los e a não se sentir ofendido, vai evitar um monte de mal-estar e talvez até de danos. Estou falando muito sério: a confusão entre ofensa e dano é, por si só, um erro potencialmente danoso, com terríveis conseqüências à espera dos que nele persistem.

O QUE É DANO?

Suponhamos que você esteja no metrô e alguém grande e pesado pise sem querer no seu pé. Suponhamos que seu pé fique bem machucado — talvez até com alguns ossinhos quebrados. Isto é um dano; ou seja, um ferimento físico em sua pessoa.

Agora, suponhamos que você precise de pés saudáveis para fazer seu trabalho; que seja, talvez, carteiro ou bailarino. Com o pé quebrado, está temporariamente impedido de ganhar a vida. Este é um dano colateral; ou seja, um obstáculo ao cumprimento de seus deveres e interesses normais, que só desaparece quando o dano desaparecer.

Se a pessoa que pisou no seu pé lhe pediu desculpas, com certeza você tem o poder de aceitá-las. Contudo, as desculpas e sua aceitação delas não revertem o dano causado ao seu pé ou o dano colateral à sua carreira.

Nos Estados Unidos, a pessoa que pisou no seu pé pode ter de pagar o custo do tratamento médico e cobrir a perda de seus rendimentos, pelo menos por determinação de um tribunal. Se planejou pisar o seu pé ou se foi contratada por alguém para pisar o seu pé, então (embora o dano causado a você seja exatamente o mesmo que em caso de acidente), o responsável pode ser acusado de um crime — mais provavelmente algum tipo de agressão.

Assim, há uma diferença entre dano intencional e dano não intencional. Seja como for, seu pé ainda está machucado. Mas se foi por acaso ou de propósito faz diferença moral para você, assim como faz diferença legal para o sistema. Um amigo pode causar-lhe um dano não intencional e é provável que vocês continuem amigos. Um amigo que lhe causa um dano intencional — bem, esta pessoa não é mesmo sua amiga.

Nem todos os danos são causados por outras pessoas. Seu pé pode ser machucado por um cão, um tubarão ou por um raio que caia em você, por exemplo. É claro que não se pode processar nem condenar uma tempestade, mesmo que tenha lhe causado um dano. As forças da natureza agem de forma imparcial.

De qualquer modo, um dano é causado ativamente a uma vítima não consentida que não tem possibilidade de aceitar nem de rejeitar o ato e que não concorda com ele. Ou seja, as vítimas de dano não buscam sofrer o dano. Se alguém tenta lhe causar dano, você pode ou não ser capaz de defender-se. Se alguém pede desculpas por pisar no seu pé, você pode perdoá-lo, mas seu pé ainda estará machucado. O dano físico foi causado e as desculpas não o desfazem.

O QUE É OFENSA?

Agora suponhamos que você está no metrô, com pés saudáveis, e observa que um outro viajante fita os dedos que saem de sua sandália. Isso lhe parece um pouco estranho ou ameaçador (o olhar fixo é uma ameaça entre primatas adultos) ou, no mínimo, bem pouco educado e, assim, pergunta:

— O que você está olhando?

— Seus pés — vem a resposta. — São os pés mais feios que já vi; mal posso acreditar em meus olhos!

Você se sente provocado, zangado e irritado; experimenta mal-estar. Foi ofendido.

No entanto, não sofreu nenhum dano. Seus pés estão ótimos e também não houve nenhum dano colateral. Pode continuar andando ou dançando, vivendo sua vida cotidiana, realizando seu trabalho sem impedimentos.

Agora tenho uma novidade para você: os ofendidos têm um papel ativo ao serem ofendidos. A ofensa é meramente oferecida a alguém, que deve então decidir se a aceita ou não. Se alguém tenta ofendê-lo, você sempre tem a opção de recusar-se a se ofender, contanto que saiba como exercê-la. Não se pode ser ofendido sem seu próprio consentimento. (Mas pode-se sofrer dano sem consentimento próprio. Vê a diferença?) Assim, numa sociedade civil, se dizemos alguma coisa que sem querer ofende alguém, podemos sempre pedir desculpas, dizendo "Não quis ofender" — e a outra pessoa talvez responda: "Não me ofendi". Se alguém pede desculpas por olhar seus pés, você pode perdoá-lo e não se sentir insultado. E se a ofensa é oferecida mas não aceita, não há ofensa nem dano e nenhum mal-estar.

E NUNCA OS DOIS SE ENCONTRARÃO

Há também a possibilidade de alguém primeiro pisar no seu pé e depois dizer que seus pés são feios. Diríamos que está "juntando ofensa ao dano". Esta expressão indica que há uma diferença significativa entre os dois.

Resumindo: o dano é uma rua de mão única, enquanto a ofensa, uma de mão dupla. Você pode sofrer dano contra a sua vontade, mas nunca ser ofendido contra a sua vontade. Esta é uma distinção importantíssima. E insisto para que considere os benefícios de fazê-la sempre que necessário. É possível maximizar seu bem-estar recusando-se a se ofender, ou maximizar seu mal-estar buscando a ofensa a cada passo. O estóico e imperador romano Marco Aurélio sabia disso muito bem. Aprendera com seu professor, o escravo liberto e grande filósofo Epicteto: "Não somos perturbados pelas coisas, mas pelas visões que temos delas."

> Remove tua opinião e lá se vai a queixa "fui ofendido". Remove a queixa "fui ofendido" e lá se vai a ofensa.
>
> Marco Aurélio

O CUSTO DA CONFUSÃO

Já que os norte-americanos e outros povos perderam de vista, coletivamente, a distinção entre ofensa e dano, considerando toda ofensa proferida como um dano definido, os custos vêm subindo. Os tribunais estão entupidos de processos frívolos mas lucrativos, que recompensam as pessoas por perpetuarem esta confusão. Crianças de escola encenam ataques assassinos a seus colegas e professores em reação ao que percebem como afrontas. A sociedade amordaçou e até processou artistas, estudiosos, ativistas políticos e cientistas simplesmente porque seu trabalho não era do gosto de todos, infringindo a liberdade civil na qual se baseia a nação norte-americana e privando a cultura de tudo, desde avanços acadêmicos e formas de entretenimento até a compreensão de nosso caráter nacional.

O surgimento do "politicamente correto" nas universidades, que hoje se espalhou para as empresas, os governos, o sistema judiciário e as forças armadas, nos roubou o bom senso e a capacidade de buscar e proferir verdades, por medo de pisar nos pés metafóricos de alguém. O que pode ter começado como um exercício para instilar virtudes cívicas como a boa educação, que cria bem-estar, transformou-se num regime totalitário de controle do pensamento, que cria mal-estar. Estamos proibindo livros, aumentando notas, censurando estudiosos, recusando-nos a fazer distinções morais básicas. Assim como nas questões pessoais, não se pode começar a aliviar os mal-estares sociais e políticos caso não sejam corretamente identificados. E nunca serão corretamente identificados se as pessoas têm medo de saber ou falar a verdade sobre suas causas.

O QUE ESTÁ ERRADO COM AS CRIANÇAS DE HOJE

Vamos examinar com mais detalhes um exemplo extremado deste fenômeno: o aumento dos atos horrendos de violência cometidos por crianças em escolas dos EUA. Tipicamente, os perpetradores — muitos filhos de ricos, de "bons" lares — parecem estar revidando por terem sido ridicularizados ou rejeitados pelos colegas. Alguma afronta, uma palavra, gesto ou rejeição ocasional, é enfrentada com força mortal. Ou seja, a ofensa é oferecida, depois aceita, em seguida confundida com dano e, finalmente, o "dano" imaginário leva a um retaliação drástica. Na verdade, isso não difere muito dos homicídios entre gangues nas cidades do interior dos Estados Unidos, onde um único ato de desrespeito torna alguém passível de punição com a morte violenta.

Thomas Hobbes, que dedicou sua longa vida filosófica ao estudo do conflito humano e sua solução, escreveu, em 1651, que as pessoas recorrerão à violência "por ninharias, uma palavra, um sorriso, uma opinião diferente e qualquer outro sinal de desvalorização, seja diretamente a sua pessoa ou, por reflexo, a sua família, seus amigos, sua nação, sua profissão ou seu nome". Em outras palavras, matarão meramente por terem sido "desrespeitadas".

Séculos depois, em 1914, Sigmund Freud observou a mesma tendência e atribuiu-a ao id, a região caótica ou infantil da mente inconsciente. Segundo Freud, o id é como aquele antigo tirano Draco, que tentou eliminar os criminosos de uma vez por todas punindo todos os crimes com a morte. (E nem essas medidas "draconianas" funcionaram.) Freud achava que o id, programado no inconsciente de todo mundo, faz de todos nós Dracos ansiosos. Assim, se alguém pisa no seu pé sem querer ou diz algo pouco educado sobre sua mãe, seu anseio freudiano inconsciente é matá-lo.

> Em nossos impulsos inconscientes nos livramos, todos os dias e todas as horas, de alguém que está no nosso caminho, de alguém que nos ofendeu ou nos feriu (...) Na verdade, nosso inconsciente assassinará até por ninharias; como o antigo código ateniense de Draco, não conhece outra punição para o crime além da morte.
>
> Sigmund Freud

Observe como Hobbes e Freud usaram a mesma palavra, "ninharia", para descrever a mesquinhez de certas ofensas que, quando aceitas em vez de recusadas, tornam-se pretexto de uma retaliação violenta ou mortal. Costumava haver duelos por esta razão também. Oficiais sentados juntos à mesma mesa mal podiam terminar a refeição sem se ofenderem uns aos outros. Para resgatar a honra, não se permitia a um oficial e cavalheiro que recusasse uma ofensa. Em vez disso, tinha de "exigir satisfações", o que significava um duelo — muitas vezes até a morte. O mundo perdeu pelo menos um gênio matemático deste modo: Galois, inventor da teoria dos grupos. O costume de duelar foi abolido primeiro pelo exército francês. Os povos da Gália são famosos por se ofenderem com facilidade e os franceses estavam perdendo mais oficiais (e gênios matemáticos) nos duelos que nas batalhas.

As democracias contemporâneas estão perdendo vidas e produtividade pelas mesmas ninharias. Ficou famosa a frase de George Santayana: "Os que não conseguem recordar o passado estão condenados a repeti-lo." Infelizmente, ele estava certo.

A atual epidemia de violência juvenil foi prevista por William Golding em seu romance *O senhor das moscas*, no qual um grupo de jovens estudantes ingleses, supostamente bem-educados e totalmente civilizados, naufraga numa ilha tropical. Sem a supervisão dos adultos — e sem disciplina, amor e estrutura social — degeneram rapidamente numa tribo de selvagens assassinos.

Golding reforça os pontos de vista de Hobbes e Freud: a civilização é apenas uma fina camada de verniz sobre a animalesca natureza humana. Quando se tira esse verniz ou se permite por negligência que se desgaste, o que fica exposto é um animal rapace e centrado em si mesmo que matará seus iguais por nada além de um olhar meio torto — ou por não acreditar em suas crenças.

Quando *O senhor das moscas* virou filme em 1963, o diretor Peter Brook achou que teria dificuldade para convencer seus pequenos atores a abandonar a civilidade, esquecer as boas maneiras e comportar-se como selvagens. Não precisava se preocupar: exigiram pouquíssimas instruções ou encorajamento. Mais tarde o diretor escreveu: "Minha experiência mostrou que a única falsificação na fábula de Golding é o tempo que dura a queda para a selvageria (...) a catástrofe total pode acontecer num fim de semana prolongado."

A incapacidade de fazer uma segunda distinção vital entre o que é pensável e o que é factível também causa problemas aqui. Se Hobbes, Freud e Golding estão certos, então as pessoas sempre pensarão — seja de forma consciente, subconsciente ou inconsciente — em fazer coisas abomináveis aos outros em retaliação a meros insultos. Numa sociedade livre, não podemos nem devemos controlar os pensamentos nem as palavras. Assim, torna-se imperativo encorajar as pessoas a *pensarem* livremente, inclusive a abrigar pensamentos sobre o que gostariam de fazer com os outros, e ao mesmo tempo desencorajá-las de agir segundo esses pensamentos. Em outras palavras, você deve ser livre para pensar o que quiser e para falar o que quiser, mas não para agir como quiser.

Erramos o alvo maior quando lançamos a culpa da violência juvenil sobre os terríveis maus exemplos, a cruel televisão, os filmes vulgares, a música popular viciada e assim por diante sem levar em conta a confusão entre ofensa e dano. Devemos ensinar a nossos filhos, bem cedo e com freqüência, que sofrerão todo tipo de mal-estar na vida, inclusive implicâncias, rejeição e as muitas outras formas de crueldade social impostas diariamente às crianças por outras crianças, no parquinho e no pátio da escola (sem mencionar a adultos por adultos no vasto mundo). As crianças também precisam aprender o corolário: que nenhum mero insulto é causa justificável para a retaliação violenta. Devemos ajudá-las a cultivar o senso interno de seu próprio valor moral, de modo que ninguém consiga ofendê-las com palavras. Quando fazemos exatamente o oposto e tentamos restringir a fala e até o pensamento por medo de ofender alguém (porque, erradamente, pensamos que isso é danoso), acabamos deixando as pessoas completamente indefesas frente a quaisquer pensamentos ou palavras "não sancionados". Em outras palavras, aleijamos sua capacidade de ser homens e mulheres dignos e autônomos. Isso é mau.

As crianças devem aprender a traçar uma linha entre subjetividade e objetividade para que o que se pensa ou diz delas seja muito menos importante do que aquilo que são para si mesmas e para os que realmente importam em sua vida. Se têm o senso de seu próprio valor humano intrínseco, que precisa ser reforçado quando são pequenas, ninguém poderá diminuir este valor com xingamentos nem com algum outro tipo de ofensa. Elas precisam saber que só quem pode reduzir o seu valor são elas mesmas, quando descem ao nível daqueles que querem ofendê-las. Isso faz parte do que chamo de "autodefesa moral" (ADM) e é a mesma coisa que todos nós, adultos, precisamos praticar para evitar o mal-estar de confundir ofensa com dano. Logo darei mais detalhes.

QUANDO A OFENSA SE TORNA DANO

É importante observar que, sob certas condições, uma ofensa pode tornar-se danosa. Se você é ofendido diariamente, pode não ser capaz de mobilizar autodefesa moral suficiente e as ofensas repetidas acabam produzindo um efeito cumulativo danoso. Isso é ainda mais verdadeiro no caso dos emocionalmente vulneráveis, como as crianças. Vejamos, por exemplo, uma criança cujos pais chamam-na constantemente de "burra". Chamar uma criança de burra uma vez é ofensivo; repetir isso todos os dias é danoso. Por quê? A criança precisa acreditar (por algum tempo) que seus pais sabem das coisas, e assim provavelmente se comportará da forma como a descrevem e segundo o que dela esperam, pelo menos até crescer e aceitar a responsabilidade de descrever-se a si mesma. (Algumas pessoas nunca o fazem e, em geral, precisam de auxílio psicológico.) A criança a quem se diz repetidamente que é burra pode então comportar-se como se *fosse* burra. É óbvio que esta subestimação deliberada, provocada pela aceitação da ofensa repetida a alguém que é incapaz de defender-se, é danosa para os interesses da criança.

Os adultos também podem ser verbalmente agredidos e os programas de "gerenciamento da raiva" não são suficientes para impedir esta agressão. Tanto homens quanto mulheres podem beneficiar-se da instrução em autodefesa moral, aprendendo a não provocar e a não serem provocados. Então haverá muito menos raiva a gerenciar por toda parte. Ambos os sexos precisam entender muito melhor os gatilhos um do outro, se quiserem impedir que a ofensa se transforme em dano. (Mais sobre os sexos no capítulo 8.)

Felizmente, pelo menos os adultos podem, com alguma ajuda filosófica, desenvolver uma capacidade maior de autodefesa moral e aprender a não se ofender, mesmo quando a ofensa é oferecida com insistência e à força. As crianças também precisam disso. Mas não tem havido muita demanda de instrução de autodefesa moral em escolas ou empresas. É uma pena; a necessidade é imensa. Uma hora de ADM vale um avião cheio de conselheiros contra a tristeza.

Devíamos ser capazes de tolerar um certo volume de ofensa em nossa vida cotidiana, mas os emocionalmente vulneráveis precisam afastar-se do ofensor ou do estímulo ofensivo, caso este seja freqüente ou intenso demais, antes que se torne danoso.

CASOS DE OFENSA E DANO NO ENSINO SUPERIOR

Você talvez suponha que o sistema de ensino superior seria o lugar ideal para planejar currículos que revertam os danos causados pela confusão entre ofensa e dano, mas não é o que acontece. Na verdade, é o contrário. As próprias universidades são em grande parte responsáveis (e culpadas morais) por perpetuar essa confusão. Ensinaram e, portanto, disseminaram essa confusão em toda a sociedade: entre profissionais e leigos de todos os tipos, em todas as camadas sociais. Vou apresentar alguns exemplos ilustrativos.

Os casos partilham um tema em comum, ou seja, a questão das relações raciais num mosaico cultural cada vez mais variado. O que é verdade nos Estados Unidos também é verdade no resto do mundo: para que o bem-estar social substitua o mal-estar, é preciso dar uma ênfase maior à humanidade, que une as pessoas, e não à etnia ou a outros fatores que as dividem. As lições aqui são para toda a aldeia global, não só para os Estados Unidos. Conforme as populações ficam mais diversificadas em todo o mundo, é cada vez mais básico, para o florescimento pessoal e a paz no mundo, que as pessoas percebam-se e concebam-se como seres humanos únicos, e não como meros representantes desta ou daquela raça ou tribo. Para que o bem-estar substitua o mal-estar, a humanidade precisa ter precedência sobre a etnia.

O caso de Alícia: inflação das notas e desumanização

Este caso vem de um dos meus cursos de filosofia no City College, em Nova York. Eu dera notas a um exercício e uma das alunas, Alícia, pediu para conversar comigo depois da aula.

— Tirei mesmo um A neste exercício — perguntou Alícia — ou você aumentou minha nota só para que eu me sentisse melhor?

Considerando a qualidade de seu trabalho, achei a pergunta esquisita.

— Nos meus cursos — respondi —, os alunos têm a nota que merecem. Você mereceu um A e assim lhe dei um A.

Para minha surpresa, ao ouvir isso ela realmente se desfez em lágrimas de gratidão por ter sua excelência reconhecida pelos próprios méritos. Então explicou-me que vinha transferida de outra universidade famosa de Manhattan onde fora repetidamente ofendida (embora não sofresse dano) pela prática generalizada da escola de aumentar as notas das "minorias visíveis", depois conhecidas como alunos "diferentes". Só então entendi o que ela queria dizer com a pergunta original.

Via diante de mim uma aluna inteligente e motivadíssima que queria tirar boas notas com base em sua capacidade e seu esforço. O fato de ser mulher e negra era irrelevante para sua compreensão dos rudimentos da filosofia. Como todos os professores, espera-se que os filósofos despertem idéias na mente. Idéias e mentes não têm raça, etnia, sexo, preferência sexual, religião, idade nem nenhuma outra propriedade dos corpos físicos e das identidades coletivas. Alícia fora ofendida pela categorização que o sistema fazia dela como estatística da ação afirmativa para negras, precisando, supostamente, aumentar suas notas para que ela fosse "competitiva" e "se sentisse bem" consigo mesma. Aceitar a oferta de notas falsas a estigmatizaria a seus próprios olhos. Alícia precisava se libertar do passado e isso só poderia acontecer se estivesse livre para ter sucesso por conta própria.

Assim, ela fez o que era prudente, buscando professores que a tratassem como um ser humano e não como uma estatística ou um projeto político e que a encorajassem a manifestar sua própria excelência. Foi capaz de fugir do estímulo ofensivo do aumento das notas antes que se tornasse danoso para ela e para a sociedade.

Sim, danoso. Por quê? Por duas razões. Primeiro, somos todos alunos na vida e a única maneira de fazer um genuíno progresso é avaliar honestamente o que aprendemos e o que ainda temos de aprender. Se você tem um diploma universitário que diz que pode ler e escrever em determinado nível, dominou um determinado corpo de conhecimentos e, portanto, está qualificado para seguir determinada carreira, é melhor que seja verdade. Caso contrário não há mais padrões de desempenho profissional. Os diplomas acadêmicos podem ser falsificados, mas não o desempenho profissional. Depois, é ao mesmo tempo ofensivo e danoso ser tratado com qualquer tipo de viés, seja negativo ou positivo. Privar as pessoas daquilo que merecem, de direitos civis, por exemplo, é desumanizador e, portanto, ofensivo e danoso. Mas dar às pessoas recompensas imerecidas também as desumaniza, e é, do mesmo modo, ofensivo e danoso.

> Nenhum pássaro voa alto demais se voar com as próprias asas.
>
> William Blake

O caso de George: diversidade demais, humanidade insuficiente

Um aluno chamado George compareceu a um dos meus fóruns de filosofia numa livraria de Manhattan. Estava furioso. Por quê? Por causa da maneira como era tratado em sua universidade.

George era parte afro-americano, parte latino e parte índio. Parece que todos os clubes, entidades e organizações do campus queriam "ajudar" George concedendo-lhe esta ou aquela bolsa especial para "minorias" ou alunos "diferentes". O problema é que ninguém parecia se preocupar muito com *George*. Preocupavam-se bastante, em seus próprios termos, com o fato de ele ser uma estatística multiuso: com base em sua raça, etnia ou herança cultural, podiam cobri-lo de concessões especiais. Mas quanto mais agiam assim, mais enraivecido ele ficava. Veja, ninguém jamais lhe perguntou sobre seus interesses acadêmicos. O que tinha estudado? O que queria estudar? Não é estranho que essas questões fossem irrelevantes para eles? Tratavam George como meio para obter um fim (ou seja, seus objetivos estatísticos) e não como um fim em si mesmo (ou seja, um bom aluno que valia a pena ajudar). Isso violava o critério fundamental de dignidade humana de Kant. Não admira que George estivesse zangado.

Ele acabou pedindo transferência para outra universidade, num programa acadêmico que realmente se preocupava com seus interesses. Também se realizou como aluno e seu mal-estar desapareceu.

Qual é a ligação disso com ofensa e dano? É a seguinte: o sistema temia que George ficasse ofendido (e portanto, supunha, sofresse um dano) caso se desse atenção insuficiente à sua herança diversificada. Mas o modo de o sistema aliviar seu medo da ofensa na verdade prejudicou os interesses reais de George como aluno e, portanto, também prejudicou os interesses maiores da sociedade em vê-lo bem-sucedido como aluno.

> Agora, digo: o homem — e, em geral, qualquer animal racional — existe como um fim em si mesmo, não meramente como meio a ser arbitrariamente usado por esta ou aquela vontade (...)
>
> Immanuel Kant

COMO RECUSAR A OFENSA

É o próprio senso de dignidade e integridade como ser humano, mais do que o ego, a imagem, a segurança ou a identidade, que está em perigo com a ofensa perpétua. No nível biológico, onde as emoções são primárias, estamos programados para reagir com vigor à ofensa através do antigo e poderoso mecanismo de "lutar ou correr". No nível psicológico, onde as emoções se manifestam como sentimentos e interagem com os pensamentos primitivos, é a própria psique que pode ser metaforicamente ferida por ofensas a apegos infantis (xingar a mãe), ao ponto de vista egocêntrico (xingar você), à identidade de grupo (xingar sua raça ou sua tribo) ou às inseguranças mais profundas (xingar sua religião ou seu relacionamento com Deus). Aqui, a resposta condicionada é de retaliação ou vingança.

No nível filosófico, entretanto, a razão e a interpretação combinam-se com a vontade e a imaginação para dominar tanto a biologia quanto a psicologia e nenhuma programação genética ou condicionamento comportamental tem de manter o domínio. Os poderes mais elevados da mente enfrentam a ofensa e a desviam, fazem pouco dela ou a mantêm acuada com humor ou princípios. É aí que se precisa ser capaz de descobrir o bom no mau e transcender a ambos. Os que abriram caminho até este ponto acham pouca coisa desagradável. Quem os ofende nunca lhes causa dano. É esta mente livre e aberta que forma o alicerce da dignidade humana.

A boa nova é que, pelo menos depois que passamos por nossos anos de crescimento, podemos recusar a maior parte das ofensas da vida com relativa facilidade. No mundo civilizado, se você não gosta de um livro pode parar de lê-lo. Se não gosta de um programa de TV, pode mudar de canal. Se não gosta do seu professor, pode optar por um curso diferente. No mundo civilizado, se realmente não gosta de seu cônjuge, seus vizinhos, seu emprego, seu partido político, seu país ou sua religião, também pode mudá-los. Lutamos muito e por muito tempo para conquistar e preservar toda essa liberdade pessoal. Pode-se desenvolver uma argumentação (embora não aqui) de que talvez tenhamos até liberdade demais para o nosso próprio bem — mas esta é outra história. De qualquer modo, com tanta liberdade não há realmente muitas justificativas para ofender-se, a menos que se prefira o mal-estar ao bem-estar.

O RISO ERA O MELHOR REMÉDIO

O mundo está cheio de provocações, sejam ou não freqüentes ou intensas o bastante para causar danos. A única parte deste cenário que você realmente controla é sua reação. A forma como reage a ofensas proferidas depende de sua experiência de vida, assim como de atitudes e hábitos que, por sua vez, dependem de sua filosofia. Se o seu *modus operandi* atual não funciona, a sua filosofia de vida pode estar precisando de ajustes. Assim, ao mudar sua filosofia você pode mudar também o modo como reage à provocação. Pode até diminuir a probabilidade de que os outros tentem provocá-lo.

As reações à ofensa variam num amplo espectro, entre as culturas e entre as pessoas. A pior opção é a violência, que "paga" a ofensa com dano. Outra opção é o olho-por-olho: trocar um insulto por outro. Você também pode usar o humor para aliviar a situação. Pode ser cínico ou cáustico, retaliando de um modo que, em geral, não fere o seu ofensor.

Há gente demais que não aprendeu a defender-se contra ofensas proferidas e parece viver num estado de ofensa perpétua ou, pelo menos, constantemente pronta a se ofender. Muita gente assim parece não ter nenhum senso de humor. Vários não gostam muito de si nem do mundo. Sentem um contínuo mal-estar. Em vez de se tornarem felizes, querem que os felizes compartilhem seu mal-estar. Assim, inventam regras para controlar o que se pode dizer ou até pensar, com os olhos sempre atentos para não permitir que ninguém ofenda ninguém, protegendo assim (acham eles) também a si mesmos. Em última instância, isso cria um sistema contraproducente que não só interfere com a liberdade pessoal como também inibe o fluxo livre do amor à vida e a natureza curativa do humor. É, em essência, um sistema ao estilo soviético, com planejamento central do pensamento em vez de planejamento central da economia. Só uma coisa é certa neste sistema: produz mais mal-estar do que bem-estar para todos os envolvidos.

É mais sábio que você afaste de si as ninharias, talvez girando a mesa sutilmente no processo. Meu exemplo favorito envolve o maestro Herbert von Karajan. Certo dia Karajan caminhava com pressa por uma rua do centro da cidade e outro homem caminhava com a mesma pressa pela perpendicular. Estavam em rota de colisão, mas não podiam ver um ao outro porque o grande prédio de escritórios da esquina obstruía-lhes a visão. Colidiram literalmente na esquina e ambos logo se refizeram para trás com o choque e a surpresa.

— Imbecil! — exclamou o homem para Karajan.

Ao que Karajan simplesmente tirou o chapéu num gesto de saudação e respondeu:

— Karajan.

Esta anedota ilustra um nível intermediário de autodefesa moral. Chamo-a de "judô social" quando a ensino em oficinas. Em vez de aceitar a ofensa e retaliar com xingamentos semelhantes ou piores, Karajan fez duas coisas surpreendentes. Primeiro, refletiu a pretendida ofensa de volta para o ofensor. Como se fosse um pato na água, nunca chegou a se molhar. Depois, transmudou uma possível briga num episódio humorístico — sendo que o oposto da ofensa não é outra ofensa, mas o riso. As pessoas que conseguem rir de si mesmas e fazem os outros rir em geral são não só mais felizes como também muito mais difíceis de ofender. Agora, se Karajan fosse regularmente chamado de "imbecil" em todo lugar onde fosse, mais cedo ou mais tarde se cansaria de tirar o chapéu, porque a corrente contínua de ofensa desgastaria até mesmo sua capacidade de defender-se. Mas na ocasião ele fez soar exatamente o acorde certo. Isso não é de surpreender no caso de um grande maestro, mas você também consegue.

É PRECISO SABEDORIA PARA SER O BOBO DE SHAKESPEARE

Se você nunca se perguntou por que os solos humorísticos florescem como nunca nos Estados Unidos (e no mundo todo), considere a questão sob o seguinte prisma: muitos, se não a maioria, desses comediantes fazem humor com questões delicadas que envolvem sexo, gênero, raça, etnia, religião e política, enquanto as pessoas comuns não se sentem mais com liberdade para discutir livremente essas questões nos meios de comunicação, nas universidades ou no local de trabalho. Assim, temos de contratar comediantes para exercer por nós nossa liberdade de expressão. E isso não é nada engraçado.

Era este também o papel que os bobos de Shakespeare exerciam tão bem em suas peças, como fizeram os bobos da corte desde tempos imemoriais. Mesmo esses "bobos" nunca estão completamente imunes à censura: fazer humor potencialmente ofensivo com os poderes constituídos e provocar o riso em vez da ira é um jogo hábil mas perigoso, como mostram as carreiras trágicas dos pioneiros dos solos humorísticos, como o comediante norte-americano Lenny Bruce. Mas nossa cultura do conformismo, ao crescer, precisa também de bobos cada vez mais sábios para contrabalançar seu moralismo emburrecedor. Assim, sanciona episódios noturnos de inconformismo extremado pelo bem da diversão. Algumas das pessoas mais politicamente incorretas do planeta, como os apresentadores David Letterman e Jay Leno, são peças básicas da TV norte-americana. Gozando da imunidade temporária dos bobos da corte, seu trabalho é retalhar com bom humor as vacas sagradas de todos. Mas é melhor não repetir nenhuma de suas piadas no emprego ou na sala de aula, senão hoje alguém pode considerar "ofensa" uma coisa da qual milhões de espectadores riram ontem. Você pode perder o emprego, como o pobre coitado que repetiu uma piada do seriado *Seinfeld* para uma secretária do escritório. Um repórter descreveu o caso assim:

"Permita que um funcionário faça piadas sexuais no trabalho e poderá perder milhões de dólares num tribunal. Demita um funcionário por fazer piadas sexuais no trabalho e poderá perder milhões de dólares num tribunal. Condenado por fazer e condenado por não fazer."

Ou podemos prevenir todo este cenário ardiloso distinguindo ofensa de dano e ensinando a autodefesa moral para deixar a distinção bem clara. É muito mais barato e muito mais divertido, para todos os envolvidos.

> Este sujeito é sábio o bastante para se fazer de bobo (...)
>
> William Shakespeare

TODO MUNDO OFENDE ALGUÉM EM ALGUM MOMENTO

Minhas desculpas ao falecido Dean Martin e à sua canção "Everybody Loves Somebody Sometime" ("Todo mundo ama alguém em algum momento"). Na vida, todo mundo ofende alguém em algum momento. Ou seja, podem decidir ofender-se com você. Você é homem, mulher, hermafrodita, andrógino, heterossexual, gay, lésbica, bissexual ou celibatário? Seja qual for o seu sexo e a sua orientação sexual, sempre vai encontrar apoio e oposição no mundo. Por que aceitar como ofensa opiniões opostas às suas? É claro que a pessoa que não consegue aceitar o sexo ou a orientação sexual dos outros não consegue aceitar a sua própria e, talvez, maldiga a dos outros. Não adote como seu o problema dela. A pigmentação da sua pele é negra, branca, marrom, amarela, vermelha ou alguma outra tonalidade? Seja qual for a cor da sua pele, você sempre vai encontrar pessoas favoráveis a você por isso e outras desfavoráveis. Por que aceitar como ofensa palavras que buscam diminuir sua humanidade com base em sua pigmentação? A pessoa que diz tais palavras diminui sua própria humanidade. Não adote como seu o problema dela. Do mesmo modo, outros podem não partilhar de suas preferências em arte, música, comida, moda, política ou religião. Se buscam elevar-se diminuindo você, sentir-se superiores fazendo você sentir-se inferior, só vão conseguir se você for fundo na situação e aceitar a ofensa. Não adote como seus os problemas deles.

Não há por que aceitar a ofensa — enquanto os preconceitos permanecem verbais, só trazem dano aos interesses de quem os abriga. A melhor defesa é recusar-se a aceitar a ofensa. A pior defesa é buscar ser ofendido toda hora. Como disse Eleanor Roosevelt, "ninguém pode fazer você sentir-se inferior sem o seu consentimento".

AUTODEFESA MORAL ADIANTADA

Se a lição elementar deste capítulo é que ofensa e dano são coisas diferentes e a lição intermediária é recusar-se a aceitar a ofensa, chegamos agora às lições adiantadas: aceitar o dano sem se ofender e transformar dano em ajuda. Pôr em prática as duas primeiras lições será o bastante para aliviar muito mal-estar na vida da maioria das pessoas, e este último componente não será para todos. Mas podemos todos buscar nele, pelo menos, inspiração e isso pode lhe ser valioso algum dia.

Vamos examinar a aplicação deste ensinamento nas arenas política, civil e pessoal através do exemplo de Mahatma Gandhi, Martin Luther King Jr. e Jackie Mason. Quero agradecer ao meu ex-aluno e atual amigo Joseph Brown por suas idéias sobre este tema. Há alguns anos, eu conduzia uma discussão em sala de aula sobre a filosofia da oposição não violenta à opressão. Joseph percebeu que Gandhi e King tinham ido muito além do que vínhamos discutindo no caminho da diferença entre ofensa e dano. Bem mais que recusar-se a confundir os dois ou simplesmente a aceitar a ofensa, Joseph observou que, na verdade, eles tinham aceitado danos sem aceitar ofensas, indo assim a ponto de extrair dos danos a eles causados pessoalmente o progresso rumo ao bem comum.

Tanto Gandhi quanto King devem sua abordagem a Henry David Thoreau, que, no século XIX, suportou a prisão para não pagar um imposto que considerava irrelevante para seu trabalho e uma afronta aos seus princípios. Passou uma noite na cadeia antes que seus amigos o libertassem pagando o imposto em seu nome no dia seguinte. Extremamente dramático, Thoreau escreveu que numa sociedade injusta o lugar certo dos justos é a prisão. Tanto Gandhi quanto King levaram isso muito a sério e passaram bem mais tempo na prisão (com grande efeito político).

> Sob um governo que prende de forma injusta, o verdadeiro lugar do homem justo é também a prisão.
>
> Henry David Thoreau

Mahatma Gandhi

Gandhi conseguiu convencer os britânicos a desistirem de colonizar a Índia e a concederem aos indianos a independência política — sem ocupar cargos, formar um exército ou disparar um só tiro. Deplorava a violência e fez várias greves de fome para extingui-la nas fileiras de seus próprios seguidores. A filosofia de Gandhi de resistência não violenta é conhecida como *satyagraha*, ou "fidelidade firme e inabalável à verdade". Que verdade? Que as pessoas que oprimem as outras estão moralmente erradas ao fazê-lo, mas precisam aprender (ou que lhes ensinem) que estão erradas. A opressão é ao mesmo tempo uma ofensa e um dano; ofende a humanidade e causa dano a uma série de interesses humanos.

A forma esclarecida de resistência de Gandhi consistia em transformar os oprimidos num tipo de espelho moral. Ao absorver a ofensa e o dano sem retaliação nem ódio — até mesmo, na verdade, com amor — o oprimido refletia de volta a seus opressores a imagem do erro, ensinando-os a perceber (algum dia) o erro de seu comportamento e a abandonar a opressão por livre vontade, por sua própria convicção moral. Quando se enfrentam os opressores com resistência violenta, eles ficam inevitavelmente muito mais convencidos da correção de sua causa e de seu direito à autodefesa, o que só torna mais profunda a opressão.

Assim, os britânicos acabaram desistindo da Índia, a "Jóia da Coroa" de seu vasto império, empurrados por nada mais (ou nada menos!) que o vigor espiritual e a convicção moral de um homem que não tinha nenhuma propriedade, não ocupava cargos e não comandava exércitos. Gandhi e seus seguidores suportaram insultos e injúrias, sem ofender-se nem devolver os danos. Pela pureza de seus pensamentos e atos, obtiveram uma vitória política sem precedentes.

> Esta *ahimsa* [não dano] é a base da busca da verdade (...) É muito certo resistir a um sistema e atacá-lo, mas resistir a seu autor e atacá-lo é a mesma coisa que resistir e atacar a si mesmo.
>
> Mahatma Gandhi

Martin Luther King Jr.

De forma parecida, ao adaptar a filosofia de Thoreau e as práticas de Gandhi ao Sul dos Estados Unidos, Martin Luther King Jr. mostrou o caminho rumo ao fim da segregação racial no país e ajudou a garantir os direitos civis dos afro-americanos. Com marchas pacíficas de protesto, King e seus seguidores atraíram ofensas na forma de agressões verbais e danos na forma de surras, prisões e outras formas de violência. Ainda assim, permaneceram firmes na recusa a retaliar e odiar seus opressores. E do mesmo modo como os britânicos aprenderam aos poucos que sua ocupação colonial da Índia era um erro moral, os norte-americanos passaram a saber que negar direitos civis às pessoas de cor era um erro moral.

> Assim como Sócrates sentiu que era necessário criar uma tensão na mente para que os indivíduos pudessem elevar-se acima da servidão dos mitos e meias-verdades para o reino sem limites da análise criativa e da avaliação objetiva, também devemos ver a necessidade de moscas varejeiras não violentas que criem na sociedade um tipo de tensão que ajude os homens a se elevarem acima das escuras profundezas do preconceito e do racismo rumo aos píncaros majestosos da compreensão e da irmandade.
>
> Martin Luther King Jr.

Deve-se notar que esta abordagem não funciona em todas as situações, já que se baseia em ativar a sensibilidade moral do opressor. Onde a moralidade está completamente ausente, os que resistem não encontram onde plantar as sementes da consciência moral. Tanto britânicos quanto norte-americanos tinham, como parte de sua cultura, moralidade cristã e filosofia iluminista mais do que suficientes para chegarem a ver a luz moral.

Mas pense no que poderia ter acontecido se um Gandhi ou um King surgisse na Alemanha de Hitler, na Rússia de Stalin, no Camboja de Pol Pot ou no Iraque de Hussein. Sem dúvida, seria preso e morto sem demora. Embora os britânicos tenham prendido Gandhi repetidas vezes, não ousaram matá-lo, por medo de violar suas próprias leis e provocar violenta revolta em toda a Índia. (E a cada vez que prendiam e soltavam o líder popular, ele recebia ainda mais apoio e força.) Do mesmo modo, as autoridades dos estados segregacionistas norte-americanos temiam provocar distúrbios raciais por todo o país e, mais uma vez, só podiam assistir enquanto os partidários de King aumentavam a cada prisão e a cada soltura. Mas, diversamente dos britânicos, que não tinham intenção de matar todos os indianos da Índia, ou dos norte-americanos, que não tinham intenção de matar todos os negros dos Estados Unidos, os nazistas pretendiam, sim, matar todos os judeus da Europa; Stalin, matar todos os "contra-revolucionários" da Rússia. Se seus opressores pretendem matá-lo, não lhe darão muita oportunidade para que você lhes ensine lições de moral. Talvez seja preciso levá-los à força para a sala de aula.

Jackie Mason

Não esqueci ter prometido Jackie Mason junto dos modelos mais sóbrios. Sua história traz este conceito para o nível pessoal e estou certo de que ela é que terá mais probabilidade de ajudá-lo a ver como isso funciona em sua própria vida. Mason, grande comediante mas, sem dúvida alguma, politicamente incorreto, descendente de rabinos que estudou para ser um deles, conseguiu absorver danos pessoais sem se ofender e, depois, transmudar o dano em humor para benefício dos outros.

Mason é um observador arguto da humanidade e de suas diferenças culturais, e é daí que brota boa parte de seu humor. Naturalmente, isso significa que alguns o consideram ofensivo; outros, hilariante. (Já vimos que indignação e riso são lados opostos da mesma moeda.) Vejam, por exemplo, o esquete de Mason sobre o grande e falecido Frank Sinatra, com base na premissa de que Sinatra na verdade não cantava muito bem. Grande artista do entretenimento, sim; grande cantor, não. A tese de Mason era que não é preciso ser tecnicamente fantástico para ser famoso. Sinatra conquistou seus fãs com um repertório popular, uma personalidade carismática, orquestração e produção brilhantes, um estilo só seu de apresentação — e, como todos sabem, uma ajudinha de seu "padrinho".

Certa noite, depois de uma apresentação que incluía o esquete de Sinatra, Mason foi abordado no camarim por três sujeitos robustos que o avisaram para abandonar as piadas sobre o cantor. Frank ouvira falar delas, disseram, e não achara graça.

Apesar de, nos bastidores, Sinatra ser famoso pela capacidade de ser cruel e mau, Mason ignorou o aviso. Algumas apresentações depois, Mason foi atacado no beco atrás do teatro por três assaltantes e levou tamanha surra que teve de ser hospitalizado.

Assim que se recuperou, Mason criou um novo esquete para seu espetáculo. Era algo mais ou menos assim:

— Quero lhes falar de um grande amigo meu, um homem que salvou minha vida. Se não fosse por ele, eu não estaria aqui hoje divertindo vocês. Este homem é Frank Sinatra. Eis o que ele fez por mim. Certa noite, quando saí do teatro, três bandidos me atacaram na rua. Achei que iam me matar. Não paravam de me bater e achei que iam me massacrar até a morte. Mas de repente um sujeito aparece do nada e salva minha vida. Era Frank Sinatra! Ele veio direto e disse: "Já chega, rapazes." E eles pararam! Se não fosse por ele, teriam me surrado até a morte. Devo minha vida a Frank Sinatra.

Isso exprime não só o gênio cômico de Mason como também sua grande humanidade. Sofreu um dano terrível, mas acabou transformando-o numa anedota hilariante para divertir os outros. Enquanto Karajan tirou humor da ofensa, Mason conseguiu tirá-lo do dano. Esta é a melhor espécie de autodefesa moral — a prova de que não é preciso estar em busca de grandes transformações políticas para pisar num terreno moral mais elevado.

A POLÍTICA DA OFENSA E DO DANO

Credita-se a John Stuart Mill a definição da filosofia que há por trás da abordagem política esclarecida da ofensa e do dano. Seu ensaio *Da liberdade* explica a idéia de que o principal objetivo do governo deveria ser impedir que seus cidadãos causassem dano uns aos outros. Esta, segundo Mill, é a única justificativa do Estado para reprimir qualquer de seus cidadãos. É conhecido como "princípio do dano".

> (...) o único objetivo a favor do qual se pode exercer legitimamente o poder sobre qualquer membro de uma comunidade civilizada, contra a vontade dele, consiste em prevenir danos a terceiros.
>
> John Stuart Mill

Observe que Mill não inclui o dano causado a si mesmo nesta categoria. Assim, se você deseja correr riscos, é problema seu, segundo ele, contanto que não cause dano a mais ninguém, contanto que ninguém esteja dependendo de você. Levando isso ao extremo: se você é sozinho no mundo, quer beber todas as noites até o estupor total e pode pagar pela bebida, Mill deixa isso por sua conta. Mas se está atrás do volante, dirigindo o trânsito, fazendo uma cirurgia, cuidando de crianças ou fazendo qualquer coisa que exija sobriedade, então sua bebedeira pode causar muito dano aos outros — e neste caso Mill diria que você não tem o direito de permitir-se a bebida em excesso e, além disso, que o Estado tem a obrigação de impedir que você coloque outros em perigo.

Mill é igualmente claro quanto à ofensa. Embora acredite que você tem o direito de não sofrer danos, não tem absolutamente *nenhum* direito de não ser ofendido. Ele defende que cada pessoa tenha liberdade "de gostos e de ocupações, de formular um plano de vida que esteja de acordo com o caráter do indivíduo, de fazer o que se deseja, sujeitando-se às conseqüências que vierem a resultar, sem qualquer impedimento de terceiros, enquanto o que fizermos não lhes cause prejuízo, mesmo no caso de julgarem nossa conduta insensata, perversa ou errônea". A idéia inicial aqui é impedir que a maioria — moral ou outra — dite seus gostos à minoria. E isso inclui *todo mundo*, porque todos nós somos minorias de um.

O caso de Adam: a criatividade encontra a ditadura do gosto

O caso de Adam ilustra como a idéia fundamental de Mill vem sendo ignorada na cultura ocidental e como a liberdade criativa da expressão artística pode ser minada pela ditadura do gosto. Compositor formado em música clássica ocidental, Adam também estudou a música tradicional da Índia e do Japão com professores daqueles países. Quando compôs uma peça que fundia a percussão indiana, os instrumentos de cordas japoneses e um conjunto de câmara europeu, foi acusado, por um musicólogo indiano, de "apropriação da voz". A noção por trás desta acusação é que somente um indiano "tem o direito" de usar os instrumentos indianos, e assim por diante. Se um não indiano o faz, de algum modo isso seria "ofensivo" para os indianos. Vê aonde isto leva? Uma romancista só pode escrever sobre personagens femininos ou estará "se apropriando das vozes" dos homens. Imagino que os autores de livros para crianças tenham de ser crianças também. É melhor tirar *Harry Potter* das prateleiras, por duplo crime! No caso de Adam, o pagamento da obra chegou a ser suspenso, a menos que concordasse em não se "apropriar" dos instrumentos de outras culturas. O musicólogo tinha o direito de não apreciar o gosto de Adam na composição e na orquestração? Tinha. O musicólogo ou alguém mais sofreu dano por isso? Não. O sistema tem o direito de censurar a composição de Adam porque o musicólogo não gostou dela? Não. O sistema precisa se ofender? Não. O sistema confunde ofensa com dano? Claro.

Quando Adam conheceu a filosofia de Mill, seu mal-estar reduziu-se um pouco. Ainda que seus interesses criativos tenham sido danificados pela correção política e sua ditadura do gosto e o público tenha sido privado dos frutos de sua criatividade, Adam percebeu que ele mesmo não tinha de se ofender com a confusão do sistema entre ofensa e dano e sua posterior infração do princípio do dano de Mill.

COMO EVITAR A OFENSA E CORTEJAR O DANO

Mill também apresenta uma razão mais profunda para que nos seja fundamental tolerar a ofensa mas não o dano. E tem a ver com a verdade. Por que a verdade é tão importante? Porque se você tivesse de optar entre mal-estar e doença, ou entre sentir-se ofendido e sofrer um dano, qual preferiria? De forma coerente, Mill diria que isso também é da sua conta. Mas se você prefere prevenir a doença e evitar o dano, Mill também diria que é melhor conhecer verdades "ofensivas" e ficar em segurança em vez de acreditar em falsidades "inofensivas" e correr riscos. Vou lhe dar alguns exemplos.

A Europa foi devastada por pestes durante a Idade Média. A maioria acreditava, na época, que as pestes eram castigos de Deus e, assim, congregavam-se em massa nos lugares de devoção para rezar pelo perdão do Senhor. Mas sua reunião também tinha o efeito de espalhar ainda mais a doença contagiosa da vez. Agora considere a posição de Mill. Muitos religiosos ficariam ofendidos se fossem informados de que suas reuniões de oração tinham probabilidade muito maior de facilitar a disseminação da peste do que de curá-la. Mas o que seria pior: o mal-estar de questionar as crenças religiosas de alguém ou a doença da própria peste? Quando se conhecem os fatos clínicos sobre a peste, pelo menos pode-se optar com base em informações sobre seus riscos. Mas se, por medo de ofender, a verdade é suprimida, danos reais podem ser a conseqüência, sem opções disponíveis para minimizar os riscos. Este é o ponto de vista fundamental de Mill.

Se consideramos a epidemia global de Aids, o mesmo raciocínio se aplica hoje em dia. Em alguns lugares, a disseminação do HIV ainda não foi restringida porque os formadores de opinião e os governos sentem mal-estar de falar abertamente sobre práticas sexuais inseguras que provocam a disseminação do vírus e de abordar as questões sociais que dão origem ao próprio sexo inseguro. Para se pouparem de mal-estar, facilitam a doença dos outros. Mais uma vez, o que é pior: reexaminar as próprias crenças sobre a sexualidade e sua expressão ou contrair uma doença potencialmente fatal?

Não há dúvida de que Mill estava certo ao dizer que é melhor afirmar a verdade, pelo menos sempre que pudermos. E jamais saberemos o que é verdade a menos que possamos pensar, falar, debater, escrever e publicar com a maior liberdade possível, para que as verdades possam surgir da arena do livre combate das idéias. A alternativa é que a falsidade nos será dita. E em seu rastro vem o mal-estar não revelado, e às vezes também a moléstia e outros danos.

> Agora já reconhecemos a necessidade, para o bem-estar mental da humanidade (do qual dependem todos os outros bem-estares), da liberdade de opinião e da liberdade de exprimir opiniões (...) é somente pela colisão de opiniões contrárias que o que resta da verdade poderá se apresentar.
>
> John Stuart Mill

O caso de Kathi: de volta ao 1 + 1

Venho mediando todo mês, há vários anos, um Fórum de Filósofos numa livraria de Manhattan, para facilitar o diálogo sobre qualquer assunto de que o grupo queira tratar. Com o tempo, abordamos todas as questões delicadas que se pode imaginar — assim como as Grandes Questões deste livro — e ninguém jamais sofreu dano com nossa troca aberta e franca de pontos de vista. Na estufa intelectual diversificada e eclética da cidade de Nova York, nada nos deixa mais conscientes de nossa humanidade comum que as diferenças apaixonadas de gosto e opinião e nossa disposição de respeitar, tolerar e até abraçar uns aos outros por conta dessas mesmas diferenças. Para realmente gozar e apreciar este tipo de liberdade, é preciso distinguir rapidinho ofensa de dano. Assim, embora eu esteja acostumado a participar de debates acalorados sobre política, religião, raça, sexo, drogas, tolerância, terrorismo, educação e tudo o mais, nunca sonhei que a pergunta "Um mais um é igual a quê?" pudesse causar tanta confusão. Estava enganado.

Certa noite estávamos debatendo a questão perene da própria verdade quando uma jovem brilhante e bem articulada, chamada Kathi, que tinha um cargo de confiança em Manhattan, sugeriu que "todas as verdades são relativas". Aprendera isso com vários professores de sua prestigiada universidade, que já fora muito boa. Hoje em dia, esta escola também costuma "maquiar" sistematicamente as notas (para todos, já que o nível de alfabetização caiu no país inteiro) e encoraja seu corpo docente a ensinar que todas as verdades são relativas.

Assim, perguntei a Kathi:
— Quanto é um mais um?
Ela respondeu:
— Depende.

Não deu nenhuma outra resposta, pois estava certa de que variava com o ponto de vista. Além disso, disse que não queria dar uma opinião que pudesse ofender alguém que por acaso acreditasse que um mais um é igual a três (ou qualquer outro número mais charmoso). Não importa que os computadores e várias outras coisas de que precisa para fazer seu trabalho funcionem exatamente porque 1 + 1 = 2.

É claro que os filósofos devem duvidar, e aplicamos a dúvida como instrumento de pesquisa. Na antigüidade Sócrates tornou famoso este método, que foi muito bem usado por René Descartes no início da era moderna. Mas quando Descartes declarou "É certo que nada é certo", também deixou muito espaço para exprimir verdades lógicas e matemáticas (como 1 + 1 = 2), que são o conhecimento mais certo de todos. Embora Descartes percebesse que podemos ser enganados pelos sentidos, nunca supôs que todo o conhecimento é apenas uma questão de opinião ou que todas as verdades são relativas.

Abordamos o relativismo moral nos capítulos 1 e 2. Lembre-se, os relativistas morais recusam-se a distinguir entre certo e errado. E sua indisposição de fazê-lo provoca considerável mal-estar. Agora encontramos uma pedra fundamental do próprio relativismo moral: a noção tristemente enganosa de que todo conhecimento é relativo, ponto final. Me desculpem, mas não é. A expectativa de vida do mundo civilizado quase dobrou durante o século XX devido ao conhecimento digno de crédito. Os astronautas vão à Lua e voltam devido ao conhecimento digno de crédito. Os computadores mudaram a forma como trabalhamos e nos divertimos devido ao conhecimento digno de crédito.

Também é verdade que quanto mais sabemos, mais percebemos que não sabemos. Mas isso não significa que não sabemos nada! O mundo humano é um lugar cada vez mais complexo, cada vez mais difícil de compreender. Mas as pessoas lutam sem cessar para entender as coisas. Como fazemos isso? Em primeiro lugar, construindo conhecimentos dignos de crédito. Platão tinha um famoso cartaz do lado de fora de sua Academia (a primeira universidade), que dizia: "Que não entre quem for desprovido do conhecimento da geometria." Por quê? Porque Platão achava que as verdades matemáticas eram as coisas mais certas e deviam ser aprendidas antes de abordar assuntos mais incertos, como a ética e a política. Acreditava que as maiores questões da vida (como aquelas sobre o que é certo e justo) não poderiam ser adequadamente formuladas antes que as pequenas (como as da geometria) fossem respondidas.

Milhões de pessoas como Kathi vêm brigando com muitas questões na aldeia global, questões que nos preocupam a todos e que podem nos trazer considerável mal-estar: da economia até a ecologia, da assistência médica até a falta de moradia, da tolerância até o terrorismo. Platão diria que quem não consegue entender as questões pequenas — tais como "Quanto é um mais um?" — tem pouca chance com as maiores. Se você não resolve a aritmética, que é fácil, como poderá sequer começar a distinguir certo de errado, o que às vezes pode ser bem difícil?

Platão também diria que qualquer sistema de educação que deixe de guiar seus alunos para fora da Caverna deve reformar-se ou enfrentar o seu fim. E uma das primeiras aulas de meu currículo reformado é — adivinhão! — como distinguir ofensa de dano.

> Uma civilização que pode sucumbir ao seu inimigo derrotado deve antes ter-se tornado tão degenerada que nem seus próprios sacerdotes e professores, nem mais ninguém, tem capacidade ou se dará ao trabalho de defendê-la.
>
> John Stuart Mill

EXERCÍCIOS FILOSÓFICOS

Primeiro exercício: Aproveite sua própria experiência para convencer-se da solidez desta distinção entre ofensa e dano.

1. Pense numa ocasião da vida em que sofreu um dano mas não foi ofendido. (Por exemplo: quando caiu da bicicleta e machucou o joelho.)

2. Pense numa ocasião em que foi ofendido mas não sofreu dano. (Talvez tenha sofrido a implicância dos colegas, ou alguém lhe disse algo pouco gentil.)
3. Se para você é possível, de um lado, sofrer dano mas não ser ofendido e, de outro, ser ofendido mas não sofrer dano, então ofensa e dano não podem ser a mesma coisa.

Segundo exercício: Pense em alguma coisa ou alguém que o ofendeu. Por que aceitou a ofensa? Consegue descobrir, dentro de você, uma área de valor moral, uma área de dignidade humana que seja imune aos ventos variáveis das opiniões externas? Fique aí, examine a inviolabilidade do lugar e nunca permita a invasão de uma ofensa.

Terceiro exercício: Veja se consegue praticar a autodefesa moral recusando-se a aceitar uma ofensa da próxima vez que ela lhe for oferecida. No nível elementar, não aceite a ofensa pessoalmente: você não é obrigado a isso. No nível intermediário, veja se consegue transformar ofensa em humor e devolvê-la ao ofensor. No nível adiantado, até o dano pode ser aceito sem raiva nem retaliação violenta, contanto que se consiga ensinar uma lição de moral àquele que lhe causa o dano.

5
É PRECISO SOFRER?

A dor é inevitável. O sofrimento é opcional.

Anônimo

Tiramos nossa dor, assim como o artista tira sua inspiração, do ponto mais misterioso de nosso ser.

Elie Wiesel

IMAGINE UM PRESO numa cela com grades grossas, numa prisão de muros altos, com guardas armados por toda parte. Mas esta prisão é muito esquisita. A porta da cela está sempre destrancada, assim como os portões da prisão, e os guardas estão lá para manter as pessoas do lado de fora, não do lado de dentro.

O preso, no entanto, acredita que a prisão é do tipo comum e fica na cela, que na verdade é bastante confortável. Tem uma boa mobília e várias distrações para passar o tempo. Há livros e CDs, TV a cabo e um computador. Há um bar bem abastecido, boa comida, visitas conjugais regulares. O preso tem de fazer um trabalho meio chato, mas também pode se entregar a seus interesses e passatempos.

Muito bom, para uma prisão. Mas este preso na verdade está bem infeliz, em virtude simplesmente de saber que está preso. Gostaria de fugir e acredita que, se fugisse, seria feliz. Mas também acredita que fugir seria perigoso e provavelmente impossível; portanto, fica ali. O preso recorre a várias outras "fugas" dentro da cela — comida, bebida, drogas, sexo, livros, televisão.

Todas funcionam, mas só temporariamente. De cada vez a volta à realidade é mais dolorosa, tornando necessário aumentar a intensidade da distração para obter a próxima fuga temporária. Essas distrações também levam a fantasias de como a vida deve ser maravilhosa fora dos muros da prisão e a lamentações de quanto se está perdendo por estar preso.

Milhões de pessoas vivem numa prisão igualzinha a esta. É a prisão do sofrimento. Você sofre quando é traído, quando enfrenta o mal, quando é tratado injustamente. Também sofre quando trai os outros, quando faz o mal e quando perpetra uma injustiça. Dessa forma você, como o preso, busca aliviar o desconforto com distrações tangenciais, pensando o tempo todo que precisa ficar na cela. Mas isso é uma ilusão. Na verdade, você está livre para sair andando sempre que quiser, bastando que se separe das distrações familiares e perceba que o caminho está aberto.

O PORTAL DO PARAÍSO

Todo ser humano sofre, mais cedo ou mais tarde, e assim a questão operacional não é se você vai sofrer, mas do que vai sofrer. Uma questão muitíssimo mais importante é como tentará aliviar seu sofrimento. A resposta a que chegar determinará se vai aumentar seu próprio sofrimento (e daqueles à sua volta) ou diminuí-lo. Infelizmente, há muitas maneiras de aumentar o sofrimento. Felizmente, há comparativamente poucas maneiras de aliviá-lo. Por que "felizmente"? Porque com menos opções seu caminho fica muito mais claro.

Suponhamos que você esteja numa sala com mil portas e tenha de escolher uma, uma só, para sair dali. Se novecentas e noventa e nove portas levam ao inferno e só uma ao paraíso, isso seria bom ou mau? Depende de estarem ou não marcadas. Afinal, se todas as portas se parecerem e você tiver de escolher a sua ao acaso, terá pouquíssima probabilidade de selecionar o paraíso: uma em mil. O inferno ficará superpovoado bem depressa — e está mesmo, bem aqui na Terra. Mas se as portas estiverem claramente marcadas PARAÍSO ou INFERNO, você pode ter certeza de que encontrará o paraíso mais cedo ou mais tarde. Quer dizer, desde que saiba ler o que está escrito.

Não importa em que sala de que prédio você esteja; sempre pode encontrar milhares de portas para o inferno — e sempre pode encontrar pelo menos uma porta para o paraíso. Embora todos digam que querem cruzar o portal do paraíso, são muitíssimos os que passam diretamente por todos os tipos de portais do inferno. Talvez precisemos aprender a reconhecer os sinais nas portas e ver que nossas celas estão abertas, para deixarmos o sofrimento para trás.

DOR *VERSUS* SOFRIMENTO

Antes disso, precisamos esclarecer algumas coisas fundamentais, a começar com a diferença entre dor e sofrimento. Um dano físico, como um ferimento ou uma doença, provavelmente causará dor. A dor é uma sensação física. Assim, muitas vezes é um aviso de que alguma coisa física está errada. Se por acidente você encostasse a mão na chapa quente do fogão e não sentisse dor, sua mão não duraria muito tempo. Do mesmo modo, se não sentir dor com a cárie no seu dente vai acabar perdendo o dente. Há exceções — a "dor fantasma" de membros amputados, a metástase do câncer sem nenhum sintoma doloroso — mas em geral a dor serve para lhe avisar que há algo fisicamente errado que precisa de atenção.

O sofrimento, por outro lado, é um estado mental. Assim como a ofensa, em geral é preciso ser cúmplice voluntário dele para senti-lo. Outras pessoas podem nos causar dor contra a nossa vontade, mas é raríssimo que consigam nos fazer sofrer sem nosso consentimento tácito. É irônico que muitas vezes sejam as pessoas mais próximas de você e que melhor o conhecem que mais o fazem sofrer. Por quê? Porque sabem o que o incomoda e, portanto, sabem exatamente como recrutá-lo e alistá-lo como cúmplice voluntário de seu próprio sofrimento. No outro extremo, os que menos o conhecem — ou seja, totais estranhos — também podem fazer você sofrer demais. Por quê? Porque podem preferir desconsiderar sua humanidade e impor-lhe condições intoleráveis. No entanto, é bom perceber que, embora a dor possa lhe ser infligida por outra pessoa (ou até por você mesmo), o sofrimento não pode lhe ser infligido assim. Você pode se afligir com circunstâncias externas que aumentam ou diminuem sua tendência de causar sofrimento a si mesmo, mas este sofrimento é só seu. Em certo sentido, esta notícia é boa: se você possui seu sofrimento, pode também deixar de tê-lo. Não se pode fazer isso com a dor.

Entretanto, às vezes dor e sofrimento também podem estar relacionados. Nos casos de doenças que provocam dor aguda ou crônica, isso também provoca mal-estar (sofrimento) agudo ou crônico, por conta daquela dor. Para começar, a dor fere o corpo; o sofrimento é o eco da dor na mente. Dizemos que as pessoas "sofrem" de enxaqueca. Queremos dizer que as enxaquecas causam dores cegantes e outros sintomas desagradáveis que, por sua vez, provocam mal-estar (sofrimento) devido à dor, ao desprazer e à incapacidade. Se seu sofrimento vem somente da dor, então para aliviar o sofrimento é preciso aliviar a dor. Este é um problema clínico, não um problema filosófico.

Do mesmo modo, quem tem depressão crônica devido a um transtorno cerebral também sofre cronicamente do eco mental daquele transtorno. Em geral, sentem o sofrimento e não a dor, porque o cérebro propriamente dito não sente dor com o transtorno. Mas quando tomam medicamentos que corrigem a disfunção neuroquímica do cérebro, seu sofrimento se esvai. Pelo menos, essa forma específica de sofrimento acaba. Talvez então precisem lidar com outras formas de sofrimento, tais como dilemas morais, que têm origem filosófica. Em alguns casos, como a bipolaridade, talvez prefiram a doença à cura: os medicamentos impedem que afundem demais na fase depressiva, mas também "cortam" os picos exultantes e criativos da fase maníaca. Alguns preferirão até sofrer o estado depressivo do que sofrer por não poderem mais atingir o ápice de sua criatividade. Essas opções difíceis caem na famosa categoria de Aristóteles do menor de dois males.

A filosofia é útil quando se está sofrendo mas, provavelmente, não com dor aguda. Os que buscam orientação filosófica ou algum outro tipo de terapia da palavra costumam sofrer de alguma coisa. E seu sofrimento não é causado por um transtorno cerebral. São pessoas física e mentalmente funcionais que criaram ou encontraram circunstâncias que engendram ou promovem seu estado de sofrimento. Não querem sofrer e procuram corretamente o diálogo como um instrumento que ao mesmo tempo revela as causas de seu sofrimento e indica um caminho para sair dele. No mundo antigo, a filosofia era chamada de "medicina da alma" ou "cura das almas". Cumpria admiravelmente bem esta tarefa.

Resumindo: a dor vem da doença; o sofrimento, do mal-estar. Enquanto um ataque do coração provoca dor física, um "coração ferido" produz angústia emocional e sofrimento mental. Talvez você não seja capaz de aliviar a dor sempre que quiser, mas com certeza pode aliviar a angústia e o sofrimento contanto que saiba o que está causando o mal-estar. Se está tendo um ataque cardíaco, há pouco que possa fazer para impedi-lo sozinho. Mas se está com o coração ferido, este é o resultado de mal-estar, e não de doença, e há muitos passos que pode dar para consertá-lo.

Mais uma coisa: embora a dor propriamente dita possa ser uma causa primária de sofrimento, a atitude frente à dor ou a capacidade de tolerar a dor podem ter um grande efeito sobre o sofrimento. Se você sente dor devido a uma doença sem tratamento ou aos efeitos colaterais do tratamento, provavelmente também está sofrendo. Mas se sente dor devido à intensa atividade atlética, como correr a maratona ou escalar uma montanha, então aposto que não está sofrendo no sentido comum da palavra: pode até achar revigorante o esforço. É o "barato do corredor". Em geral, é possível aprender a aumentar a tolerância à dor, mas parece que o nível inicial de tolerância é mais uma questão de natureza do que de criação. Com o sofrimento, é o contrário: assim como você pode ser influenciado de modo a sofrer muito sem necessidade, também pode aprender a minimizar ou abolir completamente seu sofrimento.

NECESSIDADE *VERSUS* QUERER

Antes de examinar alguns casos, vamos comparar rapidamente necessidade e querer. É provável que o tipo de sofrimento que vem das necessidades não atendidas (em oposição aos quereres insatisfeitos) seja o pior de todos. Como seres humanos, todos nós temos necessidades bem definidas na vida, materiais ou não. Uma lista de necessidades essenciais incluiria: água, comida, abrigo, roupa, amor, sexo, educação, assistência médica, família, comunidade, amigos, trabalho e cumprir um objetivo na vida.

No mundo em desenvolvimento, as pessoas tendem a sofrer devido a necessidades não atendidas de água, comida, roupa e abrigo. No mundo desenvolvido, é mais provável que as pessoas sofram por brigas familiares, amor insuficiente, carreiras insatisfatórias ou objetivos não atingidos. Os que sofrem de necessidades básicas não atendidas raramente sofrem de falta de objetivo na vida. Seu objetivo é claro: a sobrevivência diária. Se as necessidades humanas básicas são atendidas de forma equilibrada, o sofrimento passa a girar em torno de quereres insatisfeitos, em vez de necessidades não atendidas.

Querer é ruim. Quando se necessita de alguma coisa, fica-se pelo menos temporariamente saciado ao se ter aquela necessidade satisfeita. Mas quando se quer alguma coisa, nunca se fica saciado quando se satisfaz aquele querer. Simplesmente passa-se a querer outra coisa, e sofre-se de novo por causa disso. Não é fácil nem aconselhável suprimir as necessidades. É bom que se consiga comer, beber, abrigar-se e assim por diante. Mas, ao mesmo tempo, a forma escolhida para satisfazer as necessidades (de maneira mais tola ou mais sábia) determinará em grande parte o tamanho do seu sofrimento. Seus quereres são coisa inteiramente diferente. Se não forem controlados, você sofrerá. Mas se tentar um pouco, pode descobrir que consegue o que precisa. Há também uma antiga maldição: "Que consigas exatamente aquilo que queres." Tanto conseguir o que se quer quanto não conseguir o que se quer leva ao sofrimento. A boa notícia é: você também pode controlar o sofrer baseado no querer.

Denise e David, Martha e Alex: ter ou não ter filhos

Ter ou não ter filhos pode ser um grande problema na vida. As pessoas necessitam de filhos ou apenas os querem? Acredito que com freqüência os filhos são mais queridos que necessitados. Isso explicaria por que, infelizmente, há tantas crianças *não queridas* no mundo. Entretanto, muita gente, principalmente mulheres mas homens também, querem tanto ter filhos que isso começa a parecer uma necessidade. Quando a maternidade é considerada um papel obrigatório, parece-se com uma necessidade. No caso das crianças, há também uma inter-relação entre querer e necessitar, porque uma mulher que *quer* filhos *necessita* tê-los enquanto é biologicamente capaz e também *necessita* de um homem para várias coisas, da concepção à divisão da tarefa de criá-los. Do mesmo modo, pai e mãe necessitam desempenhar papéis diferentes mas fundamentais, que discutiremos no capítulo 6.

Vamos comparar agora o sofrimento que um casal pode sentir por ter ou por não ter um filho. Denise e David enfrentavam problemas do primeiro tipo. A filha do primeiro casamento de Denise, Kathryn, fora um problema intermitente tanto para Denise quanto para David nos dez anos em que estavam juntos. David tentou ser para Kathryn um pai substituto amoroso, mas a menina rejeitou-o repetidas vezes. Denise ficava presa com freqüência no fogo cruzado entre os dois. Embora os dois amem Kathryn e ela ame os dois (e precise fazer as pazes com o amor por David e a rivalidade com a mãe), muitas vezes sentem-se péssimos quando estão juntos. Durante as piores épocas, David e Denise brigaram muito por causa de Kathryn e estiveram prestes a se separar. Kathryn mal podia esperar para ir para a faculdade e assim sair de casa. David e Denise mal podiam esperar que ela fosse para a faculdade pela mesma razão. Este é um exemplo clássico do problema do ter — neste caso, ter um filho. É claro que há muitos aspectos positivos em sua vida em comum, mas os episódios de briga eram inegáveis.

Com Martha e Alex podemos ver o extremo oposto. Os dois esperavam ter filhos quando se casaram, mas problemas conjuntos de fertilidade fizeram com que tivessem pouca chance de conceber. Queriam desesperadamente uma coisa que não podiam ter e, por isso, sentiam-se péssimos. Gastaram muito tempo e dinheiro tentando aliviar seu martírio — clínicas de fertilidade, mães de aluguel, até mesmo o "mercado negro" de bebês — e cada vez que tentavam conseguir um filho e fracassavam, o sofrimento só aumentava. De forma irônica (mas não muito surpreendente), quando conseguiram o objeto de seu querer — uma menininha legalmente adotada, chamada Sandra — o martírio de não ter filhos transformou-se rapidamente no martírio de não ver a filha por tempo suficiente. Ambos eram profissionais liberais e contrataram uma babá em tempo integral para Sandra. Este sofrimento tinha o mesmo gosto do sofrimento anterior! E logo quiseram outro filho, e embarcaram no processo todo outra vez, suportando sofrimento idêntico ao que tinham sentido por não ter Sandra. Este é um exemplo clássico do sofrimento de não ter, que não é necessariamente aliviado quando se consegue o que se quer.

Sogyal Rinpoche, grande professor budista tibetano, deu algumas aulas valiosas sobre o sofrimento e sua prevenção. Ensinou que só há dois tipos de martírio: o de ter e o de não ter.

Quer se sofra por ter alguma coisa que não se quer ou por não ter algo que se quer, a vivência de sofrimento — isto é, seu sabor — é exatamente a mesma. Para Denise e David e para Martha e Alex, o sofrimento também tinha o mesmo gosto. Sofrer é sofrer, não importam os detalhes específicos. O sofrimento reside na mente, e só na mente. Enquanto você pensar que o sofrimento é causado ou curado apenas por circunstâncias externas, vai sentir-se como uma bola de tênis jogada daqui para lá por dois ótimos jogadores chamados "Ter" e "Não Ter". Podem jogar o dia todo e nunca se cansam. Na verdade, podem jogar mais tempo do que isso: podem jogar a sua vida inteira, se você deixar.

A moral é aprender a se contentar com o que se tem — ou com o que não se tem. O verdadeiro contentamento vem de dentro e não depende de coisas externas. A razão pela qual esses quatro adultos sofrem não é realmente por terem ou não filhos, mas porque estão apegados à idéia de que, com a mera troca de um conjunto de circunstâncias externas por outro, ficarão felizes e se manterão satisfeitos. São as idéias da própria pessoa que, com mais freqüência, lhe causam sofrimento. Mas todos buscam mudar tudo sob o sol para ficarem felizes. Embora muitas vezes consigam realizar as mudanças, não se livram necessariamente do martírio. Muitos norte-americanos sofrem exatamente porque vêem a felicidade como um objetivo externo. Thomas Jefferson colocou "a vida, a liberdade e a busca da felicidade" como os três valores centrais do modo de vida norte-americano. Concordo que os dois primeiros tenham suprema importância: a vida deve ser alimentada e celebrada; a liberdade deve ser valorizada e preservada. Mas a felicidade não pode ser "achada" se a buscamos. Pelo contrário: quanto mais a buscamos, mais difícil de encontrar ela fica. A realização pessoal pelo cumprimento de objetivos válidos é ótima; mas o contentamento interior é possível a cada passo dessa estrada.

> Precisamos fazer uma distinção claríssima entre o que é do interesse de nosso próprio ego e o que é de nosso maior interesse; é da confusão entre um e outro que vem todo o nosso sofrimento.
>
> Sogyal Rinpoche

MUITOS MODOS DE SOFRER

Basta ser humano para potencializar todo tipo de dor e sofrimento. Todos nós sofremos mais cedo ou mais tarde e a maioria das pessoas passa uma parte grande demais do seu tempo buscando evitar, fugir ou transformar o sofrimento sem entender quais são suas verdadeiras causas. (Que, na maioria dos casos, é passar pelos dois martírios gêmeos de ter e de não ter.)

Se você prefere sofrer a ser alegre, o universo obedecerá com todo o prazer. Sempre se pode sofrer e por qualquer número de razões. Pode-se sofrer por causa do passado ou do futuro. Pode-se sofrer por si mesmo ou pelos outros. Pode-se sofrer pelo que se tem ou não se tem. Pode-se sofrer por crenças ou descrenças. Pode-se sofrer porque Deus nos faz sofrer ou porque Ele não nos faz parar de sofrer. Pode-se sofrer porque se está vivo ou porque se está morrendo. Pode-se sofrer em nome do amor, da arte, da ambição ou do próprio sofrimento. Pode-se sofrer porque se sofre demais ou de menos. E pode-se sofrer porque nos recusamos a extinguir nosso sofrimento e, em vez disso, fazemos os outros sofrerem também.

COMO LIDAR COM O SOFRIMENTO

Há várias maneiras de lidar com o sofrimento: guardá-lo para si, fugir dele, passá-lo a outra pessoa, extingui-lo dentro de si mesmo ou transformá-lo em alguma coisa útil. Vamos examinar cada uma dessas opções, ilustradas com o estudo de casos.

Guardá-lo para si. Uma estratégia popular (mas nem um pouco ideal) é guardar seu sofrimento para si — "sofrer em silêncio". Podem ter-lhe ensinado que isso é uma coisa nobre, mas na verdade é desnecessária. Ela priva-o, desnecessariamente, da alegria e da realização. Talvez você acredite que seu sofrimento é uma preparação necessária para sua felicidade no outro mundo. Ou talvez abrigue falsas crenças sobre si mesmo, implantadas por outros, que impedem que seu eu autêntico floresça. As crenças não são determinadas por nossos genes; são adquiridas por transmissão cultural. Uma crença que lhe provoca tristeza pode ser substituída por outra que lhe traga alegria, mas cabe a você fazer a mudança. Crenças alternativas de todos os tipos estão à disposição; o mundo vive cheio delas. Mas cabe a você encontrar crenças que lhe sejam úteis em vez de prejudiciais. E embora às vezes o próprio sofrer possa ser um tipo de educação (como tudo na vida), depois de aprender as lições chega a hora da formatura — e você merece.

Ruth: guardá-lo para si

Ruth sofreu desnecessariamente durante mais de cinqüenta anos. Em essência, era uma pessoa muito criativa, principalmente com a linguagem, e tinha intenção de tornar-se jornalista ou escritora. Seus pais eram imigrantes com uma forte ética do trabalho, mas não compreendiam a cultura literária. Ruth e a irmã mais velha, Alice, tiveram de largar a escola durante a Grande Depressão para ajudar a família a sobreviver. Depois da Depressão, casaram-se com empresários, criaram os filhos e continuaram a trabalhar em empregos de meio expediente ou de tempo integral. Ruth sempre sentiu que havia uma escritora criativa "trancada" dentro de si, ansiando para sair. Esta sensação de aprisionamento a fez sofrer. Mas os pais e a irmã mais velha não apreciavam esse tipo de criatividade: viviam no "mundo real" do relógio de ponto das nove às seis, do salário regular e das aspirações tradicionais. Para eles isso era ótimo, mas não para Ruth. Mas sempre que exprimia o desejo de ser escritora, diziam que estava fantasiando ou devaneando. Certa vez ofereceram a Ruth um emprego como aprendiz de jornalista, mas ela o recusou. Por quê? Faltava-lhe confiança em si mesma e, infelizmente, não recebeu nenhum encorajamento da família.

Assim, Ruth inventou uma historinha, dizendo que teria sido escritora caso não tivesse havido a Depressão. Por que não voltou para a escola depois? Bem, naquela época já tinha filhos e não pôde. E quando os filhos cresceram? Bem, naquela época tinha muitas responsabilidades no escritório e não podia pedir demissão. Tentou contentar-se com palavras-cruzadas e era ótima nisso, mas durante todo esse tempo aquela escritora criativa trancada dentro dela cumpria prisão perpétua. Durante décadas, ficou repetindo a história de que teria sido uma escritora se as circunstâncias não a tivessem impedido. Mas a história não era verdadeira e ela sofreu por mentir a si mesma sobre si mesma. Personalidade agradável na superfície, Ruth não se realizava em termos criativos e sua vida lhe causava profunda amargura; esses venenos gêmeos causavam-lhe muito sofrimento interior.

Aquela escritora acabou sendo libertada, mas só depois que Ruth abandonou as falsas crenças. Com a ajuda do método socrático de parto filosófico (que vimos no capítulo 3 aplicado ao caso de Gary), Ruth finalmente enfrentou o fato de que impedira a si mesma de se tornar uma escritora e usara as circunstâncias da vida como desculpa. Foi preciso muita coragem para Ruth mudar suas crenças depois de tantos anos, mas assim que o fez a escritora dentro dela floresceu. Estudante já muito madura — com mais de setenta anos — Ruth começou a fazer cursos de redação criativa e, em poucos anos, escreveu vários livros de poesia e contos. Algumas de suas obras chegaram a ser publicadas. Sua vida obteve um novo significado e ela sentiu um profundo contentamento. Seu longo sofrimento terminou.

A moral: guardar o sofrimento para si, por mais nobre que seja, não é a resposta. Desenterrar suas causas, não importa quanto tempo leve, é a melhor abordagem.

Fugir dele. Isto soa tentador e tem também um tom heróico. Não é coincidência que o tema da fuga seja sempre popular em Hollywood. As platéias adoram filmes de fuga, talvez porque tanta gente se identifique com eles. *Fugindo do inferno*, *Papillon*, *O homem de Alcatraz* e *Um sonho de liberdade*, entre muitos outros, partilham o tema comum de um protagonista que escapa ao sofrimento fugindo de uma prisão. O tipo de sofrimento de que falamos, entretanto, não é produzido pela dor do cativeiro físico em ambientes violentos, mas sim por situações ordinárias da vida, com as quais as pessoas, sem saber, inconscientemente ou de modo inevitável, constroem suas próprias prisões e depois tentam fugir. Os responsáveis por seu próprio sofrimento não podem fugir dele, a não ser enfrentando-o, compreendendo suas verdadeiras causas e removendo-as. As tentativas de fuga do sofrimento infligido a si mesmo não só fracassam como costumam piorar o próprio sofrimento. O instinto biológico de lutar ou correr é um dos mais antigos dos seres humanos e, como o sofrimento é um tipo de ameaça ao bem-estar, há uma tendência natural a lutar com esta ameaça ou dela correr.

Mas quando o sofrimento é induzido pela própria pessoa, não podemos combatê-lo exceto enfrentando-o, e não temos como fugir. Se você estivesse sofrendo e alguém lhe oferecesse uma viagem grátis para qualquer lugar do mundo, ou até mesmo da galáxia, você aceitaria? Talvez aceitasse como distração, ou fuga temporária, mas sabe muito bem que seu sofrimento vai acompanhá-lo aonde quer que vá, igualzinho à sua sombra. Mas, naturalmente, todos tentarão fugir, pelo álcool, pelas drogas, pelos relacionamentos, pelos cultos, seja qual for o meio que pareça levá-los para longe de si, colocar tempo, espaço ou estados alterados de consciência entre eles e seu sofrimento. Mas a fuga é apenas temporária. Quem não deseja sofrer precisa encontrar um modo de enfrentar e superar o sofrimento. Mais adiante, neste capítulo, examinaremos alguns modos tradicionais — tanto religiosos quanto filosóficos — e seus pontos fortes e fracos.

> Não é no céu, nem no meio do oceano, nem mesmo na caverna da montanha que se pode buscar refúgio (...) nenhum desses refúgios é seguro, nem é o supremo refúgio. Pois mesmo depois de chegar ao refúgio, não se está livre de todo sofrimento.
>
> Gautama Buda

Mas quando o sofrimento não é infligido a si mesmo, não se pode nem correr dele nem lutar contra ele. Então, devo dizer honestamente, nem a medicina nem a filosofia podem ser de muita ajuda. Casos extremos de esquizofrenia, psicose maníaco-depressiva, depressão crônica e várias outras disfunções do cérebro roubam do indivíduo atingido a capacidade de aliviar o sofrimento, porque este não é causado por ele mesmo. É uma questão de doença, não de mal-estar. Embora existam medicamentos capazes de ajudar a estabilizar muita gente assim atingida, muitas outras ainda se suicidam. Consideram o sofrimento de sua existência grande demais para suportar, ainda que sejam bem dotados, amados e capazes de ajudar muito aos outros. Alguns experimentam todos os medicamentos e filosofias conhecidos do homem, mas vivem temerariamente e morrem pelas próprias mãos porque não há outro fim para seu sofrimento nesta Terra. Para esses seres desafortunados, alguns dos quais podem ser pessoas realmente belíssimas, a própria vida é uma infelicidade tão insuportável que sua única maneira de lutar com ela ou correr dela é fazer as duas coisas ao mesmo tempo e dar-lhe fim. Para eles, a morte é a fuga final. Mas para aqueles que ficam para trás, é apenas o começo de um novo sofrimento.

Repassá-lo. Outra estratégia muito comum é tentar passar o sofrimento para outra pessoa. A curto prazo, parece o equivalente humano da ordem em que se descarrega a irritação: seu chefe grita com você; você grita com seu filho; seu filho chuta o cachorro. Infelizmente, o sofrimento não é uma bola de basquete: você não pode simplesmente passá-la a outra pessoa e livrar-se dele. Se tentar, vai descobrir que isso tem efeito multiplicador. Ou seja, você não consegue se livrar do sofrimento repassando-o. Isso só aumenta a presença do sofrimento no mundo. As pessoas que buscam outras apenas para envolvê-las em seu sofrimento na verdade sofrem duas vezes mais: primeiro pelo que realmente as incomoda desde o princípio e, depois, pela ilusão de que envolver os outros aliviará seus próprios problemas.

Os exemplos mais horrendos são os assassinos em série, os terroristas, os gângsteres e os genocidas em massa. Essas pessoas habitam um mundo infernal em que têm fome de prejudicar os outros e, finalmente, morrer. Insensíveis, causam dor e sofrimento às suas vítimas e deixam lembranças dolorosas e vitalícias para os amigos e familiares dessas vítimas. Alguns parecem incapazes de ver as outras pessoas como seres humanos, talvez porque também não se vejam como humanos. Daisaku Ikeda atribui aos terroristas uma "dormência total e completa frente ao sofrimento, à tristeza, à dor e à aflição do próximo". O mesmo pode ser dito de quem repassa premeditadamente tamanho sofrimento ao mundo. Já há sofrimento bastante, somente pelas causas naturais e pela luta normal da vida. Por que tornar as coisas mais difíceis do que são? Repassar seu sofrimento é, de longe, o pior modo de lidar com ele, para você e para todo mundo.

Quem segue este caminho daninho não dura, assim como não duram suas más obras. Quer aja sozinho, quer aplique os recursos de países inteiros a suas vontades danosas, não encontra refúgio nem porto seguro neste mundo. É caçado, atacado e agredido e acaba encontrando o destino que decretou para si. Pode repassar seu sofrimento aos outros por algum tempo, mas não muito. Não pode fazer o mundo todo sofrer nem obrigar o mundo a tolerar seu inferno.

> Aquele que se delicia com a matança dos homens
> não terá sua vontade realizada no mundo.
>
> Lao-tsé

Dar-lhe fim dentro de você. Se você sofre de uma doença, esta doença está em seu corpo e ali deve ser extinta. Por que o mal-estar seria diferente? Mas parece ser muito mais difícil as pessoas "possuírem" seu mal-estar, porque têm de aceitar a responsabilidade por seu conteúdo mental para dar-lhe fim dentro de si mesmas. É muito mais fácil, pelo menos a curto prazo, culpar os outros: "Ele me faz infeliz", "Ela não gosta de mim" ou "A sociedade é injusta comigo". É muito mais difícil admitir que algumas crenças ou expectativas suas funcionam contra seu próprio interesse e mais difícil ainda descobrir o que fazer a respeito. A longo prazo, contudo, a única maneira de dar fim ao seu sofrimento é deixar de tê-lo. Mas para isso você tem, em primeiro lugar, de admitir que o tem.

O caso de Philip: o que vai, volta

Philip, conquistador bonito mas impiedoso, acabou aprendendo que o sofrimento causado aos outros volta para persegui-lo. Então tomou providências para dar-lhe fim dentro de si mesmo. Philip tinha trinta e poucos anos, vivia em Nova York e queria ser ator — um rapaz inteligente, articulado e muito apresentável. Há centenas (pelo que sei, milhares) iguais a ele em Manhattan, muitos servindo mesas entre um espetáculo e outro e esperando que o sucesso aconteça. Philip também tinha muitas mulheres a servi-lo; possuía aquele *não sei quê* — capacidade de atração combinada a uma aparente indiferença — que o tornava irresistível. Muitas mulheres de idades e condições financeiras variadas se apaixonaram por Philip e ele teve com elas casos rápidos e tórridos, todos terminados do mesmo modo: certo dia ele simplesmente as abandonava e nunca mais falava com elas. Assim, deixou em seu rastro um monte de corações partidos e também sentiu alguma tristeza — mas somente por si mesmo. Parecia insaciável, mas não era este o seu problema. Philip sofria de solipsismo, que vimos rapidamente no capítulo 3.

Os solipsistas não devem ser confundidos com os narcisistas. Os narcisistas demonstram estar apaixonados por si mesmos, muitas vezes porque acham que ninguém mais gosta deles nem pode gostar. Mas, seletivamente, tentam atrair os outros para seu mundo, para "confirmar" como são adoráveis. Os narcisistas são seres profundamente conflitados que mascaram seu conflito com uma fachada de perfeição que precisam que os outros reconheçam. Os solipsistas compartilham de um amor-próprio, ou encantamento consigo mesmos, intenso e parecido, mas ao mesmo tempo negam que haja alguém no mundo além deles. O clássico problema filosófico do solipsismo é o problema das outras mentes. Você sabe que tem uma mente, mas como saber se os outros também têm? Sejam quais forem os dados processados sobre o mundo, é um processo em sua própria mente. Você pode sentir diretamente os outros corpos, mas não as outras mentes. A maioria de nós, por sermos sensatos e caritativos, supomos que os outros seres humanos são bem parecidos conosco. Quem tem uma mente supõe que os outros também tenham. Os solipsistas não. O universo gira em torno da mente de um solipsista porque ele não consegue ter certeza de que há outras mentes por aí. É uma postura extremamente cética, mas o ceticismo nunca deteve os filósofos — ele os encoraja.

Na verdade, há uma velha piada de filósofos sobre o solipsismo que vou contar aqui. Certa vez uma mulher procurou Bertrand Russell depois de uma conferência, disse que era solipsista e perguntou se ele também era. Ele pensou um pouco e disse que, no fim do dia, talvez fosse.

— Ótimo — respondeu ela. — Mas não é uma pena que sejamos tão poucos?

Se não entendeu, precisa pensar de maneira mais filosófica! A questão é que cada solipsista pensa que está sozinho no mundo; se não há outras mentes, também não há outros solipsistas.

O problema de Philip era que, por ser solipsista, não acreditava realmente que feria as mulheres que namorava e abandonava. Elas não existiam de verdade para ele, a não ser fisicamente. Até que encontrou sua nêmese, Kathleen. Caiu de amores por ela. Namoraram por algum tempo, tiveram um intenso romance e, de repente, ela o abandonou. Isso foi o fim para Philip. Sua Grande Questão era: "Como ela pôde se comportar de maneira tão insensível comigo? Achei que ela me amava!"

De repente, Philip não era mais solipsista: supunha que Kathleen tinha um estado de espírito no qual o amava. Isso foi uma revelação para Philip, que então contemplou a filosofia do carma, ou de causa e efeito moral. Talvez estivesse sofrendo com a rejeição súbita de Kathleen porque fizera tantas outras mulheres sofrerem com sua rejeição súbita. Embora causa e efeito raramente sejam tão simplistas nas questões humanas, ainda assim parece ser verdade que, com o tempo, os comportamentos são refletidos de volta. E o sofrimento de Philip ensinou-lhe uma valiosa lição: os outros também sofrem. Além disso, como Philip percebeu que os relacionamentos solipsísticos tinham produzido todo esse sofrimento, não buscou aliviar seu próprio mal-estar com mais um relacionamento.

Em vez disso, adotou uma postura diferente e muito corajosa: decidiu dar fim ao sofrimento dentro de si mesmo. Escolheu um caminho religioso como seu veículo e retirou-se para um mosteiro para um período de oração, contemplação e celibato. Ao trilhar esse caminho de refinamento espiritual, é provável que Philip tenha feito muito bem a si mesmo e aos outros e, com certeza, causado também muito menos sofrimento.

Se você optar por dar fim ao sofrimento dentro de si, também vai conseguir. Cabe a você mesmo descobrir ou inventar seu meio para atingir este fim, mas são abundantes as idéias filosóficas úteis. Há muitos caminhos e muitos guias benévolos para ajudá-lo a encontrar o seu jeito. Estão ali à sua disposição, se você também estiver.

Transformá-lo em bem. A melhor coisa que se pode fazer com o sofrimento é transformá-lo de algo doloroso para você em algo útil para os outros. Quando tudo o que se faz é dar fim ao sofrimento dentro de si, isso é bom para você — no máximo. Mas se continua a perceber o sofrimento dos outros e quer ajudá-los a dar-lhe fim também, será bom para todos. E mesmo que você não consiga "despossuir" por completo seu próprio sofrimento, pode ajudar a diminuí-lo ajudando a diminuir o sofrimento dos outros. Se conseguir, terá transformado seu próprio sofrimento no não sofrimento dos outros, que é a maior realização a que se pode aspirar na vida. É este também o objetivo explícito do budismo mahayana, que examinaremos sucintamente neste capítulo.

O caso de Ida: transformar o sofrimento

Ida, profissional bem-sucedida de cinqüenta e poucos anos, suportou seu quinhão de sofrimento. Mais recentemente, passara por um processo longo e doloroso de recuperação de ferimentos causados por um acidente de carro. Sua vida profissional também passava por transformações. Executiva de seguros, Ida duvidava cada vez mais que sua empresa agisse tão bem quanto deveria. Lidar com reivindicações não atendidas ou questionadas, com o aumento da angústia que isso causava aos segurados, acabou afetando-a também. Ela queria mudar de carreira. Disse que tinha dois objetivos relacionados: primeiro, fazer um trabalho que fosse mais significativo; depois, fazer um trabalho que fosse mais útil aos outros.

Como muita gente que busca orientação filosófica, Ida era estável e funcional. Talvez fosse menos comum o fato de que tinha uma boa idéia do que queria realizar. Na verdade, no caso de Ida, ela já resolvera muitos detalhes específicos. Queria sair da panela de pressão empresarial de Manhattan e criar um centro de assistência alternativa num ambiente mais rural. Queria que seu centro oferecesse acupuntura, reflexologia, hipnoterapia, medicina homeopática e talvez até aconselhamento filosófico!

Por que a própria Ida buscara aconselhamento filosófico, já que sabia de onde vinha e para onde queria ir? Foi durante este intervalo nebuloso do presente, ainda indefinido entre um passado manchado pelo sofrimento pessoal e um futuro dedicado a aliviar o sofrimento dos outros, que Ida buscou forma e definição. Considerava a filosofia uma ponte entre seu passado e seu futuro. Procurou um filósofo para ajudá-la a construir aquela ponte e encorajá-la ou acompanhá-la na travessia. Entre outras coisas, disse a Ida o que digo a você: que achava sua idéia excelente e seus objetivos valiosos. Ela encontrara um excelente modo de combinar a necessidade de uma carreira significativa com o desejo de ajudar os outros.

Mas Ida queria mais que o simples validamento de sua missão; uma ponte filosófica precisa de vigas e arcos filosóficos. Ela queria basear sua transição nalguma tradição específica. Por quê? Porque pessoas meditativas não buscam simples racionalizações para seus objetivos na vida; podem obtê-las em biscoitos da sorte ou em caixas de flocos de milho. Querem desenvolver sua identidade filosófica, o que significa que precisam encontrar um modo de ver as coisas que se harmonize com sua experiência anterior, que se adapte a suas circunstâncias atuais e justifique seus objetivos futuros. Em outras palavras, querem construir uma filosofia de e para suas vidas, não só encontrar um aforismo para ajudá-las num dia de mau humor.

Embora Ida fosse ao mesmo tempo analítica e intuitiva, senti que tinha uma afinidade com a filosofia chinesa e, assim, reinterpretamos sua situação de um ponto de vista taoísta. Com o tempo, exploramos dois pontos principais.

Primeiro, de Lao-tsé veio a idéia de que as grandes coisas são uma soma de coisas pequenas. O que viria a ser uma grande transição para Ida na verdade seria obtido em pequenos estágios de crescimento. Assim, ela não precisava se preocupar em fazer tudo de uma vez. Podia encontrar algum repouso neste intervalo nebuloso de transição, assim como a pupa repousa em sua transição entre a larva (lagarta) e a crisálida (borboleta).

> Todas as grandes coisas do mundo começam nas pequenas (...) Uma jornada de mil milhas começa com o pedaço de chão debaixo do pé.
>
> Lao-tsé

Depois, da antiga doutrina chinesa dos complementos que inspirou tanto Lao-tsé quanto Confúcio, aprendemos a idéia de que tudo contém o seu oposto. Assim, o sofrimento passado de Ida continha as sementes de seu futuro não sofrimento. Do mesmo modo, sua atual vida desestruturada continha as sementes da futura estrutura que entrevia.

Ida logo atravessou sua ponte filosófica, abriu seu centro e embarcou em sua nova jornada. Para mim, ela é um grande exemplo das coisas magníficas que as pessoas comuns podem realizar e do bem tremendo que podem fazer, caso decidam transformar seu sofrimento pessoal em ajuda aos outros.

A RELIGIÃO ORGANIZADA E O SOFRIMENTO

Vistas em termos filosóficos, as religiões organizadas são fenômenos verdadeiramente espantosos. Garantem a seres humanos vulneráveis, mortais, falíveis e sofridos uma possibilidade de unir-se à Divindade imortal e infalível que provavelmente sustenta o universo. Como habitamos corpos animalescos, nós, seres humanos, estamos destinados a ter limites em nossa presença, nosso conhecimento e nosso poder. Estamos confinados a ocupar somente um lugar de cada vez, ainda que haja infinitos outros lugares onde talvez queiramos estar. Somos limitados a aprender apenas uma fração minúscula das coisas infinitas que se pode saber e condenados a esquecer mais do que lembramos. Estamos confinados a fazer todas essas coisas num período insignificante, se comparado à escala de tempo geológico ou outras maiores. E, finalmente, recebemos relativamente pouca energia para atingir nossas metas, levando em conta quanto poderia e deveria ser feito. Diversamente de nosso corpo, a mente é ilimitada e assim somos livres para conceber um ser personalizado ou uma força cósmica que seja onipresente, onisciente e onipotente. Costumamos chamá-la de "Deus".

A raiz da palavra "religião" significa "religar". Assim, as pessoas fazem mais do que meramente conceber tal ser ou força em sua mente; dão passos ativos para unir-se a este ser e assim partilhar de todos os seus atributos. O homem está a meio caminho entre o átomo e o ideal. Sua natureza animal é material e o impele tanto para o prazer quanto para o sofrimento; sua capacidade mental é imaterial e o leva para a união espiritual com o divino. Ou assim acredita, ou talvez imagine.

> Se Deus não existisse, seria necessário inventá-lo.
>
> Voltaire

As religiões organizadas nos fazem enfrentar paradoxos de vários tipos. De um lado, distribuem alívio e conforto inegáveis a sofredores do mundo inteiro. De outro, também justificam e perpetuam sofrimento desnecessário. Por outro lado, oferecem orientação moral ampla e acessível a seus seguidores. De outro, não podem explicar de forma convincente por que um Deus benévolo permite tanto mal no mundo. De um lado, todas as suas escrituras pregam o amor universal, a paz e a tolerância. De outro, todas as suas escrituras foram distorcidas para justificar o ódio, a violência e a intolerância. De um lado, todas as religiões têm seguidores sábios, benevolentes e santos. De outro, todas as religiões também têm seguidores tolos, malévolos e profanos.

Assim, por favor, perdoe-nos a nós, pobres filósofos, se às vezes balançamos a cabeça com *descrença*. Parte do trabalho de um filósofo é resolver paradoxos, mas os paradoxos da religião são tão difíceis que só Deus pode resolvê-los — se Deus existir.

Muitas religiões foram praticadas na antiga Roma durante seu declínio e Edward Gibbon escreveu: "O povo considerava-as igualmente verdadeiras; os filósofos, igualmente falsas; os magistrados, igualmente úteis." Em outras palavras, muita gente tende a acreditar naquilo que as autoridades mandam; muitos filósofos tendem a duvidar daquilo que as autoridades mandam e muitos governos tendem a apoiar tudo o que torne mais fácil governar.

As grandes religiões tornaram-se "grandes" principalmente devido às conquistas políticas. Foi a combinação de fanatismo religioso com ambição política que tantas vezes deu origem ao sofrimento em escala maciça, em toda a história do mundo. Sempre que os fanáticos de qualquer fé ou culto tribal ou ateu conquistaram o poder político, infligiram sofrimento desnecessário. Por outro lado, sempre que seguidores de fés (ou tribos) puderam exprimir suas crenças sob a proteção de leis civis seculares ou leis religiosas tolerantes e foram impedidos de tomar o poder político e impor a tirania, o povo pôde professar com liberdade mas sem causar dano aos outros. Um grande teste para qualquer pessoa ou "nação religiosa" é se esta pessoa ou nação consegue deixar os outros em paz. Se não consegue, não passou no teste e aumenta o sofrimento humano.

Pessoas obstinadas só aumentam o sofrimento, por não conseguirem perceber a humanidade dos outros e por cometer o triste erro de supor que raça, sexo, orientação sexual ou etnia tornam algumas pessoas "mais" humanas e outras "menos". Do mesmo modo, os fanáticos religiosos só aumentam o sofrimento, por deixarem de perceber a humanidade dos que cultuam deuses diferentes de maneira diferente; e por cometer o erro igualmente flagrante de supor que há "infiéis" no mundo, os quais devem converter ou destruir. Outro grande teste para qualquer pessoa ou "nação religiosa" é se essa pessoa ou nação precisa de um inimigo, alguém ou algum grupo para servir de bode expiatório ou de imagem do demônio. Se precisa, não passou no teste e aumenta o sofrimento humano.

Quem precisa de inimigos, infiéis ou demônios para dar significado e objetivo à sua existência vive num estado de espírito infernal. Para eles e para todo mundo seria melhor que mudassem seu estado de espírito; pior para eles e para todo mundo caso repassem este inferno para todos.

VIA *AFIRMATIVA* E VIA *NEGATIVA*

Os judeus sofrem. Os cristãos sofrem. Os muçulmanos sofrem. Os hinduístas sofrem. Os budistas sofrem. Então qual é a diferença? Bhagwan Sri Rajneesh ensinou uma diferença importante, que vou compartilhar com você. As religiões seguem todas o caminho ou via afirmativa. Todas afirmam a existência de um ser supremo, ou Divindade, que reside fora das pessoas e com a qual elas devem unir-se. Tenta-se esta união buscando a Divindade pela oração, pelo estudo das Escrituras, pela observância do ritual e levando uma vida boa. Essas tentativas são encorajadas e oferece-se alívio aos sofredores deste mundo com a promessa de recompensa no outro. O judaísmo, o cristianismo, o islamismo, o hinduísmo, algumas formas de budismo e muitas outras religiões seguem este caminho.

Um perigo da via afirmativa, contudo, é óbvio. Quando alguém se esforça demais para chegar a Deus, corre o risco de perder o equilíbrio. Se você se esforça mas não consegue atingir a Divindade, pode alcançar algo menor, pensando ter alcançado Deus. Com muita freqüência as pessoas se esforçam e não atingem Deus, mas sim gente corrupta que afirma ser representante de Deus e doutrinas corruptas que aumentam o sofrimento. Se alguém lhe ensina ódio, violência e intolerância, pode ter certeza que você não se esforçou o bastante. Se alguém lhe ensina que alguns seres humanos são menos que humanos, são demônios ou infiéis, definitivamente você não se esforçou o bastante.

Outro perigo da via afirmativa é a insistência de que a salvação está fora de você. Assim como a "busca da felicidade" na vida secular, que com tanta freqüência costuma levar ao sofrimento, a "busca da salvação", na vida religiosa, pode levar ao seu oposto: a busca da danação, com muito sofrimento ao longo do caminho. Em suas manifestações mais infelizes, a crença de que a salvação está fora da pessoa leva-a a abraçar o fatalismo ou a apatia e, neste caso, a não assumir responsabilidade alguma pela melhora de seu destino na vida. E sabe então o que acontece? Exatamente nada. A vida não fica melhor sozinha. Você é que tem de melhorá-la. A via afirmativa não deveria ser uma vida passiva, mas também não deveria ser danosa nem destrutiva.

> O caminho da afirmação significa o caminho do esforço, muito esforço: tenta-se atingir Deus, é preciso fazer todo o esforço possível; é preciso fazer o máximo, é preciso pôr-se à prova.
>
> Bhagwan Sri Rajneesh

Por outro lado, considere o caminho ou via negativa. Primeiro, espero que você não fique indevidamente impressionado com a palavra "negativa", cuja má fama é imerecida. Se você vai ao médico e tem de fazer um exame para descobrir alguma doença, com certeza prefere que o resultado seja "negativo". Esta sempre é uma boa notícia. Do mesmo modo, se seu destino depende do veredicto de um júri, com certeza você prefere que digam "Não é culpado". Também é uma negativa, mas uma boa notícia para o réu. A própria vida é "entropia negativa", outra negativa "positiva", se é que você gosta de estar vivo. Assim, as negativas não são necessariamente coisas más; na verdade, podem ser ótimas.

Em vez de se lançar para fora de si mesmo rumo à Divindade, a via negativa leva você ao fundo de si mesmo, ao vazio, rumo ao seu estado de despertar. Como você não se agarra a nada neste caminho, não se joga contra nada perigoso. Como não procura nada neste caminho, encontra tudo. Você o encontra bem no fundo de si mesmo, onde (paradoxalmente) não há nada. A via negativa afirma que você pode dar fim ao sofrimento por meios internos a você mesmo. O Tao ensina isso de forma implícita; Buda, de forma explícita. Diversamente de todas as religiões do mundo, que de um jeito ou de outro tentam transformar o sofrimento em necessidade ou virtude, o ensinamento de Buda é uma filosofia prática para não sofrer nesta vida. Você pode diminuir seu sofrimento neste mesmo instante se começar a praticar a filosofia de Buda. Naturalmente, essas práticas (como todas as práticas) têm um efeito cumulativo. Quanto mais cedo se começa, mais cedo se começa a adquirir imunidade ao sofrimento. Mas este caminho leva ao abismo e é preciso não ter medo de cruzá-lo sozinho às vezes.

> A oração significa simplesmente que, sempre que está sozinho, você não está sozinho, mas solitário; sente falta do outro. No caminho da negativa, estar sozinho é, simplesmente, o maior esplendor que existe.
>
> Bhagwan Sri Rajneesh

É por isso que encontramos judeus budistas, cristãos budistas, muçulmanos budistas, hinduístas budistas e — para os que o transformaram em religião — budistas budistas. A religião nativa de alguém está ligada à cultura em que se formou e à sua teia de crenças, e a maioria não abandona (nem precisa abandonar) seus costumes originais. Mas muita gente adota e pratica o caminho de Buda, que ensina não só amor, paz e tolerância como também a não sofrer. Como orientador filosófico, Buda recusou-se a especular sobre a existência ou não de Deus, da alma, do outro mundo. Percebeu que debater essas questões não leva necessariamente a um estado de espírito que vá além do sofrimento. Seus ensinamentos aliviam e extinguem o sofrimento humano por meios humanos, sem depender de seres sobrenaturais.

Mas isso nos leva de volta ao que dissemos no início do capítulo: para aliviar seu sofrimento, você precisa primeiro estar disposto a assumir seu justo quinhão de responsabilidade por ele. Se não se dispuser, ninguém pode forçá-lo. Mas, da mesma maneira, gente corrupta ou malévola pode explorar sua falta de disposição de fazê-lo e desviá-lo para perpetrar danos que só aumentam seu sofrimento e o dos outros. Sua falta de disposição para assumir a responsabilidade por seu sofrimento torna-se uma arma potencial nas mãos de gente má, que pode usá-lo e ao seu sofrimento como desculpa para aumentar o sofrimento dos outros. Devemos trabalhar para aliviar nosso próprio sofrimento e o daqueles à nossa volta, em vez de aumentá-lo para nós e para os outros.

O SOFRIMENTO SECULAR

Se as religiões podem proporcionar tanto o sofrimento quanto o alívio do sofrimento, e às vezes um disfarçado no outro, as não religiões fazem exatamente a mesma coisa. O aforismo de Sogyal Rinpoche também se aplica aqui. Este é o martírio de ter deuses e o martírio de não os ter. Com efeito, parece-me que as pessoas seculares podem sofrer tanto quanto as religiosas. Têm todos os problemas humanos costumeiros mais o problema adicional de não ter Deus para fazer tudo dar certo no final. Vi isso repetidas vezes em meu grupo de filosofia de Manhattan. Intelectuais seculares foram e voltaram, muitos deles com uma lista de queixas para desabafar. Radicais políticos seculares sofrem mais que a maioria: têm *questões* impossíveis de resolver. Muitos acreditam que já devíamos estar na utopia e precisam constantemente de alguém a quem culpar por nos manter fora dela. Pelo menos os criacionistas podem culpar Adão e Eva. Os radicais tendem a culpar o governo.

Com certeza os secularistas não são mais felizes do que a média e muitas vezes são mais cínicos. Incapazes de acreditar em Deus, costumam cair num existencialismo melancólico ou num fatalismo pessimista. Prozac ou Aropax não ajudam, porque o problema é filosófico. Alguns se voltam para o estoicismo, que enfrenta o sofrimento com bravura mas não o alivia diretamente. Outros abraçam o budismo intelectual (isto é, a teoria sem a prática), porque lhes permite entender parte de seu sofrimento e, ao mesmo tempo, perpetuá-lo. Finalmente, muitos secularistas praticam a filosofia de Buda, que na verdade diminui seu sofrimento.

O caso de Michaela: viver com o impensável

Michaela deu um até-loguinho ao marido Ron quando ele saiu para trabalhar na manhã de 11 de setembro de 2001. Nunca mais o viu, nem vivo, nem morto. Ron trabalhava num dos andares superiores do World Trade Center e sumiu, juntamente com milhares de outros, no desmoronamento. Vendo-se, de repente, viúva com dois filhos pequenos, não por acidente mas por uma intenção malévola, Michaela ficou inconsolável. Um ano depois, ainda mantinha as roupas de Ron penduradas no armário, seus objetos pessoais intocados no escritório e não trocava as fronhas, que ainda tinham seu cheiro. Chorava até dormir todas as noites, agarrada ao travesseiro como se fosse o próprio Ron. Michaela mantinha em ordem o corpo e a mente durante o dia pelo bem dos filhos, que eram pequenos demais para entender o que acontecia, mas sentia que sua vida se rompera e não tinha mais conserto. O aconselhamento profissional durante o luto não ajudou muito, nem os grupos de apoio que freqüentou. Distraíram-na um pouco de seu sofrimento, mas dentro dela havia um vazio terrível, constantemente cheio de angústia. Antes esse vazio ficava cheio do amor de Ron, produzindo-lhe abundante alegria. Agora era uma fonte oca de tristeza.

Alguns amigos de Michaela eram religiosos e ela foi algumas vezes à igreja buscar consolo e alívio através da oração. Tentando atingir Deus pela via afirmativa, Michaela só encontrou um poço sem fundo de lágrimas. Quanto mais tristeza oferecia a Deus, mais tristeza sentia em si mesma. Zangou-se com Deus por fazê-la sofrer tanto. Achou difícil acreditar que um ser todo-poderoso e benevolente lhe causaria tanta tristeza. O Livro de Jó não é uma história confortadora e ela sabia que não tinha dentro de si a fé nem a força de Jó.

Michaela tinha uma vizinha chamada Maureen que há vários anos praticava um tipo de meditação budista. Isso nunca lhe interessara muito, mas ela pediu à vizinha que lhe explicasse o que era aquilo. Logo passou a praticá-la também e bem devagarinho começou a tomar posse de seu sofrimento, diminuindo-o dentro de si. Se você está cismado com o fato de a via negativa fazer Michaela sentir-se melhor enquanto a via afirmativa a deixou pior, eis aqui quatro razões filosóficas.

Em primeiro lugar, a chave da recuperação de Michaela foi que não odiava os terroristas que mataram seu marido nem Deus que o tirou dela. Como o ódio, veneno terrível, estava ausente, seu estado de espírito infernal era muito mais suscetível de transformar-se em algo melhor. O ódio nos cega, mas a tristeza pode nos abrir os olhos.

Em segundo lugar, ao enfrentar e possuir sua tristeza através da meditação tranquila e da reflexão sobre os apegos que causam o sofrimento, Michaela começou a perceber e aceitar que Ron tinha ido para sempre. Dormir com seu fantasma (ou seja, a fronha com seu cheiro), tentar amá-lo e receber amor era, na verdade, uma forma de torturar-se e prolongar sua agonia. Em vez disso, Michaela conseguiu aprender a aceitar que a vida de Ron fora belíssima e que ela tivera muita sorte de compartilhar com ele alguns anos maravilhosos. Às vezes, este é todo o tempo que temos com alguém e talvez devêssemos ser gratos por sua duração, em vez de inconsoláveis com seu fim. Tudo nesta Terra acaba. É apenas uma questão de tempo.

Em terceiro lugar, ao adotar este ponto de vista Michaela pôde ver a vida de Ron, metaforicamente, como um floco de neve — único e lindo de se ver, mas frágil e destinado a derreter-se. Depois de derretido, torna-se uma gota que se junta a um rio e depois evapora para o céu, onde se cristaliza em outro floco de neve, que outra pessoa achará único e lindo, enquanto durar. São estes os ciclos da vida e da morte, que estão ligados. Trazem alegria e tristeza, mas não necessariamente tortura mental. Dessa forma, ao aprofundar sua compreensão Michaela pôde valorizar a lembrança de Ron sem ter de estar casada com seu fantasma. Na verdade, assim que ela o deixou ir pôde recordar seu amor com alegria e tristeza, mas sem tormento.

Em quarto lugar, a via negativa também fez de Michaela uma mãe melhor, pois agora podia ver uma parte de Ron vivendo em seus filhos e podia alimentar sua memória dando-lhes seu amor. Por não serem fantasmas, podiam absorver seu amor e devolvê-lo.

> As alegrias fecundam. As tristezas dão à luz.
>
> William Blake

O caso de James e Melanie: viver com o acidental

James e Melanie tinham três filhos. Os dois mais velhos já estavam na universidade e o caçula, um garoto de dezessete anos chamado Jordan, mostrava-se uma grande promessa acadêmica. Era quase um prodígio e, além disso, muito querido pelos colegas. Certa noite de verão, ele e uns amigos saíram no barco da família para assistir ao pôr-do-sol no lago. Mas a embarcação foi atingida por uma lancha, dirigida a toda velocidade, às escuras, por alguém alcoolizado e drogado. Jordan morreu.

Depois do funeral, James passou muito tempo no ancoradouro da família, durante o verão e o outono, meditando sobre a morte súbita de seu amado filho, sobre o desperdício e a falta de sentido disso tudo. Como e por que uma vida tão jovem e promissora podia ser apagada num instante descuidado? James não acreditava que algum Deus ou homem pudesse jamais lhe dar respostas a estas perguntas. Na verdade, queria saber por que é que tínhamos de fazer essas perguntas. O sofrimento de James depois da morte de Jordan o fez ponderar sobre o significado mais profundo da vida. Ficava sentado no ancoradouro, recordando os dezessete verões passados ali com Jordan e as muitas coisas que tinham feito juntos.

Através de sua meditação sobre a vida e a morte, James veio a compreender duas coisas. Primeiro, o tempo que passara com Jordan jamais seria desfeito. Segundo, seu vazio seria preenchido por alguma coisa ou alguém ainda não descoberto. Seu objetivo agora era explorar os contornos e profundidades daquele vazio, para que pudesse aprender a melhor maneira de preenchê-lo.

Como Michaela, James não alimentava ódio pelo matador de seu filho amado. E ainda que a morte de Ron tivesse sido parte de um ataque terrorista planejado e a de Jordan o resultado de um piloto irresponsável, o sofrimento de Michaela e o de Ron tinham o mesmo gosto. E ao abordar por dentro seu sofrimento, aos poucos Michaela e James o venceram.

> A maioria nunca percebe que todos nós aqui pereceremos um dia. Mas os que percebem esta verdade resolvem suas brigas pacificamente.
>
> Gautama Buda

O SOFRIMENTO DOS GRUPOS E SUA EXPRESSÃO

As pessoas não sofrem apenas individualmente, mas também coletivamente, porque pertencem a grupos identificáveis. Podem ter sofrimentos em comum infligidos por poderes externos.

O que eu disse, perto do início deste capítulo, sobre o sofrimento dos indivíduos também se aplica aos grupos. Lembra? A questão operacional para os indivíduos não é se vão sofrer, mas do que vão sofrer. Isto também se aplica aos indivíduos como membros de grupos. Em outras palavras, você pode sofrer como indivíduo porque é homem, mulher ou criança; ou porque é heterossexual, homossexual ou bissexual; ou porque sua pele é negra, branca, vermelha, amarela ou marrom; ou porque é judeu, cristão, muçulmano, hinduísta ou budista.

A questão crucial dos grupos é paralela à dos indivíduos. O que fará com seu sofrimento? Os grupos que conquistaram ou mereceram as melhores oportunidades de emancipação coletiva do sofrimento também são aqueles que suportaram o maior sofrimento coletivo sem retaliação violenta contra inimigos reais ou imaginários.

O primeiro e mais importante passo para aliviar o sofrimento é possuí-lo e parar de culpar ou matar os outros por causa dele. Possua-o e poderá deixar de tê-lo. Se não for assim, o ciclo do sofrimento nunca termina. É verdade, o mundo está cheio de gente disposta a oprimir. Mas não se una às suas fileiras oprimindo-se a si mesmo.

UMA EXPERIÊNCIA COM O PARADOXO DE MOORE

Diversamente do sofrimento, este capítulo tem um fim definitivo. Gostaria de concluí-lo, de forma alegre e experimental, pedindo-lhe que aplique um dos paradoxos da filosofia para aliviar o seu sofrimento. G. E. Moore trouxe a seguinte frase paradoxal à atenção dos filósofos: "Sei que isso é verdade, mas não acredito nisso." Frases deste tipo são chamadas "frases de Moore" por causa de seu inventor. Aposto que você já encontrou algumas delas em sua vida cotidiana. Suponhamos que está de férias, divertindo-se. Em geral isso significa que o tempo passa depressa, depressa demais. De repente está na hora de ir para casa e voltar ao trabalho. O que as pessoas costumam dizer? "Sei que minhas férias já acabaram, mas não consigo acreditar." Do mesmo modo, as pessoas tendem a proferir frases de Moore quando alguma coisa extremamente boa ou ruim acontece. Por exemplo: "Sei que acabei de ganhar na loteria, mas não consigo acreditar." Ou: "Sei que meu melhor amigo morreu num acidente, mas não consigo acreditar."

As frases de Moore ilustram, entre outras coisas, que há uma diferença entre saber, de forma fria ou objetiva, que uma coisa é verdade e acreditar que é verdade, o que parece exigir um ajuste emocional como parte de uma acomodação geral à mudança súbita. (Diremos mais sobre a mudança no capítulo 11.)

Então, como isso pode ajudá-lo? Ponderemos sobre algumas variações de frases de Moore. Primeiro, considere: "Sei que isso é verdade, mas não sinto isso." Suponha que você tenha uma dor de dentes. Faz sentido dizer "sei que tenho dor de dentes, mas não a sinto"? Isso não faz nenhum sentido porque, se você não sentisse sua dor de dentes, como saberia que a tem? Agora, considere: "Sei que isso é verdade, mas não sofro com isso." Faz sentido dizer "sei que tenho dor de dentes, mas não sofro com ela"? Faz sim, porque dor e sofrimento não são a mesma coisa. Embora uma dor de dentes não seja divertida (a menos que você seja masoquista), às vezes pode ajudá-lo a concentrar-se ou a ficar mais alerta do que de costume, ou ensinar-lhe (do jeito mais difícil) a limpar melhor os dentes. Concentrar-se e aprender não são sofrer. Do mesmo modo, faz sentido dizer "sei que acabei de perder o emprego, mas não sofro com isso"? É claro que sim. Você pode lamentar o emprego perdido, é claro, mas também pode ver a situação como oportunidade de encontrar um novo emprego mais adequado. Isso se aplica a muitos tipos de perda.

Os que tomaram providências para se imunizar contra o sofrimento também são capazes de melhorar sua tolerância à dor, à perda e a outros fenômenos que fomos condicionados a considerar como causas inevitáveis de sofrimento. Recondicione-se e será capaz de aumentar sua tolerância a circunstâncias normalmente desagradáveis, a ponto de deixarem de ser desagradáveis. Isso é muito melhor do que repetir a frase de Moore que tanta gente repete todos os dias: "Sei que há um jeito de reduzir meu sofrimento, mas não acredito nisso." Ao invés, tente afirmar todos os dias a seguinte frase de Moore: "Sei que devo sofrer, mas não acredito nisso." Se você não acredita que tem de sofrer, seu sofrimento diminuirá. Por quê? Porque o sofrimento não é um fato brutal do mundo. É um estado da sua mente que pode ser mudado.

EXERCÍCIOS FILOSÓFICOS

1. Do que você sofre? Do que sofrem aqueles à sua volta?
2. Que providências você está tomando para aliviar seu sofrimento e o deles? Que providências eles estão tomando para aliviar o sofrimento deles e o seu?
3. Essas providências funcionam para você? Para eles? Se for assim, por quê? Se não, por quê?
4. Se for assim, então continue. Se não, escolha outras.

6
O QUE É O AMOR?

> Uma palavra nos liberta de todos os fardos e dores da vida: essa palavra é amor.
>
> Sófocles
>
> Você só precisa de amor.
>
> Os Beatles

O AMOR É UM INGREDIENTE fundamental da vida humana e sua importância nos assuntos humanos não pode ser superestimada. Muita gente não consegue passar o dia sem exprimir amor ou ser o beneficiário da expressão do amor. Nas sessões de aconselhamento filosófico, o amor aparece repetidas vezes, devido a seus papéis múltiplos e variados em nossa experiência tanto de bem-estar quanto de mal-estar. Muitos tipos de mal-estar têm algo a ver com o amor ausente, o amor não correspondido, o amor não realizado, o amor que deu errado ou até o amor que deu certo mas com obrigações acessórias. Além até do romance e da amizade, do encontro de almas e da paternidade — os contextos mais comuns para discutir e exprimir o amor — as questões a ele ligadas surgem em carreiras individuais assim como em organizações complexas. Como o amor tem um papel tão grande na vida de tanta gente, inclusive, sem dúvida, também na sua, é claro que vale a pena fazer algumas perguntas filosóficas sobre esta força poderosa mas meio misteriosa. O que é essa coisa chamada "amor", que causa a todo mundo tanta alegria e tanta tristeza?

Pais, poetas, profetas, pregadores, psicólogos e filósofos têm todos seu modo próprio de compreender o amor. Há tantos tipos de amor, ou modos de conceber o amor, que seria impossível fazer justiça a todos num só livro, que dirá num só capítulo. Assim, aqui daremos uma olhadinha rápida nalguns conceitos filosóficos importantes sobre o amor e sua aplicação na vida cotidiana. Ao reexaminar sua própria filosofia do amor através destas lentes, você vai melhorar sua própria experiência de vida, aonde quer que a estrada sinuosa do amor o leve.

O Tao de Freud

Muitas vezes melhoramos nossa compreensão de alguma coisa pensando em seu oposto ou complemento. Foi esta a abordagem de Sigmund Freud à pergunta "O que é o amor?" Freud acabou respondendo-a de três maneiras diferentes, comparando o amor a três tipos de opostos: amar *versus* ser amado; amar *versus* odiar e amar *versus* indiferença (o oposto tanto do amor quanto do ódio). Embora Freud não conhecesse a filosofia chinesa em geral e o taoísmo em particular, repetiu com exatidão algumas de suas antigas idéias de que esses pares não são *opostos*, mas *complementares*. Cada um é necessário para que o outro exista.

O primeiro par de Freud provavelmente é o mais fácil de entender. Todos compreendemos o que significa amar alguém ou alguma coisa. Você poderia listar agora, com facilidade, as pessoas que ama, as coisas que ama fazer, a música que ama ouvir, pratos que ama comer e assim por diante.

Nesta concepção, o amor exige um sujeito que ama e um objeto que é amado. Se Dick ama Jane, então ele é o sujeito do amor e ela, seu objeto de amor. Ele oferece seu amor e talvez ela o aceite. Se o aceitar, pode também correspondê-lo: Jane ama Dick. Então Jane também é sujeito do amor, enquanto Dick também é objeto de amor. Quando as pessoas se amam desta forma recíproca, produz-se um vínculo poderosíssimo entre elas. Tal relacionamento complementar e recíproco pode ser ilustrado assim:

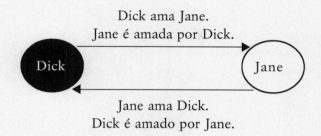

Dick ama Jane.
Jane é amada por Dick.

Jane ama Dick.
Dick é amado por Jane.

Mas é muito mais elegante e também mais revelador simbolizar o relacionamento deles assim:

Aqui, amar alguém (oferecer-lhe o dom de sua devoção) e ser amado por alguém (receber este mesmo dom) estão equilibrados e unidos, como parte de um todo maior. Quando duas pessoas amam e são amadas uma pela outra, estão em harmonia com o Tao (o Caminho). Este tipo de amor é a completude recíproca de si mesmo no outro e com o outro. Os seres humanos buscam o tempo todo este tipo de completude. Às vezes a encontram e dura a vida toda. Neste caso, sua lua-de-mel nunca termina.

Podemos, entretanto, ver dois tipos de problema no horizonte. Primeiro, o que acontece quando o amor de alguém é recebido mas não correspondido? Suponhamos que Jane apenas tolere Dick, por suas próprias razões. Ele a ama e ela se permite ser amada por ele, mas não o ama de verdade. Então a imagem de seu amor é obviamente desequilibrada:

Sejam quais forem os prazeres ou benefícios obtidos a curto prazo neste estado de coisas, seu desequilíbrio inerente destina-se a produzir mal-estar nos dois.

A mesma coisa seria verdade caso Jane amasse Dick mas Dick não amasse Jane:

Finalmente, se nenhum amar o outro teremos esta imagem:

Aqui temos um encontro físico no limite externo do ser, mas nenhum dom de amor é dado ou recebido por ninguém. É como o sexo sem conteúdo emocional. Há contato físico completo nos limites, mas nada do ser emocional, intelectual ou espiritual se estabelece ou persiste no outro. O sexo pode ser maravilhoso, mas isso é insuficiente para a realização do ser humano.

Mas as coisas podem dar erradas também no equilíbrio, caso uma pessoa invista muito mais amor que a outra. Isso leva a um relacionamento desproporcional numa das seguintes maneiras:

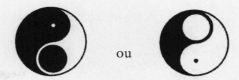

É exatamente isso que leva muitos casais a buscar aconselhamento conjugal; sentem mal-estar com a desproporção e querem corrigi-la para preservar o relacionamento. Quase sempre, quem ama mais e é menos amado sente o maior mal-estar e busca criar ou restaurar uma proporção mais eqüitativa. Lamentavelmente nem sempre isso é possível. Ocorrem muitos conflitos nos relacionamentos e muitos casamentos acabam em divórcio devido a um "desequilíbrio de investimento" deste tipo.

Mais uma vez, se ambas as pessoas investem demais uma na outra, a desproporção é tal que nenhuma se sente centrada em si e para si mesma:

Isso pode acontecer quando duas pessoas são "como uma só", como dizem, e, assim, cada uma se reduz a ser apenas meia pessoa. Uma ama a outra à custa de si mesma. Portanto, cada uma é oca e confia em ser amada pela outra, com capacidade reduzida de amor-próprio e de dar e receber dons de amor de maneira saudável. Se um deles perde o outro do qual depende tanto, é o mesmo que perder-se a si mesmo. A "aritmética" deste tipo de amor é bizarra: um mais um é igual a um, se ficarem juntos, mas dois menos um é igual a zero, caso se separem.

O caso de Stephanie: dois menos um é igual a zero

Stephanie estava casada há sete anos com Alan e eles investiram muito um no outro — talvez demais. Com o forte apoio de Stephanie, tinham suportado muitas dificuldades e a empresa de Alan finalmente começava a prosperar. Com quase trinta anos, tinham agora segurança suficiente para pensar em formar uma família. Mas alguma coisa incomodava Stephanie. Ela sentia cada vez mais que boa parte do que investira em Alan era seu próprio potencial não desenvolvido de ter uma carreira mais criativa. Precisava recuperar este potencial para sua vida avançar, para crescer e tornar-se a pessoa que sua intuição lhe dizia que era. Tentara realizar isso com Alan, mas ele desencorajava constantemente suas iniciativas porque queria, de forma um tanto infeliz e insegura, reter toda a sua atenção. Mas Stephanie sentia-se tão sufocada que teve de deixá-lo. Parte dela amava-o de verdade, mas ao mesmo tempo aquela parte sua estava sendo sufocada pelo relacionamento. Alan também precisava crescer por conta própria e não depender dela de forma tão desesperada. Quando Stephanie finalmente largou Alan foi como se lhe arrancassem um pedaço, deixando uma ferida aberta que precisava sarar. No início, Stephanie tomou medicamentos para tratar a angústia e os sentimentos de depressão, mas buscou ativamente novas direções na vida. Encontrou-as primeiro através de uma sucessão de relacionamentos com homens mais velhos, cuja experiência e maturidade lhe abriram novos horizontes e deram-lhe o "ar" metafórico que precisava respirar. Depois, começou a descobrir e valorizar sua independência.

Ao contrário do estereótipo das mulheres com quase trinta anos, na verdade Stephanie não precisava de marido e filhos nem os queria, pelo menos neste estágio da vida. O casamento lhe agradara por algum tempo, mas agora iniciava uma fase de crescimento intelectual, amadurecimento emocional e desenvolvimento espiritual que lhe exigia que estivesse sozinha e fosse independente a maior parte do tempo, para estudar e refletir. Aos poucos, num período de alguns meses, regenerou a parte de si mesma que "faltava", mas não através do apego a outra pessoa. Pelo contrário, esvaziou-se de maneira ainda mais completa e, pelo vazio, tornou-se inteira. Foi guiada pelos antigos ensinamentos do budismo indiano milenar de Shantideva. Eles a ajudaram a passar por esta transformação fundamental de sua vida com sua abordagem absolutamente sensata para domar os tigres (e outros animais selvagens) da mente. Tente dissolver seu ego, como fez Stephanie. O budismo é um solvente poderoso.

> Todo o dano de que esta vida é plena, todo medo e sofrimento que existe,
> Agarrar-se ao "eu" os provocou! O que farei com este grande demônio?
>
> Se este "eu" não for por inteiro abandonado, também não se evitará a tristeza...
> Para libertar-me do dano, e aos outros de seus sofrimentos,
>
> Que eu me entregue e ame aos outros como a mim mesmo.
>
> Shantideva

AMOR E ÓDIO

O segundo par de opostos de Freud, amor e ódio, na verdade reinventa outra antiga roda filosófica das tradições indiana e chinesa: a idéia dos apegos. Embora amor e ódio sejam diametralmente opostos, estão ligados num relacionamento complementar, assim como os pólos positivo e negativo de um ímã. Não se podem separar os dois pólos de um ímã. Se você o quebrar ao meio, terá dois ímãs menores, cada um com um pólo positivo e um negativo. Assim como o investimento de emoção em alguém ou alguma coisa, que também é um tipo de alinhamento magnético, amor e ódio são como os dois pólos de um ímã chamado "apego". Neste sentido, também são inseparáveis. Ter capacidade de sentir um deles significa ter capacidade de sentir o outro.

Assim, ao se formar um apego ele pode manifestar-se como amor, ódio ou uma mistura dos dois — o clássico relacionamento "de amor e ódio" que muitos sentem consigo mesmos, com os outros, seu emprego ou seu país. É aí que a analogia com o ímã começa a tropeçar, já que amor e ódio se parecem mais com uma gradação, com uma mistura contínua de possíveis emoções, do que com os pólos de um ímã. A maioria dos relacionamentos de amor romântico fica na ponta positiva da gradação, mas alguns escorregam aos poucos para a ponta negativa. Fortes sentimentos positivos podem se transformar, e se transformam, em fortes sentimentos negativos, e os seres humanos caem, com facilidade e freqüência, nesta armadilha. Depois que você faz um investimento emocional em outros, ele pode azedar, às vezes por razões além de sua consciência imediata, mas nunca por razões além da sua compreensão.

Quando você aceita o investimento do outro e o transforma em parte de si mesmo, também está — quer queira, quer não — trazendo um cavalo de Tróia para a fortaleza de seu ser. Esse dom de amor traz consigo muitas obrigações acessórias. Em geral essas obrigações são apenas as imperfeições humanas normais da outra pessoa e no princípio estamos dispostos a fechar-lhes os olhos (se é que as conseguimos ver). Como Shakespeare observou com argúcia, "o amor é cego". No início, tudo é cor-de-rosa, porque sua atenção se fixa nas coisas boas. Conforme se acostuma com essas coisas ou começa a considerá-las pressupostas, passa a prestar atenção nas coisas que o irritam e, finalmente, naquelas que simplesmente não suporta. É assim que o amor às vezes se transforma em seu oposto — um apego positivo vira um apego negativo.

Isso leva a más notícias, mas também a boas notícias. Você talvez pergunte: como é que as pessoas são capazes de odiar com tanta veemência ou paixão alguém ou alguma coisa que nem conhecem? Como as pessoas conseguem se transformar em racistas ou sexistas, sem jamais ter conhecido ou amado as pessoas que odeiam? Como os fanáticos de algum país distante podem odiar os Estados Unidos, se não o compreendem? Esta é a má notícia. Com fanáticos, encontramos um tipo diferente de ódio, ou seja, aquele de um grupo humano demonizado por outro grupo, cujos membros concebem-se como seres humanos justos ou exemplares, mas que sofrem de vários tipos de ilusões mortíferas. Essas não são "doenças" mentais, apenas crenças que se mostram tóxicas ou letais para os que as mantêm — e para os que chegam perto demais deles no momento errado. Vamos abordar este problema no capítulo 7.

Mas a boa notícia é que este tipo de ódio também tem seu pólo oposto no amor pela humanidade. Com certeza é possível e desejável amar um grupo de pessoas sem necessariamente conhecê-lo bem, com base em sua humanidade, que sempre é reconhecível, não importa o idioma que falem ou as convenções sociais que adotem. Veja, assim como não podemos tolerar facilmente a intolerância, não podemos amar facilmente os que nos odeiam. Mas é muito pior responder ao ódio com ódio. Ainda que as pessoas devam ser impedidas à força de causar dano a outras, não deveria haver ódio envolvido. A idéia condutora devia ser educá-las e, se possível, transformar seu ódio cego em amor consciente.

Há, felizmente, outros tipos de amor em que o positivo não ativa inevitavelmente o negativo, mas temos de ir além de Freud para descobri-los. No que tange a Freud, os apegos emocionais sempre estimulam seu oposto. Enquanto a base do apego num relacionamento amoroso for a gratificação do ego, concordo que o apego é potencialmente insalubre e tem a capacidade de manifestar seu pólo oposto (raiva ou ódio) no relacionamento ou provocar outros mal-estares (como tristeza ou remorso) depois do fim da relação.

A terceira dimensão do amor de Freud é o reconhecimento do oposto tanto do amor quanto do ódio: a indiferença. Se você é indiferente a alguém ou alguma coisa, não faz nenhum investimento emocional nele ou nela. Sem emoções investidas, não se pode amar nem odiar. Isso lhe permite exercer a razão imparcial, o que é útil na maioria dos casos. Também constitui a base do estoicismo, cuja idéia condutora é não supervalorizar nada que possa lhe ser tirado pelos outros, pois ao fazê-lo você se coloca sob o poder deles. Se fica apegado demais a pessoas ou coisas, está criando problemas para si mesmo. Vamos examinar o apego propriamente dito no capítulo 12. Enquanto isso, a indiferença às circunstâncias pode ser boa, ainda mais quando as circunstâncias são más. É o que todos chamam de "entender as coisas filosoficamente"; querem dizer "estoicamente". Este tipo de indiferença não é insensibilidade nem falta de compaixão. É a capacidade de não entender as coisas de forma excessivamente pessoal, mesmo quando parecem envolver sua pessoa. É mais como ficar frio durante o tiroteio. Permite-lhe agir da melhor maneira possível sob estresse.

Assim, do lado benéfico, a indiferença impede que você sofra de apego negativo a alguma coisa. No entanto, a indiferença também faz com que você não possa sentir o prazer do apego positivo a alguma coisa. Se passar a vida tentando ser indiferente às pessoas e coisas para poupar-se de mal-estar, estará se privando de envolvimento e satisfação. Também pode ser como uma pedra na floresta: cercada por todo tipo de ser vivo e exposta a todo tipo de mudanças naturais e estações, mas incapaz de relacionar-se organicamente com qualquer deles.

Acredite ou não, você pode sentir felicidade sem gratificação momentânea e tristeza sem melancolia duradoura. Pode relacionar-se com os outros e envolver-se com a vida da forma mais amorosa possível e, ao mesmo tempo, cultivar também um desapego que lhe permita sair daquela montanha-russa emocional na qual a maioria viaja o tempo todo, acordada ou dormindo. Mas para isso é preciso ir além do "Princípio do Prazer" de Freud — a idéia de que a preocupação humana fundamental é buscar o prazer e evitar a dor — e, portanto, ir além da concepção de amor como um mero apego gratificante.

> O sentimento de felicidade que deriva da satisfação
> de um impulso instintivo selvagem e não domado
> pelo ego é incomparavelmente mais intenso do que
> aquele que deriva de saciar um instinto que tenha
> sido domado.
>
> Sigmund Freud

O AMOR GREGO CLÁSSICO: EROS, FILOS E ÁGAPE

Os antigos gregos, cujos progressos e descobertas na matemática, na lógica, na ética, na estética e em tantos outros campos continuam a exercer grande influência na civilização ocidental e, portanto, também na aldeia global, estavam profundamente interessados no amor e em sua relação com a alma humana. Neste período pré-cristão, os gregos eram pagãos e sua visão da alma não era religiosa e não envolvia espíritos ou fantasmas. Platão e outros concebiam o amor como residindo na alma e a própria alma (e portanto o amor) como tendo três partes ou dimensões. Essas dimensões correspondiam ao estômago, à mente e ao coração. Os gregos rotulavam esses três tipos distintos de amor de eros, filos e ágape.

Embora hoje usemos a palavra "erótico" para significar sexual, o conceito grego de eros na verdade se referia a todos os apetites físicos humanos. O apetite de comida e bebida era erótico (pertencente ao domínio do estômago), assim como o apetite pelo sexo. Neste ponto de vista, o sexo é apenas outro apetite, com o mesmo julgamento de valor da comida. Somente quando as religiões começaram a controlar a conduta social humana é que vemos a sexualidade ser tratada como coisa diferente dos outros apetites corporais, o que levou ao significado estreito (e atual) de eros. O "amor erótico", então, na linguagem atual, significa amor sexual e traz consigo conotações de atração, encanto, mística, química e magnetismo animal. Não podemos negar sua importância, mas também devemos afirmar os aspectos mais elevados do amor.

"Filos" significa a atração intelectual por alguém ou alguma coisa que se transforma num tipo de amor. A própria filosofia, que significa "amor à sabedoria", é um bom exemplo. Filos significa amar pessoas, coisas ou idéias de maneira não sexual. O relacionamento entre um aluno e seu professor pode ser de amor fílico, assim como a atração por um amigo, poema, paisagem, teorema matemático, teoria moral, tema de estudo, prática profissional ou causa social. Quem ama o seu trabalho tem um relacionamento fílico com sua carreira. Você ama e celebra a própria vida? Isso também é filos. Uma das expressões mais poderosas de filos é a amizade.

> Na amizade o ego não se dissolve no outro; pelo contrário, floresce. Diversamente do amor, a amizade não declara que um mais um dá um, e sim que um mais um dá dois. Cada um dos dois é enriquecido pelo outro e para o outro.
>
> Elie Wiesel

Há um lado indesejável potencial em filos, assim como em todo tipo de apego. Se você se apegar demais filicamente a alguma coisa, pode ficar tão cego pelo apego quanto no caso do amor romântico. E filos pode se transformar em seu oposto — fobos, ou aversão. Nem toda fobia vem de uma filia que deu errado, mas quando falamos que a familiaridade gera o desdém queremos dizer que a atração pode se transformar em aversão.

Também temos de ficar em guarda contra infectar filos com eros. Misturar os dois costuma diminuir a ambos; como vimos no capítulo 3, razão e paixão são às vezes funções necessariamente separadas. No entanto, não é raro que duas pessoas com um relacionamento íntimo, seja profissional ou de outro tipo, desenvolvam sentimentos eróticos uma pela outra, mas a relação erótica pode danificar a relação fílica. Para cada aluno e professor que transformam seu ajustamento intelectual num caso memorável ou num casamento duradouro, que não prejudica nem compromete a supervisão do professor sobre o progresso do aluno, muitas outras ligações fracassadas ficam pelo caminho. E é provável que este seja o emparelhamento deste tipo mais aceitável socialmente. Em termos profissionais, é inaceitável — e por boas razões — que relações fílicas entre médico e paciente, orientadores e orientandos ou advogados e clientes se tornem eróticas.

A terceira e maior forma de amor dos gregos é ágape — o amor que nada busca em troca. É o tipo mais raro e valioso de amor. Os que manifestam ágape agem além dos motivos puramente pessoais. O mundo está cheio de seres que precisam ser amados por um grande coração e ágape é o amor que emana de um coração assim. Ágape permite que os próprios indivíduos sintam o amor divino e manifestem compaixão pelos outros. Como ágape é altruísta, sua expressão sempre ajuda e nunca causa danos. Enquanto eros torna possível o namoro e a família e filos torna possível a amizade e a sociedade, ágape torna possível a veneração a Deus e a humanidade. Ágape também pode sancionar e fortalecer tanto eros quanto filos.

O que torna ágape diferente de eros e de filos é sua falta de egoísmo. Eros faz as pessoas lutarem para encontrar-se ou perder-se no outro. Filos faz com que queiram identificar-se com o outro. Ágape manifesta-se sem que o eu e seus motivos atrapalhem. Receber ágape é como sentir o sol brilhando sobre nós. Não há problema se brilha também sobre os outros; pelo contrário, queremos que os outros também o sintam. Dar amor agápico é como gerar a própria luz radiante do sol.

Há muitos modos de sentir ágape como beneficiário e depois repassá-lo aos outros. Alguns o fazem pela oração; outros, pela meditação; outros, pelas duras lições da vida e a aquisição gradual de sabedoria; outros ainda, pela busca mística. Seja como for que chegue à sua vida, a chave é tirar o eu da equação. Isso era um problema para Freud e um ponto fraco de sua teoria do amor. Ele lera um pouco sobre "misticismo" e os estados do ser que podem ser atingidos pelas práticas que levam ao repouso a alma apetitiva e erótica. Ouvira falar de gente que sentira a unidade com o universo ou a unidade com as coisas, quando então o ego se dissolve temporariamente. Todos sempre comparam esta experiência à sensação de uma gota que volta ao oceano, muitas vezes acompanhada de sensações visuais de luz divina, sensações auditivas de música divina, sensações gustativas de néctar divino ou sensações táteis de ser banhado pelo amor divino. "Sou incapaz de descobrir em mim mesmo esse sentimento oceânico", confessou Freud com alguma amargura. E estava certo, porque ágape não reside nem emana do eu nem de nenhuma "parte" do eu em seu mapa psicanalítico. O ego, o superego e o id não podem dar nem receber ágape, assim como não podem se bronzear.

Sem dúvida é uma coisa boa sentir eros e filos, porque aí você descobrirá seus benefícios, malefícios e limitações. E quando estiver pronto, ágape estará ali à sua espera.

O caso do professor Smith: eros sem rumo

O apetite nunca pode perder de vista os princípios ou sua satisfação será ameaçada por danos e injustiças. Mais uma vez, pensar demais pode frustrar eros e causar mal-estar. Jamais esquecerei uma conferência de pós-graduação do professor Smith, especialista em teoria da decisão. Ele começou nos contando que, no caminho para a sala de conferências, sentira um apetite súbito de uvas. Assim, entrou numa mercearia e lá encontrou dois tipos de uva: um exótico e caro e outro, doméstico e barato. Aplicou a teoria da decisão para ajudá-lo a escolher que tipo comprar, mas não conseguiu resolver o dilema. Assim, saiu da mercearia sem comprar uva nenhuma.

Estou lhe contando isso para que você evite o mesmo erro. Se tem apetite por uvas, compre algumas uvas e coma-as. (Mas não as roube: é aí que entram os princípios.) Não se comete crime algum ao satisfazer apetites simples de maneira inofensiva. E se você não consegue decidir as escolhas menores da vida, como é que vai decidir as maiores? Registre-se: mais tarde eu mesmo estudei a teoria da decisão e descobri que é uma ferramenta excelente para refinar escolhas complexas. Mas nunca a usei na mercearia.

Aplicada ao amor erótico, uma das morais desta história fica óbvia: se vai ao baile, não use a teoria da decisão para decidir com quem vai dançar, ou poderá acabar não dançando com ninguém. Outra moral: se decidir aprofundar um relacionamento com um de seus parceiros no baile, precisa descobrir se ele ou ela é do tipo exótico ou doméstico. Os relacionamentos também têm "etiquetas de preço", não apenas financeiras — os custos emocionais, intelectuais, sociais e políticos também podem ser calculados. Se possível, descubra quanto pode pagar antes de comprar.

O caso de Marina: aparência e realidade

Marina tinha uma paixão fílica pela imagem de ser uma escritora nova-iorquina — estava apaixonada por isso — e se pôs a cultivar essa imagem, com um certo sucesso. Era realmente uma escritora jovem e promissora, que publicara textos em algumas revistas muito bem conceituadas. Sempre fora apaixonada por ter o histórico "certo" e o autêntico estilo de vida de um "escritor nova-iorquino", e assim obteve não só as devidas credenciais acadêmicas (endividando-se bastante no processo) como também alugou um apartamento num bairro chique de Manhattan, com fama de literário. Foi então que descobriu que não estava nada apaixonada pela vida que escolhera; estava apenas apaixonada pela imagem.

Uma idéia filosófica acima de todas as outras ajudou Marina a superar sua paixão: a distinção que Platão faz entre aparência e realidade. Em sua Alegoria da Caverna, Platão mostra a maioria das pessoas levando a vida como se estivessem acorrentadas de frente para uma parede da caverna. Há uma fogueira acesa atrás delas e seus captores (que representam sua própria ignorância) seguram objetos em frente do fogo, que assim lançam sombras nebulosas na parede. É tudo o que os cativos podem ver. Assim, especulam sobre essas sombras nebulosas, que são meras aparências de coisas reais mas que tomam, erradamente, por realidade concreta. Precisam romper seus grilhões, virar-se e olhar o fogo e os objetos que lançam as sombras. Mas isso ainda não é a realidade, porque a fogueira é artificial e esses objetos não se originam na caverna. Assim, os que ali vivem precisam sair, explorar o mundo ensolarado lá fora e descobrir a verdadeira origem dos próprios objetos. Para Platão, essas origens estão nas "idéias" que tornam possíveis todas as coisas.

Dentro da caverna está o mundo indistinto das aparências; fora da caverna, o mundo ensolarado das idéias (ou "formas", como Platão as chamava). Ali conquistamos a visão clara e a compreensão profunda da realidade, inclusive da origem de todas as coisas dentro da caverna. Ver a sombra de uma maçã sobre a parede é tudo o que os moradores da caverna sabem sobre maçãs. Isso é muito diferente de virar-se e avistar a própria maçã, e muito mais diferente ainda de sair da caverna, cuidar de macieiras e produzir maçãs que se aproximam da maçã ideal. Fora da caverna também podemos conceber e sentir as formas de ideais como verdade, beleza e justiça, compreendendo assim como tornar nossas vidas mais verdadeiras, belas e justas. Segundo Platão, podemos nos alçar do mundo das aparências para o mundo das idéias através da educação adequada — que inclui, é claro, a indagação filosófica. Os que deixam de alçar-se passarão a vida no escuro, confundindo aparência com realidade, nunca descobrindo a natureza da realidade nem seu próprio potencial.

Marina compreendeu como esta alegoria representava seu fascínio pela manutenção da aparência de um escritor nova-iorquino, que para ela era como uma sombra nebulosa de si mesma na parede da caverna. (Sim, às vezes até o Upper West Side de Manhattan pode ser irreal.) Marina saiu de sua caverna e voltou às suas raízes no Noroeste do país, na costa do Pacífico, onde continuou a carreira de escritora e começou a sentir-se mais autêntica como pessoa. Em vez de seguir a imagem que alguém fazia de um escritor, Marina descobriu sua própria vocação artística fora da caverna e dentro de sua compreensão. Em conseqüência, seus textos melhoraram muito, assim como sua visão de si mesma e da vida.

Se Marina estivesse menos interessada na filosofia racionalista de Platão e mais em escolas intuitivas, poderia ter explorado o conceito hinduísta de "maia" — o ilusório dos fenômenos que confrontamos e a filosofia respectiva, que ajuda a perfurar os véus da ilusão. Seja como for, os apegos fílicos nos servem melhor quando seus objetos são mais próximos do ideal, em vez de serem meras imagens ou ilusões.

De volta ao caso de Barry: ágape supera tudo

No capítulo 3, vimos Barry passar por uma transformação difícil depois do caso da esposa, Sue, com seu melhor amigo, Sam. Não é preciso dizer que a vida erótica de Barry não ficou em muito bom estado naquela época. Além disso, suas devoções fílicas, tanto ao casamento quanto ao amigo, foram gravemente minadas. Era claro que Barry passava pela agonia de uma grande transição. O que o ajudou a atravessar este período catártico foi sua vivência de ágape, nele despertada pela disposição geral de render-se às circunstâncias e, em especial, por sua recusa em permitir que os apegos eróticos e fílicos se envenenassem com maus sentimentos contra aqueles que o tinham traído. Manteve a boa vontade durante o processo doloroso de tentar reconciliar-se com Sue e fracassar. Não alimentou má vontade durante seu difícil divórcio. Chegou a sustentar a longo prazo a perspectiva de reconciliar-se com o amigo Sam. Seus pensamentos eram permeados, e suas ações animadas, por um amor transcendente de Deus, do bem e dos propósitos e pela recusa a odiar ou retaliar aqueles que o feriram. Isso é ágape. E graças à coragem de Barry ao abrir-se ao ágape e permitir que fluísse pelo seu ser, sua vida não foi destruída pelas mudanças catárticas. Em vez disso, renasceu para um mundo de novas possibilidades. Como o próprio nascimento, o renascimento pode envolver dificuldades, mas também traz oportunidades.

AMOR ROMÂNTICO E NÃO CORRESPONDIDO

A idéia de amor romântico, da forma que a maioria das pessoas a concebe, é uma tapeçaria muito enfeitada, tecida com fios distintos e divergentes. Um fio é platônico, que lhe dá noções do parceiro ideal — aquele que você buscava durante o namoro e que acha ter encontrado ao se casar. Mas observe a tensão fundamental aqui: um relacionamento "platônico" costuma referir-se a uma relação fílica e não erótica. Assim, o amor ideal deve ser sexualmente consumado ou não?

Pesa contra a consumação o culto (predominantemente) cristão da Virgem, que é também uma projeção da mulher platônica pura no domínio religioso. Na arte cristã, o ideal da madona e seu filho está sempre presente, enquanto "nascer da virgem" é uma pedra fundamental da teologia cristã. A ênfase na virgindade antes do casamento continua forte também em todo o mundo islâmico, por razões diferentes. Mas o próprio ideal de virgindade é generalizado.

Em favor da consumação, há também a linha romântica importante do amor cortesão configurado pela literatura medieval, notadamente *Morte d'Arthur*, de Thomas Mallory. Nessas obras encontramos a origem de costumes românticos como dar rosas vermelhas, defender a honra da donzela no campo de batalha e salvá-la de um dragão que cospe fogo. Em tais tradições, o romance costuma consumar-se, mas o final nem sempre é feliz. De um modo ou de outro, as maiores histórias de amor parecem incorporar as mais profundas tragédias pessoais. As próprias histórias de Tristão e Isolda, Lancelote e Guinevere, Romeu e Julieta, Dr. Jivago e Lara, *Coração Valente* e *Love Story* são casos épicos mas uniformemente trágicos de amor romântico. O amor propriamente dito nunca morre, mas os amantes sim, de forma heróica mas triste, e em geral antes da hora.

Nessa tradição, o amor romântico é um ideal mais elevado que o casamento. O romance do tipo mais elevado é quase sempre um prelúdio de viver infelizes para sempre ou de morrer felizes juntos, mas não de viver felizes para sempre. O verdadeiro romance é o oposto do conto de fadas. Assim, embora o namoro leve muitas vezes ao casamento, o casamento propriamente dito nem sempre é romântico. Pelo contrário, o amor cortês leva muitas vezes ao romance, que raramente termina em casamento. Quer ter o melhor dos dois? Então você é um perfeccionista! É uma boa aspiração, mas os casamentos românticos duradouros são poucos e raros. Se já viveu um verdadeiro romance, tem sorte e, ao mesmo tempo, talvez um pouco de tristeza, porque não durou. Se já viveu um casamento duradouro, tem sorte e, ao mesmo tempo, talvez um pouco de tristeza, porque nem sempre foi suficientemente romântico para você.

Lembra-se da última vez em que se apaixonou? É, em definitivo, um grave mal-estar: é provável que tenha perdido o apetite, negligenciado a rotina normal, escrito poemas, se sentido como que dominado por forças fora de controle. Estar "apaixonado" é uma forma de preocupação, de embriaguez, até mesmo de loucura temporária. A única cura parece ser a reciprocidade de seu sentimento pelo objeto de sua atenção. Mal-estar ou não, apaixonar-se também é uma coisa mágica e maravilhosa — a atração extrema por outra pessoa, o fascínio dos sentidos, a aspiração de perder-se de forma temporária mas completa no Outro, a redução da importância de outros problemas da vida. Duas pessoas *apaixonadas* uma pela outra formam um universo fechado, no qual nada mais pode entrar (por algum tempo). Nada é melhor do que se apaixonar e ser correspondido. Mais uma vez, nada é pior do que se apaixonar e ter seu amor rejeitado.

Quando você cai de amores por alguém, oferece-lhe um grande dom: seu ser, seu tempo, sua energia. Se a pessoa corresponde, ambos viverão um romance. Mas se a pessoa não corresponde, provavelmente você terá várias emoções negativas: rejeição, raiva, desespero. Nos melhores casos, o amor não correspondido pode estimular grandes obras de arte, como o *Inferno* de Dante, as pinturas de Van Gogh ou a filosofia de Nietzsche. Nos piores casos, pode contribuir para a depressão, a loucura ou o suicídio — como aconteceu aos próprios Dante, Van Gogh e Nietzsche. Apaixonar-se, portanto, não tem meio-termo: é correspondido ou não. É tudo ou nada. Ou você chega ao cume do êxtase emocional ou mergulha nas profundezas do desespero emocional.

Se o seu amor romântico é correspondido, você pode ser feliz a vida toda ou apenas alguns meses, uma semana ou mesmo uma hora. O amor correspondido não significa êxtase perpétuo. (Lembre-se do ponto de vista tibetano sobre o mal-estar potencial que vem quando se consegue o que se quer.) Significa que você começou de cima. O truque agora é ficar ali. Vi numerosos clientes que conquistaram muito cedo o desejo de seus corações e se casaram com as namoradas do ginásio. Nos vinte ou mais anos daí decorrentes, contudo, esses amores correspondidos enveredaram por alguns desvios imprevisíveis. Alguns casamentos floresceram, mas outros se romperam. Alguns são instáveis e outros duraram muito tempo, mas sob condições que nenhum dos parceiros seria capaz de prever.

O amor não correspondido, no entanto, oferece mais possibilidades tanto de mal-estar a curto prazo (o martírio de não conseguir o que se quer) quanto de aventura a longo prazo. As aventuras são possibilitadas pela energia do amor armazenada dentro de seu coração, que não é liberada porque seu suposto receptor não quer recebê-la. Aqui estamos de volta ao Tao de Freud, no qual há três coisas que podem acontecer a essa energia amorosa.

Em primeiro lugar, e melhor, pode dedicar-se a um objetivo diferente e possivelmente mais elevado. Se você está apaixonado por alguém que não se permite ser amado desta maneira, em vez de se torturar ou deprimir, você pode encontrar outra pessoa ou ocupação que aceite seus sentimentos e, assim, permitir o investimento, o desenvolvimento ou o gasto daquela energia. As realizações criativas são uma excelente válvula de escape. Transmudam a energia do amor não correspondido nalguma coisa na qual os outros podem encontrar beleza, significado ou inspiração. Se a arte não é para você, uma transformação semelhante pode acontecer através de muitas outras realizações, como atletismo, socialização, trabalho, ações de caridade, que também podem transmudar o amor não correspondido em alguma coisa bela e valiosa. Deste modo, o amor que visava a um só beneficiário transforma-se num dom para muitos. Este amor sempre será bem recebido.

Em segundo lugar, e pior, você pode transformar o amor não correspondido em ódio. O amor não correspondido pode, facilmente, despertar amargura, raiva, ciúme e remorsos, entre outras emoções negativas, e todas elas agem como venenos, transformando aos poucos seu dito amor em seu oposto: ódio. Infelizmente, o ódio é fácil de corresponder. Esta transformação não beneficia a ninguém. Tudo de bom pode vir do amor; nada de bom pode vir do ódio.

O terceiro é o ponto médio. Você pode usar a energia potencial do amor não correspondido para aniquilar o próprio amor. Pode lutar pela indiferença. Pode buscar a fuga — e rotas comuns mas destrutivas incluem a bebida e as drogas, a promiscuidade ou o ascetismo, todas tentativas de anestesiar-se contra o sofrimento. Pode conseguir amortecer o mal-estar, mas também pode destruir ou comprometer gravemente sua capacidade de amar. E isso diminui sua própria humanidade. Se não consegue sentir amor, pode muito bem não ser humano.

> Se o amor é bom, então de onde vem minha tristeza? Se é cruel, soa-me estranho que todo tormento e adversidade que dele vêm me seja agradável.
>
> Geoffrey Chaucer

O caso de Isadora: amor não correspondido

Isadora, profissional sensível e de elevada instrução com uma carreira de sucesso no setor bancário, viveu um horrível rompimento com alguém que amava profunda e romanticamente. Estava ligada a ele como a uma alma gêmea, mas ele abandonou-a de repente; por sua vez, ela foi forçada a abandonar toda esperança de que um dia ele voltaria. Sua tristeza foi desmedida; ela ficou inconsolável. Esteve deprimidíssima por uns sete anos e nenhuma terapia ou medicação pôde ajudá-la. Embora continuasse a funcionar bem no emprego, tirava dele pouca satisfação. Tornou-se uma reclusa em termos sociais, buscando refúgio na música, na poesia e na literatura e indisposta ou incapaz de buscar ligações pessoais.

Então Isadora conheceu um pintor famoso e brilhante e começou a envolver-se romanticamente com ele. Ainda tinha muitas reservas e temia estabelecer um relacionamento íntimo com alguém. Mas inspirou este pintor como ninguém conseguia há muito tempo: ele, como muitos grandes artistas, também era perseguido e atormentado por uma alma gêmea perdida. Isadora ficou gratificada por desempenhar para ele este valioso papel: a musa que inspira por sua presença, em vez de sua ausência.

Além disso, sua ligação com ele despertou nela a inspiração artística. De repente, começou a pintar maravilhosamente — tinha o dom, que estivera adormecido durante todos esses anos, ou talvez um dom que precisasse amadurecer com as dificuldades e tribulações. Depois de muito sofrimento e nobre perseverança, Isadora renasceu para uma nova vida na arte, com uma nova alma gêmea para mútua inspiração. Mas temeu embarcar inteiramente neste caminho, para que não terminasse como o anterior, em abandono e insuportável mal-estar. Só que encontrou uma luz condutora na filosofia de Emerson e no espírito do transcendentalismo da Nova Inglaterra, que Emerson simbolizava. Seu poema "Dá tudo ao amor" reforçou a coragem de Isadora para embarcar em sua nova vida:

> Dá tudo ao amor; obedece a teu coração;
> Amigos, parentes, dias,
> Posses, a boa fama,
> Planos, crédito e a Musa,
> Nada recusa.
>
> Ralph Waldo Emerson

AMOR ARQUETÍPICO

A idéia de amor de Jung exibe um notável contraste com a de Freud. Durante muitos anos Jung foi o principal aluno de Freud (alguns diriam discípulo), mas acabaram seguindo caminhos separados devido a discordâncias inconciliáveis. Para Jung, todo mal-estar humano é a manifestação de uma busca espiritual não resolvida que se pode resolver embarcando-se na própria busca e, espera-se, completando-a. Enquanto a filosofia de Freud previa a neurociência (ainda em sua infância hoje) e tentava reduzir todo mal-estar humano a disfunções cerebrais, Jung tendia para o misticismo, abraçando a antiga sabedoria das filosofias asiáticas. Segundo Jung, somos todos profundamente predispostos a organizar nossas experiências de maneira semelhante. Compartilhamos um "inconsciente coletivo" que independe dos detalhes de nossos perfis específicos. O conteúdo do inconsciente coletivo são os "arquétipos". Joseph Campbell tinha opinião paralela, de que os mitos religiosos e heróicos de todas as culturas contam essencialmente a mesma história várias vezes, usando apenas personagens e cenários diferentes de cada vez.

O modo de pensar de Jung sobre as questões do coração baseia-se nos arquétipos incrustados no inconsciente coletivo, que, possivelmente, são reflexos da verdadeira natureza do próprio cosmo. O amor arquetípico combina os aspectos mais nobres do amor romântico aos aspectos mais profundos da essência masculina e feminina, produzindo um tipo de peça teatral no qual atuam homens e mulheres desde épocas imemoriais. A ação e o cenário podem variar, mas o tema cortês é sempre o mesmo: o herói que resgata a dama em perigo.

Este tema se manifesta de muitíssimas maneiras: o cavaleiro que salva a donzela do dragão, o príncipe encantado que salva Cinderela de suas irmãs cruéis, o professor Henry Higgins que salva Eliza Doolittle da privação social em *Minha bela dama* [My Fair Lady], Richard Gere que salva a "linda mulher" Julia Roberts das ruas (e de si mesma!). Muitos mitos e lendas têm atração quase universal exatamente porque capturam a essência de um arquétipo específico, e os arquétipos do amor romântico e cortês talvez sejam os mais comumente relembrados.

Do ponto de vista junguiano, o que tantas vezes leva os casais ao conflito tem mais a ver com o conflito dos arquétipos do que com hábitos irritantes. Enquanto um marido serve de príncipe encantado para sua esposa Cinderela ou ela é Guinevere para seu *Sir* Lancelote, tudo vai bem. Mas assim que as esposas param de tratar os maridos como príncipes e os maridos param de tratar as esposas como damas em perigo, a lua-de-mel termina. Um ou ambos os parceiros podem desejar uma renovação do amor arquetípico ou sentir-se compelidos a buscá-la fora do casamento. Ou podem encenar outros arquétipos, como o encontro clássico da Grande Mãe com o Grande Caçador — um encontro ótimo quando se forma uma família — ou da Matriarca e do Patriarca do clã, mais provável quando chegam os netos. Há arquétipos do amor para cada estágio da vida. O desafio do casal é desempenhar papéis complementares e não antagônicos em cada estágio.

> Todas as histórias de amor são uma só.
>
> Paulo Coelho

O caso de Karen: o ideal perdido

Meu colega norueguês Anders Holt orientou uma mulher chamada Karen. Ela parecia ter todos os elementos essenciais para uma vida realizada, mas quem recorda a Alegoria da Caverna de Platão sabe que aparência e realidade não são a mesma coisa. Karen era diretora de uma empresa e tinha um casamento feliz com dois filhos. O marido também tinha um bom emprego. Karen amava o marido e ele a amava. Ambos amavam os filhos. Então qual era o problema? Karen nunca realizara seu sonho de ter um romance ideal (talvez selvagem). E agora, perto da meia-idade, achava que nunca conseguiria. Mas ainda sabia que podia. Não estava se torturando com uma ilusão; estava, sim, tentando calcular o custo de tornar realidade sua visão. Afinal, caso se permitisse entregar-se a uma aventura romântica, poderia perder a família no processo. A carreira também poderia ser comprometida. Tinha de resolver se valia a pena arriscar.

Assim, Karen começou a entender alguma coisa sobre alternativas e remorsos. Podemos ter várias vidas durante uma existência, mas uma só de cada vez. Sempre que escolhemos determinada vida, seguimos seu caminho específico. Isso também significa *não* levar outras vidas possíveis na época e *não* seguir seus caminhos específicos no decorrer do tempo. Há sempre caminhos paralelos, bifurcações e encruzilhadas que se pode escolher, mas escolher um deles em determinado momento também significa rejeitar os outros. Sempre há alternativas potenciais e, portanto, potenciais remorsos de não tê-las escolhido. Karen não sentia remorsos por seu casamento nem sua carreira, mas tinha remorsos por não vivenciar um romance ideal.

Finalmente, Karen decidiu manter sua situação e abandonar a materialização de sua fantasia. Não queria se arriscar a perder a família e a carreira em troca de um interlúdio romântico. Há muitas maneiras para um casal reacender sua chama romântica ou deixá-la bem viva pela primeira vez. (Muitos outros livros tratam deste tema.) O ponto filosófico é o seguinte: em termos ideais é melhor não ter remorsos mas, na prática, é melhor ter remorsos pequenos do que grandes. Não se pode fazer tudo durante a vida e tudo o que se faz tem um preço. Karen foi sábia ao avaliar o custo provável de um louco romance antes de buscá-lo.

Quando o poeta Robert Frost encontrou uma grande bifurcação em sua vida, ficou famoso por escolher "a estrada menos trilhada" — não sem seus próprios remorsos. Mas também não há nada de errado em seguir pela estrada mais trilhada. Na verdade, seu caminho pela vida é sempre único. Mesmo duas pessoas que caminham de mãos dadas no que parece ser o mesmo caminho seguem, na verdade, cada uma somente o seu.

> Duas estradas divergiram no bosque amarelo
> E, triste, não pude seguir as duas
> E ser um só viajante...
>
> Robert Frost

AMOR PARENTAL

Os filhos são o maior tesouro que uma família pode possuir, mas mesmo assim não devem ser possuídos. Ser pai ou mãe é a tarefa mais importante de todo adulto, mas é quase impossível preparar-se ou treinar-se para ela. Os Estados democráticos regulamentam a maioria dos comportamentos que podem mostrar-se danosos aos outros, desde dirigir veículos motorizados até a prática de determinadas profissões, mas têm pouco ou nada a dizer sobre o comportamento que pode ser o mais danoso para os filhos: criá-los mal. Assim, eis aqui alguns pensamentos filosóficos sobre ser pai ou mãe que pretendem facilitar o entendimento de uma tarefa difícil.

Em termos biológicos, os seres humanos são a última versão do plano de Deus, ou da experiência da natureza, ou da reprodução sexuada. Não só o papel reprodutivo de machos e fêmeas é fortemente diferenciado como sua orientação psicológica natural, suas funções familiares e seu comportamento social também são diferentes, talvez de modo menos forte. Embora a evolução cultural e, com ela, a emancipação política tenham permitido a participação das mulheres numa gama de atividades anteriormente desempenhadas apenas por homens, isso não deixou a mulher necessariamente mais feliz ou realizada. Sempre que um dado arranjo cultural vai contra o veio do ser biológico de alguém, produz mal-estar, leve ou grave. A civilização moderna tem feito isso em muitas ocasiões, com homens, mulheres e crianças igualmente, e é por isso que tanta gente está cheia de mal-estar.

O bem-estar é restaurado quando se permite que a formação do ser humano esteja de acordo com a natureza humana. Mas para harmonizar a formação com a natureza, precisamos compreender a própria natureza humana. O debate de dois mil e quinhentos anos sobre a natureza humana foi liderado por filósofos com muitas opiniões divergentes, mas poucos deles realmente abordaram o que as crianças, por natureza, precisam receber dos pais e o que os pais, por natureza, podem dar-lhes.

Acredito que, acima de tudo, os filhos precisam do amor dos pais. Mas há dois tipos de amor parental: o condicional e o incondicional. O amor da mãe, normalmente, é incondicional; o do pai, condicional. Para facilitar sua transformação em seres bem equilibrados, os filhos precisam dos dois tipos de amor. Portanto, também precisam dos dois tipos de pais, ainda que substitutos. Embora um pai ou mãe sozinho talvez consiga alimentar, vestir, abrigar e educar bastante bem seus filhos, é um erro supor que um pai ou mãe isoladamente esteja automaticamente equipado(a) para oferecer ambos os tipos de amor.

O AMOR MATERNO

Normalmente a mãe ama os filhos porque são seus filhos e por nenhuma outra razão. Pode orgulhar-se de suas realizações, mas os ama quer realizem muito ou pouco. Com efeito, ama-os não importa o que façam, de bom ou de mau. As mães de assassinos em série ou em massa também amam seus filhos incondicionalmente, mesmo que não aprovem suas façanhas. Embora as mães amem filhos e filhas de maneira um pouco diferente e possam, por razões psicológicas, ter mais conflitos com as filhas que com os filhos, qualquer tipo de maternidade é uma experiência transformadora para uma mulher. Muda sua identidade para a vida toda e permite-lhe concretizar seu potencial natural de provedora de amor incondicional pelos filhos. É feita pela natureza para criar um ser desamparado e totalmente dependente: o bebê. Mesmo quando os filhos crescem e têm seus próprios filhos, o eterno aspecto maternal de suas mães continuará a vê-los como seus "nenéns".

Do ponto de vista do bebê, a mãe é o universo inteiro. Seu amor é a energia radiante que sustenta o mundo e permite seu desenvolvimento normal. Os filhos que recebem o amor incondicional das mães serão capazes de recebê-lo mais tarde do cosmo. Enquanto amadurecem e ampliam aos poucos sua esfera de ser, substituindo o mundo materno pelo mundo real, ainda verão em parte o universo como sua mãe e, se as circunstâncias permitirem, esperarão e encontrarão amor incondicional em seu vazio e vastidão aparentemente impessoais. Por confiar no mundo como confiaram na mãe, atraem dele benevolência e munificência. Dito de outra forma, se puderam sentir-se à vontade em sua pequenina esfera recém-nascida de existência fora do útero, uma esfera tão estranha e complexa e às vezes perturbadora, terão maior probabilidade de sentir-se à vontade nas esferas cada vez maiores da existência — mais estranhas, mais complexas e às vezes mais perturbadoras — que habitarão conforme amadurecerem. Sentir que se tem um lar neste mundo — em outras palavras, que é a este lugar que se pertence, que é aqui que se é valorizado e amado — é estar no lado receptor de ágape. É também um requisito para dar ágape.

Ainda que tenha lhe faltado o amor materno, sempre é possível receber ágape do cosmo, "sintonizando-se" com a freqüência em que é continuamente transmitido. Você não precisa de olhos para ver a luz divina nem de ouvidos para escutar a divina música. E não precisa de mãe para sentir o amor divino.

Uma razão pela qual as esposas costumam exigir amor incondicional dos maridos (quer consigam, quer não) e exigem deles apoio emocional regular é que costumam dar essas coisas irrestritamente aos filhos. Assim como um poço precisa encher-se com regularidade e uma bateria ser regularmente recarregada, a capacidade de amor incondicional de uma mulher precisa renovar-se regularmente. Não basta que um homem sustente e proteja a mulher que lhe cria os filhos, ainda que faça isso muito bem. Embora isso seja necessário e os maridos costumem pensar que, se são bons provedores e protetores, suas esposas perceberão que as amam, isso não basta, do ponto de vista da mulher. Afinal, muitas mulheres naturalmente esperam que o homem as sustente e proteja (o que pode ser muito angustiante para o homem), mas poucas esperam suas declarações de amor. Na verdade, muitas mulheres aceitarão menos benefícios materiais se conseguirem receber mais amor. Só no divórcio, quando a comunicação de amor torna-se ultrapassada, difícil ou impossível, é que as mulheres se preocuparão mais com bens materiais do que com emoções apaixonadas. Assim, sem o amor incondicional de um homem a mulher pode achar mais difícil amar seus filhos incondicionalmente. Logo, ambos os pais são necessários, até para que cada um deles funcione normalmente.

Nem é preciso dizer que sempre há exceções às "regras" de comportamento humano. Algumas mulheres se parecem mais com homens, com seus interesses básicos concentrados mais na carreira ou nas posses materiais que em filhos e família. Entretanto, mesmo mulheres profissionais muitíssimo bem-sucedidas e sem filhos costumam exibir fortes resíduos de maternalismo, que podem derramar, por exemplo, sobre mimados bichinhos de estimação, que tratam como se fossem nenéns e amam incondicionalmente. Hoje em dia muitas mulheres equilibram carreiras e maternidade e isso provoca outro tipo de problema. Muitas vezes a carreira e os filhos sofrerão uma vez ou outra, embora ambos possam ainda dar certíssimo — é uma questão de organização e ritmo, e de dormir bem à noite! No geral, a taxa de natalidade das sociedades ricas vem caindo há algum tempo. As mulheres com aspirações profissionais tendem a ter menos filhos, mas é provável que ainda os amem incondicionalmente.

O AMOR PATERNO

Embora ser valorizado, amado e querido como ser humano, sentindo-se à vontade no seio da família, dê à maioria dos bebês um bom início na vida, isso não basta. Em vez disso, é quantidade grande demais de uma coisa boa. Por quê? Porque o lar é o lugar onde iniciamos e renovamos nossa preparação para a vida e a vida nos põe em contato com todo tipo de gente e com situações em que não seremos necessariamente valorizados, amados ou queridos como seres humanos. Mesmo em casa, no seio da família, podemos encontrar parentes que nos desvalorizam, odeiam e desprezam. E quando nossos filhos começam a abrir caminho no mundo, da escola à luta pelo emprego e daí para a frente, quase com certeza encontrarão pessoas desagradáveis e situações difíceis. Como preparar nossos filhos da melhor maneira possível para esses encontros? Com o amor paterno condicional.

Embora o amor materno incondicional seja uma preparação necessária para sentir-se em casa no mundo, não é preparação suficiente para aceitar o desafio do desenvolvimento ou enfrentar a dura realidade do mundo. É o amor do pai — o amor paterno condicional — que permite este tipo de preparação. Embora alguns pais sejam capazes de amar seus filhos incondicionalmente (assim como algumas mães são capazes de amá-los condicionalmente), é mais natural que os pais manifestem seu amor estabelecendo condições. Os filhos precisam das mães para amá-los e dos pais para aprová-los. Conquistam a aprovação do pai satisfazendo (ou tentando satisfazer) as condições que ele determina. O mundo nos impõe a todos condições objetivas: a capacidade de promover uma carreira, de sustentar e proteger uma família, está sujeita a forças externas e nem todas elas são as forças do carinho amoroso. Enquanto as mulheres sempre competiram naturalmente entre si pelos homens, os homens sempre competiram naturalmente entre si por dinheiro, poder, posição, oportunidade, influência e coisas afins. No mundo desenvolvido, um número crescente de mulheres também compete hoje desta forma. Testando-nos contra o mundo, homens e mulheres descobrem seus pontos fortes e fracos, encontram aliados e oponentes, forjam seu nome e seu lugar. Nada disso pode acontecer no útero ou no brilho quente do amor materno.

A criança precisa primeiro ser amada em casa e depois lutar no mundo. O amor paterno, exercido pelo estabelecimento de condições, permite que a criança lute primeiro num ambiente amigável, com um guia complacente, enquanto se prepara para lutar no mundo maior, que será menos complacente e que contém outros guias amigáveis mas também impostores inamistosos disfarçados de guias. Ambos os pais determinam e fazem cumprir as regras da casa, mas o pai é responsável principalmente por aplicar as punições ou ensinar outras lições caso as regras sejam desrespeitadas. A mãe costuma fazer o papel do "policial bonzinho" e o pai, o do "policial mau". O sucesso na criação dos filhos exige os dois. Como sabem todos os pais ou mães solteiros, é dificílimo uma pessoa sozinha desempenhar ambos os papéis.

Os filhos precisam tanto de estrutura e disciplina quanto de liberdade e amor, e reagem bastante bem a regras sensatas de conduta. Gostam de que haja alguém no comando, mas também se rebelam ou se comportam mal para testar "o sistema". Se o sistema lhes fornece limites amorosos, isto é, "eu o aprovo quando faz seu dever de casa e cumpre suas tarefas", a criança reagirá buscando a repetição deste tipo de aprovação construtiva. Se o sistema não fornece limites amorosos, a criança crescerá à solta e buscará a atenção "do sistema" de qualquer forma possível, inclusive com comportamentos negativos ou criminosos. Para a criança, a atenção condicional positiva é melhor que a atenção condicional negativa, mas esta última é melhor que nenhuma atenção condicional. Filhos sem pais correm o grave risco de ficar sem a disciplina do "amor duro", de encontrar poucas avenidas para testar-se construtivamente no mundo e, portanto, de não conseguir encontrar seu lugar adequado na vida. O amor de mãe pode tranqüilizá-los quando enfrentam algum desafio; mas muitas vezes é preciso o amor de um pai para determinar o desafio, encorajar o esforço correto, dar orientação em caso de fracasso e aprovar o sucesso.

Mas a quantidade crescente de divórcios e de famílias sem pais priva os filhos do amor paterno condicional, muitas vezes com efeitos catastróficos. Nos Estados Unidos, como em outros lugares, a ausência do pai pode até apressar a morte prematura. O entranhamento endêmico das gangues juvenis nas subculturas norte-americanas, o domínio de vida ou morte que exercem sobre seus integrantes, a expectativa de vida drasticamente reduzida de seus membros e a violência que governa sua existência são todos conseqüências diretas do pai ausente. Hobbes avisou há muito tempo (1651) que, na ausência de uma figura de autoridade que inspire temor, a sociedade humana degenera invariavelmente para "uma guerra de todos contra todos" e a vida dessas criaturas torna-se "solitária, pobre, desagradável, violenta e curta". Eis a sina dos jovens norte-americanos e de outros países que nunca conheceram os pais ou nunca encontraram pais substitutos. Quando psicólogos, sociólogos e políticos falam de "modelos positivos" para jovens, não querem dizer estrelas de cinema ou atletas famosos que fingem apoiar boas causas; querem dizer pais substitutos, que realmente dediquem seu tempo a jovens perdidos, dando-lhes aquilo de que tanto precisam: o amor paterno condicional.

Embora a emancipação das mulheres seja claramente vital para que floresçam como seres humanos, "liberar" uma mulher não significa transformá-la em homem ou remover os homens de suas próprias funções na sociedade. Um filho precisa do amor incondicional da mãe, seja ela uma dona de casa, uma astronauta ou presidente de uma empresa. E o filho precisa do amor condicional do pai, seja também qual for sua ocupação. As essências masculina e feminina do ser humano independem de seus cargos e empregos e são estas duas essências que dão origem, da forma mais natural, aos dois tipos de amor de que os filhos precisam para se tornarem adultos equilibrados.

>Sua avó diz: "Talvez seja melhor
>não ir para a escola. Você está um pouco pálido."
>Fuja quando ouvir isso.
>Um bom tabefe do pai é melhor.
>A alma de seu corpo quer consolo.
>>O pai severo quer clareza espiritual.
>
>>>Jelaluddin Rumi

O caso de Madalena: quais as condições sensatas?

Como muitos clientes de aconselhamento filosófico, Madalena não tinha problemas consigo mesma mas sentia mal-estar indiretamente, em conseqüência dos problemas dos membros da família. Robert, seu filho de quatorze anos, dissera-lhe que achava que era homossexual. Madalena não tinha nenhum medo irracional ou preconceito arraigado contra o homossexualismo, logo, isso não era um problema por si só. Amava o filho incondicionalmente e queria apenas que fosse feliz. Sua única preocupação imediata era conseguir guiar Robert de forma construtiva durante a adolescência — um tempo já bastante difícil para crianças de qualquer orientação sexual.

O problema é que o marido de Madalena, Jim, opunha-se vigorosamente à identidade homossexual do filho. Simplesmente não a aceitava. Sequer se dispunha a discuti-la. Em outras palavras, abrigava temores irracionais e preconceitos arraigados. Amava o filho condicionalmente e impunha uma condição negativa em vez de positiva, ou seja, que Robert conquistasse seu amor *não sendo* homossexual.

O desafio de Madalena, então, era manter a família unida em face da busca de Robert pela identidade sexual e da resistência e negação de Jim ao que a busca de Robert revelava — tanto em Robert quanto em si mesmo. Com efeito, Madalena teria de aprender a tornar-se orientadora filosófica da família. Felizmente, tinha suficiente segurança emocional para dar um amor tremendo aos familiares e a mente aberta o bastante para compreender e ajudá-los pacientemente a elaborar seus respectivos problemas.

Madalena e a família estão envolvidos num processo de aprendizado, não num problema único por si só. Para Robert, o processo de aprendizado é a adolescência, que tantas vezes traz consigo, além de outras coisas, a descoberta de si mesmo através da experimentação sexual. Este crescimento pode trazer mal-estar, mas não precisa ser traumático. Para Jim, o processo de aprendizado começa com as conseqüências infelizes de impor padrões insensatos ao filho. Isso pode levar a um desastre caso Jim não abra sua mente e determine condições mais adequadas para dar a Robert sua aprovação e seu amor. Finalmente, a própria Madalena está envolvida num processo de aprendizado que envolverá a prática de educação, diplomacia e perseverança (e isso só para começar). Ela não precisava de aconselhamento a longo prazo; precisava, *isso sim*, de reforço filosófico para três idéias que já começara a formular sozinha.

A primeira idéia é que homossexualismo não é perversão, pecado nem crime. É provável que parte do homossexualismo tenha base biológica, como demonstra o trabalho contemporâneo de Simon LeVay (em seu livro *The Sexual Brain* [O cérebro sexual]). Mais uma vez, se este comportamento se tornará visível depende em grande parte também das convenções sociais. E em muitos casos a homossexualidade se parece mais com uma questão de preferência sexual do que de predisposição genética ou de condicionamento social. Como sempre acontece com os seres humanos, a natureza e a formação interagem, muitas vezes de forma contínua, sem emendas.

É claro que as pessoas deviam ser livres para pensar e acreditar no que quisessem, o que inclui (caso queiram) acreditar num Deus supostamente amoroso que ao mesmo tempo encoraja o ódio fanático à homossexualidade (ou ao *rock*, à filosofia, a outras religiões etc.) Mas ninguém deveria ser livre para estigmatizar outros por não viver conforme o que se acredita. A homossexualidade sempre foi um fato da vida humana.

A segunda idéia é que Robert precisa encontrar-se de várias maneiras, sendo que sua identidade sexual é apenas uma delas. Mais importante do que isso, a longo prazo, e mais merecedor da orientação dos pais, é como descobrirá sua excelência pessoal, seus talentos especiais, seus interesses específicos e como os desenvolverá. Suas aptidões intelectuais, artísticas ou outras, assim como a formação de seu caráter moral e cívico, são muito mais importantes que suas preferências sexuais. Ele precisa que os pais o ajudem a encontrar direção, significado e objetivo na vida e que o apóiem e ajudem a encontrar limites úteis para suas explorações.

A terceira idéia é que Jim precisa abrir sua mente e examinar as próprias crenças sobre homossexualidade, criação dos filhos e, provavelmente, muitas outras questões. É ele quem mais precisa de aconselhamento neste estágio, porque são suas atitudes e seu comportamento que construirão uma ponte ou abrirão um abismo entre ele e o filho. Se preferir a segunda opção, tornará também as coisas incomparavelmente mais difíceis para Madalena. Portanto, a tarefa mais urgente que cabe a ela é convencer o marido a realizar, em seu próprio caso, o que Sócrates chamava de "vida examinada", antes de julgar a orientação sexual do filho.

Com suas próprias idéias mais bem articuladas e sustentadas, Madalena sentiu-se mais preparada e ainda mais decidida a aceitar e superar os desafios impostos pela dinâmica atual de sua família.

O AMOR É MISTERIOSO

Como já vimos, o amor é muitas coisas, é múltiplo, e muito se pode fazer filosoficamente com ele. No entanto, o amor também é um grande mistério, talvez o maior de todos, e banha-se permanentemente em sua própria luz maravilhosa. Como despedida, quero lhe contar um caso notável de amor romântico imorredouro, durante muito tempo não correspondido, que terminou como merecia, correspondido e paradisíaco. Algumas histórias de amor têm verdadeiros finais felizes, e esta é uma delas.

O caso de Jill e Tom: o namoro de cinqüenta anos

Jill e Tom se conheceram durante a Segunda Guerra Mundial. Tom fora convocado e tiveram um rápido namoro antes que ele partisse para o exterior. Tom entrou em combate, logo foi anunciado como desaparecido em ação e, dentro de pouco tempo, dado como morto. Enquanto isso, Jill e a família mudaram-se de sua cidade natal para outro estado, onde ela mais tarde se casou. Ela não sabia, mas Tom não tinha morrido. Fora ferido e ficara hospitalizado por um bom tempo. Acabou se recuperando e voltou para casa, onde conheceu e desposou outra moça de sua cidade natal. Jill foi casada durante cinqüenta e um anos, até a morte do marido. Tom foi casado durante cinqüenta anos, até a morte da esposa. Então Tom começou a pensar em

Jill e fez alguma pesquisa junto ao que restara da família na cidade. Logo descobriu seu paradeiro e telefonou-lhe. Ela ficou felicíssima de ter notícias dele (depois de mais de cinqüenta anos) e marcaram um encontro. A união deles aconteceu três meses depois — como eram abençoados por ter todo o tempo do mundo. Descobriram que ainda se amavam muito, reataram o namoro interrompido e se casaram. E como num conto de fadas, viveram felizes para sempre. Cada momento juntos foi uma eternidade de alegria para eles e um triunfo do duradouro — para não dizer imperecível — espírito do amor sobre a fragilidade e a impermanência da vida.

> O mistério do amor é maior que o mistério da morte.
>
> Anônimo

EXERCÍCIOS FILOSÓFICOS

1. Dê a alguém um dom de amor hoje. Pode ser tão pouco quanto um bom pensamento, um gesto de consideração, uma gentileza não solicitada.
2. Permita que alguém lhe dê um dom de amor hoje. Mais uma vez, sua magnitude não é importante.
3. Se há alguma coisa que você odeie, tome providências imediatas para transformar seu ódio em desagrado, o desagrado em pequeno incômodo e o pequeno incômodo em indiferença.
4. Agora você liberou energia que costumava estar presa ao ódio, que era um mau investimento. Volte ao exercício nº 1 e reinvista esta energia em amor.

7

NÃO PODEMOS SIMPLESMENTE CONVIVER?

> É necessário algum tipo de filosofia para todos, com exceção dos mais insensatos e, na ausência de conhecimento, é quase certo que seja uma filosofia tola. O resultado disso é que a raça humana fica dividida em grupos de fanáticos rivais, cada grupo firmemente convencido de que seu próprio tipo de tolice é a verdade sagrada, enquanto a do outro grupo é uma heresia digna da danação.
>
> Bertrand Russell

> O inferno são os outros.
>
> Jean-Paul Sartre

QUANDO DUAS CRIANÇAS brigam por um brinquedo ou discutem sobre quem começou a briga, ambas acreditam que a questão candente é o próprio brinquedo ou a indisposição da outra criança em compartilhá-lo. Estão completamente envolvidas nos detalhes mesquinhos da briga porque sua capacidade de resolver a situação é limitada por sua imaturidade. Quando você — pai, mãe, professor, guardião ou babá — é alertado por sua comoção, sua maturidade lhe permite compreender que a briga não é sobre este brinquedo específico ou aquele determinado coleguinha. Tenho certeza de que você percebe que as crianças estão reencenando um antiqüíssimo dilema humano entre competição e cooperação, entre monopolizar um recurso e compartilhá-lo. Estou certo de que você também percebe que as brincadeiras não são apenas diversão, mas preparativos para o mundo adulto, no qual encontrarão o mesmo dilema em situações muito mais sérias, talvez até de vida ou morte. Assim, presume-se que você queira transmitir a essas crianças as virtudes de dividir um recurso quando possível, ou pelo menos de usá-lo um de cada vez. Você faz isso em benefício delas, ainda que saiba que, na vida adulta, nem todos os recursos possam ser compartilhados (por exemplo, um emprego pelo qual competem os candidatos) ou usados por um de cada vez (por exemplo, um parceiro num relacionamento monogâmico).

Ao resolver o conflito entre as crianças e vê-las voltar alegremente ao brinquedo, na verdade você comportou-se filosoficamente. Por quê? Porque aplicou princípios universais, como partilhar e dividir, a uma circunstância específica, uma briga com um coleguinha por causa de um brinquedo. Para isso, teve de reconhecer a diferença entre aspectos universais e específicos. E isso é uma coisa que os filósofos fazem o tempo todo, talvez até demais, enquanto a maioria das outras pessoas não o faz com suficiente freqüência.

Agora, suponhamos que você esteja envolvido num conflito adulto, seja uma rixa com o vizinho ou uma guerra entre nações. Os filósofos tendem a ver os conflitos adultos do mesmo modo que os pais ou professores vêem os conflitos escolares: não é realmente nos problemas específicos que as partes conflitantes se concentram. Mais uma vez, os detalhes específicos são meras desculpas para brigar ou para incitar os outros à violência. Os conflitos dos adultos devem ser resolvidos do mesmo modo que os conflitos das crianças: pela aplicação de princípios universalmente justos que emanam de um plano mais elevado.

Mas muitos adultos andam por aí completamente concentrados em seu próprio conjunto de aspectos específicos vinte e quatro horas por dia. E com demasiada freqüência a psicologia reforça esta tendência com escavações detalhadíssimas de seu passado. Isso só serve para aumentar a fixação nos detalhes minuciosos de seu caminho específico na vida e, ao mesmo tempo, cegá-los para os princípios universais que configuram o próprio caminho, juntamente com todos os outros caminhos, e cegá-los também para as maneiras de alterar seu caminho para melhor. A maioria dos conflitos humanos se perpetua exatamente porque as pessoas (de todas as idades) tornam-se concentradas demais nos detalhes de seu mal-estar e não se dispõem a elevar-se, ou não o conseguem, para o domínio filosófico dos aspectos universais, no qual podem encontrar o bem-estar.

Neste capítulo, assim como no próximo (sobre a batalha dos sexos), vou supor que você se dispõe a ser maduro e filosófico em relação aos seus conflitos, que é capaz disso e de ver suas circunstâncias específicas como casos das circunstâncias universais. Com muita freqüência, a solução de seu conflito específico está em reconhecer a condição geral que lhe deu origem e aplicar como remédios os princípios universais apropriados. Com certeza você notou que em certas situações as pessoas convivem melhor do que em outras. Os alunos que estudam juntos numa sala de aula podem discordar mas raramente chegam às vias de fato. Grupos de escritores, pintores ou músicos podem não compartilhar do mesmo gosto artístico, mas conseguem cooperar em oficinas, montam exposições coletivas e se harmonizam nas orquestras. Devotos religiosos orando juntos numa casa de adoração podem ter pecado uns contra os outros a semana inteira, mas não na hora de rezar. As pessoas sentadas juntas em prática meditativa não estão armadas nem são perigosas umas para as outras. Assim, em geral, quando realizamos funções humanas elevadas como aprender, criar, orar e meditar, não vemos surgirem conflitos declarados.

Esta evidência nos traz pistas seguras de que as fontes universais da discórdia humana estão em nossa natureza animalesca mais baixa, não em nossos estados mentais humanos mais elevados. Assim, a viagem deste capítulo explora esta fonte animalesca natural. No entanto, lembre-se (do capítulo 3) que todos os Dez

Mundos da mente humana coexistem, do mais bestial ao mais extático, e que é possível passar de um a outro instantaneamente. Assim, não importa o quanto sua vida é refinada ou nobre, sua natureza animalesca está sempre espreitando lá atrás, pronta a pular sobre os outros se você a soltar.

OS CÃES DE GUERRA

Com certeza os seres humanos viveriam melhor se conseguissem aprender a conviver, fazendo de suas diferenças a base da cooperação e não do conflito. Mas exatamente como transformar a "paz na terra aos homens de boa vontade" dos cartões de Natal numa realidade constante ainda é uma grande questão em aberto. Com efeito, o desacordo sobre a "melhor" maneira de criar paz e boa vontade torna-se, com muita freqüência e bastante ironia, causa de guerra e má vontade.

Todas as grandes religiões do mundo podem ser apresentadas como forças que impelem para a paz, mas cada uma delas pode ser (e foi) corrompida a ponto de ser usada para justificar a guerra. Vários sistemas políticos tiveram vez, visando maior estabilidade mas acabando por dar origem a mais guerras. A ciência e a tecnologia foram louvadas como capazes de tornar a guerra desnecessária ou obsoleta, mas também produziram armas de destruição em massa ao lado de avanços que melhoram a vida. Supunha-se que os interesses econômicos multinacionais mais o desenvolvimento e a modernização da aldeia global promoveriam uma era de paz e prosperidade no mundo todo, mas também engendraram protestos violentos daqueles que se sentiram marginalizados no processo ou que o rejeitam e preferem uma volta a sistemas de governo despóticos ou teocráticos.

O filósofo holandês Erasmo de Rotterdam descreveu como este ciclo eterno de conflito é perpetuado em todos os níveis da sociedade em seu livro *Queixa da paz*, de 1517.

> Entro na corte dos reis (...) Vejo todos os sinais externos dos mais elevados cargos e humanidade (...) É tudo tinta e verniz. Tudo está corrompido pela disputa declarada ou por animosidade ou rancores secretos.
>
> Erasmo

Nem a filosofia, o estudo, a devoção escrupulosa à razão e a busca da verdade conseguiram criar a paz. Erasmo continuou: "Aqui também encontro outro tipo de guerra, menos sangrenta, é verdade, mas não menos furiosa (...) ferem-se com penas mergulhadas no veneno da malícia; rasgam-se com rótulos cáusticos e lançam a flecha mortal de sua língua contra a reputação do oponente." Essas palavras soam tão verdadeiras hoje quanto séculos atrás. São também uma boa descrição das fofocas de cidade pequena, da politicagem de escritório e das próprias campanhas políticas.

Nada disso impediu os filósofos (e muitos outros) de tentar exprimir como se sentiram profundamente afetados pelos conflitos humanos que testemunharam. Muitos inspiraram-se a encontrar maneiras de aliviar conflitos futuros. Platão viveu durante a destruição da cultura ateniense na guerra do Peloponeso contra Esparta e, em resposta, escreveu a *República*, na tentativa de criar um projeto de utopia. Do mesmo modo, depois de testemunhar o saque de Roma pelos visigodos, Agostinho escreveu *Cidade de Deus*, apontando para a utopia no outro mundo, e não neste. Thomas Hobbes escreveu *Leviatã* no exílio, durante a Guerra Civil Inglesa, tentando criar um estado duradouro de comunidade e paz civil. Immanuel Kant experimentou a resolução de conflitos num livrinho chamado *Paz perpétua*, elaborando um plano para resolver sem violência as diferenças européias de seu tempo. Ironicamente, pegou emprestado o título do livro da tabuleta de uma estalagem, que ficava ao lado de um cemitério. Todos nós acabamos obtendo a paz perpétua, só que tarde demais para nos ajudar neste mundo e nesta vida!

Grandes pensadores do século XX também se apresentaram, com mão ainda mais pesada, depois de testemunhar a carnificina européia da Primeira Guerra Mundial e a devastação global da Segunda. Cyril Joad escreveu: "A civilização ocidental moderna resulta de dotar com os frutos de uma dúzia de homens de gênio uma população que, emocionalmente, está no nível dos selvagens e, culturalmente, no nível de meninos de escola." E isso foi antes do declínio acentuado da educação e da capacidade de leitura no Ocidente, que vem também reduzindo a cultura à selvageria!

Mas, à parte desses pensamentos imortais, conflitos mortais continuaram a vicejar. Ao mesmo tempo, a literatura sobre o conflito ficou menos otimista, abandonou em grande parte a idéia de utopia e tornou-se mais cínica e satírica. Aldous Huxley, George Orwell, Ayn Rand e Arthur Koestler escreveram grandes livros, embora perturbadores, sobre distopias (respectivamente, *Admirável mundo novo*, *1984*, *Quem é John Galt?* e *Do zero ao infinito*), que levantaram profundas questões filosóficas sobre a natureza humana e questionaram se temos sequer a capacidade de viver em paz.

Acrescente-se a isso o fato desencorajador de que muitos grandes pacificadores e defensores da resistência não violenta à opressão, de Sócrates e Jesus a Mahatma Gandhi e Martin Luther King Jr., e até mesmo John Lennon, foram mortos por governos ou assassinados por loucos, e temos de nos perguntar se a humanidade tem algum tipo de campo neutro para o jogo. Talvez devamos concluir, como Freud, que ela se inclina permanentemente na direção da guerra e para longe da paz.

> Não somos nós que devíamos desistir, nos adaptar à guerra? Não deveríamos confessar que, em nossa atitude civilizada frente à morte, estamos mais uma vez vivendo psicologicamente além de nossos limites, e não deveríamos voltar atrás e reconhecer a verdade?
>
> Sigmund Freud

Ainda assim, continuo otimista e acho que a razão e a sabedoria acabarão guiando a humanidade para caminhos mais pacíficos. Assim, vamos reexaminar "a verdade" sobre os seres humanos e seus conflitos, assim como algumas abordagens para encontrar uma paz que realmente dê certo.

CONVIVENDO CONSIGO MESMO

Antes de falarmos sobre conviver com os outros, precisamos primeiro conviver conosco. Parece-me que todos os conflitos externos entre pessoas são manifestações de conflitos internos. Se você sofre de um conflito interno não resolvido, não está convivendo consigo da melhor forma possível. E se não está convivendo consigo mesmo da melhor forma possível, também não vai conviver com os outros da melhor forma possível.

Toda vez que testemunho seres humanos a se destratarem, agredirem ou ferirem, seja em confronto direto seja de maneira dissimulada ou oculta, noto sempre que os responsáveis não parecem muito contentes consigo mesmos. As pessoas que declaram guerra aos outros deixaram de vencer-se a si mesmas. A famosa tira de quadrinhos *Pogo*, de Walt Kelly, resumia isso assim: "Encontramos o inimigo, e ele somos nós." Na verdade, a pessoa com quem é mais difícil conviver no mundo inteiro é você mesmo.

O caso de Rachel: como não conviver consigo mesma

Rachel era tão "bem-sucedida" em declarar guerra a si mesma que ninguém conseguia ajudá-la a fazer as pazes. Em conseqüência, estava também em conflito constante com todo mundo à sua volta. Rachel me foi encaminhada por seu médico, para um auxílio filosófico de curto prazo. Ela o consultava devido à ansiedade, mas em vez de tomar a medicação receitada vinha se automedicando com maconha. Embora às vezes maconha seja melhor do que Aropax, só piorava os ataques de pânico de Rachel. Com o que ela estava tão ansiosa, para começar? Rachel me contou que queria ganhar dinheiro suficiente para internar-se numa clínica psiquiátrica particular e se submeter a psicoterapia todos os dias da semana. Perguntei-lhe por que não aproveitava os serviços públicos de Nova York. Respondeu que estava processando vários órgãos do serviço social por lhe negarem o tratamento. Também estava processando a família numa disputa sobre o testamento do pai, processando o advogado que redigira o testamento, processando o ex-psicoterapeuta por assédio sexual, processando as empresas de telefone e energia elétrica por lhe cortarem o serviço e processando o senhorio por uma série de problemas na casa alugada. Tinha hora marcada com um psiquiatra no serviço ambulatorial de um hospital dali a seis semanas, mas precisava conversar com alguém antes disso — daí o encaminhamento de seu médico.

Como a necessidade de assistência psiquiátrica de Rachel parecia bastante racional (uma variação do beco sem saída ou do círculo vicioso), examinamos as formas de obtê-la. O fato era que Rachel tivera oportunidade de ganhar dinheiro como escritora. Era muito inteligente, de boa formação e bem articulada e conhecia muita coisa sobre o sistema norte-americano de assistência médica e suas deficiências. Já publicara em jornais alguns artigos sobre o assunto e chamara a atenção de um editor, que queria que escrevesse um livro. Então por que não fazia isso? Porque tinha de redigir um esboço detalhado para fechar um contrato de edição e, para isso, precisava de ajuda profissional. Mas brigara com sua colaboradora e com o editor, ela demitira a colaboradora, e assim o projeto do livro estava paralisado.

Logo ficou claro que Rachel tinha tantos conflitos consigo mesma que não conseguia conviver com mais ninguém. Além disso, com certeza não queria e, no momento, não conseguia aceitar nenhuma responsabilidade por sua postura permanentemente combativa contra o mundo. Embora todo mundo passe por algum tipo de tratamento injusto nas mãos de parentes, monopólios, burocracias e até profissionais, às vezes, também encontramos amigos e aliados no mundo além dos inimigos — ou seja, contanto que nós mesmos possamos ser amigos e aliados, e de nós também. Mas Rachel estava em guerra consigo mesma e transformava todos os relacionamentos em baixas daquela guerra. Embora Rachel estivesse certíssima ao buscar auxílio psiquiátrico, seu modo de buscá-lo na verdade impedia-a de encontrá-lo. Quando tentei, muito gentilmente, mostrar isso a ela, ficou furiosa e me "eliminou" também.

A primeira moral: como a maioria convive consigo melhor do que Rachel, tem a capacidade de perguntar a si mesmo e resolver a seguinte Grande Questão: "Que conflito interno vem das minhas profundezas quando entro em conflito com os outros?"

A segunda moral: nem todos os conflitos externos são bilaterais. São precisos dois para dançar um tango, mas basta um para ser conflitado. É preciso assumir a responsabilidade pela própria postura combativa caso se queira conviver não só com os outros, mas também consigo mesmo. Seus conflitos interiores causam dano a seus próprios interesses, mesmo que não criem problema para os outros.

A CURA É ESQUECER A CAUSA

Por outro lado, quem trata os outros com genuína gentileza, consideração e respeito — para não dizer amor e compaixão — quase com certeza convive bem consigo mesmo. A solução de seus próprios conflitos internos, para que haja menos tempestades se armando dentro de você, tornará também mais calma sua interação com os outros. Mesmo os que tentarem provocá-lo com suas próprias tempestades não o conseguirão. Depois de vencer o inimigo interno, você não terá mais inimigos do lado de fora. É por isso que Gandhi disse que, em seu "dicionário" da resistência não violenta à opressão, "não há palavra que signifique inimigo".

É claro que todos nós sentimos alguma irritação interna temporária, devido a dias de mau humor, tensão pré-menstrual, falta de sono, um patamar mais baixo de tolerância à frustração ou simplesmente por "levantar com o pé esquerdo", e podemos às vezes explodir. Mas devíamos ser capazes de vencer rapidamente este péssimo humor. Ele é a exceção e não a regra de nossa conduta habitual. Quem fica de mau humor, mesmo que seja por poucos minutos ou horas, não está convivendo muito bem consigo mesmo e sente mal-estar. Quem consegue esquecer seu mal-estar por um minuto que seja, procurando alguém que o alegre, que o afaste de si mesmo, que o distraia ou o faça rir, permite assim que todo bem-estar possível penetre naquele minuto. Mas quem se agarra teimosamente à infelicidade impede que qualquer felicidade penetre. Até Nietzsche, que não transbordava exatamente com o leite da gentileza humana, percebeu a importância de esquecer as causas do mal-estar.

> Quem esquece está curado.
>
> Friedrich Nietzsche

Como Nietzsche sabia, isso se aplica tanto a grupos como a indivíduos: "um povo feliz não tem história". Pelo contrário, indivíduos ou grupos que carregam consigo um excesso de história provavelmente estarão irritados a maior parte do tempo. Permitir que o passado ocupe seu presente e obstrua seu futuro é um modo seguro de não conviver bem consigo mesmo.

É claro que não funciona assim com as doenças de verdade. Não é possível recuperar-se de um trauma ou de uma doença recusando-se a examinar suas causas. Se seu braço está quebrado, não vai se curar apenas porque você ignora como o quebrou, assim como não basta esquecer o que provocou sua enxaqueca para que ela vá embora. No entanto, pode-se desfazer o mal-estar deixando de lado as suas causas. (Ou prolongá-lo agarrando-se a elas.) Se está de mau humor, ele irá definitivamente embora caso se disponha a esquecer o que o deflagrou. Todos temos o poder de fazer isso, embora muitos precisem aprender a exercer esse poder e praticar para exercê-lo de forma mais completa.

AS CAMADAS DA CEBOLA COMPETITIVA E COOPERATIVA

Para onde quer que olhemos no mundo humano, da sala da família à pracinha do bairro, da universidade à penitenciária, da empresa ao abrigo de moradores de rua, da indústria do entretenimento às forças armadas, da comunidade religiosa ao órgão do governo, podemos ver o elaborado entrelaçar e entrecruzar de duas grandes forças que, juntas, garantem a manutenção e a sustentação de qualquer grupo dado — e praticamente garantem que não conviveremos bem com todo mundo todos os dias. Ou seja, para onde quer que se olhe, vemos cooperação e competição.

Ambas estão sobrepostas e entretecidas nas realizações sociais humanas. De fato, cada uma delas torna a outra possível. Praticamente todas as funções exercidas pelos seres humanos, do berço ao túmulo, terão os aspectos e as conseqüências das duas. Nos dois ou três séculos passados, tem havido um debate entre os campos competitivo e cooperativo nas ciências sociais, comportamentais e biológicas, que se intensificou nos últimos trinta anos. Cada um tenta afirmar que tem maior importância. Mas da forma como vejo, os seres humanos são, fundamentalmente, cooperativos *e* competitivos ao mesmo tempo. São os dois lados da mesma moeda.

Para dar apenas um exemplo, suponhamos que você está treinando para entrar num time. Vai competir com todos os outros jogadores que querem fazer parte do time. Esta competição é boa, porque extrai o melhor de cada jogador. Mas também dá origem a desapontamentos, porque para nem todos o "melhor" será suficiente para pertencerem ao time. Enquanto isso, os que sobreviverem à competição e formarem o time podem agora cooperar entre si. Um grande time (seja no casamento, no esporte, nos negócios, nas profissões ou na arte) não se faz com um grupo de estrelas individuais: se faz com o *trabalho em equipe* cooperativo. Entretanto, os integrantes do seu time cooperam para competir com outros times. Mas, ao mesmo tempo, todos os times cooperam administrativa e logisticamente na marcação dos jogos, na combinação das regras e dos procedimentos para que o campeonato possa acontecer.

No esporte amador e profissional, cada desporto compete com os outros pelos espectadores, pelos direitos de transmissão e pelos patrocinadores, e ao mesmo tempo cooperam entre si para dar à indústria desportiva a melhor participação possível no mercado do patrocínio e da cobertura dos meios de comunicação, contra outras indústrias de entretenimento como música, teatro e cinema. Na vida, como no esporte, a competição dá origem à cooperação, da qual mais competição e cooperação acabarão brotando, num padrão interminável em que uma contém a outra.

Uma das verdadeiras artes da vida, portanto, é aprender como competir eficazmente com os outros e cooperar eficazmente com eles. Seja como for, você tem de descobrir e desenvolver suas melhores qualidades. Precisa sentir ao mesmo tempo como revelar sua excelência pessoal e como desempenhá-la ao máximo. Para isso, contudo, é preciso uma filosofia da competição que o ajude a ser ao mesmo tempo um bom perdedor e um vencedor generoso. E é preciso uma filosofia da cooperação que o ajude a lutar para atingir os objetivos compartilhados, que são maiores que seus próprios fins particulares. Você está fadado a vencer algumas competições e perder outras. A questão filosófica importante não é se ganha ou perde, mas como lida com o ganhar e o perder. Do mesmo modo, também está destinado a encontrar gente cooperativa e não cooperativa. A questão filosófica importante não é como cooperar com os cooperativos, mas como fazer os não cooperativos cooperarem com você.

> O diálogo, a confiança e a colaboração enraízam-se
> na competição humanitária, uma competição de
> autodomínio; esta é a base para construir uma
> sociedade global, uma civilização global para o
> século XXI.
>
> Daisaku Ikeda

O principal na competição é fazer o melhor. Não se pode controlar como os outros vão se desempenhar, mas você exerce influência considerável sobre o seu próprio desempenho. Assim, preparação, concentração e relaxamento têm, todos, o seu papel no treino para que você obtenha o melhor de si mesmo. Um bom treinador pode ajudá-lo nisso, mas sua filosofia da competição pode ir ainda mais fundo. Lao-tsé dá um conselho sábio: quem compete com os outros não está na verdade competindo com eles, mas recebendo uma oportunidade de competir consigo mesmo. Você pode ter hoje um desempenho melhor do que ontem? Até que ponto consegue se aproximar do melhor possível, de concretizar seu próprio potencial, de refinar sua própria excelência? Esta é a essência da competição humana, sua base humanista e seu objetivo humanitário.

> Portanto, o mundo inteiro aprecia tê-lo em estima
> elevada e nunca se cansa dele.
> Porque ele não compete; portanto, ninguém
> compete com ele.
>
> Lao-tsé

O objetivo de jogar xadrez, tênis ou golfe contra outros não é na verdade derrotá-los; é melhorar seu próprio jogo de xadrez, tênis ou golfe. Os outros jogadores, portanto, estão lhe fazendo um favor ao jogarem com você. Estão lhe dando a oportunidade de melhorar. Ganhe ou perca, deve tratar seus "oponentes" com respeito e gratidão. De qualquer modo, seu verdadeiro oponente é sempre você mesmo. Ao ser humilde na vitória e generoso na derrota, aprenderá com elas e melhorará seu próprio desempenho, além de exercitar as qualidades humanas muito mais importantes e abrangentes da humildade e da generosidade. Elas lhe servirão incomparavelmente mais na vida do que qualquer número de troféus na sua estante.

Em termos da cooperação em grupo, a principal idéia filosófica é holística. O todo humano é sempre maior que a soma de suas partes. Em outras palavras, um relacionamento é mais do que a soma de dois parceiros; uma família nuclear é mais que a soma de pais e filhos; um time é mais que a soma de treinador e jogadores. Qualquer organização é mais que a soma de seus constituintes. O espírito de cooperação é a cola que mantém o grupo unido e permite a cada membro conseguir mais em conjunto com os outros do que poderia obter sozinho. Até artistas criativos e cientistas que parecem trabalhar sozinhos enquanto escrevem, compõem, pintam ou descobrem verdades universais estão em comunhão, através do espaço e do tempo, com as criações de seus colegas. Do mesmo modo, todo filósofo é parte de um diálogo que vem acontecendo há séculos, ao qual dá continuidade e contribuição, ainda que sozinho. Assim, o mesmo efeito holístico beneficia até esses indivíduos, que não são tão solitários quanto parecem ao observador ocasional. Os maiores interesses de cada um são sempre promovidos pela cooperação.

> A civilização, acima de tudo, é a vontade de viver em comum.
>
> José Ortega y Gasset

O caso de Mônica: cooperação, competição e escolha de uma carreira

Mônica era jornalista de uma revista popular. Fora escolhida para entrevistar uma pessoa famosa de cujas opiniões políticas ela pessoalmente discordava. Do lado cooperativo, a entrevista seria ótima para sua carreira, para a equipe da revista e para a própria revista. Do lado competitivo, Mônica preferiria apresentar opiniões opostas ou alternativas. Na verdade, durante a pré-entrevista viu-se discutindo com a pessoa, em vez de lhe fazer perguntas. Ele ficou surpreso e um pouco irritado, porque o editor que marcara a entrevista lhe disse que a jornalista seria amigável e não adversa. Estava preparado para ser interrogado, mas não enfrentado nem contestado por ela. O dilema de Mônica é comum: a opção entre a ética profissional e a moralidade privada. Em termos profissionais, queria cumprir a missão cooperativa que lhe tinham dado, mas em termos pessoais não podia negar sua posição política conflitante.

Mônica foi auxiliada pela teoria de Ross dos deveres *prima facie* (mencionada no capítulo 2). Se fosse um cirurgião operando um paciente, ou um mecânico consertando um carro, seria mais fácil para ela cumprir seu dever profissional sem se incomodar com a política? Então, qual é a diferença neste caso? Como jornalista, está ajudando o entrevistado e a revista a divulgarem opiniões das quais ela pessoalmente discorda. A resposta de Mônica está em *cumprir* sua tarefa, o que significava ter direito a suas opiniões pessoais sem deixar que elas atrapalhem seu trabalho. Isso coloca o dever profissional acima do dever de defender crenças pessoais. É Mônica que deve determinar para si mesma a prioridade desses deveres. Se o dever de exprimir suas opiniões políticas fosse mais importante para ela que o dever profissional, poderia pedir outra tarefa ou, no pior dos casos, largar o emprego.

É claro que também se pode questionar o motivo do editor para encarregá-la dessa entrevista; ele devia ter previsto um possível choque. E talvez o tenha feito, mas sabia também que o conflito seria frutífero. Aqui Mônica enfrenta uma oportunidade de aprender mais sobre opiniões diferentes das suas. Manter a mente aberta é fundamental para o crescimento, seja profissional, seja pessoal.

> Quem só conhece seu próprio lado do caso pouco sabe dele.
>
> John Stuart Mill

ENTENDER OS OUTROS

Uma das coisas mais básicas que tornam difícil a boa convivência entre os seres humanos pode surpreendê-lo. É a mesma coisa que antigamente nos ajudou a sobreviver como espécie: nossa visão.

Temos cinco (ou mais) sentidos que ligam nosso cérebro ao mundo "externo". Dos cinco tradicionais — visão, audição, olfato, paladar e tato — a visão é o mais importante para os seres humanos. A audição vem em segundo lugar, o tato e o paladar mais atrás e o olfato fica no fim da fila, quando se trata de classificar até que ponto nos baseamos neles. É claro que é muito traiçoeiro "classificar" os sentidos. É provável que muitos compositores e músicos preferissem a audição à visão, se tivessem de escolher entre os dois; os cozinheiros, sem dúvida, poriam o paladar e o olfato mais à frente que o resto de nós; os massagistas terapêuticos valorizariam mais o tato. E assim por diante. Mas a visão é a mais importante para a maioria de nós.

A visão é a forma primária de colhermos dados sobre nós mesmos e os outros e a principal maneira de estabelecermos e restabelecermos ligações conosco e com os outros. Observamos os outros com muito mais freqüência olhando-os do que ouvindo-os, cheirando-os, tocando-os ou lambendo-os. Na hora de conviver bem com os outros, os "olhos" tomam a frente.

O que dizemos quando encontramos alguém? "Que bom te ver." E na despedida? "Até mais ver." A influência primária da visão reflete-se em todo o espectro da linguagem. Para dar apenas alguns exemplos, os franceses dizem "*au revoir*"; os alemães, "*auf Wiedersehen*"; os espanhóis, "*hasta la vista*"; os israelenses, "*lehitraot*". Todas essas expressões derivam da mesma raiz: *ver*.

Quando se conhece alguém ou se saúda alguém conhecido há anos, a primeira coisa que se nota é sua aparência. O que você diz quando quer cumprimentar ou saudar alguém sem entrar em detalhes? "Você está ótimo!" Quando você se levanta de manhã, uma das primeiras coisas que faz é olhar-se no espelho para examinar a própria aparência.

Dependemos de nossas observações sobre a aparência (inclusive a linguagem corporal) de familiares, amigos, colegas de trabalho e também de estranhos para obtermos pistas sobre seu humor, intenção, expectativa e assim por diante. Obtemos uma boa idéia dos outros olhando-os, muito antes de falar com eles. A experiência visual precede e condiciona a experiência verbal.

Infelizmente, nossa idéia dos outros pode ser distorcida com muita facilidade por este mesmo sentido quando confundimos o que vemos na superfície — raça, etnia, sexo ou vestimenta — com "saber" alguma coisa sobre a pessoa. Dependemos principalmente do que vemos para formar aquela primeira impressão fundamental sobre alguém, mas nossos olhos não vêem nem podem ver coisas profundamente importantes — o conteúdo da mente e do coração.

Nossas visões mais elevadas e nobres da humanidade nunca são atingidas por nenhum dos cinco sentidos externos. Para isso temos outro sentido interno que se interliga com a razão, a emoção, a intuição e a memória. É a *cerebração*, em inglês *mentation*, que vem do latim *mens*, ou mente. É o sentido mais avançado de todos, porque nos permite "entender" a miríade de fluxos de informação que nos chegam pelos outros sentidos. Não adiantaria nada ver, ouvir, sentir o gosto, tocar ou cheirar o mundo à nossa volta se não conseguíssemos "entender" essas percepções. É mentalizando ou "cerebrando" que filtramos, editamos, refinamos e interpretamos a imagem do mundo trazida a nós pelos outros sentidos.

Seus olhos, ouvidos, nariz, língua e dedos são, basicamente, sensores passivos; ou seja, transmitem os dados a vários centros de processamento do cérebro (córtex visual, córtex auditivo, bulbo olfatório) sem fazer nenhuma avaliação dos dados. Quando você vê alguma coisa bela ou feia, seu olho não reconhece a beleza nem a feiúra. Simplesmente transmite a imagem ao cérebro. É a sua *mente* que faz o julgamento estético da imagem, considerando-a bela ou feia. Quando dizemos: "A beleza está nos olhos de quem vê", queremos, na verdade, dizer: "está na *mente* de quem vê." Os olhos propriamente ditos não sabem a diferença entre um Rembrandt e um papel de bala.

O filósofo George Berkeley, do início da era moderna, explicou a importância da mente para *conceber* o que *percebemos*. Sem a concepção, a percepção não faria sentido. Através da cerebração, formamos conceitos sobre nossas percepções. Como disse Berkeley, "os sentidos não fazem inferências". Em outras palavras, não fazem avaliações. Este é o trabalho da mente.

Mas com demasiada freqüência os seres humanos fazem avaliações apressadas baseadas somente nos dados visuais, sem deixar que a cerebração tome as decisões executivas. Supomos que o que vemos é o pacote completo. Se a aparência de alguém difere muito daqueles com quem estamos acostumados a conviver, podemos até desumanizá-lo ou temê-lo, pensando neste alguém quase como uma espécie diferente, alienígena ou sub-humana. Este é sempre um erro trágico e em geral tem profundas conseqüências sociais, mas é um erro que nossa biologia nos ajuda a cometer. A observação das diferenças visuais teve um enorme valor para a sobrevivência no passado distante; era uma forma importante mas simplificada demais de distinguir amigos de inimigos. Mas não podemos saber se as pessoas nos querem bem ou mal simplesmente por sua aparência. Em sua maioria, os árabes não são terroristas suicidas. Em sua maioria, os norte-americanos não são assassinos em série. Com certeza temos o direito de tomar precauções contra os candidatos a assassinos de qualquer cultura, mas seria um erro filosófico fazê-lo com base apenas em sua aparência.

A solução, por outro lado, tem a ver com a cultura, ou formação, humana. É melhor seguirmos a opinião universal de

Martin Luther King Jr. sobre julgar as pessoas não pela aparência, mas pelo conteúdo do seu caráter. Nossos olhos podem perceber a cor da pele, mas só nossa mente pode conceber o caráter de alguém. O caráter tem pouco ou nada a ver com a aparência da pessoa (ou seu som, textura, cheiro ou paladar) e tudo a ver com seus pensamentos e sentimentos. Descobrir o que nossos olhos não podem nos revelar é a maneira mais segura de formar uma impressão fiel de nossos irmãos humanos e a mais segura de conviver bem com eles. Esta é uma lição para toda a aldeia global e precisa ser constantemente repetida a pessoas de *todas* as cores.

> Tenho um sonho em que meus quatro filhos viverão um dia num país onde não serão julgados pela cor da pele, mas pelo conteúdo de seu caráter.
>
> Martin Luther King Jr.

O caso de Jerome: o fogo cruzado do preconceito

Crystal, filha única de Jerome, estava noiva de Daniel. Jerome era judeu e casado com Rita, mulher cuja família viera do norte do Mediterrâneo; já Daniel era de origem afro-caribenha. A raça não era problema para Crystal e Daniel, que estavam noivos há vários anos, obviamente se amavam e estavam prontos para casar-se. Também não era problema para Jerome e Rita, como pais da noiva. Na verdade, já estavam há algum tempo à espera dos netos. Jerome também se tornara suficientemente próspero em seus negócios para planejar dar à filha e ao futuro genro uma casa nova como presente de casamento — uma casa grande o bastante para muitos netos.

No entanto, os sogros de Jerome eram muito intolerantes. A família de Rita vinha de um clã de uma ilha mediterrânea na qual as pessoas nunca se casavam com alguém de fora de sua aldeia ou bairro, que dirá de outra etnia ou religião. Mal toleraram o casamento de Rita com Jerome, há uns vinte e cinco anos.

Tinham pouca noção de direitos civis ou humanismo esclarecido. Suas opiniões já os tinham ajudado a preservar seu clã em sua ilha nativa, mas agora isolavam-nos da realidade e do progresso nos Estados Unidos de hoje e na aldeia global. A idéia que faziam do casamento de Crystal era que Jerome não conseguira controlar a filha. E a família de Daniel também tinha problemas. Sua ilha do Caribe apresentava um dos níveis de criminalidade mais elevados do mundo ocidental, que imputavam à influência do colonialismo europeu. Do mesmo modo, atribuíam o elevado nível de criminalidade de seu bairro no Brooklyn à pobreza e ao "racismo institucional". Embora o próprio Daniel fosse um tranqüilo cidadão de classe média, bem-educado e correto, muitos parentes seus tinham ressentimentos contra os brancos e acusavam-no de "estar se vendendo".

Jerome não partilhava dos preconceitos de nenhum dos grupos. Só queria que a filha fosse feliz e queria ter seus netos. Não buscava ser um exemplo nem um bode expiatório das relações raciais nos Estados Unidos. Temia que os próprios netos ficassem num fogo cruzado de preconceitos e identidades políticas, expostos à intolerância de ambos os lados da família. Como poderia conciliar essas diferenças? Sentia-se incapacitado para a tarefa.

Jerome tinha consciência de que o chamado "cadinho" norte-americano não é nada uniforme em sua consistência. Alguns estados, como o Havaí, têm proporção tão grande de casamentos inter-raciais que estes são a norma e não a exceção. Outros estados, e comunidades dentro de estados, ainda se esforçam para aprender a lição fundamental de King de olhar além da cor da pele e ver o caráter humano. Nova York é mais diversificada que a maioria dos lugares mas também, portanto, mais imprevisível. Há pessoas de todas as origens a exibir seu humanismo esclarecido ou sua intolerância regressiva. O preconceito pode ser determinado pela cor da pele ou por qualquer outra característica. Infelizmente, o triunfo do movimento dos direitos civis não é uma utopia: é um estado no qual todos têm liberdade para conviver, mas também estão livres para abrigar preconceitos, envenenar-se com ressentimentos ou até se autodestruírem.

Jerome buscava uma posição filosófica que lhe permitisse entender os acontecimentos presentes à luz de seu passado, e os futuros à luz de seu presente. Não era religioso; na verdade, era ateu. E também não era do tipo intuitivo; preferia exercer a razão. Dado tudo isso, mais sua ênfase na importância de assumir responsabilidades, sem saber ele reinventou os principais pilares do existencialismo humanista de Jean-Paul Sartre. Foi a partir de Sartre, então, que Jerome construiu uma posição filosófica que lhe permitiu permanecer em paz consigo mesmo.

A idéia central de Sartre é que nossa natureza é formada por nós, e não para nós. A natureza de Jerome, portanto, não era formada pelas opiniões da família de Rita ou de Daniel. Era formada pelos princípios que preferisse praticar. Há muito tempo optara pela tolerância e pelo respeito à humanidade, somados a uma ética profissional positiva, e via estes princípios como fundamentais para seu próprio sucesso. Talvez seu dever fosse passá-los aos netos. De qualquer modo, Jerome percebeu que não era responsável pelas opiniões dos outros, somente pela sua. Sabia que amaria os netos e não permitiria que este amor fosse comprometido por preconceitos de ambos os lados da família.

> O homem nada mais é do que aquilo que faz de si mesmo.
>
> Jean-Paul Sartre

O NÚMERO ÓTIMO

Enquanto aprendemos a competir e cooperar com os outros em todo tipo de arena, expandimos constantemente os horizontes de nossa identidade para abarcar grupos humanos cada vez maiores. Você pertence à sua família, à sua comunidade, sua cidade, seu estado, sua profissão, seu país, sua religião, seu sexo, sua etnia. Pode também considerar-se um cidadão do mundo. Pertence, ao mesmo tempo, a um monte de grupos. Embora a competição e a cooperação dentro de cada grupo acabe ajudando o indivíduo a sobreviver, prosperar e reproduzir-se, é necessário uma força maior para manter o grupo unido, através de gerações, enquanto seus membros vêm e vão e as brigas ameaçam desfazê-lo. Uma dessas forças é enganosamente simples: o espaço vital.

Evoluímos dos bandos primordiais de caçadores e coletores e somos programados para viver em pequenos grupos íntimos que se deslocam por espaçosas paisagens naturais — não para sermos esmagados por densas hordas de estranhos que abrem caminho por impenetráveis selvas urbanas. Temos a tecnologia necessária para nos sustentar numa densidade populacional que excede imensamente o que os biólogos evolucionistas e antropólogos chamam de "número ótimo" de seres humanos, mas só a um formidável custo social, que inclui a exposição diária a indiferença, incivilidade, estresse, ansiedade, agressão, violência, crime e a todo tipo de comportamento desequilibrado. Isso é o que acontece aos seres humanos quando nossa formação vai contra o veio de nossa natureza. Produz um mal-estar monumental.

Vários filósofos reconheceram este problema e tentaram resolvê-lo retirando-se para pequenas comunidades em ambientes naturais. Os Sábios da Floresta na Índia, os epicuristas na Grécia, os transcendentalistas da Nova Inglaterra nos Estados Unidos e muitíssimos *hippies* da década de 1960 descobriram imensa paz, amor e cooperação vivendo em pequenos bandos rurais. Contrariamente à errônea concepção popular, os Sábios da Floresta originais não eram eremitas ascéticos e anti-sociais. Escreve Rabindranath Tagore: "A vida dos brâmanes na floresta não era antagônica à vida social do homem, mas sim em harmonia com ela." Eles buscavam a simplicidade para cultivar as melhores coisas da vida, como a amizade. Assim, Epicuro disse:

"A felicidade e a bem-aventurança não combinam com abundância de riquezas, posições louvadas, cargos ou poder, mas com libertar-se da dor, com a suavidade de sentimentos e com um estado mental que estabeleça limites de acordo com a natureza." E Thoreau concordou: "O homem é rico na mesma proporção do número de coisas que pode dar-se ao luxo de abandonar."

A natureza inventou algumas maneiras engenhosas de impedir que os grupos ficassem grandes demais para manter-se, principalmente quando a cooperação leva à prosperidade e à superpopulação. Podemos aprender lições importantes com outros animais sociais, como insetos, roedores, ungulados, felinos, caninos e primatas. Alexander Carr Saunders e Vero Wynne-Edwards constataram que os grupos dessas criaturas impunham limites ao próprio crescimento depois que chegavam ao "número ótimo" (ou densidade populacional ótima) em seu território. O valor exato varia entre as espécies, mas em cada caso constitui um total que não coloca o grupo em risco de extinção pela reprodução insuficiente mas também não o deixa em perigo de passar fome pelo consumo de todos os recursos alimentares disponíveis. O comportamento social mudará para manter o grupo perto de seu número ótimo. Se o grupo fica pequeno demais, a taxa de reprodução aumenta ou novos membros são recrutados; se fica grande demais, pode dividir-se em dois grupos, limitar a reprodução ou parar de cuidar dos filhotes, ou aumentar a violência entre os membros. Sempre que o grupo se desvia demais do número ótimo, o comportamento social normal muda para levar o grupo de volta àquele número.

Se você apinha muitos animais em condições artificiais que os façam exceder seu número ótimo e se estão confinados ou presos e não podem dispersar-se para reduzir a densidade e voltar àquele número, sua ordem social desmoronará. Assim que voltam ao número ótimo, o comportamento social normal retorna. Os mecanismos exatos que regulam tudo isso são bem pouco compreendidos.

Os animais em zoológicos, mesmo em cercados que nos parecem grandes, ainda assim estão apinhados bem além do limite de seu número ótimo e está bem documentado que seu comportamento social se torna anormal, seja um pouco, seja totalmente. Incapazes de reduzir sua densidade pela expansão do território, recorrem à redução de seu número pela violência e pela negligência. Um estudo clássico de Solly Zuckerman na década de 1920, com algumas dúzias de babuínos que viviam num cercado de 420 metros quadrados no Zoológico de Londres, mostrou que, embora os animais tivessem bastante comida, costumavam lutar entre si até a morte. Vinte anos depois, especialistas em comportamento animal (etólogos) descobriram que os babuínos selvagens nunca se comportavam deste modo, porque podiam manter seu número ótimo de maneira mais saudável. Ainda que os babuínos do Zoológico de Londres parecessem ter suficiente "espaço vital", estavam, na verdade, submetidos a uma densidade populacional cem mil vezes maior que seu número ótimo. Não admira que se comportassem de maneira tão anormal.

Grande parte do conflito social humano baseia-se no fato de que estamos vivendo como todos esses babuínos apinhados num espaço pequeno demais. Parece que as antigas tribos de caçadores e coletores humanos do mundo todo tinham o mesmo número ótimo dos lobos — ou seja, um bando de algumas dezenas procurando comida num território de vários quilômetros quadrados, ou menos de uma pessoa por quilômetro quadrado. Isso nada tem a ver com o mundo desenvolvido pós-industrial que habitamos hoje, no qual as cidades mantêm densidades populacionais de dezenas de milhares de pessoas por quilômetro quadrado. Não admira que as cidades sejam vitrines do comportamento anti-social (ou pior). Mesmo os moradores urbanos que se mantêm sob controle a maior parte do tempo sentem níveis sem precedentes de estresse simplesmente pelo excesso populacional, mesmo com abundância de comida e entretenimento, mesmo quando moram em casas que consideramos espaçosas. Somos programados para percorrer bosques e campos com muito espaço vital junto aos membros conhecidos do nosso bando, e não para viver e trabalhar nas alturas, subir em elevadores e viajar no metrô esmagados por hordas de estranhos. Nosso mundo tecnológico mudou muito mais depressa do que a evolução biológica humana poderia acompanhar e nosso desajuste inato com o ambiente contemporâneo contribui para níveis monumentais de mal-estar e de doença. Há simplesmente gente demais morando junto demais para que consigamos conviver bem uns com os outros como deveríamos.

> (...) às vezes penso que ao morar numa cidade do mundo moderno já somos como os seres atormentados no estado intermediário depois da morte, em que dizem que a consciência fica agonicamente inquieta.
>
> Sogyal Rinpoche

A COLA

Os seres humanos são animais sociais. Unimo-nos em grupos — isso também faz parte de nossa herança biológica. Que "cola" mantém unidos os grupos de animais sociais? No caso dos insetos, ela é puramente bioquímica. A formiga-rainha (ou abelha, ou vespa) segrega substâncias químicas chamadas feromônios que regulam todo tipo de função social e sexual, sendo uma das principais identificar todos os membros daquela colônia, ninho ou colmeia específica. Cada membro é esfregado com estas substâncias e, assim, reconhecido como pertencente ao grupo. É o equivalente bioquímico do crachá. Os roedores usam o faro além dos feromônios. Animais que formam manadas, como ovelhas, bovinos e veados, unem-se através de uma coisa chamada "instinto do rebanho", que na verdade ainda não foi explicado além do reconhecimento do papel do olfato e da exigência de manter o número ótimo. Mamíferos caçadores como lobos ou leões também usam o olfato como modo mais importante de reconhecer os membros de suas alcatéias.

Os primatas têm pouco olfato e menos percepção dos feromônios e baseiam-se principalmente na visão — inclusive de expressões faciais, gestos e posturas — para se identificar e comunicar seus estados de espírito e intenções. Mas estudos vitalícios de bandos de chimpanzés e gorilas, por primatólogos pioneiros como Jane Goodall, Robert Yerkes e Dian Fossey, deixaram claríssimo que o que faz um macaco saber que pertence a um bando específico tem a ver com seu relacionamento com os outros no grupo. Do mesmo modo, a identidade de um chimpanzé ou um gorila se concretiza através de sua sociedade. Os macacos de um bando não convivem todos bem entre si; sua vida cotidiana é cheia de competição, rixas e brigas, assim como de cooperação, afeição e brincadeiras — exatamente como num clã de seres humanos.

> Um chimpanzé é nenhum chimpanzé.
>
> Robert Yerkes

Os grupos humanos importam características comportamentais básicas de todos esses outros grupos de animais e mais ainda. De nossa posição no ápice da complexidade animal, imitamos comportamentos de praticamente todos os outros animais sociais da face da Terra. Se você subir ao terraço do Empire State e observar as ruas de Manhattan lá de cima, verá uma colônia de formigas humanas. Se observar o comportamento das gangues juvenis, verá colônias de ratos humanos. Se observar multidões em *shopping centers*, verá rebanhos de humanos pastando. E se voar na classe econômica, verá seres humanos pastoreados exatamente como ovelhas ou bovinos. Se observar equipes de vendas ou de marketing trabalhando, verá o equivalente humano de uma alcatéia na caça. Se observar homens tentando arranjar mulheres em bares ou outros ambientes, ou observar mulheres atraindo homens para suas teias sedutoras, observará vários tipos de predadores sociais solitários. Aliás, incorporamos também elementos da natureza das plantas: algumas pessoas firmam-se em princípios com tanta solidez quanto as árvores; outras oscilam como o capim ao vento; algumas pessoas têm o exterior espinhoso, como os cactos; outras se apegam como trepadeiras.

> É possível dizer qual o tipo de um homem pela sua criatura que aparece com mais freqüência.
>
> George MacDonald

Mas o que mantém unidos os grupos humanos é uma coisa inteiramente humana. Depois que os primeiros bandos de seres humanos encontraram seu número ótimo, ainda precisavam de algo além da biologia para manter sua continuidade de geração em geração. A verdadeira força de coesão do grupo humano é sua cultura — sua língua, suas ferramentas, seus costumes e seus tótens. Os seres humanos dão significado à sua vida deixando heranças culturais, além das biológicas. A língua, as ferramentas, os costumes e os tótens são passados para a geração seguinte do mesmo modo que os genes.

E todos são colocados a serviço de uma só coisa: as crenças humanas. Os que compartilham da mesma filosofia, religião, política, profissão, nacionalidade, etnia e assim por diante não são biologicamente aparentados, não reconhecem seus feromônios ou cheiros e não se comportam nem se vestem necessariamente do mesmo modo para tornar clara a identificação visual. Mas as crenças compartilhadas permitem que os grupos humanos se mantenham unidos e também que desdenhem outros grupos humanos e justifiquem a violência contra eles. É irônico que a mesma coisa que nos permite conviver bem em grupos muito maiores do que os pretendidos pela natureza também explique por que não podemos simplesmente conviver: todo grupo tende a acreditar que é "*o grupo*" e vê todos os outros como "fora do grupo" e, portanto, como inimigos em potencial.

> Nenhum grupo jamais se estabelece como o Único sem, ao mesmo tempo, colocar o Outro contra si.
>
> Simone de Beauvoir

IDENTIDADE INDIVIDUAL *VERSUS* GRUPAL

O problema central do conflito entre grupos limita-se à abdicação da identidade, do pensamento e da expressão individual em favor da identificação com o próprio grupo. Ao perder sua humanidade através da identificação coletiva, você pode deixar de reconhecer a humanidade dos outros que não estejam em seu grupo específico. Ao trocar a identidade individual pela grupal, você também troca uma parcela de sua própria liberdade de pensamento e ação por uma parcela de submissão às exigências coletivas de uniformidade de crenças e conformidade de ação. Arthur Koestler chamou este fenômeno de "identificação autotranscendente" e escreveu que "os males da humanidade são causados não pela agressividade primária dos indivíduos, mas por sua identificação autotranscendente com os grupos (...) o traço ilusório que perpassa a história não se deve a formas individuais de insanidade, mas às ilusões coletivas geradas por sistemas de crenças baseados em emoções".

A retribuição imediata é a segurança: o grupo o recebe bem, alivia-o da busca problemática do próprio eu ao lhe dar uma identificação confortadora e atende ao seu instinto de fazer parte do todo. O grupo faz com que você se sinta querido e necessário. Todos querem se sentir necessários e necessitam sentir-se queridos.

A identificação com grupos pequenos já favoreceu a sobrevivência humana e promoveu a evolução cultural mas, paradoxalmente, foi sempre uma receita de problemas. Quanto maiores os grupos sustentados pela evolução cultural, maiores os problemas. Ao trocar a própria identidade pela identificação com algum grupo menor que toda a raça humana, você se torna parte de um subgrupo da humanidade. Mais cedo ou mais tarde, pensará em seu subgrupo como fundamental para a causa humana e nos outros como secundários. Passará a ver o mundo dividido entre "nós" e "eles" — nós e os outros; os salvos e os condenados; os crentes e os infiéis; o proletariado e a burguesia; os opressores e as vítimas; esta tribo e aquela tribo. E sempre o "nós" é considerado superior ao "eles". Toda paz será no máximo temporária, a menos que nos vejamos uns aos outros como indivíduos iguais em nossa humanidade. É inevitável que nossa divisão em grupos crie desigualdades, ou sua ilusão.

Se você parar alguém na rua ao acaso e lhe perguntar "O que você é?", aposto que a maioria responderá apresentando sua identificação com algum grupo: "sou médico", "sou cristão", "sou meio americano", "sou um alcoólatra em recuperação", "sou um policial", "sou um libertário", "sou feminista" ou "sou de Peixes". E assim por diante. Pouquíssimos lhe dariam uma resposta mais esclarecida assim de repente, como "sou um ser humano sem igual".

Mas se todos podemos responder assim, com um sentimento sincero, aceitando nossa própria unicidade e a falta de significado de nossa identidade pessoal, podemos nos aproximar dos outros sem conflito. O desafio é, para cada um de nós, permanecer, em última instância, sozinho, sem medo e feliz de ser apenas o que somos. Então podemos nos identificar basicamente com a humanidade como um todo e, deste modo, viver juntos em harmonia. O cume da montanha humana é atingido quando se encontra a própria identidade como um ser único, e não ao perdê-la na identificação autotranscendente dentro dos grupos. Seja você mesmo e faça parte da humanidade. Aí ninguém será capaz de convencê-lo ou coagi-lo a pensar ou cometer violências contra os outros devido a meras diferenças de aparência ou crença. Ao encontrar sua própria humanidade de forma independente da identificação coletiva, você descobrirá a humanidade nos outros aonde quer que vá — e, em troca, será por eles reconhecido.

TRIBALISMO

As tribos costumam ser muito unidas sob a proteção de algum totem, como uma bandeira, um livro ou um ídolo, algo que simbolize sua unidade e mobilize seu sentimento. O tribalismo já permitiu que pequenos grupos humanos se juntassem como unidades sociais efetivas e deu aos indivíduos razões fortes (e não altruístas) para pôr de lado ou resolver suas divergências competitivas pelo bem do grupo. É mais fácil para cada indivíduo sobreviver quando tem aliados e auxiliares dignos de confiança. Para ser um membro respeitado de algumas tribos, é preciso dispor-se a desumanizar os membros de outras tribos. É aí que o tribalismo deixa de conduzir ao progresso humano. É certo que o poder positivo do tribalismo nos fez descer das árvores e criar civilizações, mas ao custo de reforçar preconceitos irracionais e fomentar a guerra. Quando o tribalismo sai do controle, pode causar danos colossais. É uma grande razão pela qual não podemos simplesmente conviver.

As tribos primitivas eram pequenas e os membros conheciam-se bastante bem. A tecnologia tornou as tribos cada vez maiores, de modo que podem conter todo um estado-nação ou uma nação religiosa internacional. Assim como aumentou o tamanho das tribos, cresceu também o alcance do dano que podem provocar quando são zelosas demais em seu tribalismo. Embora os membros destas tribos grandes não se conheçam mais pelo primeiro nome — ou nem se conheçam — ainda podem ser (e serão) mobilizados (graças ao poder unicamente humano da linguagem) para odiar outras tribos grandes, que consistem de ainda mais gente que não conhecem.

As crianças aprendem a sentir-se queridas, necessárias, amadas e bem-vindas não apenas por seus pais e famílias como também pela tribo à qual pertencem. Os apegos emocionais que as crianças criam às suas tribos são tão profundos e duradouros quanto aqueles que criam em relação aos pais e à família. Há uma diferença significativa: pais e família consistem de indivíduos que podem ser amados ou odiados como pessoas, enquanto as tribos consistem de crenças compartilhadas, inclusive de histórias e tradições, que só podem ser amadas e odiadas de forma impessoal.

No capítulo do amor, determinamos que o ódio é um apego negativo a alguém — um alguém específico, com nome e identidade. Agora, um fenômeno como o racismo ou o sexismo — exemplos claros de identificação com o próprio grupo a ponto de não se ver mais a humanidade do outro — é também um apego negativo, mas não a alguém específico. Em vez disso, é um apego negativo a um grupo inteiro de pessoas que sequer são conhecidas. Se você pára para pensar a respeito (coisa que acho que muitos dos que odeiam nunca fazem), é bem inacreditável que se possa odiar quem não se conhece. Mas se sua tribo considera uma idéia sagrada, ou seja, que os membros de alguma outra tribo são inimigos, para ser aceito em sua tribo você precisa acreditar nisso também. E a maioria dos seres humanos acha essencial ser aceito pela tribo.

Assim, você cria um apego negativo à outra tribo, a ponto de sempre que o nome dela for pronunciado, sentir-se condicionado a reagir com emoções negativas. Esses preconceitos são muitas vezes reforçados pelas lendas tribais (ou propaganda, ou notícias da TV), nas quais se contam histórias sagradas de façanhas heróicas (por exemplo, assassinatos violentos) realizadas por membros de sua própria tribo e de atrocidades odiosas (por exemplo, assassinatos violentos) realizadas por membros de outras tribos. Se algum dia você realmente encontrar alguém da outra tribo, estará predisposto a vê-lo como um inimigo implacável e inerentemente mau.

É claro que também se tem a opção de amar aqueles que não se conhece pessoalmente por reconhecer e respeitar a idéia de sua humanidade. Mas amá-los exige muito mais coragem do que odiá-los. Afinal, quem se recusa a pagar o dano com o dano, como ensinava Sócrates, ou insiste em amar seus inimigos, como ensinava Jesus, ou tenta capacitar os indivíduos, como ensinava Nichiren, ou recusa-se a ter qualquer inimigo, como ensinava Gandhi, fará sua tribo, provavelmente, voltar-se contra si. Afinal, quem pratica o amor à humanidade desconhecida em vez do ódio a tribos imaginárias parece minar a força que une a tribo.

Platão examinou esse mesmo assunto em seu texto sobre a caverna. Alertou para os perigos mortais enfrentados por qualquer ser humano esclarecido que escape da caverna e volte por vontade própria para libertar os outros do cativeiro cego das opiniões nebulosas e desinformadas e levá-los para longe da escuridão, para a luz brilhante da bondade, da verdade e da justiça: "Se conseguissem agarrar o homem que tentava libertá-los e liderá-los, o matariam."

Você tem coragem de amar a humanidade mesmo assim? Uma massa crítica de gente que faça isso é a única maneira de chegarmos a conviver bem. Estamos todos interligados, mais do que sabemos. E quando mais pessoas se virem a si mesmas como seres humanos únicos em vez de membros desta ou daquela tribo, conviveremos muito melhor.

> Já que o maior inimigo é a desumanização, a maior solução será a revitalização ou a recuperação da humanidade. A fonte disso deve ser uma filosofia de humanismo.
>
> Daisaku Ikeda

O caso de Jane: uma família protestante com contraparentes judeus e islâmicos

Jane, protestante e profissional liberal, buscou orientação filosófica porque seu filho Rick ia casar-se com Abigail, judia, enquanto a filha Kelly ia casar-se com Ibrahim, muçulmano. Jane temia o conflito na família, e com boas razões.

A questão de Jane, entretanto, não era se estes casamentos *deviam* ou *não deviam* acontecer. Sua questão era como manter a família intacta depois que *acontecessem*. Por ter sido criada numa tradição de tolerância protestante que louva a liberdade de escolha individual e a responsabilidade pela escolha, Jane supunha que o amor romântico prepondera sobre as crenças herdadas. Também via a si e à família como habitantes da aldeia global e, deste modo, esperava que as diferenças, religiosas ou não, se tornassem menos importantes conforme os aldeões ficassem mais unidos — ou, pelo menos, mais respeitosos uns em relação aos outros como vizinhos. Não é preciso dizer que Jane é otimista e idealista.

Ao mesmo tempo, o aumento das tensões no Oriente Médio refletia-se nas relações de seus próprios filhos, entre eles e com a família dela. Rick começou a absorver a cultura e os valores judaicos com Abigail e sua família, seus futuros parentes, incluindo um forte apoio à existência e à segurança de Israel. Kelly começou a absorver a cultura e os valores muçulmanos com a família de Ibrahim, seus futuros parentes, que ultimamente vinham alimentando fortes sentimentos contra israelenses e norte-americanos. Essa absorção entre culturas foi menos natural no caso de Kelly, porque a família de Ibrahim se opunha ao casamento. A família de Abigail estava muito mais acostumada com o fenômeno da assimilação judaica no cristianismo e, assim, não se opôs. Também queriam que o amor triunfasse sobre a diferença religiosa e só buscavam a compreensão do judaísmo por seus contraparentes protestantes. Mas os pais de Ibrahim eram a geração imigrante e, assim, seu filho assimilara muito mais a cultura norte-americana do que eles. Ainda que o tenham enviado para uma boa faculdade liberal de artes, não tinham previsto a extensão do conceito que Ibrahim fazia de si mesmo como ocidental liberado. Não queriam que se casasse com alguém de fora de sua fé (que para eles era um modo de vida) mas, ao ver seu amor por Kelly e sua determinação de desposá-la e temendo perdê-lo, decidiram atrair Kelly o mais possível para a cultura islâmica.

Enquanto isso, na casa de Jane, os churrascos familiares vinham saindo do controle. Abigail não fazia questão de comida *kosher*, mas não comia carne de porco nem presunto; Ibrahim só comia frango ou carne bovina *halal*. Nenhum deles comia cachorro-quente nem camarão. Rick e Kelly discutiam o tempo todo sobre a política no Oriente Médio enquanto Abigail e Ibrahim trocavam gentilezas mas ficavam se fitando um de cada lado da mesa. Jane começou a se desesperar com a idéia das festas de casamento. Vira cartazes de Jerusalém restaurada no apartamento de Abigail e cartazes louvando a Intifada no apartamento de Ibrahim.

Também se preocupava com a orientação religiosa de seus netos hipotéticos. Segundo a lei judaica de descendência matrilinear, os filhos de Abigail e Rick seriam automaticamente considerados judeus pelos judeus, mas podiam ser criados em qualquer religião (ou nenhuma). Normalmente, judeus liberais não pressionariam o marido a converter-se e fariam pouca pressão para converter as crianças. Mas, segundo a lei islâmica, os filhos nascidos de Kelly e Ibrahim teriam de ser criados como muçulmanos, quer Kelly se convertesse, quer não. E sob a lei islâmica, que, para os muçulmanos, tem precedência sobre as leis estatais, Kelly teria poucos direitos como esposa, quer se convertesse, quer não.

Não é preciso dizer que esses cenários eram problemáticos para Jane, que queria apenas, como a maioria dos pais, ver seus filhos casados e felizes, amar muito os netos e, talvez, mimá-los um pouquinho. Na verdade, Jane tinha duas perguntas filosóficas. Em primeiro lugar, por que sua família se tornara um potencial campo de batalha de uma das brigas políticas mais complicadas do mundo? Em segundo lugar, o que ela deveria fazer a respeito?

Em resposta à primeira pergunta de Jane, lembrei-lhe que, já que se considerava uma pessoa tolerante, talvez sua tolerância estivesse sendo posta à prova para se fortalecer. Vivemos numa época em que os conflitos mais horríveis do mundo estão sendo travados no nível de seus cidadãos mais humildes. Isso pode ainda levar ao progresso, já que a simplicidade e a humildade podem ter sucesso onde a complexidade e a beligerância fracassaram. Jane não pediu para criar uma "família-modelo" na aldeia global, mas a aldeia global precisa, mesmo assim, dessas famílias para indicar o caminho. Ela não se apresentou explicitamente como voluntária para esta tarefa, mas preparou implicitamente sua família para isso ao encorajar a tolerância, a mente aberta e a individualidade de seus filhos. Além disso, às vezes o dever de alguém lhe é conferido sem que se seja voluntário explícito. Era preciso que Jane combatesse pela paz, mantendo unidos os seus. Se a aldeia não puder funcionar no nível de Jane, não poderá funcionar nunca.

> Devemos ser a mudança que desejamos ver no mundo.
>
> Mahatma Gandhi

Jane consultou o *I Ching* (*O livro das mutações*), que lhe deu um conselho sagaz. (No capítulo 11, explicarei como usar este antigo texto chinês.) Em resposta à pergunta "O que devo fazer?", obtivemos o hexagrama 14: Possessão em Grande Quantidade. Neste hexagrama, uma linha *yin* ou feminina, que representa Jane, mantém unidas e contém muitas linhas *yang* ou masculinas turbulentas, que representam as partes conflitantes. Como? "Isso é feito em virtude da modéstia altruísta." O texto segue dizendo: "O sol traz o bem e o mal à luz do dia. O homem deve combater e controlar o mal e favorecer e promover o bem." Neste caso, o bem é a continuação e a celebração da vida em família e o mal é a constelação de conflitos políticos e religiosos que ameaça dividir a família.

Há também uma linha de mudança na terceira posição. Segundo o *I Ching*, significa: "Uma pessoa nobre oferece-a (a possessão em grande quantidade) ao Filho dos Céus. Uma pessoa mesquinha não pode fazê-lo. Uma pessoa magnânima e liberal não devia considerar o que possui como sua propriedade pessoal exclusiva, mas colocá-lo à disposição do governante ou do povo em geral. Assim agindo, adota a atitude certa frente a esta posse, que, como propriedade privada, nunca pode durar."

Aplicado ao caso de Jane, o significado é transparente. A "grande possessão" é, claro, sua família: o marido, os filhos, os netos hipotéticos. Se os tratar como sua "exclusiva propriedade pessoal", o que significa isolá-los de todo tipo de conflitos e protegê-los (mesmo contra a vontade) dos mal-estares da vida, não durarão como família. Mas ao praticar seu liberalismo e sua magnanimidade, permite-lhes que sigam o próprio coração e ao mesmo tempo doa a família inteira à aldeia global. Por meio deste dom, a bondade universal da humanidade pode triunfar sobre os males específicos que nascem da diferenciação cultural. E é a modéstia de Jane ao querer boas relações em sua família, e não sua ambição de resolver os problemas do mundo, que torna esta possessão tão abundante.

EXERCÍCIOS FILOSÓFICOS

Exercício nº 1. Conviver melhor consigo mesmo

1. Quais são alguns dos sonhos de sua vida?
2. O que vem fazendo para realizá-los?
3. O que não vem fazendo para realizá-los? Por quê?
4. Pode viver sem remorsos nem auto-recriminações?
5. Pode viver sem culpar os outros por suas imperfeições?
6. Pode aprender a aceitar-se apesar de suas imperfeições? Ou talvez até por causa delas?

Se sua resposta é "sim" às três últimas perguntas, é provável que conviva bastante bem consigo mesmo.

Exercício nº 2: Conviver melhor com os outros

1. Há alguém com quem você nem fala por causa de uma briga não resolvida?
2. Está disposto a fazer as pazes, pelo menos para restaurar a comunicação bem-educada?
3. Neste caso, faça uma tentativa de paz. Se for aceita, ótimo. Caso contrário, pelo menos você está disposto a ficar em paz.
4. Tente encontrar alguém que se pareça, aja e fale de maneira muito diferente de você e de seu círculo de amigos ou tribo. Converse com esta pessoa. Tente trocar visões de mundo (ou seja, suas crenças fundamentais sobre as coisas). Quais são suas diferenças? Quais são suas similaridades?
5. Podem chegar a um núcleo comum de humanidade, de modo a descobrir coisas suficientes em comum para aceitar suas diferenças?
6. Passe pelo menos um dia sozinho e longe da civilização. Vá para o campo ou para a praia. Caminhe nos bosques ou suba as colinas. Admire a flora e a fauna. Observe e mergulhe na natureza, da qual você faz parte. Não leve o celular, o aparelho de CD, o laptop nem nenhum outro pedaço de tecnologia que ligue você à confusão. Quando voltar à civilização, observe como ela isolou as pessoas da serenidade, do equilíbrio e do fluxo da natureza e as tornou frenéticas, desequilibradas e obstruídas. Agora, faça a si mesmo uma pergunta filosófica: "O que posso fazer para que a civilização amplie (em vez de minar) a capacidade humana natural de serenidade, equilíbrio e fluxo?" Encomenda complicada, não é? Não mesmo. Comece consigo mesmo.
7. Se for possível, encontre uma árvore. Ela é única, bela, fractal, sólida, flexível e vivíssima. Não tem preconceitos nem opiniões. Não conhece o terror. Enraíza-se e mantém firme o próprio solo. Tira água da terra. Exibe uma copa de folhas, banhada de sol em cima e cheia de sombra embaixo. Respira. É maravilhosa de se ver. Abriga e protege muitas outras formas de vida. Sua seiva flui. Dá frutos na época certa. Depois de beneficiar seu ambiente, volta em silêncio para sua origem. Pode algum ser humano querer mais?

8

ALGUÉM PODE VENCER A "GUERRA DOS SEXOS"?

Casa-te, casa-te sempre; se tiveres uma boa
esposa, serás feliz; se tiveres uma má esposa,
tornar-te-ás um filósofo.

Sócrates

Tudo é justo no amor e na guerra.

William Shakespeare

VOCÊ SENTIU ALGUM MAL-ESTAR ultimamente por causa do relacionamento com alguém do sexo oposto? Ou talvez por causa de um não-relacionamento? Ou talvez tenha um ótimo relacionamento, exceto por uma única falha de seu parceiro, que não consegue mudar. Em qualquer desses casos, seu mal-estar nasce de travar a infindável guerra dos sexos. A natureza fez o homem e a mulher perpetuamente atraentes um ao outro mas sempre às turras um com o outro. Combinamos tão bem que ninguém jamais vence a guerra, embora nossas brigas pelo poder possam prolongar quase indefinidamente qualquer batalha. E isso produz mal-estar. Neste capítulo, veremos como a filosofia pode ajudar a restaurar o bem-estar de ambos os sexos. Mas para isso é preciso olhar com a maior honestidade possível para dentro de si e do Outro. Se não está acostumado a isso, seu mal-estar pode piorar antes de melhorar. Mas, como disse Thomas Hobbes sobre a solução dos conflitos humanos, a primeira condição para obter a paz é desejá-la com sinceridade. Assim, se você realmente busca a paz com o seu oposto, pode obtê-la. Mas primeiro é preciso compreender por que estão em guerra.

Um cientista social certa vez examinou a população em geral para ver o que a maioria das pessoas tinha na mente em determinado momento. O resultado: parece que, em qualquer momento dado, cerca de 85% das pessoas pensam em sexo ou em assuntos relacionados ao sexo. Quando soube disso, um amigo meu implicou: "Pois é, e são sempre os mesmos 85%, 100% do tempo." Não importa como se interpretem os números, tenho certeza de que não é preciso ser sociólogo para saber que o sexo é uma preocupação de muitíssimos seres humanos adultos durante boa parte do tempo. Os seres humanos são sexualmente ativos da puberdade à velhice e claramente dotados de mais energia sexual do que precisam apenas para reproduzir-se. A sexualidade humana atende a todo tipo de objetivo além da procriação. Pode ser usada para recreação, dominação, exploração e também inspiração. Também é um meio de troca: sexo vende, e assim é usado para vender qualquer coisa sob o sol. Os sexos buscam constantemente o bem-estar um com o outro, mas com muita freqüência acabam encontrando mal-estar.

A importância das diferenças sexuais em nossa vida é responsável pelo porquê do conflito primário da vida social e pessoal comum não ser racial nem étnico — apesar da predisposição que os seres humanos têm para isso, como discutimos no capítulo anterior — é sexual. Muitas pessoas, tribos e nações do mundo todo aprenderam a conviver com seus vizinhos, mas todos lutaram para harmonizar homens e mulheres. Conheço muita gente, de ambos os sexos, que ama a humanidade com perfeição. Não abrigam nenhum preconceito racial, étnico ou religioso, mas todos sofreram conflitos constantes de um tipo ou de outro com o sexo oposto. Os fios mais importantes do tecido social também são os antagonistas mais importantes do conflito social: o homem e a mulher. Isso não surpreende. Diversamente dos melhores amigos e dos piores inimigos, o homem e a mulher partilham intimidades especiais, que podem uni-los mais que a amigos mas também afastá-los mais que a inimigos. Se a intimidade mútua se transformar em animosidade mútua, o conflito resultante é dos mais amargos.

> O casamento deve brigar sem descanso com um monstro que tudo devora: a familiaridade.
>
> Honoré de Balzac

ACENTUAR, CONTRARIAR E DISTORCER DIFERENÇAS

As diferenças sexuais são primárias porque se baseiam em nossos próprios genes, em nossa biologia. As diferenças sexuais biológicas dão origem à diferença entre os sexos, que por sua vez provocam conflitos que precisam ser transcendidos num plano mais elevado — e filosófico.

No nível biológico, os genes determinam o sexo. E como nos reproduzimos sexualmente, a espécie humana exige o dimorfismo sexual — duas formas físicas diferentes, macho e fêmea. Mas esta variação é contínua e não discreta. Ou seja, toda fêmea também abriga atributos masculinos, assim como todo macho abriga atributos femininos. (Como veremos, esta na verdade é uma chave para entender o Outro, para os que se dispuserem a destrancar as portas.) Perto do meio da faixa de variação, encontramos tipos bissexuais e andróginos e, às vezes, até hermafroditas. Como o corpo é nosso meio primário de interação com o mundo físico, nossas diferenças biológicas são fundamentais. O que fazemos com essas diferenças em termos culturais, contudo, cabe só a nós. Assim, inventamos atitudes que cobrem todo o mapa, desde a celebração do *"Vive la différence!"* ao machismo militante e ao feminismo radical.

Mas nossas interpretações da biologia influenciam pesadamente a segunda dimensão psicossocial do conflito: os papéis sexuais. Ser macho ou fêmea é questão biológica e sexual; ser homem ou mulher é questão cultural e de papel sexual. As regras da biologia e da reprodução sexuada são fixadas pela natureza; as regras da cultura e os papéis sexuais são maleáveis pela formação. Como seres biológicos, machos e fêmeas mal sofreram alteração em cem mil anos ou mais; como seres culturais, seus papéis mudaram drasticamente em menos de cem anos, pelo menos no mundo desenvolvido. Mas essas próprias mudanças foram e continuam a ser fontes de conflito e mal-estar. Os papéis sexuais podem acentuar as diferenças sexuais, contrariá-las, distorcê-las ou transcendê-las. Vamos ver rapidamente alguns exemplos.

ACENTUAR AS DIFERENÇAS

Quando vemos uma família nuclear tradicional funcionando, com marido e mulher dando um ao outro apoio mútuo e amoroso e cada um dos pais dando seu próprio tipo de amor aos filhos, temos um exemplo da acentuação social da diferença sexual. Isso ajuda os seres humanos a levar a vida com significado e propósito e a continuar sua linhagem até a geração seguinte. Esta acentuação é boa para a humanidade de todos os envolvidos. Produz bem-estar. Apesar de suas muitas imperfeições, a família nuclear tem sido, em termos históricos, o melhor veículo para a acentuação saudável da diferença sexual a longo prazo. Sua crescente desintegração no mundo desenvolvido também é fonte de crescente mal-estar.

Se os filhos são um menino e uma menina, ambos vão querer brincar, mas a diferença sexual também influenciará o tipo de brinquedo que preferem. Com mais freqüência, os meninos vão preferir soldadinhos. Isso não significa que quando crescerem serão belicosos e violentos. Significa que estão treinando para ser machos primatas adultos. Como tais, assumem a antiga responsabilidade evolucionária de defender o bando. E com muita freqüência, as meninas vão preferir bonecas. Isso não significa que quando crescerem viverão descalças e grávidas. Significa que estão treinando para ser fêmeas primatas adultas. Como tais, assumem a antiga responsabilidade evolucionária de ter bebês. É claro que algumas meninas são "rapazinhos" e preferem brincadeiras mais duras; e alguns meninos são, por natureza, mais suaves. Mas, na média, os papéis sexuais formativos humanos são extensões naturais da diferença sexual e assim deveriam ser tratados. Isso também é acentuação e produz bem-estar. Ao mesmo tempo, hoje se compreende que as meninas (assim como os meninos) podem beneficiar-se muito com a prática de esportes competitivos e que os meninos (assim como as meninas) podem beneficiar-se muito com práticas mais suaves, como aulas de música. Como adultos, e graças à maior evolução cultural, meninos e meninas podem também transcender suas diferenças naturais. Tanto homens quanto mulheres podem opor-se conscientemente à violência e tanto homens quanto mulheres podem entrar para as forças armadas, se assim quiserem.

CONTRARIAR AS DIFERENÇAS

Mas pelo menos uma mãe, Maria, foi ofuscada pela idéia errônea mas ainda popular de que todos os papéis sociais são "socialmente construídos" e pela fantasia de que não há conseqüências sociais da diferença sexual biológica. Assim, proibiu seus dois filhos de brincar com soldadinhos e, em vez disso, deu-lhes bonecas Barbie. Certo dia, chegou em casa e encontrou os dois meninos brincando de luta, usando as bonecas como espadas. Isso a convenceu da verdade: a diferença natural entre os sexos tem uma grande participação na formação dos papéis sexuais. A natureza não pode ser contrariada. A contrariedade é ruim para quem é forçado a suportá-la; produz mal-estar.

Do mesmo modo, se alguém tem um filho e uma filha, ambos aprenderão a ler, mas preferirão ler coisas diferentes. Algumas preferências baseiam-se em seu sexo. Há uma indústria imensa de revistas para mulheres e para homens e seu conteúdo social diverso baseia-se muito na diferença entre os sexos. A maioria dos homens não lê revistas de beleza, mas querem suas mulheres bonitas. A maioria das mulheres não lê *Playboy*, mas provavelmente não se incomodariam de se parecer com as modelos. Esta é a diferença entre os sexos funcionando em termos culturais. Se proibirmos as mulheres de ler revistas femininas e seguir a moda (como fizeram os talibãs) ou proibirmos os homens de admirar a beleza feminina nas revistas masculinas (como fariam algumas feministas radicais), estaremos contrariando sua natureza e produzindo mal-estar.

DISTORCER AS DIFERENÇAS

Ocorre um conflito maior quando as diferenças entre os sexos são distorcidas pela cultura. Entre os babuínos, a anatomia é um destino. Entre seres humanos, não precisa ser. Mas muitas culturas ainda refletem esta antiga tendência dos primatas e tratam a anatomia como um destino também entre seres humanos. O movimento de libertação das mulheres teve de combater esta tendência por muitíssimo tempo e começou a vencer a batalha pelos direitos iguais no século XX. Ainda assim, igualdade não é mesmice! Logo veremos casos de mulheres infelizes por estarem sendo tratadas como homens. Mas, no outro extremo, quando as diferenças entre os sexos são usadas como desculpa para a opressão, as mulheres são impedidas de florescer por completo como seres humanos.

O caso de Sita: excluída da educação

Vejamos o caso de Sita, do trabalho de campo da filósofa Martha Nussbaum. Sita é uma mocinha que mora numa aldeia pobre em

Bihar, no norte da Índia. Seus deveres matutinos diários incluem misturar esterco de vaca com feno e farelo e transformar a mistura em bolas que achata contra as paredes e o tronco das árvores. Quando secas, essas bolas achatadas serão queimadas pela mãe para cozinhar e aquecer a casa. Sita passa o dia realizando vários outros trabalhos manuais, contribuindo assim para a economia de subsistência que limita a vida da família. Enquanto isso, o que faz o irmão? Está estudando e preparando os livros para ir à escola. Neste sistema, o filho tem a possibilidade de desenvolver sua mente e, portanto, melhorar de vida, enquanto a filha é excluída da educação. Repito, a anatomia é o destino entre os babuínos, mas não deveria ser entre seres humanos.

Martha Nussbaum (entre outros) trabalha para remediar essas e outras distorções culturais semelhantes da diferença entre os sexos. A perspectiva de vida de Sita só se igualará à do irmão por meio da educação, e em muitos níveis. Em primeiro lugar, ela também precisa de instrução primária. Mas para que Sita possa obtê-la, aqueles que governam sua vida em termos sociais, econômicos, teológicos e políticos precisam também ser reeducados. O projeto e a implementação dessas mudanças são exercícios daquilo que Aristóteles chamava de *phronesis*, ou sabedoria prática. A alfabetização é, clara e universalmente, um passaporte para uma vida melhor.

> A natureza da economia do mundo é tal que o analfabetismo condena a mulher (ou o homem) a um pequeno número de empregos não especializados. Com oportunidades de emprego limitadas, a mulher também fica limitada em sua opção de abandonar um casamento ruim ou agressivo. Se uma mulher obtém trabalho fora do lar, pode ser independente.
>
> Martha Nussbaum

No entanto, a distorção atinge os dois lados. No mundo desenvolvido, a instrução e a libertação das mulheres impeliram toda uma geração delas para a força de trabalho, a ponto de predominarem em determinados setores, terem paridade em outros e estarem cada vez mais representadas em vários. Muitas mulheres relativamente jovens tornaram-se, em termos econômicos, grandes caçadoras bem-sucedidas. Mas não se sentem necessariamente realizadas com este tipo de sucesso. Minha colega holandesa Ida Jongsma viu muitos casos assim na Europa, como vi nos Estados Unidos.

O caso de Sonya: "Isso é tudo?"

Sonya era uma típica mulher de carreira: jovem, intelectual e autossuficiente. Era escritora na Holanda e ganhava bem a vida com seus livros e artigos. Então, por que buscou aconselhamento filosófico?

Sonya tinha uma Grande Questão: "Isso é tudo?" Não tinha razão aparente para estar insatisfeita com sua vida, mas não era feliz. Faltava alguma coisa. Ela afirmava não saber o quê. Achava que havia algo errado com ela e passou um bom tempo fazendo psicoterapia. Ela e Ida conversaram sobre seus ideais na vida, sobre seus desejos para o futuro. Finalmente, Sonya revelou um profundo anseio de segurança emocional e de uma vida familiar feliz. Tinha um novo amante, Jan, e queria estar com ele o maior tempo possível. Estava até disposta a abandonar a carreira por ele e constituir família. Mas Jan não queria, ou talvez temesse, este compromisso. Sonya tentou aceitar e permitiu que Jan limitasse o tempo que passavam juntos. Mas era esse acordo infeliz que interferia no trabalho de Sonya e deixava insatisfeitos seus anseios mais profundos.

Qual é a moral filosófica? Esta: não transformamos mulheres em homens dando-lhes as mesmas oportunidades de destacar-se na "caçada". Por pensar assim distorcemos a tendência natural de muitas mulheres para a família, deixando-as com mal-estar, ainda que sejam caçadoras bem-sucedidas.

É claro que as circunstâncias da vida de Sonya estão apenas levemente distorcidas, se comparadas às de Sita. O mais importante é que Sonya tem opções, enquanto Sita não. Sempre podemos encontrar o bem-estar escolhendo a opção certa. É muito mais difícil encontrar o bem-estar quando não há nenhuma opção.

TRANSCENDER AS DIFERENÇAS

Agora chegamos à quarta possibilidade: transcendência. A cultura não só acentua, contraria ou distorce a diferença entre os sexos; também pode transcendê-la. Pense a respeito. As funções mais nobres, mais evoluídas e mais criativas do ser humano não têm sexo nem pertencem a determinado papel sexual. Se você tem alma, ela não tem sexo. Se compõe músicas, escreve poemas, pinta telas ou comprova teoremas, eles não têm sexo, e a vivência deles pelo público também não tem. Se realiza um ato de amor ou compaixão, isso não tem sexo. Se formula e aplica um princípio filosófico, seja estóico, platônico ou pragmático, nem a formulação nem a aplicação têm sexo. Se pratica meditação ou aumenta sua percepção de algum outro modo, a consciência assim exercida não tem sexo.

É neste nível que você começa a atingir todo o seu potencial: não como macho ou fêmea, não como homem ou mulher, mas como ser humano. Se a socialização e a educação humanas não levam a pessoa a este nível, a sociedade consistirá de um conjunto de seres amarrados e muitas vezes atormentados, com considerável mal-estar. Com certeza se seguirá o conflito social. Serão travadas guerras entre os sexos. A coexistência pacífica é sempre melhor e é atingida com mais segurança pela transcendência.

O que significa transcendência em termos práticos? Antes de apresentar alguns exemplos humanos, consideremos os números transcendentes. Esses números nunca terminam, nunca se repetem e nunca são raízes de equações algébricas. Assim, não são limitados por nenhuma definição completa e na prática só podem ter seu valor aproximado. Consideremos π, membro famoso dessa família. Não importa quantas casas decimais de π calculemos a partir de 3,14159, jamais definiremos π por completo. Compare isso com um número como 22/7. Ao contrário do que se ensina na escola, π não é igual a 22/7; esta é apenas uma aproximação. Na verdade, 22/7 é igual a 3,142857142857142857..., que nunca termina mas sempre se repete. É previsível e definível e, portanto, não transcendente.

Se você começar a pensar assim sobre a sua vida, perceberá que parte dela é determinada (por exemplo, seu sexo e seu passado) e parte é aberta (por exemplo, seu papel sexual e seu futuro). A parte que pode ser determinada é como o seu currículo; mas isso não define você inteiramente. Sua inteireza inclui seu futuro, que não pode ser controlado porque ainda não aconteceu. Eis uma notícia maravilhosa! Os números que vêm depois na seqüência de π não são determinados nem previsíveis pelos números que vêm antes. E sua vida também pode ser assim. Os eventos que vão ocorrer na sua vida não são necessariamente determinados ou previsíveis pelos eventos que vieram antes. Isso não significa que π não possa ser igual a mais nada, nem que você não possa fazer coisa alguma. Transcendência não é o mesmo que aleatoriedade.

Você nasceu macho ou fêmea; assim, obteve uma experiência de vida masculina ou feminina. Deste modo, de início vê a si e ao Outro pela lente bifocal de seu sexo e de seu papel sexual. Mas eles não transmitem imagem nenhuma do que pode realizar como ser humano transcendente. Assim, você pode se render às circunstâncias e sentir-se limitado por elas ou permitir a possibilidade de que seu futuro não tenha necessariamente de assemelhar-se ao seu passado. Esta permissão é um ato mental de transcendência. Sua anatomia e sua fisiologia não são o seu destino. Você pode escolher para si o futuro que visualiza. Escolher traz para você conseqüências reais. Transcender significa ir além das limitações da definição sexual e da previsibilidade dos papéis sexuais. Transcender costuma combinar a negação de alguma coisa (a condição limitante imposta) com a preservação de outra (a vontade e a capacidade natural de tornar real o resultado desejado). Eis alguns casos que ilustram o que quero dizer.

O caso de Jessica: quebrar o molde

Jessica foi *hippie* na década de 1960. Integrante da geração Woodstock e guiada pela filosofia de Timothy Leary, ela "olhou pra dentro, olhou pra fora e se mandou". Voltou à universidade na década de 1970 e envolveu-se profundamente com o ativismo político — direitos civis e libertação da mulher. Na década de 1980 fundou uma entidade sem fins lucrativos para prestar serviços sociais e outros a todo tipo de mulher necessitada. Talentosa no levantamento de recursos e empreendedora incansável, as iniciativas de Jessica floresceram e se diversificaram na década de 1990. Seu sucesso lhe trouxe amigos e inimigos poderosos, incluindo homens e mulheres em ambos os campos. Isso é apenas natural. Alguns inimigos de Jessica eram homens que não queriam que ela (ou o feminismo) tivessem sucesso por várias razões. Como sustentáculo do movimento das mulheres, era regularmente visada por seus opositores. Suas guerras dos sexos eram travadas contra um sistema, não contra um marido. Mas Jessica era uma guerreira feliz, alegrada pelo combate das idéias.

Por que procurou conselhos filosóficos? Para aumentar sua compreensão de si mesma e articular sua identidade singular. Jessica levava uma vida totalmente original. Lia com voracidade e filosofava com coragem. Por valorizar sua independência, não se casou nem teve filhos. Para tornar reais suas visões, desposou e reformou o próprio sistema e, assim, deu oportunidades a muitas outras mulheres. Dessa forma Jessica transcendeu-se: ao negar as limitações impostas às mulheres mas ao mesmo tempo preservar sua capacidade de criar (neste caso, criar uma causa em vez de uma família), realizou muito e deu um grande exemplo aos outros.

O caso de Cynthia: "assoviar e chupar cana ao mesmo tempo"

Cynthia conseguiu equilibrar um casamento bem-sucedido com uma carreira vitoriosa como consultora e, além disso, ser mãe de dois filhos. Como? Ignorando as limitações que outras pessoas poderiam lhe impor. Sim, já é bem difícil ser boa esposa, boa mãe, ou boa profissional, que dirá fazer tudo isso bem. Muitos casamentos de amigas suas tropeçaram porque não tinham tempo suficiente para manter seus relacionamentos básicos. Transcender, no caso de Cynthia, significou negar a suposição de que não conseguiria fazer bem todas essas coisas e preservar os valores e deveres fundamentais e intrínsecos de cada uma dessas realizações. Para Cynthia, a idéia condutora não era derrotar-se no ponto de partida, acreditando que teria de comprometer a excelência numa área para destacar-se em outra. Ela percebeu seu potencial de ser humano ao habitar todas as suas dimensões, cada uma delas a seu próprio modo construtivo. E o marido preferia passar menos tempo com uma esposa mais realizada do que mais tempo com uma menos realizada. Assim, Cynthia "venceu" sua guerra dos sexos não a travando, mas transcendendo-a. Isso exige força de vontade, muito trabalho e boa organização.

O caso de Lenore: afirmar o não convencional

A transcendência de Lenore aconteceu de maneira diferente e pouco convencional. Era filósofa por profissão e temperamento, sempre valorizando mais a vida contemplativa que a familiar. Ainda assim, experimentara o casamento mas, deste modo, redescobriu o que Anton Tchekov e Gloria Steinem afirmaram cada um por si: um jeito certo de se sentir solitário é casar-se. Lenore preferiu manter-se desapegada e bem consigo mesma em vez de apegada e com mal-estar em relação a outra pessoa.

Passou por um momento de transcendência em Amsterdã. Explorava o Zeedijk, famoso bairro de prostituição, drogas leves e contracultura boêmia de Amsterdã. No Zeedijk a prostituição é legal e trabalhadoras sexuais autorizadas exibem-se em janelas e portais no labirinto de ruas e becos do bairro. Lenore viu mulheres de todas as formas, tamanhos, raças e idades concebíveis à espera de atender aos gostos sexuais da multidão de homens que circulavam. Ficou intrigada por não haver trabalhadores sexuais masculinos exibindo-se da mesma maneira. Em sua mente igualitária, homens e mulheres deviam ser iguais neste aspecto. Achou que as mulheres também deviam ter opções públicas e disponíveis de homens para servi-las sexualmente. E como Lenore não é a única a pensar assim, cada vez mais isso vem acontecendo.

Lenore tinha a capacidade de separar sexo e amor. Assim, preservava sua sexualidade, mas negava as limitações impostas pelos estereótipos sexuais convencionais que declaram que mulheres "normais" não conseguem separar sexo e amor como os homens "normalmente" (e às vezes tristemente) fazem. Lenore e um número cada vez maior de mulheres como ela encontraram seu próprio modo de transcender a guerra dos sexos.

Observe que transcender o sexo e o papel sexual não significa fazer ou deixar de fazer alguma coisa específica. Os seres transcendentes podem ser casados com filhos e carreiras (como Cynthia), livres como o vento (como Lenore) ou comprometidos com a mudança social e política (como Jessica). O que têm em comum é o bem-estar de se sentirem em paz consigo que tantas vezes a transcendência nos traz.

O PARADOXO PRIMORDIAL

Antes de abordar outros temas, vamos atacar uma Grande Questão mais básica: por que há uma guerra, para começar?

No mundo natural, o maior tema da vida dos animais é o impulso da reprodução, de passar seus genes para uma nova geração, em sua pequena tentativa de imortalidade. Isso se manifesta na vida cotidiana como busca de alimento, território, posição e parceiros, todos os quais são exigências mínimas para a sobrevivência e a reprodução.

Para a maior parte dos seres deste planeta, a comida é de longe a maior preocupação diária. Conseguir ou não conseguir comida é a tarefa número um da maioria dos animais e plantas durante a maior parte do tempo. A número dois costuma ser o território, em grande parte porque ocupar ou controlar o território certo permite acesso a comida e a proteção contra predadores. O território também traz uma vantagem no terceiro (embora, de certa forma, primeiro) item: o acasalamento. O território certo dá a grande vantagem da posição de reprodutor, já que as fêmeas de muitas espécies são atraídas pelos machos na mesma proporção da desejabilidade do território que o macho pode defender. Em várias outras espécies (chamadas "espécies de torneio"), as fêmeas são atraídas pelos machos que dominam a hierarquia masculina competitiva e combativa. Os seres humanos são, ao mesmo tempo, uma espécie territorial e de torneio, e mais ainda.

Mas a maioria dos seres humanos do mundo civilizado não tem de se preocupar constantemente com comida, território ou emprego. Assim, para o animal humano civilizado, a grande questão, muitas vezes totalmente absorvente, não é quando e como se vai comer ou dormir, mas com quem se vai comer ou dormir. A base biológica do comportamento sexual humano é transcendida pelos arranjos culturais. A transmissão dos genes é preservada mas negada como objetivo único do sexo. Em termos culturais, o comportamento sexual vai da total abstinência (como nos votos de celibato) à extrema complacência (como na promiscuidade), ao homossexualismo e ao bissexualismo, da monogamia à poligamia ou poliginia, da monogamia em série às parcerias vitalícias e às esposas e maridos "troféus", para serem exibidos.

Os seres humanos investem uma quantidade tremenda de tempo, energia, pensamento e emoção para embarcar em vários tipos de busca romântica e sexual ou para inventar restrições culturais que impeçam os outros de embarcar nessas buscas. Mas assim que homens e mulheres se encontram numa delas, também acham motivo para brigar. Por quê?

Na maioria das espécies, a estratégia sexual difere radicalmente para machos e fêmeas. Em termos gerais, o macho quer cruzar com o máximo possível de fêmeas para ter o máximo possível de filhotes. Em termos biológicos, esta é a melhor estratégia para que seus genes sobrevivam na próxima geração. Ele tem excesso de gametas e disseminá-los o mais possível é a forma da natureza de aumentar as probabilidades. A fêmea, por outro lado, em geral deseja cruzar com o melhor macho que puder atrair, para dar a seus óvulos a melhor fertilização possível e fornecer-lhes o melhor acesso aos recursos (tais como comida e proteção) depois de nascidos. Em termos biológicos, esta é a melhor estratégia para que seus genes sobrevivam na próxima geração. Ela tem um número limitado de óvulos e, então, o investimento prudente em cada um deles é a forma da natureza para aumentar suas probabilidades.

Os seres humanos estão biologicamente predispostos a estratégias incompatíveis de acasalamento. O macho quer o máximo possível de fêmeas, com o mínimo possível de compromisso; enquanto a fêmea quer o melhor macho possível, com total compromisso dele. Em termos culturais, isso se traduz num confronto entre a licenciosidade e a monogamia, e se esta não é uma boa receita de conflito constante, não conheço outra melhor. O mal-estar mútuo é o irônico subproduto da atração mútua, a piadinha da natureza conosco. É o paradoxo primário que dá origem à guerra dos sexos.

> Todas as mulheres deviam se casar — e nenhum homem.
>
> Benjamin Disraeli

Na dimensão psicossocial, outra causa principal da "guerra dos sexos" é a expectativa de que encontrar ou desposar a "alma gêmea" tornará sua vida completa ou perfeita. Examinaremos o problema espinhoso das expectativas no capítulo 12, mas por enquanto vamos recordar apenas que dividir com alguém a vida real não é, de modo algum, a mesma coisa que as fantasias tecidas por contos de fadas e filmes românticos. Mesmo um casal que combine muitíssimo bem não vive simplesmente feliz para sempre, ainda que os dois se esforcem. Na verdade, a melhor das intenções pode levar à pior das batalhas.

É verdade que encontrar aquele alguém especial resolve um dos principais problemas (ou seja, encontrar aquele alguém especial), pelo menos em termos temporários. Mas é inevitável que, mais cedo ou mais tarde, a realidade e a banalidade da vida acabem se intrometendo e é preciso administrar muitos problemas para que o amor dure. É especialmente problemático aprender a dar apoio à perspectiva de vida do outro e adotar uma identidade em comum ("o casal") e, ao mesmo tempo, manter separada a identidade do próprio indivíduo. As fronteiras entre "dele", "dela" e "nosso" são meio elásticas e também permeáveis, de modo que surgem mal-entendidos sobre papéis, conflitos sobre deveres, e irritação com os hábitos. Trava-se a batalha.

Esses conflitos fundamentais entre os sexos acontecem regularmente em casa, nos casamentos e em famílias nucleares e extensas. Assim que as crianças têm idade suficiente para começar o jogo do acasalamento, começam a travar esta guerra, que acontece com adultos de qualquer idade que se encontrem, quer sejam solteiros, divorciados ou viúvos, enquanto mantiverem o interesse pelo sexo oposto. Ela também se insinua, pelo menos em sociedades com mulheres liberadas, nos campos comercial e profissional, sem falar de escolas, religiões, organizações comunitárias e praticamente qualquer outro grupo social que se possa mencionar. O conflito básico é um fato da vida e sua vida será mais amarga ou mais doce dependendo de até que ponto você reconhece os fatos e com que sabedoria se adapta a eles. Se for bem-sucedido nessas duas coisas, seu mal-estar pode ser minimizado.

O ILUMINISMO

> (...) ou a Natureza fez uma grande diferença entre homem e mulher ou a civilização que desde então se desenvolveu no mundo foi muito parcial.
>
> Mary Wollstonecraft

O Ocidente vem passando por vários séculos de emancipação duramente conquistada do ser humano individual, seja homem, mulher ou criança. O ponto de virada filosófico que nos livrou das garras despóticas de vários tipos de estruturas sociais, econômicas e políticas abertamente autoritárias data do Iluminismo. O pensamento do Iluminismo concentrou-se em fazer da razão a forma primária de compreensão do nosso mundo, inclusive da natureza. Visava descartar superstições subjetivas, discernir leis objetivas e levar a cultura humana — da criação dos filhos à política — a uma correspondência melhor com as leis naturais, permitindo assim aos indivíduos concretizar todo o seu potencial de seres humanos e viver de acordo com suas naturezas transcendentes. A combinação contemporânea de política, economia e ciência iluministas de um lado e, do outro, das sábias tradições asiáticas, que incorporam práticas filosóficas profundas, oferece a melhor perspectiva de emancipação para o maior número de pessoas na aldeia global.

Isso significa, de um lado, que os seres humanos estão mais equipados para viver de acordo com as diretrizes específicas da biologia *humana* — não as regras que vemos em qualquer outra sociedade animal. Os formigueiros, por exemplo, prosperam com o governo de um monarca, a devoção altruísta de todos os outros indivíduos ao monarca e ao coletivo, com o papel de cada indivíduo predeterminado ao nascer por um rígido "sistema de castas" genéticas, constante guerra mortal com formigueiros vizinhos e a captura e a escravização de formigas de outros formigueiros. Se a natureza humana fosse equivalente à natureza das formigas, as regras que governam qualquer formigueiro poderiam ser aplicadas com justiça à sociedade humana. Embora essas regras se pareçam com regras de governo e das obrigações que, durante séculos, milhões de seres humanos foram forçados a obedecer e que milhões ainda são forçados a obedecer hoje em dia, é claro que não permitem que prosperemos como as formigas. As sociedades coloniais e imperiais viveram deste modo mas também produziram enormes injustiças.

Quando o Iluminismo afastou a cultura humana da vida dos insetos sociais, também teve de examinar para onde estaríamos nos encaminhando. A hierarquia natural que define a vida social e política dos macacos — nossos parentes animais mais próximos — é governada pelos machos fisicamente dominantes e talvez tenhamos de segui-la. Por outro lado, o desenvolvimento cultural humano é novíssimo, se comparado à nossa biologia. O estilo de dominância dos primatas pertence claramente ao início da evolução dos seres humanos e tem cada vez menos relação com a cultura moderna e o desenvolvimento tecnológico.

Considere o tipo de trabalho executado pelas mulheres da Inglaterra antes e depois das Guerras Mundiais como apenas um exemplo de evolução cultural em ação, numa escala de tempo incomparavelmente menor que a evolução biológica. Na Grã-Bretanha, logo após a época vitoriana, as mulheres eram proibidas de dirigir caminhões e ônibus, já que isso era considerado antifeminino. Mas durante a Primeira Guerra Mundial, nos transportes e fábricas, alguém tinha de fazer o trabalho antes feito pelos homens, agora conscritos e massacrados nas trincheiras da Europa; e assim as mulheres puseram-se ao trabalho, não só nas fábricas como dirigindo ônibus e caminhões. Passemos à Segunda Guerra Mundial e à Batalha da Grã-Bretanha e veremos mulheres levando caças das fábricas aos campos de pouso, entre muitos outros empregos antes restritos aos homens. Isso é um enorme salto qualitativo cultural em apenas trinta anos.

Felizmente, não precisamos de guerras enormes e trágicas para evoluir culturalmente. Ações políticas, sociais e educacionais mais pacíficas têm acelerado ainda mais a liberação das mulheres no mundo desenvolvido e hoje é mais do que claro que as mulheres podem desempenhar os mesmos papéis culturais dos homens, sejam quais forem as diferenças biológicas. A cultura é capaz de transcender a biologia. A chave para evitar o mal-estar, quando se trata da guerra dos sexos, é lembrar que igualdade social e política nem sempre significa mesmice. Tratar as mulheres com igualdade é desejável, mas não tratá-las como se fossem idênticas aos homens, para nenhum dos sexos.

Mais uma vez, o Iluminismo também deu errado em algumas coisas, principalmente com relação ao casamento. Quanto mais independentes politicamente se tornam homens e mulheres, mais voltados para si, mais preocupados consigo e mais ricos, menos estarão dispostos a realizar os sacrifícios e o trabalho em equipe necessários para um casamento duradouro e a criação responsável dos filhos. É por isso que a taxa de natalidade do mundo desenvolvido está despencando.

O caso de Ruth: o que ainda querem as mulheres

Ruth trabalhava num banco de investimentos em Manhattan. Tinha quase trinta anos, solteira, bom nível de instrução, com um bom emprego que pagava bastante bem. Mas também era desesperadamente infeliz. Queria um marido e filhos. Quando estava na faculdade, o processo educacional visava tratar as mulheres não só como iguais aos homens, mas como idênticas a eles. Isso voltou para perseguir Ruth, que, no trabalho, via claramente que ela e a maioria das colegas não estavam interessadas apenas em progredir na carreira, a menos que conseguissem equilibrar aquele progresso com o casamento e a maternidade. Na verdade Ruth tinha inveja de sua mãe, uma dona de casa, porque esta jamais tivera tantas opções e sempre parecera contente com a vida "escolhida" para ela.

Hoje em dia, Ruth também desejaria ter menos opções. Quando estava na faculdade, foi ensinada a desprezar as mulheres que lá estavam principalmente para obter um diploma de "Sra. Fulano". Agora não se sentia tão segura. Além disso, encontrava-se num "mercado" de homens muito difícil: os solteiros disponíveis na empresa eram bem menos que as moças que os caçavam. Perto do trigésimo aniversário, queria uma festa de noivado em vez de outra noite na rua com as amigas.

É claro que Ruth namorava. Muitos homens de sua idade a cortejavam. Então o que estava errado? O problema é que não estavam em situação muito melhor que a dela e assim o casal podia viver muito bem até que um deles (adivinhe quem) tivesse de largar o emprego para cuidar dos filhos. Então talvez tivessem de fazer uma escolha que muitos adultos jovens enfrentam hoje em dia: manter uma vida abastada com duas fontes de renda e deixar que os filhos sejam criados por estranhos ou sacrificar o conforto para que um dos pais fique em casa enquanto o outro trabalha (uma volta à década de 1950). A terceira alternativa de Ruth era encontrar um homem que ganhasse mais ou menos o dobro que ela, o que resolveria o dilema — ela poderia ter o melhor dos dois ao mesmo tempo. Mas todas as amigas de Ruth também estavam procurando esse homem fugidio e, em sua maioria, os candidatos eram casados ou homossexuais (às vezes as duas coisas).

Tomar Aropax vai ajudar Ruth? Provavelmente não. E a psicoterapia? Ela não precisa. Também não sofre de uma doença clínica. Ela quer vida mansa? Não; trabalha duro para ganhar seu dinheiro. Em termos filosóficos, seu mal-estar está em manter um determinado conjunto de expectativas e depois sentir-se desapontada porque elas não se realizam. Falaremos mais das expectativas no capítulo 12, mas por enquanto pense nisso: você sempre pode alimentar qualquer expectativa sobre o mundo, mas o mundo nunca é obrigado a satisfazê-la. Esperar que as coisas sejam de um certo modo é irreal e muitas vezes imaturo, assim como confundir devaneios com realidade. Apesar disso, *ter vontade* de que sejam de um certo modo é bastante realista e eficaz, contanto que você possa manter-se num estado de vontade concentrada.

De início, Ruth foi auxiliada pela idéia de Jean-Paul Sartre: "O homem está condenado a ser livre, porque a partir do momento em que é lançado neste mundo, é responsável por tudo o que faz." Acredite ou não, isso é muito parecido com a idéia fundamental de Buda: "Tornar-te-ás aquilo que pensas." Ruth pode ou não encontrar o homem dos seus sonhos. E mesmo que encontre, o sonho pode se transformar em pesadelo. Mas com certeza encontrará o homem que deseja encontrar de forma livre e responsável, seja hoje, amanhã, na próxima semana ou no ano que vem.

O poder da vontade tem sido gravemente subestimado no Ocidente e quase não é aproveitado nas terapias psicológicas. Mas é um patrimônio humano importantíssimo. Desejar e ter vontade são completamente diferentes. Desejar alguma coisa garante quase com certeza que você *não vai* consegui-la, porque desejar reforça passivamente o abismo entre você e o objeto do seu desejo. É preciso um gênio (ou divindade, ou sei lá quem) para *conceder-lhe* o desejo. Mas ter vontade de alguma coisa quase garante que a conseguirá no devido tempo, porque a vontade fecha ativamente o abismo entre você e o objeto da sua vontade. Ao ter vontade, você se torna o gênio. Fantasiar é um tipo elaborado de desejo ao qual muitos se dedicam para fugir à realidade. Mas é um círculo vicioso: fugir e voltar nunca melhora a própria realidade. Só torna a próxima fuga necessária. Por outro lado, aprender a usar a força de vontade para melhorar sua realidade torna desnecessária a fuga. Rompe-se o círculo.

Seus relacionamentos, como as suas roupas, são selecionados pela forma do seu pensamento. Ao se manter sempre fiel à imagem que tinha vontade que fosse a sua (não um devaneio nem uma fantasia), Ruth tornará real essa imagem. Encontrará seu homem. Mas aí, como vimos no capítulo 5, terá de ser cuidadosa com as armadilhas de conseguir o que se quer: o martírio de ter, em oposição ao de não ter.

> Todos os fenômenos da existência têm a mente como precursor, a mente como líder supremo, e da mente são feitos.
>
> Gautama Buda

FIDELIDADE E FUTILIDADE

Na tentativa de conciliar sexualidade e cultura, muitos filósofos famosos tentaram relacionamentos abertos, com sucesso limitado. Na França, Jean-Paul Sartre e Simone de Beauvoir tiveram um romance pela vida toda, intenso tanto em termos físicos quanto filosóficos, mas ela sofreu para tolerar os múltiplos casos dele e foi infeliz no que ela manteve. Teria preferido a monogamia com ele, mas também preferia um relacionamento aberto com ele a nenhum relacionamento. Isso também pode funcionar ao contrário, com homens desesperadamente apaixonados por mulheres que não se satisfazem apenas com eles.

Ainda assim, o poder maduro de um homem ou mulher costuma ser mais bem aproveitado se atrelado a algum propósito social, econômico, cultural, artístico ou político em vez de desperdiçado em escapadas sexuais (a menos que, como no caso de Henry Miller ou Charles Bukowski, seja esta a sua forma de arte). Nietzsche exemplificou a abordagem ascética: chegou a abrir mão do romance em favor da filosofia, pois achava impossível fazer bem as duas coisas ao mesmo tempo. Quando jovem, Nietzsche tinha uma opinião muito romântica do casamento e escreveu: "Gostaria de encontrar logo uma boa esposa e aí poderei considerar realizados os desejos de minha vida." Mas depois desencantou-se e, possivelmente, amargurou-se com pelo menos duas rejeições de mulheres que pediu em casamento. Quando velho, Nietzsche mudou de idéia: "Muitas loucuras breves — é isto que chamas de amor. E teu casamento dá fim a muitas loucuras breves com uma longa estupidez." Uvas verdes? Talvez. Novamente, era esta também a opinião de pelo menos uma dama importante do século XIX, a condessa de Blessington: "As ligações amorosas são feitas por gente que, em troca de um mês de mel, sente-se feliz de condenar-se a uma vida de vinagre." Mas nesta época pós-moderna, quando é mais fácil se divorciar do que demitir um funcionário ou cancelar o financiamento de um carro, muitas mulheres tornaram-se tão cínicas quanto Nietzsche frente ao casamento.

> Acredito em famílias grandes. Toda mulher deveria ter pelo menos três maridos.
>
> Zsa Zsa Gabor

> Às vezes duvido que homens e mulheres realmente combinem entre si. Talvez devessem ser vizinhos, e apenas se visitarem de vez em quando.
>
> Katherine Hepburn

INFIDELIDADE, EM BUSCA DO MELHOR OU DO DIFERENTE

Embora possa ser difícil manter a fidelidade no casamento, a infidelidade significa seu fim, ou o início de seu fim? Não necessariamente. Se um dos parceiros quer destruir o casamento, com certeza a infidelidade é uma das formas de consegui-lo. Só que a infidelidade pode às vezes reaproximar um casal (assim como qualquer outro desentendimento que seja resolvido). Algumas pessoas são muito possessivas com seus cônjuges, outras menos. Às vezes um cônjuge verá que levou o outro a ser infiel por alguma crueldade ou negligência visível. Outras vezes, a infidelidade pode não ter sido provocada e servir para mandar uma mensagem cruel ao outro.

O caso de Ralph e Lauren: a infidelidade transmite uma mensagem

Um casal, Ralph e Lauren, não vinha se comunicando muito bem. Lauren tendia a voltar do trabalho para casa num tipo de frenesi e despejar todos os seus problemas sobre Ralph, sem lhe dar muita folga nem se permitir a ouvir também os inevitáveis problemas dele. Ele tentou comunicar a ela sua infelicidade com este desequilíbrio, mas ela não estava à escuta. É difícil usar a comunicação para resolver um problema de comunicação! Ele percebeu que o estresse do novo emprego dela cobrava um preço de ambos mas não conseguia ver como conseguir sua atenção por tempo suficiente para discutir o problema. Simplesmente não conseguia chegar até ela.

Enquanto isso, Ralph também precisava de alguém com quem pudesse desabafar regularmente. Queria que essa pessoa fosse Lauren, como era quando se casaram. Ralph teve um caso rápido com outra mulher que o escutava e contou tudo a Lauren. Com certeza isso atraiu a atenção dela, e aí procuraram aconselhamento filosófico e começaram a resolver seus problemas de comunicação (e da carreira dela). Não vou entrar em mais detalhes aqui. Só citei este caso para mostrar como um episódio de infidelidade pode ter salvado um casamento. Se quer uma moral filosófica, às vezes maus meios podem levar a um bom fim. Mas eu não tentaria isso todo dia. Não é bom arriscar a sorte.

O QUE HOMENS E MULHERES VÊEM?

> Homens e mulheres "apaixonados" partilham da crença enganosa de que vivem no mesmo mundo. Passam a "amar-se" um ao outro quando admitem que vivem em mundos diferentes, mas estão dispostos, de vez em quando, a cruzar o abismo que os separa.
>
> Thomas Szasz

A diferença entre os sexos humanos é muito mais que anatômica. O cérebro propriamente dito é sexualmente diferenciado, e o resultado é que homens e mulheres tendem a ver o mundo de maneira muito diferente. Homens e mulheres vêem os mesmos fenômenos com seus olhos mas é diferente o que pensam a respeito. Os homens tendem a fascinar-se com as coisas, as propriedades e as partes delas, a maneira como as coisas funcionam com ou contra as outras coisas e as leis que governam este funcionamento. As mulheres tendem a ficar fascinadas pelos relacionamentos entre coisas e pessoas e observam com constância e minúcia a interação das pessoas e inferem o que elas pensam e sentem com base na maneira como se relacionam entre si. Ambos estão certos, é claro. Cada sexo vê mais ou menos metade do quadro. Juntos e em paz, podem ambos ver o quadro todo. Mas se entram em guerra sobre qual metade é "real", ambos deixarão de ver o todo.

Os homens tendem a conceber-se como objetos "independentes" no mundo, governados por seus próprios apetites, aversões, desejos e ambições, que entram em contato com outros objetos independentes e que, então, formam com eles alianças ou inimizades. As mulheres tendem a conceber-se como sujeitos que se relacionam emocionalmente com outros sujeitos. O homem costuma definir-se principalmente pelo que imprime em seu cartão de visita e mede-se pelo que realiza no mundo; a mulher costuma definir-se primariamente em termos de seu relacionamento com os outros e mede-se pelo sucesso ou fracasso desses relacionamentos no decorrer do tempo. Assim, o homem vê a mulher como um tipo de coisa (seja como colega de brincadeiras, esposa, mãe ou colega de trabalho), enquanto a mulher vê o homem em termos de seu potencial relacionamento (como namoro ocasional, namoro sério, caso amoroso ou casamento).

Quando homem e mulher forjam uma aliança, como no casamento, esses modos complementares de ver o mundo podem beneficiar os dois. Sempre é útil para o homem ouvir o ponto de vista da mulher e vice-versa. No entanto, quando um casamento acaba esses pontos de vista diferentes comandados pela natureza podem causar muita confusão, por se tornarem linhas de frente no campo de batalha.

D-I-V-Ó-R-C-I-O

É famosa a frase do grande filósofo de guerra, Carl von Clausewitz: "A guerra é a continuação da política por outros meios." Gostaria de parafraseá-lo e sugerir que o divórcio é a continuação do casamento por outros meios.

Em minha experiência com os clientes, o divórcio costuma ser mais doloroso para as mulheres que para os homens, devido à diferença natural de seus pontos de vista. Os homens vêem as esposas e os casamentos como coisas. Também acreditam que, quando alguma coisa se quebra e não pode mais ser consertada, é perdida ou roubada, pode ser substituída por outra. Assim, predispõem-se a pensar: "Embora eu ame minha esposa, sempre posso encontrar outra esposa se tiver de me divorciar desta." Acredita que pode substituir um casamento por outro, como um carro. As mulheres, por outro lado, vêem o casamento como um relacionamento sem igual que nunca pode ser substituído. Para a mulher, o divórcio é a morte de um relacionamento, e parte dela morre com ele. As mulheres precisam preservar seu relacionamento para se sentirem inteiras. O divórcio, ou o fracasso de qualquer relacionamento importante, é, portanto, uma fragmentação do ser da mulher. É muito mais traumático terminar um relacionamento do que perder uma coisa.

Essas discrepâncias de abordagem podem se revelar nos aspectos práticos do divórcio, particularmente na hora de dividir as propriedades. Há um fundo de verdade na velha piada sobre a nova Barbie Divorciada: vem com todas as coisas do Ken. As necessidades econômicas podem forçar uma mulher a querer do ex-marido uma pensão para ela ou para os filhos, mas fora isso a briga por dinheiro pode refletir, na verdade, suas necessidades emocionais. As exigências monetárias perpétuas podem ser um modo de preservar algum tipo de relacionamento, só que, como na verdade o que se deseja é amor e não dinheiro, o que dura é, necessariamente, uma relação insatisfatória. Um tribunal pode tornar obrigatório o compromisso financeiro ou material mas não, é claro, o compromisso emocional, e assim esta estrada não leva à felicidade, mas ao mal-estar. E mesmo quando um casal divorciado continua amigo, seja pelo bem das crianças ou simplesmente porque precisam conviver, estar divorciado é mais parecido com perpetuar um não relacionamento em vez de um relacionamento.

Por outro lado, até arranjos financeiros amigáveis e sensatos podem causar mal-estar para o homem também. Não só o atingem onde ele vive (nas "coisas") mas também significam que é obrigado a sustentar (e neste sentido proteger) uma família da qual está excluído. Sente que foi transformado num caixa automático humano que tem de pagar por uma coisa — a família — que não pode mais ver ou da qual não recebe mais apreciação. É uma pílula amarga para o Grande Caçador engolir. No total, contudo, o homem ainda pode extrair alguma satisfação de sustentar sua ex-família ("coisa" diferente de uma família), enquanto a mulher não consegue obter muita satisfação com a transmutação de casamento em divórcio (de relacionamento em não relacionamento).

No capítulo 7, vimos que o ser humano é capaz de imitar praticamente todos os outros animais (e plantas) da Terra; podemos compreender pela similaridade o que aconteceu com nosso tecido social e familiar. No passado, os seres humanos viviam como os insetos sociais, cuja vida é impiedosamente predeterminada. O projeto do Iluminismo inverteu tudo isso, mas deu aos seres humanos tanta liberdade individual que agora vivem demasiadamente como predadores solitários e impiedosos. Antigamente, o tecido social era como uma camisa-de-força. Hoje, está se desintegrando totalmente. Para preservar a instituição do casamento, precisamos achar um meio-termo feliz.

TRABALHO

Muitos clientes meus me trazem histórias de angústia que emanam de sua vida profissional e, muitas vezes, esses problemas evoluem de volta para a batalha dos sexos. O problema fundamental é que homens e mulheres tendem a ver o local de trabalho de maneira bem diferente. Os homens vêem o trabalho como a caçada. Ainda que em grande parte caçar tenha se tornado simbólico, envolvendo contracheques em vez de animais abatidos, a competitividade, as ligações entre machos e a hierarquia masculina ainda predominam. A caçada era coisa extremamente árdua e muitas vezes perigosa, que exigia do caçador solitário muita habilidade, força, coragem, resistência, esperteza e agressividade individuais, assim como organização de espaço, tempo, estratégia e tática no grupo de caçadores. Observe que esses atributos não são universalmente masculinos: as leoas, por exemplo, são as principais caçadoras de sua espécie e exibem todas essas qualidades, além do comportamento protetor necessário para cuidar dos filhotes. Isso é verdade em muitos outros mamíferos, tanto em espécies caçadoras quanto coletoras, nas quais a fêmea é a maior provedora e protetora. Mas nos primatas que caçam, os seres humanos à frente, caçar é a tarefa mais natural do macho.

Os machos também são os defensores naturais da unidade tribal — a família — e um bando de machos é uma tropa de defesa além de uma alcatéia de caçadores. Os dois papéis de provedor e protetor estão intimamente ligados. De um lado, todos os atributos necessários para um caçador bem-sucedido também são necessários para o sucesso da defesa. De outro, os machos são predadores que não caçam apenas para alimentar a si e a suas famílias, mas também para obter propriedade, território, posição social e talvez também mais fêmeas. Além disso, os homens caçam para vencer e subjugar outros e impor suas crenças aos vencidos. Assim, o homem precisa ser adepto tanto da defesa quanto do ataque, já que estará na mira de alguém com tanta freqüência quanto dirige sua própria mira aos outros. As fêmeas humanas também são grandes predadoras, mas sua principal presa é o próprio homem. Sua tática natural é disfarçar-se de presa sexual, mas sua estratégia é subjugar a presa com o casamento.

> A esposa de um homem tem mais poder sobre ele que o Estado.
>
> Ralph Waldo Emerson

Graças à sobreposição da evolução cultural à evolução biológica, hoje em dia as mulheres também podem seguir praticamente qualquer carreira que desejem. Mas vimos que muitas mulheres profissionalmente bem-sucedidas ainda assim são bastante infelizes. Sentem mal-estar quando sua natureza elementar de criadoras não se concretiza. Por si só, uma carreira de sucesso bastará à maioria dos homens, ou ao caçador elementar dentro deles, mas muitas mulheres, num caminho semelhante, na verdade se consideram fracassos se não se casarem nem tiverem filhos. Há algumas exceções, mas não tantas quanto supunham os primeiros defensores da libertação da mulher. As mulheres liberadas não costumam transformar-se em homens. Mais uma vez, as mulheres liberadas que têm filhos sentem-se muitas vezes sobrecarregadas com a necessidade de equilibrar as responsabilidades domésticas com as profissionais e acham difícil gerenciar as duas ao mesmo tempo. Isso exige energia abundante, organização soberba e excelente ritmo.

Embora muitíssimas mulheres queiram participar da caçada contemporânea (a carreira) e sejam excelentes caçadoras (carreiristas), muitíssimas também acham desconfortável o clima social e emocional da caçada. Quando os machos se unem em grupos, há um aspecto natural e meio bruto em sua hierarquia, na qual a ameaça ou o desafio à autoridade, para não dizer o confronto agressivo direto, estão sempre se escondendo pelos cantos. Os meninos serão meninos porque precisam ser meninos. As mulheres, naturalmente, acham este comportamento masculino pouco cordial e capaz de pouco apoio emocional.

As mulheres que sentem mal-estar no mundo dos homens podem querer mudar os homens ou o mundo para se sentir mais confortáveis. O comportamento no local de trabalho mudou, em muitas arenas, para refletir a presença da mulher num mundo que anteriormente era do homem. As nações desenvolvidas dependem cada vez mais da igualdade do trabalho de homens e mulheres e, assim, locais de trabalho de todo tipo vêm tentando se adaptar. Mas não se pode simplesmente jogar uma mulher num mundo de homens e esperar que se comporte como um homem. Ao mesmo tempo, as tentativas de "feminilizar" o lugar de trabalho também vêm causando conflitos amargos. Os dois sexos precisam aprender muito mais um sobre o outro e sobre a transcendência para se acomodarem de forma satisfatória e bem-sucedida no trabalho.

Durante muito tempo, a evolução cultural espelhou naturalmente a biologia humana nos costumes, rituais e na linguagem da caça e da guerra. Mas com a evolução da tecnologia e conforme essas realizações se tornaram mais simbólicas, as diferenças biológicas entre machos e fêmeas ficaram menos significativas. Quando caçar envolvia primariamente força física, resistência e agressividade, com armas manuais, era principalmente tarefa de homens. Mas hoje, quando caçar envolve principalmente especialização, comunicação e organização, com computadores e tecnologias relacionadas, mulheres e homens estão igualmente aptos. A evolução cultural é um grande equalizador dos sexos.

Mas a guerra dos sexos ainda se trava no próprio local de trabalho, onde se reúnem machos e fêmeas com o propósito de cooperar na caçada e na defesa da tribo. Onde a biologia separaria os sexos, a cultura os misturou e sua coexistência nem sempre é pacífica. Isso acontece em parte porque os homens são atraídos pelas mulheres e passam a competir por elas, como a natureza os programou para fazer. De seu lado, as mulheres competirão entre si para atrair os homens mais desejáveis, como a natureza as programou para fazer. Ambos os caminhos são desvios do trabalho a ser feito e atrapalham a "caçada" (ou a defesa) por fazer com que colegas se comportem como rivais.

Muitas empresas instituíram códigos de linguagem, políticas contra o assédio sexual e outras medidas para facilitar a integração das mulheres na caçada. Mas muitas vezes essas estratégias exacerbam o conflito em vez de mitigá-lo. Agora que homens e mulheres caçam juntos, enfrentam um dilema. Sua natureza sempre engendrará eros, mas o local de trabalho precisa funcionar com filos. A segregação sexual é impraticável, mas a guerra sexual no local de trabalho é inaceitável. A transcendência é preferível.

IGUALDADE NÃO É MESMICE

Supor que igualdade significa mesmice aumenta o problema quando homens e mulheres entram em choque. Mesmo oferecendo oportunidades iguais, algumas ocupações ainda serão mais a província de um sexo que do outro. Por exemplo, os bombeiros precisam de alguns atributos físicos — como a força para carregar um adulto pesado numa escada — que a maioria das mulheres não possui, mesmo com o treinamento. Combater incêndios em florestas também exige força e resistência tremendas, para derrubar árvores e construir barreiras contra o fogo. Assim, não esperamos ver um número igual de bombeiros e bombeiras, nem esta discrepância de número indica necessariamente alguma discriminação sistêmica contra as mulheres. Todos têm sido muito descuidados no uso do "desequilíbrio entre os sexos" como desculpa para impor cotas de emprego. Oportunidades iguais não significam resultados iguais; na verdade, oportunidades verdadeiramente iguais garantem resultados desiguais, por permitirem que as diferenças naturais venham à tona.

Nas profissões liberais, mais mulheres preferem as ciências sociais e da saúde do que as ciências da natureza. Não há uma "conspiração masculina" para excluir as mulheres da física ou da engenharia (e algumas mulheres são grandes físicas e engenheiras); mas, como vimos, há uma tendência natural das fêmeas de se interessarem mais por relacionamentos humanos do que por relações matemáticas. Seria errado excluir as mulheres de qualquer campo. Mas também seria errado esperar interesses iguais em todos os campos e usar a engenharia social para que os resultados reflitam as expectativas erradas. Esta engenharia social por si só é uma grande causa de mal-estar.

As mulheres que consideram o local de trabalho uma luta constante podem também estar vivendo a verdade comprovada pelo tempo de que, sempre que se busca realizar alguma coisa na vida, alguns vão se opor só para se opor. Além disso, se você quiser fazer algo excelente, ou apenas competente, provocará o pior tipo de oposição medíocre. As mulheres que sofrem oposição no local de trabalho não estão necessariamente descobrindo a conspiração dos "garotos crescidos" contra as mulheres, mas a conspiração da mediocridade contra a grandeza. Nem toda batalha que envolve os sexos é entre os sexos.

> Os grandes espíritos sempre sofreram oposição violenta das mentes medíocres. Estas últimas não conseguem entender quando um homem não se submete sem pensar aos preconceitos hereditários e usa a inteligência com honestidade e coragem.
>
> Albert Einstein

Qualquer mulher que não "se submeta sem pensar a preconceitos hereditários" também encontrará oposição: não por ser mulher, mas porque quer realizar alguma coisa. Mas a oposição pode ser boa, porque nos ensina a transcender.

Os sexos não são os mesmos, não querem ser os mesmos e não podem ser coagidos a ser os mesmos. Embora a igualdade de oportunidades seja necessária para que os seres humanos floresçam, seja qual for seu sexo, não pode ser usada para supor que sempre farão a mesma coisa de forma idêntica, seja qual for seu sexo. Afirmar que igualdade é mesmice é criar conflito desnecessário. Com certeza já temos conflito bastante entre os sexos! Por que inventar mais?

EXERCÍCIOS FILOSÓFICOS

Como será ser o Outro? Se todos soubessem, haveria mais bem-estar e menos mal-estar entre os sexos. É possível sentir a vida numa cadeira de rodas confinando-se a uma delas e aprendendo como é. Também é possível sentir a vida como um cego enfaixando os olhos e tentando passar o dia sem enxergar nada. Mas como o homem pode sentir a vida como uma mulher, e a mulher sentir a vida como um homem? Isso também pode ser feito, mas não simplesmente se travestindo! Há muitas maneiras de sentir o Outro. Vou lhe contar três.

1. Descubra o Outro dentro de você. Isso todos fazemos, mais cedo ou mais tarde. Muitos homens se tornam menos agressivos e mais protetores e valorizam mais os relacionamentos quando envelhecem. Tornam-se jardineiros apaixonados e avôs babões. Seu *yang* une-se graciosamente ao *yin*, mas permanecem homens. Muitas mulheres se tornam mais obedientes a princípios abstratos quando envelhecem. Tornam-se líderes fortes e conselheiras sábias. Seu *yin* une-se graciosamente ao *yang*, mas permanecem mulheres. Quanto mais cedo você descobrir o Outro dentro de você, mais cedo se completará. A natureza fará este trabalho para você no devido tempo. A formação lhe oferece maneiras de fazer isso por você, principalmente através das tradições da sabedoria do Oriente.
2. Viver como o Outro fora de você. Há cada vez mais oportunidades para isso. Ao desempenhar bem os papéis, aprendemos sobre sua essência. Mas é preciso coragem e grandeza de espírito para isso. (Falaremos do espírito no capítulo 10). John Lennon teve esta grandeza. Quando Yoko Ono teve um filho seu, John decidiu tornar-se um "marido do lar" e assumiu o papel de dono de casa. Descobriu o Outro dentro de si mesmo. As irmãs Williams tiveram esta grandeza. Transformaram o jogo de tênis feminino, que era delicado e ornamental, com saques de pó-de-arroz, num jogo robusto, muito mais parecido com o estilo dos homens. Jogam com força, além de graça. Descobriram o Outro dentro de si mesmas. Mas não é preciso ser um astro mundial, um atleta ou uma celebridade para isso. Encontre algo que goste de fazer e que tradicionalmente seja feito, ou feito melhor, pelo Outro. Então aspire você a fazer isso. Logo descobrirá o Outro dentro de você.

3. Transcenda a ambos. Para reiterar o tema deste capítulo: o sexo é biológico; o papel sexual, cultural; a consciência, transcendente. Quando você sobe uma montanha e se aproxima do pico pode ver cada vez mais a paisagem circundante em todas as direções. Do mesmo modo, quando sobe a montanha da consciência pode ver cada vez mais a paisagem humana circundante, tanto biológica quanto cultural, em todas as direções. Conquistar este ponto de vista é transcender a paisagem humana. Transcendê-la significa perceber o Eu com tanta clareza quanto o Outro e, assim, elevar-se acima de seus conflitos.

9

QUEM MANDA AQUI: NÓS OU AS MÁQUINAS?

Os homens tornaram-se ferramentas de suas ferramentas.

Henry David Thoreau

— Quanto é um mais um mais um mais um mais um mais um mais um mais um mais um mais um?
— Não sei — disse Alice. — Perdi a conta.
— Ela não sabe Somar — interrompeu a Rainha Vermelha.

Lewis Carroll

NUM DE MEUS FÓRUNS mensais de filosofia numa livraria de Manhattan, alguém propôs que ficar ligado demais à tecnologia fez as pessoas perderem contato com sua humanidade. Enfiando a carapuça, um sujeito muito ligado à tecnologia ficou tão irritado com a idéia que foi embora enraivecido. Foi como se alguém insultasse sua religião. Quando se adora um ídolo, não se gosta de ouvir que ele interfere com sua humanidade, ainda mais quando é verdade. Neste caso, o ídolo é um *chip* de silício e o deus é cibernético. Na verdade, as máquinas dominam cada vez mais a nossa vida e realmente podem nos fazer perder o contato com nossa humanidade. E isso, por sua vez, provoca grave mal-estar, bem maior do que pensa a maioria das pessoas. É claro que as máquinas também podem facilitar os encontros entre seres humanos, como veremos no finalzinho deste capítulo. Mas vamos tratar das más notícias antes de chegarmos às boas.

Há duas grandes questões filosóficas em jogo aqui. Primeiro, são os seres humanos apenas máquinas glorificadas? Neste caso, não deveríamos nos importar de ter a vida dirigida por outras máquinas. Mas nos importamos, logo, talvez nós mesmos não sejamos máquinas. Em segundo lugar, gostem ou não, os seres humanos tornaram-se engrenagens de todo tipo de máquina. Na maior parte somos meros nós — ou estorvos dados a erros — de redes cada vez mais complexas de computadores e outros aparelhos da informática. Seja como for, ser tratado como uma máquina ou como engrenagem de uma máquina provoca considerável mal-estar.

No mundo desenvolvido, conferimos nosso e-mail, mandamos faxes e fechamos negócios pelo celular enquanto estamos presos em colossais engarrafamentos de trânsito, a caminho de um computador onde conferiremos mais e-mails, mandaremos mais faxes e fecharemos mais negócios pelo telefone, presos em colossais engarrafamentos de dados. Muita gente virou um mero acessório da tecnocracia — ou seja, o governo da tecnologia — e se pergunta para onde foi sua humanidade. Assim, naturalmente, pedem ajuda à filosofia. Esta é uma coisa que seu computador não pode fazer: filosofar com você.

Não me entenda mal. A tecnologia nos trouxe muitas maravilhas, aliviou muitos fardos da vida e abriu caminhos para progressos futuros além da imaginação. O progresso tecnológico veio acontecendo sem parar no decorrer da história e seu ritmo, nos últimos anos, acelerou-se de forma exponencial. Antigamente podíamos considerar marcos como o controle do fogo, a fusão do ferro ou a invenção da imprensa como bênçãos inegáveis para a humanidade, mas ultimamente os grandes saltos foram tão rápidos e furiosos que esgotamos todos os nossos recursos na vã tentativa de acompanhá-los. Antigamente talvez as máquinas tenham nos servido. Hoje, com demasiada freqüência, parece que nós servimos às máquinas.

As auto-estradas e estradas vicinais que cercam a maioria das grandes cidades dos Estados Unidos e de outros países estão atulhadas de carros, caminhões, camionetas e utilitários de luxo. As pessoas conversam ao celular enquanto se arrastam no tráfego, tentando realizar mais um negocinho. Aviões, trens, ônibus e metrôs também estão apinhados de gente, boa parte dela ligada a *CD players*, agarradas aos *palm tops* ou coladas aos onipresentes celulares. Às vezes usamos as máquinas como linha de defesa contra as hordas hostis, o peso da humanidade, o contato físico indesejado. Mas a presença de tantas máquinas em nossa vida interfere com o contato humano, mesmo quando este não é nosso objetivo consciente. Nesta via há pessoas que se comportam como acessórios do seu equipamento, não como seres pensantes nem animais sociais.

Mais e mais pessoas, no mundo desenvolvido, sofrem de mal-estar induzido pelas máquinas, como a fúria ao volante, e de doenças induzidas pelas máquinas, como a síndrome do túnel do carpo. O esgotamento é crescente, pois as pessoas acham cada vez mais difícil equilibrar múltiplas identidades, responsabilidades e interesses. A síndrome da fadiga crônica é comum. Surge todo tipo de ansiedade e enfermidade não diagnosticada e ninguém sabe realmente o que as causa. Parece-me que muitos desses incômodos gerais e problemas específicos são resultado da mecanização da humanidade e da desumanização que provoca.

Os computadores nos poupam tempo? Não quando são infectados por vírus. Tornam nosso trabalho mais fácil? Não quando nos bombardeiam com curvas de aprendizado cada vez mais íngremes para dominarmos atualizações incessantes dos programas. Melhoram nossa vida? Não quando facilitam o roubo de identidade. Eliminam o trabalho braçal? Sim, substituindo-o pelo "trabalho mental" numa estação de trabalho que pode acabar com a boa postura e outros alicerces do bem-estar. Estamos virando engrenagens humanas numa maquinaria cada vez mais complexa, o que pode provocar coisas estranhas em nossa humanidade.

O caso do Padre Maquineta: louvai ao Senhor e passai o adaptador AC

Num recente vôo pelo país, sentei do outro lado do corredor de um padre que, assim que atingimos altitude de cruzeiro, tirou da pasta um laptop, um gravador microcassete e um *palm top*. Ligou-se aos vários aparelhos e começou a passar dados de um para o outro.

Quando o avião se preparava para pousar, Padre Maquineta começou a desligar e embalar todos os seus aparelhinhos de alta tecnologia. De repente se atrapalhou porque não conseguia encontrar um acessório pertencente a um deles. Vasculhou os bolsos, a pasta, depois em volta da cadeira e debaixo dela, e nada. Então vasculhou o compartimento de bagagens acima da fila de cadeiras onde eu estava, onde tinha guardado o equipamento — e nada. Convencido de que seu acessório estava nalgum lugar da vizinhança, perguntou se não teria caído perto ou embaixo do assento do Sr. Jones, um senhor obviamente fraco, sentado com sua bengala ao meu lado.

Querendo ajudar o padre, o Sr. Jones lutou para levantar-se, com a ajuda da Sra. Jones e da aeromoça, sentindo claramente muita dor e desconforto. Em conversa com esse amável casal no início do vôo, eu ficara sabendo que o Sr. Jones estava a caminho de um centro de tratamento de câncer. As metástases de seus tumores tornavam doloroso até mesmo ficar sentado no avião. Depois de muitos exames médicos, prognósticos fatais, aplicações desesperadas e rejeições a novos medicamentos em testes clínicos, fora finalmente aceito num estudo na Costa Leste. A Sra. Jones explicou que era a sua última esperança de cura.

O Padre Maquineta parecia nem notar a enfermidade e o sofrimento do Sr. Jones, tão preocupado estava em localizar seu aparelhinho eletrônico. Quando não conseguiu encontrá-lo, o Sr. Jones voltou ao assento, novamente com ajuda, novamente sentindo dor e desconforto. Quando o avião pousou, o Padre Maquineta foi um dos primeiros a desembarcar. Levando sua carga tecnológica (agora com menos um elemento) e conversando ao celular, correu pelo tubo de saída sem nem mais uma palavra para o Sr. e a Sra. Jones.

A informática comandava o Padre Maquineta, e não o contrário. As máquinas estavam atrapalhando sua humanidade; especificamente, sua consciência do sofrimento humano que se desdobrava bem na sua frente. Os aparelhos também o cegaram para que não visse que provocara ainda mais sofrimento ao Sr. Jones pelo bem de um acessório. Com certeza desde o princípio ele não se preocupou em saber por que o Sr. Jones sentia um desconforto tão óbvio. Parecia um comportamento estranho para um padre. Se as máquinas podem fazer isso com um homem dedicado à religião, imagine o que podem fazer conosco, que não fizemos votos nem temos rezado muito ultimamente.

HUMANIDADE PERDIDA

Ao nos ligar em rede com a aldeia global, de forma instantânea e onde quer que estejamos, as máquinas nos roubam a consciência do presente imediato. Onde você está agora — indo para um computador ou vindo dele? Na companhia de quem você lê ou manda e-mail para uma lista de discussões? Quem são, para você, os membros dessa lista? Quem é você para eles? As máquinas, ao obscurecer essas próprias questões, diminuem nossa humanidade.

Considere como a evolução das máquinas encolheu drasticamente o tempo necessário para cruzar grandes distâncias, tanto em pessoa quanto na transferência de dados, e nossa atitude relativa àquele tempo. Leva semanas para um veleiro ir de Nova York a Londres. A vapor, são dias para chegar lá; são horas para voar; minutos para mandar um fax e segundos para um e-mail. Mas o atraso de um vôo provoca agudo mal-estar em algumas pessoas, assim como a linha do fax ocupada ou um e-mail que não chega. O uso dessas tecnologias cria a expectativa de que funcionarão bem o tempo todo. Quando isso não acontece, todos se irritam.

Imagine como era, digamos, no século XIX, manter uma correspondência entre Nova York e Londres. Primeiro, você se sentaria numa bela escrivaninha feita à mão, com um lindo papel também feito à mão e envelopes combinando, sua cor predileta de tinta, seu tinteiro de cristal ou vidro lapidado, sua valiosa coleção de penas e, talvez, seu selo e seu lacre pessoais. Você se concentraria, escreveria uma carta bem meditada com mão hábil, depois assinaria e selaria o envelope. Sua carta velejaria até Londres e, quando chegasse, seria motivo de muita excitação e especulação, mesmo antes de ser aberta. Então, seria aberta com cuidado com um abridor de cartas, cuidadosamente lida e relida e, talvez, saboreada por vários dias antes que uma resposta fosse redigida da mesma forma. Podiam passar-se meses entre o momento de enviar a carta e aquele em que a resposta finalmente chegava. Mas ninguém ficava nervoso ou irritado enquanto isso. Havia muito tempo para respirar (e um ar bom de ser respirado) e muitas outras tarefas para realizar, num ritmo metódico semelhante. Este tipo de correspondência era uma arte, nos melhores casos excelente arte, e tornou-se possível pela obra de muitos artistas. Em média, os correspondentes tinham não só melhor capacidade de leitura e escrita que a maioria dos universitários de hoje como também manifestavam virtudes importantes, como a paciência.

Em contrapartida, hoje você manda um e-mail para Londres, cuidando de fazê-lo de manhã bem cedo em Nova York para compensar a diferença de horário, senão ele só será lido no dia seguinte. (Quem consegue esperar tanto?) A mensagem propriamente dita é cheia de erros de digitação e pode ser reformatada pelo programa do destinatário, e você junta um monte de emoticons, como :) para significar bom humor ou alegria e :(para significar desaprovação ou tristeza. (Essas imagens valem mil palavras?) Seu e-mail é despachado para Londres com uma tecla e, enquanto lê vários outros e-mails, você se irrita porque ainda não recebeu a resposta. Afinal de contas, enviou a mensagem há quase uma hora. (Quantos anos é isso para um computador?) Se a resposta demorar um dia, provavelmente vai começar com um pedido de perdão: "Desculpe eu ter demorado tanto para responder ao seu e-mail, mas estava..." Você sabe exatamente o que ele ou ela estava fazendo: respondendo a outros e-mails.

É aí que cruzamos a fronteira entre Humanidade e Maquinidade. Em vez de ligarmos as máquinas, as máquinas nos ligam. Você não manda mais em seu tempo. Está irritado porque seu vôo se atrasou. E agora tem de mandar um fax. Mas a linha está ocupada, então tenta o e-mail. Mas o servidor está fora do ar, e seu e-mail volta. E agora? Cadê o celular? Se necessário, perturbe o moribundo sentado ao seu lado enquanto isso. Não reze por sua alma; empurre-o caso esteja sentado no seu adaptador AC. Quando colocamos as máquinas no comando, nossa humanidade corre perigo.

O caso de Cindy: excesso de tecnocracia

Cindy trabalhava para uma corretora de valores em Wall Street e ganhava bem. Ela e o marido, Frank, queriam morar num lugar tranqüilo e pacífico e, assim, escolheram uma cidadezinha de Connecticut. Todo dia Cindy pegava o trem e o metrô, uma viagem de duas horas para ir e duas para voltar. Isso se tornou "normal" para milhões de pessoas que moram longe do serviço, não só nas cercanias de Nova York como em muitas metrópoles da aldeia global. No escritório, Cindy digeria números e se conectava o dia todo. Era boa nisso, mas achava tudo cada vez mais sem sentido. Nos fins de semana, costumava ficar exausta demais para seus passatempos físicos, como dar longos passeios a pé, andar de bicicleta e cuidar do jardim. Assim, passava as horas de lazer assistindo a filmes alugados com Frank ou fazendo o trabalho atrasado do escritório que trouxera para casa (na verdade, mandara para si mesma por e-mail). Isso também não era bom para o casamento, porque Frank, advogado com um pequeno escritório no local, amava a vida ao ar livre e queria compartilhá-la com ela. Não estavam ainda prontos para ter filhos, mas estavam prontos um para o outro. Só que Cindy estava sempre esgotada.

Ela se sentia exatamente como a engrenagem de uma máquina e isso a incomodava bastante. Ainda que ganhasse mais do que Frank e contribuísse para seu luxuoso ambiente de alta classe média, não tinham tempo para usufruir disso. Cindy também sempre quisera "fazer a diferença" na carreira, mas sua experiência com os números só lhe dava uma sensação de individualidade — exatamente o contrário. Sentada o dia todo em frente ao computador, sentia que poderia ser substituída por qualquer um. Se saísse do emprego amanhã, ninguém daria atenção nem se incomodaria. Simplesmente achariam outra pessoa tão boa com os números para sentar-se em seu lugar.

Cindy precisava entender sua vida e queria sentir bem-estar em vez de mal-estar. E havia também alguma urgência: seu estilo de vida era fisicamente insalubre. Ganhara peso de tanto comer bobagens no escritório, assim como no sofá de casa. Não fazia exercício suficiente para uma mulher jovem da sua idade, o que, por sua vez, a fazia envelhecer mais depressa. E sua postura no computador era péssima: sentia dores nas costas, além de dores de cabeça de tensão, devido ao esforço visual.

Tenho certeza de que até aqui você já percebeu que os orientadores filosóficos não receitam simplesmente frases sábias que curam instantaneamente o mal-estar dos clientes, como uma aspirina cura uma dor de cabeça. "Tome dois aforismos e me ligue amanhã de manhã"; não é isso que fazemos. Com maior freqüência, os filósofos da tradição socrática são "parteiros" da sabedoria interior de seus clientes. Cindy já sabia implicitamente o que tinha de fazer; procurou-me para ajudá-la a explicitar suas idéias. Pelo diálogo, Cindy articulou aos poucos uma solução para o seu problema. Resolveu desconectar-se da maquinaria, que em seu caso parecia mais "manutenção da morte" do que "manutenção da vida". Guiada e encorajada a revelar seus interesses humanos interiores, Cindy decidiu abrir uma empresa de jardinagem e paisagismo em sua cidade. Podia parar de viajar todos os dias, trabalhar ao ar livre, plantar arbustos em vez de lidar com números e usar sua habilidade para embelezar o mundo e fazer a diferença. Frank logo fechou o escritório e uniu-se a ela nesta empresa. Foi uma realização para eles como seres humanos e também ótimo para o casamento. Estar realizado é amar e não detestar o que se faz.

> A razão pela qual falta unidade ao mundo, que jaz partido e amontoado, é o homem estar desunido de si mesmo.
>
> Ralph Waldo Emerson

O TEMPO É TUDO, PELO MENOS POR ALGUM TEMPO

O que é tempo? Ninguém sabe exatamente. Mas sabemos algumas coisas sobre o tempo. Sabemos, por exemplo, que ele parece acelerar-se quando envelhecemos. Também sabemos que as coisas deste mundo e do universo que o contém existem e de algum modo definem o espaço-tempo, cuja geometria e dimensões exatas ainda não são claras para nós. Alguns acreditam, como eu, que certas coisas, talvez as idéias, a consciência e as almas, podem de algum jeito existir fora do nosso espaço-tempo, mas nós, como seres corpóreos, estamos, em parte, presos dentro dele. A própria vida, quer tenha sido criada, quer seja acidental, é um fenômeno totalmente improvável. Mas aqui está ela mesmo assim e, enquanto estamos vivos, sentimos boa parte da vida através do espaço-tempo.

Mas nossa experiência de espaço e de tempo são bastante distintas. No capítulo 7 vimos como o espaço (ou a falta de espaço) afeta o comportamento social dos animais, inclusive dos seres humanos. Mas os seres humanos costumam encontrar maneiras de virar exceções de todas as regras postuladas a seu respeito. Em geral, as pessoas que vivem apinhadas sentem muito estresse, enquanto aquelas que têm bastante espaço vital são muito mais felizes e amigáveis. Mais uma vez, Alexandre o Grande, e Marin Mersenne são, ambos, exceções brilhantes desta "regra". Depois de conquistar o mundo conhecido, do Mediterrâneo ao Himalaia, dizem que Alexandre chorou porque não tinha mais mundos a conquistar. Ficou sem espaço vital! Em contraste, é possível sentir a libertação nos limites restritos de uma cela, como o monge-filósofo Mersenne. Pertencia à ordem dos mínimos, dedicada à oração, ao estudo e ao conhecimento. Isso não ocupa muito espaço. Mas os estudos de matemática, física e filosofia de Mersenne eram tão importantes que os maiores intelectos franceses da época — como Fermat, Pascal, Gassendi, Roberval e Beaugrand — reuniam-se regularmente em sua cela para promover o projeto iluminista. Mais tarde, tornaram-se o núcleo da Academia Francesa (e, possivelmente, inspiraram a cena dos irmãos Marx na cabine lotada, em *Uma noite na ópera*). Assim, nosso conceito de exatamente "quanto espaço" é adequado para os seres humanos é bastante elástico. Se você "fica sem" espaço, sempre pode tentar conseguir mais (a menos que conquiste o mundo). Se precisa ocupar menos espaço, em geral pode consegui-lo e talvez até prosperar.

O tempo é uma coisa completamente diferente. Quando se fica sem tempo, não tem jeito. Pode-se tentar prolongar o tempo que se tem, mas também parece haver muitíssimas maneiras de encurtá-lo, sejam intencionais, não intencionais ou acidentais. É possível usar o tempo para ganhar mais dinheiro, mas o dinheiro não vai lhe comprar mais tempo com a mesma certeza. O seu tempo ou o meu tempo podem estar à venda, mas o tempo propriamente dito não está. Assim, o tempo é nosso patrimônio mais precioso, e como decidimos usá-lo é a decisão mais importante que podemos tomar.

> Em qualquer clima, a qualquer hora do dia ou da noite, andei ansioso para aprimorar a marca do tempo e registrá-lo também em meu bastão; para ficar no encontro de duas eternidades, o passado e o futuro, que é exatamente o momento presente.
>
> Henry David Thoreau

VOCÊ REAL E VOCÊ VIRTUAL

As máquinas deviam servir para poupar nosso tempo. E pouparam durante muito tempo. Motores a vapor, motores de explosão interna, motores a jato e motores de foguete nos pouparam cada vez mais tempo. Mas os motores lógicos que impulsionam o computador e as redes de computadores paradoxalmente nos pouparam e nos custam tempo.

Isso acontece principalmente porque os computadores nos dão uma identidade virtual para complementar a real. Não preciso lhe dizer que ser você mesmo, de carne e osso, já exige muito tempo, sem que se tenha de lidar com um novo acessório. O você real nasce, cresce e passa por todas as alegrias e desconfortos da vida. Há lições incontáveis para aprender e ensinar, casos intermináveis a administrar e cada vez mais negócios que ficam sem solução. Você pode ter uma carreira, uma família, um passatempo, sonhos, objetivos, aspirações, amigos e inimigos, sem mencionar contraparentes, advogados, médicos e contadores, e todas as suas interações com eles tomam tempo. Além de cumprir seus vários papéis e cuidar de todas as suas obrigações, que tempo lhe resta para descobrir quem você é na realidade? A vida "real" pode ser às vezes tão irreal que sentimos que não a estamos vivendo de verdade. Assim, quem é o você "real"? É aquele que passa a vida desejando ter mais tempo para descobrir seu eu "real"? É aquele que arranja tempo para essa viagem de descoberta? É aquele que você descobre no caminho? É aquele que espera por você no final? Uma coisa é certa: as exigências da vida real podem tornar-se tão urgentes e consumir tanto tempo que muita gente não consegue encontrar tempo nem para fazer essas perguntas, que dirá para tentar respondê-las.

Nossa vida "real" é muitíssimo mais complicada que a de nossos pais, cuja vida era muitíssimo mais complicada que a de nossos avós e assim por diante. A maioria dessas complicações vem das máquinas e da tecnologia cada vez mais complexa. Em teoria, não há fim à vista para esta complexidade em constante evolução. Quanto mais mergulhamos na complexidade, mais complexa ela fica. É assim a realidade. A vida é a organização que surge da desorganização e seus padrões são também infinitamente profundos. Quanto mais se vive, mais profunda fica a vida. Quanto mais profunda a vida, mais difícil fica chegar ao fundo.

As máquinas em rápida evolução nos enganaram. Muitos ganhos de tempo que elas oferecem são ilusórios. Os motores físicos nos levam cada vez mais depressa de um lugar ao outro, poupando-nos o tempo das antigas viagens mas tornando possíveis tantas viagens novas que não há tempo para todas. Nesse sentido, os motores físicos podem nos fazer perder mais tempo do que nos ajudam a ganhar. Além disso, enquanto os motores físicos se ocupam em movimentar seu eu real, ou em fazer seu eu real esperar porque estão atrasados, os motores lógicos (computadores e suas redes) têm se ocupado em criar um você "virtual". Como se seu eu real já não estivesse bastante ocupado, agora seu eu virtual recebe e responde e-mails, mantém páginas na internet e navega as ondas do ciberespaço para procurar, pesquisar, comprar, namorar — e tudo isso ocupa uma parte cada vez maior do seu tempo. Mas cuidar de seu eu virtual leva tempo e seu tempo real já é bastante escasso.

Mesmo quando você está sentado à frente do seu computador fazendo coisas que sabe fazer, um enorme setor industrial fica inventando novas curvas de aprendizado para você. A evolução constante e rápida da informática faz com que o *hardware* e o *software* que você está usando agora já estejam obsoletos. Computadores mais rápidos e pacotes maiores de programas já estão à venda ou em produção, ou sendo projetados, e além de comprar novos ainda haverá pressão crescente para que você e seu computador usem as últimas atualizações, os últimos *downloads*, lantejoulas e paetês. Seja o que for que você esteja usando, pode esperar substituí-lo em um, dois ou três anos, mesmo que apenas para seus modestos objetivos domésticos. Se trabalha pela internet ou está envolvido com algum tipo de comércio eletrônico, vai precisar de auxílio técnico especializado e constante apenas para manter sua cabeça virtual fora d'água virtual e continuar competitivo em relação aos outros.

As duas grandes questões que daí nascem são: Por que as máquinas estão controlando nossa vida? E como podemos fazer com que nos sirvam, em vez de servirmos a elas? A primeira questão diz respeito ao que já aconteceu e, embora o passado não possa ser mudado, precisa ser compreendido. A segunda questão diz respeito ao que você pode fazer com o atual estado de coisas, que levará a estados futuros. O futuro está aberto, mas será configurado pelo presente.

OS COMPUTADORES PODEM NOS LIBERTAR?

Você pode desejar uma vida mais simples, mas ainda é verdade que bilhões de pessoas não podem viver de forma razoável (ou mesmo não razoável) juntas neste planeta sem eletricidade, água potável, produção de bens e serviços e seus mercados sustentáveis, vários tipos de educação superior, infra-estruturas de comunicações e transportes e outros frutos da civilização globalizada — inclusive uma boa medida de direitos humanos seculares e liberdade religiosa. E assim como todas essas coisas melhoram a vida e ainda que muitos milhões de pessoas do mundo desenvolvido as considerem pressupostas, ainda assim não são aceitas com facilidade por todas as culturas.

Muitos povos indígenas de todo o mundo acharam difícil ou impossível ajustar-se a nosso modo de vida tecnocrático e cruzar o "divisor de águas digital". Quando as pessoas tiram sua vida e seu ser da natureza, ou de muito perto dela, são animadas por uma vivência natural que engloba tudo. Tornam-se holísticas. Vêem a ligação entre todas as coisas. Vivem num ritmo que é o da própria natureza. Mas quando seu modo de vida naturalista e orgânico cruza com o nosso, científico e mecanicista, não conseguem suportar nem resistir ao nosso massacre cultural. Isso aconteceu desde a região ártica do Canadá até o sul do Pacífico, dos inuítes aos polinésios. Um chefe dos índios paiutes resumiu a perda de sua cultura desta forma poética: "Nossa taça se quebrou." Numa nota mais alegre, já se comprovou que é possível para muitas dessas culturas recuperar a existência sob a proteção da nossa e colar sua taça quebrada com nossas supercolas. Parece uma acomodação possível para todos os envolvidos.

De qualquer modo, é ainda mais difícil para muita gente relacionar-se com o ritmo acelerado da vida, imposto pelos próprios homens, que inclui a viagem de ida e volta para o trabalho, a corrida rumo ao computador, a corrida no computador, os oito minutos de exercício e a mensagem instantânea. Estas são algumas das facetas que parecem eficientes mas são cada vez mais desconfortáveis de nossa tecnocracia, que microgerencia parte cada vez maior do nosso tempo. Caixas automáticos, sistemas telefônicos automáticos e todo tipo de interface o deixa esperando enquanto lhe oferece todas as opções que você não deseja, reservando tantas vezes para o fim aquela que você quer. Quando uma máquina lhe apresenta uma lista de opções, já predeterminou todos os modos possíveis de interação e todos os futuros possíveis que o envolvem. Você se torna parte de um processo predeterminado e seu papel é, meramente, fornecer dados suficientes para satisfazer o processo. Sua humanidade é irrelevante. Você se tornou uma extensão da máquina.

Mas as máquinas projetadas para automatizar as funções de seres humanos jamais poderão nos substituir, já que uma de nossas funções mais importantes é *sermos humanos*. Quando seres humanos de verdade se encontram, mesmo num contexto burocrático, há sempre a oportunidade de transcender os mecanismos instalados. Até quando o próprio processo é predeterminado, um encontro entre seres humanos deixa em aberto os modos de operação e permite futuros possíveis fora do próprio processo. Os seres humanos funcionam melhor no reino da possibilidade.

A tecnocracia, como a cultura religiosa fatalista, rouba de seus constituintes humanos o sentido da possibilidade, mesmo em culturas não fatalistas em outros aspectos. A vida diária é mecanizada a ponto de se reduzir a um conjunto de "encontros" predeterminados com máquinas. Os mecanismos sempre impõem limitações. Por natureza, os seres humanos são organismos e não mecanismos. Para nos realizarmos como seres humanos, precisamos celebrar nossas qualidades orgânicas.

Você lembra de quando os computadores começaram a se infiltrar nos sistemas de escritório e as pessoas realmente temeram ser substituídas por eles? No fim das contas, é claro, os computadores substituíram principalmente as máquinas de escrever por máquinas muito mais interessantes, e acabaram criando um trabalho interminável. Todos deviam ter sentido mais medo não de serem substituídos, mas de se transformarem em acessórios das redes de novas máquinas. O computador é a invenção mais importante desde a imprensa e ninguém consegue deixar de entrar na rede e fazer parte dela. A grande questão é: os computadores e a tecnocracia nos farão mais livres ou nos escravizarão?

Os seguintes *haikus*, "mensagens de erro zen", escritas por e para a nossa geração computadorizada, ilustram com humor algumas frustrações que os computadores nos causaram:

Que arquivo grande!
Talvez fosse útil.
Mas já se foi.

O *site* que buscas
não se pode achar
mas há muitos mais.

Ontem funcionou
Hoje não funciona
Windows é assim.

O caso de Lal: desgaste

Lal era um norte-americano que emigrara da Índia quando jovem. Agora, prestes a fazer cinqüenta anos, respeitara os preceitos hinduístas, inclusive a crença na reencarnação e em levar a vida como o dever de prestar serviço, mas lhes enxertou sonhos claramente americanos, como o desejo de segurança material e tempo livre para atender a seus interesses pessoais. Isso pode soar como um problema da chamada "consciência dupla", que acontece quando identidades duplas não se misturam e ainda entram em conflito, mas Lal sabia equilibrar suas identidades indiana e norte-americana. No entanto, sua situação em casa e no trabalho mudara de tal forma que lhe apresentava novas dificuldades.

Em primeiro lugar, tinha um casamento feliz com uma americana, Lucy, que ajudava a sustentar a casa e também dava algum apoio financeiro aos filhos adultos de um casamento anterior. Mas Lucy adoecera e não podia mais gerar renda; portanto, essas responsabilidades recaíram sobre Lal. E ele as suportou com bastante boa vontade, ainda que Lucy, devido à própria incapacidade súbita, começasse a se angustiar com a capacidade dele de fazê-lo.

Sua situação no trabalho, num grande banco de Manhattan, era tal que chegara ao topo de sua escala na empresa. Não havia mais promoções possíveis. Além disso, suspeitava que seria forçado a aposentar-se prematuramente dali a poucos anos. Exatamente quando precisava ganhar mais, sua renda cairia. Mas não era tudo. Como tantos profissionais de classe média que trabalham em Manhattan mas moram longe para ter mais espaço, Lal enfrentava uma viagem de duas horas para ir e voltar, cinco dias por semana. Chegava em casa cada vez mais exausto, sem inspiração, tenso e incapaz de alimentar seus outros interesses (leitura e ioga).

O mal-estar de Lal não era causado pelas circunstâncias da vida, mas por seu significado. Sentia-se cansado e infeliz o tempo todo. — Tudo o que faço é trabalhar e pagar contas? — perguntava em voz alta. Numa palavra, Lal estava esgotado. As lâmpadas se queimam quando, depois de muitos ciclos de aquecimento e resfriamento, seu filamento torna-se quebradiço e se parte. Os seres humanos se esgotam quando, depois de muitos ciclos repetidos de trabalhar e pagar contas, sua capacidade de encontrar significado na vida torna-se quebradiça e se parte. Quando uma lâmpada se queima, acaba. Mas quando um ser humano se esgota, pode ser revitalizado.

A parte indiana de Lal podia aceitar facilmente o trabalho como a prestação de um serviço sem se apegar muito ao contracheque, como ensina o Bhagavad Gita.

> Tens direito apenas ao trabalho; mas nenhum direito aos seus frutos (...) Neste mundo os homens são acorrentados pela ação, a menos que a realizem como um sacrifício (...) Quem abandona o fruto da ação, conquista a paz eterna.
>
> Bhagavad Gita

Mas a parte norte-americana de Lal estava desanimada demais para trabalhar, até mesmo como um sacrifício. Sentia-se uma máquina exigida demais e cujo esforço não foi suficientemente apreciado. Sua humanidade não aparecia em lugar nenhum da equação e, deste modo, a vida tinha pouco sentido para ele.

Assim, Lal pensou em fazer uma coisa em que nunca pensara a sério: aposentar-se e voltar para a Índia, onde o resto da família o receberia como um parente há muito perdido, um ser humano, e não como um caixa automático ambulante. Ao mesmo tempo, Lal sabia que a Índia também estava mudando com a globalização e que a cultura que deixara para trás há décadas vinha ficando cada vez mais materialista.

Enquanto isso, tinha de recuperar alguma energia a curto prazo, para recarregar a bateria: o suficiente para continuar trabalhando até a aposentadoria precoce, fosse nos Estados Unidos, fosse na Índia. Lal descobriu uma idéia transformadora em Aristóteles: a noção de que a felicidade é a virtude mais elevada, que vem do exercício habitual da excelência. Havia algum potencial pessoal que Lal estivesse negligenciando? Havia: Lal sempre quisera escrever, mas nunca encontrara tempo. Agora o tempo o encontrava. Então, entrou para uma oficina de escritores aos sábados, liderada por um poeta experiente e inspirador. Não há nada como escrever poesia para restaurar a humanidade! A escrita recuperou o significado da vida de Lal, o bastante para transformar a máquina desgastada num ser humano motivado.

Eu poderia citar aqui numerosos outros casos de desgaste, mas todos apresentam um tema em comum: com demasiada freqüência, homens e mulheres adquirem o hábito tecnocrático de comportar-se como as máquinas a que servem, o que lhes rouba a humanidade e o significado da vida. Só podemos recuperar nossa humanidade fazendo coisas próprias dos seres humanos. A filosofia é uma delas! É também um guia para as outras.

> Somos o que fazemos repetidas vezes. A excelência, então, não é um ato, mas um hábito (...) Por virtude humana, ou excelência, não entendemos aquela que pertence ao corpo, mas a da mente, e por felicidade entendemos uma atividade da mente.
>
> Aristóteles

DESGASTE POR ATACADO

Também devo dizer que esses casos de desgaste individual estão começando a se acumular nas empresas, onde se traduzem em custos elevados em termos de perda de produtividade e falta de continuidade. As empresas têm relatado um nível sem precedentes de absenteísmo dos empregados, de faltas por doença, de síndrome da fadiga crônica e de outras enfermidades não diagnosticadas. São estes os mal-estares e também as doenças dos seres humanos excessivamente mecanizados. Os praticantes da filosofia têm muitas abordagens para este problema, desde os diálogos socráticos com grupos e equipes nas organizações afetadas até o aconselhamento filosófico dos indivíduos atingidos. No geral, a cultura empresarial tem sido míope demais para tirar o máximo de vantagem da filosofia. Parece que preferem sofrer perdas crescentes de produtividade e aumento do custo de assistência médica a fazer pequenos investimentos em medidas preventivas, como tratar seus empregados como seres humanos que pensam e buscam significados, em vez de engrenagens da máquina empresarial. Demasiados executivos acham que conceder aos empregados uma hora por semana para participar de um diálogo socrático ou ter uma sessão individual com um Diretor de Filosofia seria "perda de tempo". Em vez disso, os mesmos empregados esgotados ou desmotivados desperdiçam dias e dias por mês de produtividade perdida!

O que atrapalha a solução aqui é, em parte, um resíduo empresarial da mania da "ética protestante do trabalho", que, a princípio, tornou possível a ciência, a tecnologia e a tecnocracia. Assim, é melhor darmos uma olhadinha nisso.

DE VOLTA AO ILUMINISMO

A ciência e a tecnologia evoluíram com muito vigor no Ocidente, como continuação da busca de conhecimento racional que floresceu na antiga Grécia. Foi o filósofo inglês do século XVI Francis Bacon quem primeiro escreveu que "conhecimento é poder". Ele raciocinou que, ao entender melhor a natureza, poderíamos entender melhor a nós mesmos como extensões da natureza, tornando assim nossa vida pessoal, social e política muito mais cheia de significado e propósito e fazendo-nos mais capazes de servir ao objetivo pretendido por Deus para nós (ainda que tivéssemos de rejeitar alguns dogmas religiosos pelo caminho).

Em resumo, era esta a filosofia do início da era moderna, que deu origem ao Iluminismo. Os filósofos daquela época, como Bacon, Hobbes, Boyle e Harvey na Inglaterra, Mersenne e seus amigos na França e Galileu na Itália, tornaram possível a ciência e a tecnologia contemporâneas. E também acreditavam em Deus. Achavam que a ciência e a tecnologia seriam usadas para liberar a humanidade para tarefas mais importantes, como as educativas, artísticas e contemplativas, e também produziriam métodos melhores de governar as pessoas, as sociedades e a política. Se pudéssemos conhecer as leis que governam os processos físicos, químicos e biológicos, raciocinavam, talvez também conseguíssemos aprender as leis que governam os processos psicológicos, sociais e políticos. Então se poderia alcançar a utopia. Ou assim supunham.

A própria Revolução Industrial foi concebida num sistema feudal cristão. A mecanização da sociedade significou, para as classes camponesas, uma passagem da servidão agrícola para a servidão industrial. Em vez de estarem politicamente acorrentadas à terra na qual trabalhavam para seus senhores feudais, tornaram-se economicamente acorrentadas a minas e fábricas, nas quais trabalhavam para seus chefes capitalistas. Mas a classe média nasceu deste sistema e a vida "burguesa" ofereceu novos confortos a multidões cada vez maiores. O sindicalismo também surgiu aos poucos, não sem luta, e permitiu que a "mão-de-obra" conquistasse garantias e benefícios da "administração".

Esta mecanização da sociedade está em andamento. Atualmente, desenrola-se no mundo em desenvolvimento, como antes se desenrolou no mundo hoje desenvolvido. E continua também no mundo desenvolvido, com a substituição das pessoas acorrentadas a máquinas que produzem bens por pessoas ligadas em rede a computadores que produzem serviços. Embora a tecnologia tenha mudado além da imaginação, pouquíssimo mudou na percepção e na realidade dos seres humanos presos nas garras das máquinas. Podemos usar computadores em vez de descaroçadeiras de algodão, mas o princípio de automatização é o mesmo. O ser humano envolvido neste processo torna-se aos poucos um autômato: uma extensão do mecanismo, incapaz de pensar. Nos Estados Unidos, a solução *band-aid* costuma ser a "Sexta-Feira Informal", na qual os empregados podem se sentir "livres" por um dia, vestindo roupas informais e domésticas, em vez da roupa formal obrigatória no meio profissional.

O MANTRA PURITANO: "OCUPE-SE, MAS NÃO SE DIVIRTA"

É claro que a questão real não é a roupa que se usa no escritório. Tem mais a ver com a filosofia implícita do lugar. Mas parece que a maioria das pessoas não percebe exatamente o que é esta filosofia (sequer em resumo) nem como ela veio a exercer influência tão decisiva em sua vida profissional, nem sempre para melhor. Em essência, a Reforma Protestante casou-se com a Revolução Industrial e produziu uma filha secular chamada "Ética Protestante do Trabalho". Esta ainda é a filosofia empresarial reinante e é provável que seu mantra puritano administre o seu escritório: "ocupe-se, mas não se divirta". Deixe-me explicar rapidamente como isso aconteceu. Ao compreender sua origem você pode contornar o resultado, mudar o mantra e fazer com que as máquinas o sirvam. Assim, eis aqui os trechos históricos pertinentes.

A Igreja Católica Romana adotou a teologia de Santo Agostinho, redigida no século V da nossa era, que sustenta que os seres humanos nascem pecadores. Segundo Agostinho, nossa principal tarefa é conseguir a salvação e evitar a danação no outro mundo. Pela confissão dos pecados e pela absolvição do padre, que é o representante de Deus, a alma pode manter-se pura o suficiente para se redimir. Uma das conseqüências sociais é que muitos católicos aproveitam bastante a vida e o pecado sempre que querem, porque depois é possível confessar-se e obter a absolvição.

A Reforma Protestante de Martinho Lutero e João Calvino, por outro lado, removeu o padre como intermediário entre Deus e o homem. Em geral, o protestantismo permite que cada indivíduo interprete as Escrituras mais ou menos como quiser e ore pessoalmente a Deus pedindo perdão e redenção. Mas, na ausência da confissão, é muito mais difícil para o protestante expiar seus pecados. Assim, em geral os protestantes tentam evitá-los, porque não podem obter absolvição imediata.

Calvino foi mais além que Lutero e supôs que todos já nascemos salvos ou condenados. (Sim, ele era um fatalista cristão.) É uma doutrina traiçoeira: como as pessoas vão se comportar se já são "pré-julgadas" ao nascer? Se você nasceu salvo, por que não se divertir? Afinal de contas, não pode ser condenado. E se nasceu condenado, também é melhor se divertir. Afinal de contas, não pode ser salvo. De um jeito ou de outro, parece que os calvinistas é que dariam as festas mais alucinadas. Mas na verdade o contrário é que é verdade: estão entre os mais austeros ascetas cristãos. Por quê? Por causa da armadilha de Calvino. Ele argumentou que, embora não possamos saber com certeza se nascemos salvos ou condenados (e só descobriremos depois de mortos), podemos obter pistas fortíssimas com o nosso comportamento. Concluiu que as pessoas que "se comportam" (isto é, praticam a austeridade, como a negação dos prazeres) têm mais probabilidade de estar entre os salvos, enquanto aqueles que vivem soltos por aí (isto é, satisfazem qualquer capricho) têm mais probabilidade de estar entre os condenados. Embora os filósofos fiquem muito divididos sobre a credibilidade do argumento de Calvino (é um tipo de paradoxo chamado "problema de Newcomb"), muita gente o aceitou, como os puritanos, os quacres e outras seitas de protestantes britânicos e norte-americanos.

Assim, em seus aspectos mais puritanos, os protestantes tentam evitar todos os prazeres possíveis. Os católicos não, porque sempre podem aproveitar agora e confessar-se depois. Em outras palavras, os puritanos fazem tudo o que querem, dentro de certos limites, contanto que não se divirtam. Se alguma coisa é gostosa, deve ser má. Mas contanto que não seja divertida, provavelmente não é pecado. A idéia é evitar o pecado evitando a diversão. Esta é a atitude puritana frente ao sexo, à comida e aos outros apetites: o prazer é divertido, logo pecaminoso. A falta de prazer não é divertida; logo, é permissível. É uma lógica complicada? Pode apostar. Mas é bom para a disciplina pessoal, o trabalho duro, a jornada longa, o salário baixo e o adiamento da gratificação. A austeridade tornou-se uma virtude para as classes trabalhadoras durante a Revolução Industrial e, mais tarde, para a classe média. Isso também explica por que os franceses desenvolveram o *savoir-faire* e a *joie de vivre* enquanto os ingleses mantêm a boca franzida e tomam banhos frios. Isso também se reflete no "Novo Mundo": lugares anteriormente franceses (como Nova Orleans e Quebec) são sempre mais voltados para a diversão mas também mais corruptos que seus correspondentes de origem inglesa (como a Nova Inglaterra e Ontário).

Max Weber, pioneiro da sociologia, foi o primeiro a ressaltar que esta mesma lógica configura diretamente a ética protestante do trabalho. A idéia é que dormir até mais tarde, tirar um dia de folga ou não fazer absolutamente nada é muito bom às vezes. Logo, deve ser bem pecaminoso. Mas, contanto que você se ocupe e não se divirta, evitará o pecado. E aí você tem, em resumo, a filosofia dominante do local de trabalho ocidental. Segundo Weber, ela tornou o capitalismo muitíssimo bem-sucedido, mas a um preço: ninguém ama o que faz.

> (...) os elementos essenciais da atitude (...) chamada de espírito do capitalismo são os mesmos que demonstramos constituir o conteúdo do ascetismo temporal puritano, só que sem a base religiosa.
>
> Max Weber

Se você se sente sobrecarregado mas não realizado em seu trabalho, é provável que seu emprego seja governado pelo mantra "Ocupe-se, mas não se divirta". Dê um passeio em qualquer centro de alguma cidade grande durante o horário comercial e verá milhares de pessoas ocupadíssimas, mas sem se divertir nem um pouquinho. Em teoria, têm mais liberdade e oportunidade do que nunca existiu em qualquer grande sociedade; mas na prática, muitas delas são completamente desgraçadas. Por quê? Porque se sentem como máquinas, não como pessoas. As máquinas trabalham sem questionamento até se quebrarem ou ficarem obsoletas. As máquinas também não têm capacidade de divertir-se nem de realizar-se.

E sua obsolescência é planejada. Assim como as máquinas de verdade, que muitas vezes são construídas de propósito para durar menos tempo do que deveriam para que novas unidades possam ser vendidas mais cedo, com freqüência os trabalhadores são postos de lado por um sistema que continua a baixar a idade de aposentadoria mesmo que a duração média da vida esteja crescendo. O etarismo é outro fruto amargo da ética protestante do trabalho. As pessoas que odeiam seu trabalho esperam ansiosas pela aposentadoria precoce, mas isso porque adotaram as regras do jogo puritano de se ocupar sem se divertir. Para elas, o mantra da aposentadoria passa a ser "Divirta-se (você fez por merecer), mas torne-se inútil".

As pessoas mais realizadas são aquelas que sempre se ocupam no trabalho e no lazer, que amam os dois e que celebram a vida conforme suas próprias regras do jogo. E as culturas que costumam reverenciar os mais velhos são potencialmente mais humanas que aquelas que tratam seus velhos como maquinaria desatualizada. A qualidade da contribuição que se dá à família imediata e à família humana em geral costuma aumentar com a idade (pelo menos por algum tempo) e, assim, é ao mesmo tempo tolo e desumano desperdiçar o potencial daqueles que obtiveram a sabedoria através de uma vida inteira de experiência.

NO MUNDO, 'TÁ TUDO BEM

Entre os extremos da desumanização pela mecanização estão as fábricas do norte industrializado da Inglaterra durante o século XIX. Lá, crianças pequenas eram muitas vezes obrigadas a trabalhar doze ou mais horas por dia para que suas famílias pudessem comer, e só recebiam salários de fome. Foi este o triste cenário que emocionou e inspirou não somente Marx e Dickens mas também Robert Browning. Em seu retrato poético "Pippa Passes", Browning reafirmou o triunfo do espírito humano apresentando o amor indômito de uma menininha pela vida e sua irreprimível humanidade. Pippa vai para o campo em seu dia de folga anual (sim, seu único dia de folga no ano) para comungar com a natureza e celebrá-la. E canta:

> É primavera no ano,
> É de manhã no dia;
> De manhã já deu as sete;
> E o orvalho se mantém;
> A cotovia 'stá voando;
> a lesma, na mataria;
> Deus, no céu celeste;
> No mundo, 'tá tudo bem!*

---

*"The year's at the spring, / And day's at the morn; / Morning's at seven; / The hillside's dew-pearl'd; / The lark's on the wing; / The snail's on the thorn; / God's in His heaven — / All's right with the world!"

Você pode interpretar esta estrofe como extrema ironia, mas o otimista que há em mim lê que qualquer um pode encontrar e apreciar o resplendor orgânico da natureza, ainda que mergulhado todo dia na pasmaceira mecanicista. Pippa reafirma o divino bem-estar e o alegre desdobrar do cosmo em face do mal-estar criado pelo homem e da futilidade da mecanização. Ela é um raio de esperança a perfurar o que o grande humanista e pacifista Lewis Mumford chamou de "coma mecanicamente gerado" induzido pela Revolução Industrial em tanta gente por tanto tempo. E agora que a Revolução Industrial cedeu lugar à revolução do computador, substituímos o coma mecanicamente gerado na fábrica pelo transe ciberneticamente gerado no escritório. Quanto mais tempo você passa no ciberespaço, menos real parecerá a sua vida.

UM DEUS CIBERNÉTICO

Em 1956, uns trinta anos antes de o computador pessoal se tornar tão comum em nossa vida, Lewis Mumford escreveu: "Ao criar a máquina que pensa, o homem deu o último passo para submeter-se à mecanização; e sua abdicação final frente a este produto de sua própria engenhosidade deu-lhe um novo objeto de adoração: um deus cibernético."

As máquinas são extensões de nossos membros, órgãos e sentidos. As bicicletas e carros ampliam nossas pernas; as ferramentas elétricas ampliam nossos braços; os telescópios e microscópios ampliam nossos olhos; telefones e aparelhos de fax ampliam nossas vozes. Todas essas máquinas são passivas, à espera do nosso comando e do nosso controle. Com certeza não achamos que elas tenham cérebro ou mente.

Os verdadeiros computadores são outra coisa. Embora sejam apenas motores lógicos equipados com vários aparelhos para receber, ler, escrever, armazenar, exibir, rearrumar e processar dados, muita gente espera que acabem ficando mais "inteligentes" que os seres humanos e respondam por nós todas as questões que não conseguimos responder. Alguns imaginam um mundo futuro no qual os computadores resolverão para nós, de uma vez por todas, Grandes Questões sobre o significado da vida e a existência de Deus e explicarão a morte, a consciência e o objetivo do universo. Filósofos, lógicos e cientistas da computação discordam se este mundo um dia virá a existir. Ninguém sabe se um computador pode pensar e a discussão aumenta em ambos os lados.

Os defensores das "máquinas pensantes" se alegraram quando o programa de computador chamado Deep Blue derrotou o campeão mundial de xadrez Gary Kasparov, mas a façanha não deveria surpreender. Em termos da teoria dos jogos, o xadrez é igualzinho ao jogo-da-velha, só que com muitíssimas complicações possíveis a mais. Quem encontrar a melhor jogada em qualquer um desses jogos não poderá perder. Se você e seu adversário encontram as melhores jogadas, o jogo vai empatar. É fácil descobrir a melhor jogada no jogo-da-velha, e é por isso que até crianças pequenas ficam logo entediadas. O xadrez é muito mais intrincado, mas os grandes mestres sabem como achar a melhor jogada na maior parte do tempo. É por isso que empatam tanto em tantos jogos. Mas para um motor lógico, o jogo-da-velha e o xadrez são exatamente a mesma coisa, pelo menos em teoria: calcule a melhor jogada e não poderá perder. Gary Kasparov ficou visivelmente irritado depois de perder para o Deep Blue. De algum jeito, tinha esperado que a engenhosidade, a criatividade ou a inspiração humanas pudessem derrotar o poder computacional. Estava enganado. Em jogos como o xadrez, motores lógicos avançados são superiores a cérebros humanos especializados.

São mesmo? Afinal de contas, Deep Blue é uma extensão de uma equipe de cérebros humanos especializados. Seres humanos o programaram para descobrir mais jogadas melhores do que o melhor jogador humano. Assim, esses cientistas da computação que conceberam, desenvolveram e aperfeiçoaram o programa não estavam eles mesmos jogando xadrez, usando o computador como extensão de seu cérebro? Se for assim, não estaríamos correndo atrás do próprio rabo ao supor que a máquina seja de algum modo superior a nós? Os carros de corrida são projetados para se deslocarem muito mais depressa do que podem correr os seres humanos, mas levar um carro de corrida à vitória é tarefa que só seres humanos podem realizar. Os guindastes são projetados para levantar objetos muito mais pesados do que agüentam os seres humanos, mas operar um guindaste numa construção é tarefa que só um ser humano pode realizar. E os computadores são projetados para aceitar informações, manipular dados e exibir o resultado de maneira muito mais rápida e complexa do que conseguem os seres humanos sozinhos, mas programar um computador para fazer isso é tarefa que só um ser humano pode realizar.

A questão mais profunda relativa aos filósofos e cientistas da computação é se compor sinfonias, escrever poemas e improvisar diálogos são simplesmente outro tipo de "jogo" que um dia os computadores jogarão melhor do que seres humanos. Com certeza os programas de computador estimularão a criatividade e a espontaneidade humanas. Mas uma simulação equivale à coisa real? Ou o poder criativo da mente humana será para sempre maior que qualquer simulação de computador?

FORMALISMO *VERSUS* HOLISMO

Os formalistas aderem a uma visão newtoniana essencialmente desatualizada de que o próprio universo é uma máquina gigantesca. Acreditam que qualquer processo pode ser mecanizado. Para eles, o cérebro humano é meramente um computador biológico que roda programas biológicos e, mais cedo ou mais tarde, programaremos computadores lógicos para compor sinfonias, escrever poemas e improvisar diálogos melhor do que nós.

Por outro lado, os holistas vêem o universo como um organismo gigantesco. Acreditam que alguns processos não podem ser mecanizados. Os holistas vêem os computadores como extensão das mentes, não como cópias de cérebros. Para um holista, mesmo que consigamos estimular a criatividade, a intuição etc. com os computadores, estes continuam a ser simples extensões do cérebro e, o que é mais importante, da mente. Os holistas acreditam que o poder criativo da mente humana não é inteiramente explicada pelo "hardware" do cérebro e pelo "software" lingüístico; deve haver algo mais ali que permita a Bach achar as melhores notas, Milton achar as melhores palavras, Rembrandt achar as melhores cores, Sócrates achar as melhores idéias — e eu e você apreciarmos estas e outras obras de arte imortais.

Segundo a visão holística do mundo, as máquinas são meramente a soma de suas partes e as partes são preconcebidas pelos projetistas. Os organismos têm propriedades que não podem ser explicadas meramente por suas partes, propriedades que surgem de forma imprevisível da interação entre elas. As grandes obras de arte registram-se mais profundamente na consciência e na emoção humanas do que aqueles desenhos numerados para colorir, porque possuem qualidades que não podem se reduzir a números. A quantidade é mecanicista; a qualidade, orgânica.

Em termos da teoria da complexidade, a ameba unicelular é muito mais complicada que qualquer máquina já projetada, do supercomputador Vax aos foguetes espaciais. E você, como todos os outros seres humanos, é muitíssimo mais complicado que uma ameba. Assim, para começar a atingir todo o seu potencial de ser humano, é preciso avaliar a diferença entre mecanismo e organismo e conceber uma sociedade na qual as pessoas sejam células de um organismo maior, em vez de engrenagens de uma máquina ou nós de uma rede.

Equipes de pessoas são mais do que máquinas. Os atores são mais que seus papéis; são indivíduos cujas qualidades específicas redefinem a forma e a função do todo. Num time, a posição dos jogadores pode ser predeterminada, mas não os próprios jogadores. Nenhuma equipe é formada de peças, como uma máquina. Para sentir-se um ator ou um jogador, você precisa trabalhar numa empresa que tenha uma filosofia orgânica e não mecanicista. Eis uma filosofia orgânica de administração daquele que talvez seja o maior técnico de futebol americano de todos os tempos, Vince Lombardi:

> Dedicação individual a um esforço grupal: é isso que faz um time funcionar, uma empresa funcionar, uma sociedade funcionar, uma civilização funcionar.
>
> Vince Lombardi

Os jogadores de Lombardi nunca se sentiram como engrenagens. A inspiração lendária que ele lhes trazia e a dedicação que deles exigia davam-lhes significado e objetivo suficientes para durar a vida toda. Seus times trabalhavam mais, jogavam mais, divertiam-se mais e também venciam com mais freqüência que os outros.

O caso de Raphael: noivado pelo ciberespaço

A história de Raphael nos recorda que as máquinas não são boas nem más em e por si mesmas — tudo depende de como são usadas. Os computadores podem nos reumanizar tanto quanto nos desumanizar, como mostra a experiência de Raphael. Professor aposentado, era um pouco surdo e tinha pouco fôlego, devido à asma. Por ter sido educado no estilo da "velha escola", Raphael era bem versado em letras e amava a arte da correspondência. Não via muita utilidade nos computadores; isto é, até que a segunda esposa perdeu a batalha contra o câncer e morreu. Foram casados por apenas seis anos, mas viveram uma relação profunda. Raphael não só sentiu a falta dela como se desesperou, achando que nunca seria capaz de encontrar outra pessoa. Por ser meio surdo e asmático, e também bastante culto, não era um bom candidato para o ambiente enfumaçado, barulhento e muitas vezes nada intelectual de um bar. E, embora as bibliotecas públicas fossem silenciosas, sem cigarros e cheias de bons livros, dificilmente seriam o lugar ideal para conhecer mulheres.

Raphael guiara-se muitas vezes pelo Livro do Eclesiastes, mas de repente achou irônicos alguns conselhos seus: "Goza a vida com a mulher que amas (...) pois é este teu quinhão na vida." A Raphael parecia que este quinhão fora pequeníssimo e cogitava no que poderia fazer a respeito. Um de seus filhos já crescidos (do primeiro casamento, que terminou em divórcio) sugeriu-lhe que comprasse um computador e conhecesse mulheres pela internet, mas a princípio Raphael rejeitou a idéia.

Assim, voltou ao Eclesiastes. Mas de repente este trecho falou-lhe de um jeito inteiramente novo: "Lança teu pão sobre as águas, pois o encontrarás depois de muitos dias (...) Pela manhã lança tua semente, e à noite não detenhas tua mão." Ocorreu a Raphael que isso também podia ser interpretado como sugestão para entrar na rede. Assim, comprou um computador e aprendeu a usá-lo. Começou a participar de clubes virtuais de encontros e manteve correspondência por e-mail com mulheres de todo o país. Sua dificuldade de audição e sua asma não eram barreira para o e-mail e seu amor pela boa literatura e pelas cartas lhe conquistaram muitas amigas por correspondência e muito romance virtual.

Uma mulher específica, chamada Evelyn, atraiu-o o bastante para que a buscasse na vida real. Também era viúva e professora aposentada e seu gosto literário era o mesmo de Raphael. Tinham trocado fotografias e até mensagens de voz. Acabaram marcando um encontro. Como moravam em estados diferentes mas não muito afastados, viajaram durante um dia e encontraram-se no meio do caminho.

A atração virtual floresceu na realidade. Para Raphael, foi como fugir para casar-se. Acabaram morando juntos. A concretização de seu romance foi possibilitada, em princípio, pela filosofia de vida de Raphael. Ele não era uma engrenagem da máquina de ninguém nem um nó na rede de ninguém. Em vez disso, era um ser orgânico que usou as máquinas computadoras e o ciberespaço como meio de ampliar a consciência, a mente e o coração. Raphael e Evelyn compreenderam que a aldeia global é o maior local de encontro e que o bom uso das máquinas melhora as relações humanas.

Raphael aceitou um último conselho do Eclesiastes: "Para tudo há uma estação e um tempo para qualquer coisa sob o céu." Para Raphael, isso significou que houve um tempo para usar computadores e um tempo também para deixar de usá-los. Assim, quando ele e Evelyn montaram a casa nova, empacotou o computador com naftalina.

> Um tempo de buscar e um tempo de perder; um tempo de guardar e um tempo de jogar fora.
>
> Eclesiastes

REALIDADE, VIRTUALIDADE E ESPIRITUALIDADE

A geração mais nova, nascida num mundo já formado por computadores, pode enfrentar desafios mais difíceis para vivenciar sua humanidade. Frente a *Matrix*, é mais difícil para ela distinguir o real do virtual. A confusão entre realidade e virtualidade acontece em estágios que sempre dependem das máquinas.

Considere, por exemplo, o modo como as máquinas mudaram a música e o impacto da música na vida social. Nos séculos XVIII e XIX, as pessoas tocavam instrumentos juntas, em casa, regularmente. Sua experiência em comum de música de câmara era um enriquecimento cultural e um aprimoramento social. No século XX, a invenção do fonógrafo, do rádio e da televisão trouxe a música de longe para dentro de casa, mas transformou a família de produtora ativa de música em consumidora passiva. O comércio de gêneros de música diferentes para diferentes gerações mais a disponibilidade de máquinas que tocam música com fones particulares dividiu a família num conjunto de indivíduos com gostos diferentes. Embora este seja o tipo de individualismo que o projeto do Iluminismo defende, o que acontece aqui fica longe da iluminação. Quando os membros da família se reúnem na mesma sala mas cada um está ligado ao seu aparelho pessoal de CD, habitam seus próprios universos separados. A música mecanizada os divide, em vez de reuni-los. Do ponto de vista comercial, o lema da Roma Imperial "Dividir para conquistar" funciona muito bem. Mas do ponto de vista social, são seres passivos e alienados e estariam em melhores condições se às vezes tocassem música juntos, como uma família ativa e interligada.

O que a música mecanizada faz com a vivência social, os computadores fazem com a consciência social. Cada membro da família senta-se agora em frente ao seu próprio computador pessoal. Cada um vivencia uma consciência separada, estimulada por uma máquina. Só se percebem um ao outro de forma nebulosa. A virtualidade aos poucos suplanta a realidade. Calculadas as horas e anos que cada criança passa em frente da televisão, dos monitores de computador e da tela dos *videogames*, horas e horas passivamente deslocadas do contato humano real e do envolvimento social ativo, a virtualidade acaba substituindo a realidade. Alguns jovens mal conseguem dizer qual é a diferença.

Uma maneira de vivenciar a humanidade outra vez em qualquer idade é com outra Grande Questão: qual é a diferença entre mecanismos e organismos? Uma resposta possível, ou seja, que há algo espiritual na vida orgânica, é o tema do nosso próximo capítulo.

EXERCÍCIOS FILOSÓFICOS

Primeiro exercício: Desmecanize-se.

1. Tente desconectar-se de suas máquinas por um dia ou mais. Depois de algumas horas, você vai se acalmar e elas pararão de governá-lo. Desligue os fones, os televisores, os videocassetes, os DVDs, os computadores, o som, os relógios elétricos e digitais. Tire as pilhas de seu próprio relógio de pulso. Um verdadeiro relógio de pêndulo está ótimo; é uma antigüidade de baixa freqüência que funciona com molas e com a gravidade. Não vai perturbá-lo. Desligue os celulares. Guarde seu *palm top* e seu *walkman*. Se não consegue largar o controle remoto, esconda-o numa gaveta. Agora vai ser capaz de navegar por sua casa sem que uma máquina seja o próximo porto.
2. E agora? O que você vai fazer? É isso mesmo: vá em frente e entre em pânico.
3. Agora encontre alguma coisa para produzir com sua própria energia orgânica, em vez de consumir a energia e os produtos de uma máquina. Desenhe. Pinte. Esculpa. Leia. Escreva. Brinque. Sente-se. Pense. Fale. Ande. Vivencie sua humanidade. Se consegue resistir às máquinas, também consegue resistir às maquinações. Isso também é bom para você.

Segundo exercício: Reumanize-se.

É um passo só: Passe algum tempo com a natureza, no campo. Quanto mais, melhor.

10
VOCÊ É UM SER ESPIRITUAL?

> Há uma alma no centro da natureza e acima da vontade de todos os homens (...) coloque-se no meio da corrente de poder e sabedoria que anima tudo o que nela flutua e será, sem esforço, impelido para a verdade, o certo e o contentamento perfeito.
>
> Ralph Waldo Emerson

> A maior emoção de que somos capazes é a emoção mística. Nela mora o germe de toda arte e de toda verdadeira ciência (...) o núcleo do verdadeiro sentimento religioso. Neste sentido, e somente neste sentido, incluo-me entre os homens profundamente religiosos.
>
> Albert Einstein

SE VOCÊ NEGLIGENCIA, IGNORA ou nega os aspectos espirituais do seu ser, deixará de viver a vida da forma mais completa possível. E isso pode produzir tanto mal-estar quanto doença. Mesmo nos Estados Unidos, talvez a sociedade mais aquisitiva e materialista que o mundo já viu, muitas pessoas também são seres incrivelmente espirituais. A satisfação das necessidades materiais, emocionais e intelectuais não é suficiente para manter o significado da vida. Assim, muita gente, cedo ou tarde, busca caminhos espirituais, seja nas religiões organizadas tradicionais, seja em sistemas de crenças não tradicionais, seja na sabedoria perene do Oriente, nas abordagens da Nova Era ou até na filosofia secular. O espírito pode manifestar-se em muitos caminhos diferentes, mas em si mesmo é ainda uma só coisa; assim como há sorvete de muitos sabores diferentes, mas em si mesmo é tudo sorvete.

E o que é espírito? Falando simplesmente, é um tipo de força ou energia imaterial. Mesmo os materialistas mais arraigados são forçados a admitir a existência e a influência de coisas imateriais. Os campos gravitacionais e magnéticos, por exemplo, são coisas não materiais que exercem força e acumulam energia. A luz, também, é composta de pacotes imateriais de energia. Sem a gravidade não haveria atmosfera; sem magnetismo, nenhum íon bioquímico; sem luz, nenhum modo para as plantas fotossintetizarem. Assim, a própria vida depende de forças e energias de tipo imaterial. Se isso é verdade para as plantas, não seria muito mais verdadeiro para seres conscientes como os humanos? A vida e a consciência têm aspectos inegavelmente espirituais (ou seja, não materiais). Seus próprios pensamentos são imateriais, mas determinam, em última instância, qual dos Dez Mundos você habita bem agora. Se nega o espírito, é por sua própria conta e risco porque, se a causa primária de um mal-estar for espiritual, negar a existência deste domínio tornará impossível aliviar o mal-estar.

Veja um exemplo concreto: a obesidade. Os Estados Unidos e o mundo desenvolvido estão testemunhando uma epidemia de obesidade. Incontáveis adultos e crianças norte-americanos, de diversas culturas e várias origens étnicas, são grotescamente gordos. Em parte isso se deve a não terem bons hábitos alimentares. Assim, consomem muita comida de lanchonete e guloseimas, além de hormônio bovino do crescimento (graças à indústria de laticínios), e tudo isso contribui para a obesidade. Também assistem demais à TV e fazem pouquíssimo exercício. Mas aqui acontece uma outra coisa: acredito que muitas dessas pessoas passam fome espiritual e tentam satisfazer seu apetite espiritual com comida. É claro que não funciona; na verdade, o tiro sai pela culatra. As pessoas realizadas na vida comem menos e melhor, na média, e não mais e pior; enquanto pessoas com mal-estares não tratados tentam preencher o vazio espiritual com *cheeseburgers* e batatas fritas. Certa vez John Lennon cantou: "Agora sabem quantos buracos precisam para encher o Albert Hall", querendo dizer um número infinito. Pode-se dizer o mesmo sobre a obesidade, só que ao contrário: é preciso um número infinito de Big Macs para encher um vazio espiritual.

Vejamos outro exemplo concreto: o hábito de fumar. As pessoas fumam por muitas razões possíveis. As mais comuns incluem vício de nicotina, o gozo do vício, o hábito, uma diversão para as mãos e a boca, gratificação oral, diversão com a fumaça e pressão dos colegas. Além disso, as pessoas costumavam fumar por causa da publicidade direta e indireta: o Homem de Marlboro era "legal" e as estrelas de cinema preferidas de todo mundo costumavam fumar um cigarro atrás do outro em seus filmes. Ainda que os fumantes possam largar o vício da nicotina (que desaparece depois de alguns dias), encontrar outros prazeres, adquirir hábitos melhores, arranjar o que fazer com as mãos e a boca, descobrir gratificações e diversões alternativas e resistir à pressão dos colegas, muitos nem assim conseguem parar de fumar. Por que não?

Talvez haja outra razão para as pessoas fumarem que não está na lista acima e, portanto, não vem sendo atacada abertamente. No fundo, é uma razão espiritual. As pessoas fumam para sentir sua respiração. Quando você inala por um cigarro, na verdade sente a fumaça (e, portanto, a respiração) entrar em suas vias aéreas e seus pulmões; quando exala, sente e ao mesmo tempo vê a fumaça (e, portanto, a respiração) saindo de seus pulmões e vias aéreas. Respirar é o fato básico da vida; é a primeira coisa que você fez quando nasceu, e expirar o último alento será seu ato final na vida. A respiração e o espírito estão intimamente relacionados. Quando alguém aprende a respirar corretamente, coloca sob controle o corpo e a mente. Então, e só então, sua energia espiritual pode manifestar-se por completo. Assim, as pessoas estão certas quando querem sentir sua respiração, mas precisam aprender maneiras úteis e não danosas de fazê-lo. Não se pode encher de fumaça um vazio espiritual, como não se pode enchê-lo de *cheeseburgers*.

A obesidade e o fumo são apenas dois exemplos de problemas graves e generalizados que se mostram bem resistentes aos tratamentos convencionais. Talvez seja porque, entre muitos outros problemas, estão enraizados em domínios não materiais. Neste caso, precisam de remédios espirituais. Não é preciso dizer que, mesmo que você já faça uma alimentação saudável e respire direito, sempre há espaço para o progresso espiritual.

FREUD *VERSUS* JUNG

A coisa que separou Freud de Jung foi o espírito, que também separa freudianos de junguianos. Jung achava que a maior parte dos mal-estares dos adultos era causada por crises espirituais não resolvidas. Freud supunha que todos os mal-estares da vida eram sintomas de doenças e considerava a psicanálise um modo indireto de gerenciar tal doença até que a ciência do cérebro nos desse respostas diretas. Escreveu: "Que os biólogos avancem o mais que puderem e avancemos nós o mais que pudermos. Algum dia nos encontraremos." Cientista materialista, Freud negava a própria existência do espírito no ser humano, enquanto Jung, místico intuitivo, proclamava sua primazia em todos os problemas humanos.

Embora a premissa básica de Freud esteja de acordo com nossa escapista abordagem de diagnóstico-e-medicamento para o mal-estar, as idéias de Jung embasam uma interpretação mais holística dos desafios da vida. Jung via cada um de nós como um peregrino numa busca espiritual personalizada. Em sua opinião, a vida é uma jornada milagrosa cheia de surpresas e desafios, transbordante de alegrias e tristezas, abundante de pensamentos, sentimentos e experiências que trazem tanto bem-estar quanto mal-estar. Mas nos enganamos ao tratar os mal-estares intermitentes da vida como sintomas de moléstia. Quando fazemos aquilo que somos feitos para fazer — quando realizamos nossa busca — esforçamo-nos para obter unidade e harmonia entre as forças adversárias do mito (mitologia), do logos (razão), do cosmo (ordem) e do caos (desordem), forças que, não sendo assim, puxam e empurram o ser humano em várias direções diferentes. Quem unifica e harmoniza este quarteto — em outras palavras, seu maestro — é o espírito.

> O homem moderno não entende até que ponto seu "racionalismo" (...) o deixou à mercê do "submundo" psíquico. Ele se libertou da "superstição" (ou assim acredita), mas no processo perdeu seus valores espirituais num grau positivamente perigoso. Sua tradição moral e espiritual desintegrou-se e, hoje, paga o preço de seu rompimento com a desorientação e a dissociação mundiais.
>
> Carl Jung

O caso de Kevin: uma estrada pedregosa

Kevin era um roqueiro de sucesso que buscou aconselhamento filosófico com minha colega britânica Emmy van Deurzen. Fizera o que muitos jovens provavelmente sonham ou fantasiam: gravou discos, viajou pelo mundo todo em turnês, deu festas loucas em hotéis e entregou-se aos excessos de sexo e drogas que tornam famoso (ou infame) o estilo de vida dos músicos de rock. Depois de vários discos, muitas turnês, inumeráveis festas e extremos aparentemente sem limites, o grupo finalmente se desfez. Kevin agora enfrentava uma mudança súbita e drástica de seu estilo de vida. Enfrentava um futuro novo e possivelmente cheio de esperanças acompanhado de hábitos antigos e com certeza desesperadores: vício em cocaína, dependência de álcool e consumo de cigarros. Kevin teve o bom senso de querer se livrar de todos esses hábitos e, em seu caso, o vício em cocaína foi mais fácil de curar que o uso de álcool e cigarros.

A primeira lição filosófica de Kevin, no entanto, foi entender as armadilhas do hedonismo, que era a filosofia que, sem saber, seguira por algum tempo. Um hedonista é, em essência, alguém que busca o prazer e valoriza a obtenção de prazer acima de tudo o mais. Os hedonistas enfrentam pelo menos três grandes problemas. Primeiro, preferem os prazeres imediatos dos sentidos aos prazeres demorados dos objetivos de prazo mais longo (e mais duradouros) obtidos com disciplina, esforço e paciência. Por que isso é um problema? Porque a gratificação instantânea tem sempre vida curta; assim, os hedonistas vivem com fome de mais. Isso leva ao segundo problema: não só seus apetites são insaciáveis como também precisam de quantidade sempre maior de gratificação só para manter o nível de insatisfação a que estão acostumados. No início Kevin queria uma dose, uma carreira e uma garota; logo queria dois de cada; mais tarde, três ou mais. O apetite do hedonismo nunca se satisfaz, mas seu efeito cumulativo no corpo, na mente e no espírito são realmente debilitantes e destrutivos. E este é o terceiro problema: a gana de gratificação imediata do hedonista pode matá-lo aos poucos. É irônico, mas verdadeiro.

Assim, quando Kevin abandonou os maus hábitos e a filosofia de vida que o sustentara, também enfrentou um vazio: o abismo entre sua vivência passada como astro do rock e sua existência futura como alguma outra coisa, cuja identidade exata ele então desconhecia. Este é novamente o abismo de Nietzsche, e o desespero temporário que causa é, na verdade, um passaporte para o crescimento espiritual e a satisfação duradoura. Observe que isto é o contrário da gratificação temporária do hedonismo, que era o passaporte de Kevin para a decadência espiritual e a insatisfação duradoura. Assim, Kevin podia ver os méritos de seu ponto de vista, embora ainda sentisse o desespero. O existencialismo tornou-se um substituto mais saudável de seu hedonismo e ajudou Kevin a atravessar o período de transição e abstinência das drogas.

Kevin descreveu seu processo de recuperação como parecido com escalar uma montanha sem mapas. Às vezes a rota era fácil; outras vezes, árdua; nos piores trechos, impossível. Então tentava refazer seus passos e encontrar um caminho melhor. Mas tinha uma orientadora filosófica como companheira de escalada e ela ajudou-o a descobrir outra coisa também. Na verdade, Kevin estava realizando uma viagem espiritual de um tipo de vida a outro. Mudanças drásticas como essa não são mortes, mas renascimentos. Representam o progresso do espírito humano, que descarta os hábitos antigos e mais destrutivos de viver e pensar e os substitui por outros mais novos e construtivos.

> Termina cada dia e acaba com ele. Fizeste o que pôde ser feito. Sem dúvida alguns tropeços e absurdos se insinuaram; esquece-os o mais rápido possível. Amanhã é um novo dia; começa-o bem e serenamente, e com o espírito elevado demais para atrapalhar-se com tuas antigas tolices.
>
> Ralph Waldo Emerson

ESPIRITUALIDADE E RELIGIÃO

O espírito tem papel importante nas religiões organizadas, como seria de se esperar. Mas também é possível (e às vezes desejável) crescer espiritualmente sem pertencer a um grupo religioso específico. Este é o método preferido de alguns, pois se a religião fica dogmática demais, o que é um risco inerente a todos os ensinamentos doutrinários, seus seguidores podem perder a capacidade de exercer a dúvida e ver que seu crescimento espiritual na verdade foi sufocado. É possível ser religiosamente praticante sem ser espiritual; seguir os rituais como mero comportamento decorado pode até empobrecer o espírito. Por outro lado, a prática espiritual enriquece a vida, quer você seja religioso ou não.

Todas as grandes religiões do mundo têm um conjunto esotérico (ou interior e muitas vezes bem guardado) de ensinamentos que envolvem práticas que vão além de regras comunitárias, rituais, liturgias e orações e que se voltam para o crescimento espiritual. Esses ensinamentos costumam ser rotulados de "misticismo". Os próprios professores, sejam sábios taoístas, brâmanes hinduístas, cabalistas judeus, gnósticos cristãos, sufis muçulmanos, bodisatvas budistas ou gurus ecléticos, dedicam-se ao despertar espiritual do indivíduo, em contraste com a adoração conformista do grupo. O caminho espiritual sempre desenvolve a capacidade interior de explorar e exaltar os mistérios do universo em nome do amor e da beneficência. O caminho espiritual nunca leva à destruição de si e dos outros em conflagrações violentas, fúteis e danosas de ódio e má vontade suicida. O mal-estar é um dos ingredientes básicos de todo "guisado" esotérico que, quando adequadamente preparado, transforma-o em bem-estar. O mal-estar é um amigo, não um inimigo, pois nos abre a mente, o coração e a alma a experiências de vida espiritual, obrigando-nos a refinar nossos aspectos animalescos e humanizar os mecanicistas. Vou resumir bem rapidamente algumas tradições místicas. Também sugiro algumas leituras para o caso de você se interessar. Ler bons livros pode mudar sua vida para melhor: é a "biblioterapia".

> Há mil e um portões que levam ao pomar da verdade mística. Todo ser humano tem seu próprio portão. Nunca devemos cometer o erro de querer entrar no pomar por um portão que não seja o nosso.
>
> Elie Wiesel

Os sábios taoístas são sublimes, mas difíceis de encontrar. O próprio Tao é um caminho que não pode ser definido exceto pela contradição racional de que toda definição dele é, por definição, incorreta. Não deixe que isso o detenha! Este caminho sem caminho leva do mal-estar ao bem-estar, mas não dá para baixar "instruções de funcionamento" da internet. O sábio Chuang-tsé aconselha: "Pratica não ter pensamentos nem reflexões e chegarás a conhecer o Tao. Só quando não se tem mais lugar e não se pode mais ver adiante, encontra-se o repouso no Tao. Não tenhas caminho nem planos e obterás o Tao." Um estudante do Tao queixou-se de que "é como tomar um remédio que me faz sentir pior que antes". Isso porque seguir o Tao significa esvaziar-se do não Tao. Você está fadado a notar algum desconforto. Não se preocupe. Depois será capaz de começar a beber do que Chuang-tsé chama de "generosidade da vida". Mas para isso é preciso primeiro esvaziar-se do pão-durismo da vida. É desagradável, como lancetar um abscesso; mas é necessário para acabar com a infecção. O *Tao Te Ching* pode ensinar-lhe.

O maior pacote de filosofia espiritual hinduísta e indução à sua prática, ou seja, o Bhagavad Gita, começa com o desânimo total do aluno Arjuna, que também é um poderoso guerreiro. Mas a excelência marcial de Arjuna é como uma palha ao vento se comparada às forças cósmicas espirituais que agora precisa começar a compreender, como Krishna lhe revela com paciência e método. O mal-estar de Arjuna o leva a questionar o significado da vida e da morte, o que destranca um portão para as práticas espirituais dos Sábios da Floresta. Seu desânimo foi a chave de sua salvação. O seu também pode ser uma chave para você. Para descobrir, leia o Bhagavad Gita.

Muitas práticas do misticismo judeu (cabala) partem basicamente do princípio de uma coisa ainda pior que o desânimo: ou seja, o desastre. Forças além do nosso controle podem, a qualquer instante, provocar um enorme alvoroço na vida, causando morte e destruição em seu rastro. Veja o Livro de Jó. Veja o 11 de setembro de 2001. Segue-se que todo momento em que um desastre *não* acontece é, na verdade, um dom precioso que deve ser comemorado maximizando-se o amor pela vida. Esta celebração, que é o coração da cabala, é a prática espiritual. Como diz o rabino David Cooper, estamos nadando "num mar de milagres que ninguém percebe". Sua missão é perceber. Sua realização é espiritual. Se gosta de cumprir missões, por que não investiga a cabala? Pode começar com *God Is a Verb* [Deus é um verbo], de Cooper.

O misticismo cristão evoluiu tanto na igreja romana quanto fora dela — isso graças à antiga proibição do gnosticismo pela Igreja. É interessante que as ordens religiosas dentro da Igreja importam hoje outras tradições para reinspirar sua própria fé, e cito como exemplo o jesuíta Roshi Robert Kennedy e o zen-budismo que ofereceu como presente às comunidades católicas romanas monásticas e leigas. Os gnósticos, contudo, emularam desde o princípio os ensinamentos esotéricos de outras religiões. Vêem este mundo, na melhor das hipóteses, como imperfeito, e, na pior, como um inferno. Seu caminho para além do mal-estar é a evolução da consciência humana: um avanço do materialismo e da escravidão dos sentidos para a consciência ética, para a libertação espiritual da gnose. O estudioso gnóstico G. Quispel escreve: "O mundo-espírito no exílio tem de passar pelo Inferno da matéria e pelo Purgatório da moral para chegar ao Paraíso espiritual". Se você se sente como um espírito exilado, por que não estudar alguns textos gnósticos? Um pré-gnóstico antigo e anônimo escreveu uma das minhas obras prediletas de misticismo cristão: *A nuvem do desconhecido*.

O misticismo islâmico, ou sufismo, é congruente com os ideais e práticas espirituais taoístas, hinduístas, judaicas e cristãs. Tradição mística que evoluiu mais recentemente dentre as outras grandes, o sufismo incorpora elementos de todas as suas antecessoras. Como os taoístas, os sufistas valorizam o vazio. Como os Sábios da Floresta hinduístas, vivem separados do rebanho. Como os cabalistas, celebram exultantes a vida. Como os gnósticos, rejeitam os dogmas oficiais e buscam verdades mais elevadas. E como todos eles, reconhecem o potencial transformador do mal-estar. Eis, por exemplo, o conselho de Rumi sobre o assunto: "As dores que sentes são mensageiros. Ouve-os. Transforma-os em doçura." Como? Fazendo com eles música doce. O mal-estar às vezes parece um vazio. Mas, como sabem todos os místicos, o vazio é utilíssimo e belíssimo: "Somos alaúdes, nem mais, nem menos. Se seu corpo está cheio de alguma coisa, não há música." Só esvaziando-se do que é mundano é possível encher-se do divino e tornar-se seu instrumento. Para saber mais, leia Rumi e os outros sufis.

BUDISMO

As tradições budistas, em sua origem, não são místicas nem denominacionais, e é por isso que atraem adeptos de todas as religiões. O objetivo genérico do budismo é atingir uma percepção do mundo liberta de ânsias, apegos, desejos e outros venenos da consciência. Alguns budistas acreditam que há uma alma que reencarna; outros não acreditam em alma. Seja como for, sua prática é espiritual porque desperta recursos humanos adormecidos, eleva a percepção das verdadeiras causas do sofrimento e desperta a compaixão por outros seres sencientes. Tudo o que se exige é um exercício da humanidade em sua manifestação mais simples mas mais poderosa e benevolente: ficar parado por algum tempo. Basta isso para revelar o espírito humano. A "natureza de Buda", essência mais nobre e menos egotista da humanidade, não é uma emoção nem uma idéia, nem uma alma nem uma não alma. Sua percepção, por falta de melhor palavra, é espiritual. E assim como no caso das escolas místicas vistas acima, o mal-estar facilita a apresentação de alguém à teoria e à prática budistas. O sofrimento pode ser um guia para um destino melhor.

A maior parte dos males da vida nasce porque o homem é incapaz de sentar-se em silêncio numa sala.

Blaise Pascal

TEOSOFIA

Esses mistérios mais profundos do ser e da consciência — assuntos espirituais — foram examinados por pensadores ocidentais em contato com o Oriente em todos os séculos, desde Pitágoras, se não antes. Mais perto de nosso tempo, os teosofistas britânicos e europeus fundiram a teologia mística e a filosofia espiritual a práticas seculares. Influenciada pela teologia de Emanuel Swedenborg, do século XVIII, e pelas tradições ecléticas de sabedoria do Oriente, a teosofia foi iniciada por Helena Petrovna Blavatsky, no século XIX. Misturando a alegoria da caverna de Platão com sua correspondente hinduísta, a doutrina da ilusão das percepções ordinárias (Maia), Madame Blavatsky escreveu:

"Conforme subimos na escala de desenvolvimento, percebemos que, durante os estágios por que passamos, confundimos sombras com realidades, e o progresso ascendente do Ego é uma série de despertares progressivos, cada avanço trazendo consigo a idéia de que agora, finalmente, atingimos a "realidade"; mas só quando tivermos alcançado a Consciência absoluta e nos fundirmos a ela, estaremos livres das ilusões produzidas por Maia."

George Gurdjieff e Peter Ouspensky examinaram nossa dimensão espiritual de modo semelhante e escreveram com eloqüência sobre suas descobertas. Mapearam uma dimensão da consciência afastada do mal-estar emocional e intelectual, na qual o indivíduo se banha numa radiância de bem-estar. Mais uma vez, encontramos o mesmo tema: o progresso espiritual sempre exige pressões externas, assim como a transformação do carvão em diamante. Se você gravita em torno de abordagens integrativas, ecléticas ou individualistas das buscas espirituais, então siga o caminho de Blavatsky, Gurdjieff e Ouspensky. Seus textos também são guias.

Lembre-se, estou lhe dizendo tudo isso por uma razão importante. Reiterando: a maioria dos clientes que procuram filósofos ou qualquer outro tipo de orientador está presa ou atolada nos detalhes específicos de sua situação. Isso é apenas natural. Mas se você e seu conselheiro se concentrarem apenas nos detalhes específicos, sua rede só poderá se apertar ou seu lamaçal se aprofundar. Se acha que está passando por algum tipo de crise espiritual, então o melhor auxílio global não vem do exame das circunstâncias de sua própria vida, mas também da investigação da jornada de outros que passaram por situação semelhante ou paralela à sua. Gurdjieff, por exemplo, teve uma vida notável e escreveu sobre ela de maneira muito acessível. Pode não fazer exatamente o seu tipo, mas se você examinar a literatura "mística" vai acabar encontrando alguém cuja situação se pareça com a sua e em cujo caminho talvez você queira pensar por algum tempo. O mundo está cheio de guias e, hoje em dia, cheio de livros-guia também. Não era assim há um século, como veremos no caso de R. M. Bucke.

O caso de Richard Bucke: a consciência cósmica

Perto da virada do século XX, quando tinha trinta e seis anos, o médico canadense Richard Bucke teve um despertar espiritual súbito e inesperado. Certo dia, quando não fazia nada importante, cuidando do que era da sua conta, foi banhado por uma luz branca e pura, uma percepção radiante, e passou por uma transformação dramática da consciência. Sem professores disponíveis no Ocidente naquela época para lhe apresentar um contexto plausível para esta experiência notável mas também desconcertante, embarcou numa busca para descobrir alguma explicação. Terminou investigando a vida e a experiência parecida de muitos místicos, profetas, poetas e filósofos importantes, assim como de algumas pessoas bastante "comuns", todos os quais tinham sido igualmente transformados (e alguns deles são mencionados neste capítulo). Bucke acabou compreendendo que ele e esses outros tinham vivenciado um avanço da percepção para um plano mais elevado e escreveu um livro maravilhoso a respeito, chamado *Consciência cósmica*. Nele, contou seu despertar espiritual da forma mais significativa possível, revelou sinais importantes do despertar entre aqueles que o precederam e alimentou esperanças de que algum dia toda a humanidade assim evoluiria. O dom que Bucke nos deixou foi ligar tantas dessas experiências, mostrando o que tinham em comum, e elevar a consciência humana sobre a consciência humana e seu potencial não aproveitado.

> O mundo povoado por aqueles que possuem consciência cósmica será tão distante do mundo de hoje como este é distante do mundo que havia antes do surgimento da consciência de si mesmo.
>
> Richard Bucke

TRANSCENDENTALISMO DA NOVA INGLATERRA

Não há guias maiores para a vida espiritual moderna que os transcendentalistas da Nova Inglaterra. Eles criaram uma comunidade filosófica notável nos arredores de Concord, no estado norte-americano de Massachusetts, mais ou menos na mesma época em que os teosofistas surgiam na Europa. Este núcleo de seres filosóficos de mente extremamente aberta, reflexivos, intuitivos e benevolentes como Ralph Waldo Emerson, Henry David Thoreau, Louisa May Alcott e Nathaniel Hawthorne deu início a um movimento na filosofia idealista norte-americana cujo potencial ainda não foi totalmente percebido, embora ainda se sinta sua influência individual e coletiva. As linhas comuns de sua obra incluem o amor igualitário pela humanidade, a afirmação dos direitos básicos e da dignidade do ser humano, a reverência pela natureza, a celebração da vida, uma gratidão profunda pelos dons da vida, a crença no propósito de estar vivo e uma sensação de encantamento com o mundo igual à das crianças. Pouco antes da morte de Thoreau, sua tia Louisa lhe perguntou se fizera as pazes com Deus. Ele respondeu: "Não sabia que tínhamos brigado, tia."

Os melhores guias para a complexidade da vida são os mais simples. A vida espiritual rege a música da alma como ela deve realmente ser ouvida. Basear-se puramente no intelecto ou somente nas emoções, ou concentrar-se no materialismo ou no hedonismo, ou cegar-se com preconceitos dogmáticos sufoca ou distorce a música da alma e a faz soar de forma ríspida, desafinada e dissonante. Mas ao apreciar os melhores aspectos da natureza e viver de acordo com eles, aprendemos igualmente a apreciar os melhores aspectos de nossa humanidade e a viver também de acordo com eles.

> Não, seja um Colombo dos novos continentes e mundos inteiros que há dentro de você, abra novos canais, não de comércio, mas de pensamento.
>
> Henry David Thoreau

O caso de Ben: além do sonho americano

O caso de Ben vem do meu colega Christopher McCullough. Ben teve uma experiência bastante comum durante a expansão econômica da década de 1990 nos Estados Unidos. Seu ganho financeiro excedia todos os seus esforços. Parecia que tudo o que tentava dava certo em sua empresa de programas para computador e ele vivia em êxtase, apesar das queixas da esposa e dos filhos sobre o longo tempo que passava no escritório. Quando a bolha das empresas da internet estourou e levou à queda repentina de seu lucro, Ben, no começo, gostou de passar mais tempo com a família, mas logo veio a sentir o mal-estar do vazio. A empresa que agora vacilava era o único tipo de trabalho que conhecia, e aos quarenta e cinco anos não podia nem pensar em começar outra carreira. Já consultara um orientador psicológico e examinara questões que envolviam sua auto-estima, seu pai permissivo, sua raiva, seu ressentimento — a bagagem emocional de sempre. Mas aí Ben buscou um caminho filosófico para atravessar suas presentes dificuldades e chegar a um futuro mais promissor, em vez de fazer um inventário do passado.

Ele mencionou que alguns colegas seus vinham obtendo algum sucesso "raspando e cavucando" o mercado, como ele dizia. Admitiu que também poderia fazer o mesmo, mas no fundo não queria: "Droga, trabalhei tanto para chegar aonde estou só pra voltar àquele nível."

Ben sofria nas mãos da "esperança", que às vezes é uma tentação da caixa de Pandora — deixada ali para nos levar a acreditar num futuro que nem sempre podemos controlar. Ben esperava passivamente que as coisas melhorassem em vez de acumular sua força espiritual em face do difícil desafio. Em *Wandering in Eden*, Michael Adams escreveu: "Curvado pelos anos, já sabendo que logo morrerá, curva-se ainda mais para plantar bolotas e sementes de maçã." Quando não conseguimos enfrentar nem alterar uma dada situação, precisamos descobrir o que pode ser feito, não apenas nos conformando, mas sim transformando-nos para aproveitá-la ao máximo.

Assim, talvez Ben estivesse vivendo uma oportunidade de ouro para afirmar-se em face desta negação, como diria o filósofo Paul Tillich. Talvez Ben nunca mais tenha uma oportunidade melhor para vivenciar a profundeza e a capacidade de seu espírito. Pediam-lhe que transcendesse as circunstâncias de sua vida; ou seja, que negasse a apatia e preservasse a determinação de ter sucesso.

> Quem arrisca e erra pode ser perdoado. Quem
> nunca arrisca e nunca erra é um fracasso em todo
> o seu ser.
>
> Paul Tillich

Transcender também pode ser procurar verdades mais profundas e conseqüências mais elevadas. Uma verdade mais profunda que Ben encontrou foi a seguinte: todos os mercados vêm e vão sob a influência de forças que ninguém entende ou controla por completo. Assim, ele não era um fracasso. Outra verdade mais profunda: Ben tinha recursos que não estava aproveitando, porque permitira-se ficar apático, quase com pena de si mesmo. E também encontrou conseqüências mais elevadas: por exemplo, uma melhor avaliação da importância de equilibrar o trabalho com a vida em família.

Várias semanas depois, Ben voltou e disse que também estivera plantando algumas "bolotas e sementes de maçã" por conta própria. Para aumentar as vendas de sua empresa, decidiu dar seminários gratuitos e escrever uma coluna de informática num jornal local. Embora ainda não tivesse carvalhos e macieiras, sentia-se ótimo com seus esforços e estava novamente feliz com a família. Descobrira que a coragem não depende de nada externo a si mesmo e que suas ações corajosas constituíam valores que não podem ter preço.

Em essência, Ben se tornara um transcendentalista da Nova Inglaterra. Estava a reinventar-se pela mobilização de seus recursos internos, no espírito de Thoreau. E ajudava-se ajudando os outros através do serviço educativo público, no espírito de Emerson.

> Faça o que fizer, é preciso coragem. Escolha o
> rumo que escolher, sempre há alguém para lhe
> dizer que está errado. Estão sempre surgindo
> dificuldades que o levam a acreditar que seus

críticos estão certos. Para traçar uma trajetória e
segui-la até o fim é preciso a mesma coragem do
soldado. A paz tem suas vitórias, mas é preciso
homens e mulheres corajosos para conquistá-las.

Ralph Waldo Emerson

TOCANDO COM O ESPÍRITO

Se você ainda está cético ou exasperado com toda essa discussão abstrata de "espírito", vamos a uma abordagem mais concreta. Um venerável mestre chinês ensinou que, para praticar com competência qualquer forma de arte, é preciso compreendê-la em três níveis diferentes: técnico (ou físico), ideacional (ou mental) e, finalmente, integral (espiritual). Embora se sobreponham, esses níveis de compreensão costumam ser consecutivos; ou seja, primeiro é preciso fazer um bom progresso num nível para começar a avançar pelo seguinte.

Vamos usar a música como exemplo. Para fazer música em seu instrumento, primeiro é preciso aprender algumas técnicas: como segurá-lo, como tocar as notas e escalas e assim por diante. Essas técnicas são necessárias mas dificilmente suficientes para tocar música.

Depois de adquirir algumas técnicas básicas, você pode dar o segundo passo, que é aprender algumas das muitas idéias por trás das técnicas. Segura-se o instrumento (e mantém-se o corpo) em certa posição para respirar direito e, assim, executar as técnicas no instrumento propriamente dito (e, finalmente, libertar a música de sua alma). As idéias básicas por trás da escala incluem o desenvolvimento de ataque, timbre, coordenação e outras ferramentas úteis. As idéias compositivas incluem a expressão de uma melodia, uma harmonia, uma cadência. As idéias dinâmicas por trás da escala incluem possibilidades como crescendos e diminuendos e muitas nuanças mais sutis. Todas essas idéias são necessárias mas ainda não suficientes para tocar música.

O que está além da técnica e das idéias? O espírito do próprio idioma musical. Não importa se você toca música caipira, *country*, folclórica, popular, blues, rock, gospel, jazz, clássica ou qualquer outro idioma musical. Cada idioma tem seu espírito específico, que é mais do que as notas e as idéias. O espírito da música deve ser capturado e refletido pelo músico ou a música não vai soar direito. É o espírito do instrumentista que lhe permite integrar o espírito do idioma — tornar sua a música — e o seu próprio talento, que lhe permite refletir aquele espírito quando toca. O público também possui espírito musical: são os recipientes do dom, sem os quais não haveria a apresentação.

Para o candidato a músico, este processo todo exige, em média, quinze anos de treinamento: cinco anos para começar a dominar as técnicas, mais cinco para começar a dominar as idéias e mais cinco para começar a integrar-se ao espírito do idioma.

Isso também é verdadeiro em outros tipos de arte e nos esportes. Um treinador de tênis percebeu esta mesma verdade no contexto de seu esporte preferido. Disse que leva quinze anos para construir um jogador: cinco para aprender as jogadas (nível técnico), cinco para aprender a usar as jogadas no jogo (nível ideacional) e mais cinco para aprender a ganhar (nível integral). É preciso sentir o espírito do jogo para torná-lo só seu: ou seja, encontrar o seu jeito de marcar o ponto mesmo sob pressão ou o seu jeito de quebrar o saque do adversário ou de dar o próprio saque. De vez em quando lançará uma bola com tanta limpeza e a colocará no campo adversário com tanta perfeição como qualquer lenda do tênis, sem pensar sobre isso conscientemente. Então você terá capturado o espírito do jogo.

EM TRANSE

Os atletas dizem que isso é como estar "em transe". Quando se está em transe, tudo se desenrola de forma fácil e natural. O tempo fica mais lento e você não sente ansiedade nem urgência.

Sua técnica não causa esforço, suas idéias são certíssimas, sua execução sem falhas, tudo sem pensamento consciente. Seu espírito se funde com o espírito do jogo. Você *se transforma* no jogo. Com toda certeza marcará aquele ponto impossível naquela noite!

Mas quando o transe parece inteiramente fora de alcance, você luta. A técnica desmorona, a execução falha, as jogadas não funcionam, os jogadores se desencorajam — perderam, literalmente, o espírito do jogo. Em seu delicioso clássico *A arte cavalheiresca do arqueiro zen*, Eugen Herrigel descreve o transe da seguinte maneira:

"Este estado, no qual não se pensa, planeja, força, deseja nem se espera nada definido, que não visa a uma direção específica mas mesmo assim sabe-se capaz tanto do possível quanto do impossível, tão inabalável é o seu poder, este estado que, no fundo, não tem propósito nem ego, foi chamado pelo Mestre de verdadeiramente *espiritual*."

O MAIOR DOS TRANSES

O caminho do desenvolvimento espiritual é mais ou menos o mesmo do musical, do atlético ou de qualquer outro tipo de desenvolvimento, além de ser o caminho que contém todos os outros! Os músicos e atletas praticam ambos exercícios espirituais usando tipos diferentes de instrumentos. Quando se deixa de lado os instrumentos externos para desenvolver, em vez deles, os instrumentos internos — em primeiro lugar a respiração e a meditação — entra-se num caminho espiritual que contém todos os outros e que leva ao maior dos transes, que contém todos os outros transes. Nem todo mundo é musical ou atlético, mas todos respiram e pensam. Portanto, qualquer um pode, em teoria, vivenciar o maior dos transes.

Alguns afirmam que o transe é vazio e que a única maneira de habitá-lo é deixar o eu para trás. Este é o ensinamento do zen, assim como de outras escolas de budismo, personificado pelo lendário mestre Basho:

> Por esta estrada
> Ninguém passa
> Na noite outonal.

Outros dizem que o transe é cheio — cheio de amor cósmico, luz radiante, música divina — e que a única maneira de entrar nele é fundir sua gota de espiritualidade no mar do Espírito Divino que cria, mantém, destrói e renova o cosmo. Assim fala Krishna, encarnação de Vishnu, a Arjuna, o guerreiro destemido mas desanimado: "Quando a espiritualidade decai e o materialismo é crescente, então, oh, Arjuna, reencarno-Me (...) Como quer que os homens tentem adorar-Me, dou-lhes as boas-vindas. Seja qual for o caminho que trilharem, finalmente os trará a Mim."

Quem está num caminho espiritual encontrará guias em momentos importantes da vida. Às vezes esses guias surgirão disfarçados de pessoas benévolas ou até malévolas; outras vezes, se manifestarão como eventos trágicos ou triunfantes; outras vezes ainda, serão sensações passageiras ou sonhos intangíveis. Seus guias lhe mostrarão o que estiver preparado para ver quando estiver preparado para ver. Os antigos chineses sabiam bem disso: "Quando o aluno está pronto, surgirá o mestre."

O caso de Yitzhak Perlman: sem cordas

Músicos, atletas e outros que atuam e realmente dominam sua forma de arte são capazes de fazer coisas extraordinárias (e muitas vezes não ensaiadas) durante um espetáculo. Por quê? Porque seu corpo e sua mente não impedem mais a expressão do espírito de sua própria arte. Pelo contrário, sentem a unidade de estar com sua arte, com seu público e com o milagre cabalístico de cada instante.

O sempre brilhante violinista Yitzhak Perlman mostrou um exemplo extraordinário num recital inesquecível no Lincoln Center de Nova York. No iniciozinho de uma obra orquestral na qual seria o solista, uma corda arrebentou. Todos ouviram o estalo e a orquestra parou de tocar. Normalmente, o músico trocaria a corda. Haveria um atraso compreensível. No caso de Perlman, uma ocorrência dessas seria ainda mais árdua. Vítima de poliomielite na infância, o músico caminha lenta e dolorosamente, embora com majestade, usando muletas e suportes nas pernas. Ele larga as muletas e tira os suportes antes de começar a tocar. Teria de colocá-los de novo, sair do palco e voltar outra vez para trocar as cordas.

Em vez disso, fez uma coisa impensável. Ficou onde estava, com o instrumento imperfeito, e fez sinal com a cabeça para que o maestro reiniciasse a peça. Jack Reimer, repórter do *Houston Chronicle* que estava na platéia, escreveu depois: "E tocou com tanta paixão, tanto vigor e tanta pureza como nunca se ouviu antes. É claro que todo mundo sabe que é impossível tocar uma obra sinfônica com apenas três cordas. Sei disso e você também sabe, mas naquela noite Yitzhak Perlman recusou-se a saber disso (...) Quando terminou, houve um terrível silêncio na sala. E aí todos se levantaram e aclamaram. Houve uma explosão extraordinária de aplausos de todos os cantos do auditório. Estávamos todos de pé, gritando e aclamando, fazendo todo o possível para mostrar o quanto apreciávamos o que ele havia feito."

Então Perlman disse algo profundamente filosófico para o público e tão inesquecível quanto sua apresentação:

— Sabem, às vezes é tarefa do artista descobrir quanta música ainda se consegue fazer com o que restou.

E mesmo que você seja como o resto de nós, que não somos músicos nem atletas de fama mundial, a moral de Perlman ainda se aplica. A quê? Às nossas próprias vidas. Viver bem também é uma forma de arte e exige toda a mestria da música e do esporte — e ainda mais. Esta é a grande lição que Jack Reimer e muitos outros tiraram daquele recital. Nas palavras de Reimer: "Assim, talvez nossa tarefa neste mundo instável, perturbador e de mudanças tão rápidas em que vivemos seja fazer música, primeiro com tudo o que temos e, depois, quando não for mais possível, fazer música com o que nos restou."

Claro! E esta é a função do seu espírito: fazer essa música, mesmo sem cordas.

NEGAÇÕES DO TRANSE

Muita gente, inclusive alguns cientistas e filósofos famosos, mantêm visões puramente materialistas do mundo. Acreditam que a existência material brotou da não existência devido a uma "flutuação quântica" acidental do vácuo. Com o Big Bang, podemos explicar muita coisa. Mas nada explica o próprio Big Bang, ou como é que tanta coisa brota do nada. Os materialistas também acreditam que a vida é um arranjo de "moléculas que se reproduzem a si mesmas", que evoluiu por acaso da matéria não viva. Mais uma vez, dada uma forma de vida primordial, a teoria de Darwin explica como pode ter proliferado. Mas nada explica como essa forma de vida primordial nasceu da inexistência de vida.

Depois, igualmente, os materialistas acreditam que a consciência — assim como o pensamento, a memória e a compreensão — é apenas um estado eletroquímico do cérebro. Dada a consciência, podemos afirmar conscientemente que o pensamento não passa de biologia elaborada. Mas ninguém explicou a base biológica de estar consciente ou de pensar pensamentos. Os materialistas também acreditam que o espírito é um produto da imaginação (o cérebro de novo) e que o espiritualismo brota de uma pobre esperança de que haja mais coisas no mundo, na vida e na consciência que a mera matéria em movimento.

Mas outros especialistas sabem que essas opiniões materialistas são crenças, não explicações. Como alguma coisa nasce do nada? Como organismos vivos nascem da matéria morta? Como a consciência é produzida pelo cérebro? Como experiências de luz pura, música divina, amor perfeito, graça sem limites e consciência cósmica podem ser confundidas com esperanças infundadas, alucinações ou produtos da imaginação? É igualmente possível que as negações materialistas do significado especial da existência, da vida, da mente e do espírito sejam em si mesmas esperanças infundadas, alucinações ou produtos da imaginação.

Se você acredita apenas no nascimento e morte do corpo e na expansão e na contração da mente, está perdendo a oportunidade da sua vida: a realização de sua busca espiritual. Para os que negam persistentemente o espírito, ofereço o lembrete de Shakespeare de que muitas coisas ultrapassam a nossa compreensão — mas devemos aceitá-las assim mesmo.

> *Horácio*: Oh, dia e noite, mas como isso é estranho, maravilhoso!
> *Hamlet*: Portanto, como a um estranho dê-lhe as boas-vindas.
> Há mais coisas no céu e na terra, Horácio,
> Do que sonha a sua filosofia.
>
> William Shakespeare

O ESPÍRITO DE UMA ERA

Na Europa, a década de 1720 marcou o crepúsculo do período barroco, uma das maiores eras da música (de longe, a minha predileta). Esse chamado "crepúsculo" fulgurou tanto quanto o meio-dia com a luz dos compositores que o definiram, como Händel, Telemann, Bach, Vivaldi, Scarlatti e Weiss. Cada um deles, individualmente, foi um talento prodigioso e um grande espírito musical. Em conjunto, a reunião de tais espíritos definiu o próprio período. Embora três séculos tenham se passado desde o período barroco e assistido ao surgimento dos períodos clássico, romântico e moderno, cheios de composições em muitos idiomas novos, dificilmente acontece no mundo, hoje em dia, algum recital clássico de solista ou de orquestra, com quaisquer instrumentos, sem ter no programa alguma peça do final do período barroco. Foi assim o duradouro espírito musical daquela época.

Para mim, que cresci na década de 1960, o espírito musical dessa década magnífica foi definida pelos Beatles, os Rolling Stones, Bob Dylan, Paul Simon, The Doors, Jimi Hendrix, The Mamas and The Papas e muitos outros espíritos irmãos. Em conjunto, caracterizaram e preservaram a geração Woodstock, assim como os compositores barrocos caracterizaram e preservaram sua época musical. Há alguma coisa de muito especial e duradoura na música popular da década de 1960 e é por isso que tantos jovens ainda a apreciam hoje em dia. Compreendem que, embora cada geração adolescente ame sua própria música, não costumam ligar-se à música popular de outras gerações. A década de 1960 foi uma exceção, em parte porque sua música refletiu e aprimorou expansões de consciência que ainda duram e inspiram. Quando uma de minhas alunas, nascida na década de 1980, voltou de sua primeira viagem a Paris, perguntei-lhe o que vira. No alto de sua lista de atrações não estava o Louvre nem a Torre Eiffel, mas sim o túmulo de Jim Morrison. Ainda não se sabe se o espírito musical da década de 1960 vai durar tanto quanto o de 1720. Mas o espírito dos anos 60 suportou quarenta anos de acelerado tempo tecnocrático e continua de pé.

De qualquer modo, e por razões que ninguém consegue realmente imaginar, acontece às vezes de uma constelação de grandes talentos se reunir num dado período para tornar memorável seu espírito e inspirar futuras gerações. Isso acontece não só na música mas também na pintura, na escultura, no cinema, na dança, na arquitetura, na literatura, na filosofia, na matemática, na ciência e até na política. Quando a grandeza do espírito humano se concentra desta forma, chamamos-lhe renascença: um renascer do poder espiritual manifestado na arte.

Se você consegue contribuir com alguma coisa para o espírito do seu tempo ou perpetuá-lo pela apreciação da contribuição dos outros, então terá compreendido alguma coisa muito especial sobre o poder transcendente da reunião de grandes espíritos. Seja como for, terá vivenciado uma coisa além do espaço e do tempo. Terá avistado a imortalidade.

MÁGICA COMUM

A matéria e o espírito não são opostos, mas complementares. O espírito da natureza se manifesta na beleza sem paralelos de seus arranjos materiais. Da flora à fauna, dos charcos às montanhas, dos planetas aos pulsares, há uma mágica comum que todas as crianças, poetas e artistas podem ver claramente. É triste que muitos adultos se tornem cegos à mágica comum no processo do chamado "crescimento". Reluto em chamar isso de "crescimento". Arrumar a matéria de modo a evocar a harmonia espiritual é o que as pessoas criativas lutam o tempo todo para conseguir, quer estejam orquestrando sinfonias, projetando edifícios, plantando jardins ou redecorando casas. Esta idéia tem se popularizado através da arte chinesa do *feng shui*, mas já é conhecida no Oriente há muitíssimo tempo. Os japoneses, por exemplo, celebraram-na com os arranjos florais, a cerimônia do chá e o jardim zen.

Os tibetanos usam a palavra *"drala"*, que literalmente significa "além do inimigo", mas que na verdade quer dizer a mágica comum sempre acessível na vida cotidiana. Quer dizer, acessível para aqueles que sabem invocá-la arrumando a matéria de forma a harmonizá-la com o espírito. O "inimigo", neste caso, é qualquer arranjo da matéria que represente a discórdia espiritual agressiva, que por sua vez afasta a *drala*. As florestas são cheias de *drala*, aterros sanitários, não. Se você atrai *drala*, obterá, como as crianças, profundo prazer com as coisas mais simples. Se repele *drala*, tirará profunda angústia de complicações intermináveis, como fazem tantos adultos.

Se quer atrair *drala*, mantenha a casa limpa e arrumada. Quando *drala* é seu hóspede, coisas boas acontecem. Se quer repelir *drala*, mantenha a casa suja e bagunçada. Quando *drala* vai embora, coisas ruins acontecem. Não acredita em mim nem nos tibetanos? Acha que é um conto de fadas ensinar as crianças a arrumar o quarto e fazer a cama? (É claro que serve para isso também.) Então faça a experiência e descubra por si mesmo. Isso independe do tipo de casa em que você mora — seja uma mansão em Beverly Hills, um apartamento sem elevador no Bronx, um *trailer* num estacionamento, uma cabana no bosque, uma tenda no deserto, a cela de Mersenne em Paris. O que importa é a organização e a harmonia do ambiente. A idéia também aparece nas culturas judaico-cristãs, onde a maioria pelo menos ouviu falar no lema "uma casa limpa fica mais perto de Deus".

Se bairros inteiros são mantidos como depósitos de lixo, sem preocupação com limpeza nem ordem, *drala* se vai e o comportamento social fica desagradável e desordeiro. Nova York, famosa por todo tipo de excesso, acabou com seu pior nível de criminalidade em décadas, no metrô e nas ruas, consertando janelas quebradas, limpando as pichações e removendo o lixo sem demora. A cidade não expulsou os criminosos; em vez disso, atraiu *drala*. Aposto como a Prefeitura não sabia que, sem querer, aplicou um preceito da criminologia tibetana. É claro que um praticante da filosofia poderia ter-lhes sugerido a mesma coisa, e muito mais cedo.

Se quer aprender mais sobre a mágica comum e *drala*, leia *Shambhala*, de Chogyam Trungpa. Este grande professor tibetano, já falecido, explica essas coisas com clareza e profundidade.

> Quando se exprime a gentileza e a precisão no ambiente, o poder e o brilho verdadeiros podem descer sobre aquela situação. Quando se tenta fabricar essa presença com o próprio ego, ela nunca acontece. Não se pode possuir o poder e a magia deste mundo. Está sempre à mão, mas não pertence a ninguém.
>
> Chogyam Trungpa

VITALISMO

O vitalismo tirou seu nome do que Henri Bergson chamava de *"élan vital"* (espírito vital) — a força da vida que habita em certos arranjos da matéria, tornando fundamentalmente diferentes os seres vivos e os não vivos. Para os vitalistas, é claro que estar vivo significa incorporar um espírito vital e morrer significa desincorporar o espírito vital. Esta visão espiritual atraiu muitos cientistas e outros observadores que não eram, há um século, automaticamente materialistas. Estou lhe contando isso porque os últimos três casos deste capítulo falam da idéia de espírito vital e de por que não se deve perdê-lo.

> Chegará inevitavelmente o momento em que o pensamento mecanicista e atômico sairá da mente de todas as pessoas de sabedoria (...) Quando isso acontecer, a divindade da Natureza viva se desdobrará perante nossos olhos com clareza ainda maior.
>
> Johann von Goethe

PRESO NA CÂMERA

Os olhos do público se fixam constantemente naqueles que concretizaram da forma mais contundente o Sonho Americano: em sua maior parte, celebridades do mundo do entretenimento, como o cinema, o palco e os esportes. Já pensou por que às vezes algumas das estrelas mais amadas levam vidas tão trágicas e com tanta freqüência morrem bem antes do tempo? Acredito que, em tais casos, a fama tem um jeito de erodir o espírito. Quando o nome das pessoas fica muito maior que a vida, sua própria força vital pode ficar igualmente enfraquecida e dissipada, de modo que a própria existência torna-se oca e precária.

Acredite ou não, a fotografia é a coisa que mais estimula este processo. Pense em como muitos povos chamados "primitivos" (ou seja, não tecnológicos) recusam-se a se deixar fotografar, porque acreditam que um processo que lhes captura a imagem pode também roubar-lhes a alma. Os ocidentais tendem a rir dessa superstição, mas na verdade todos já a vimos acontecer, pelo menos de forma metafórica. Vou ilustrar isso aqui com três casos de gente muito famosa. É claro que não quero dizer que você deva evitar todos os flashes. Alguns podem até reforçar o espírito, como fotos de casamento, que capturam a ligação entre duas almas.

O caso de Marilyn

Marilyn Monroe foi, provavelmente, o maior símbolo sexual e ídolo do cinema de todos os tempos. Milhões de cartazes seus pendem de armários, paredes e sei lá mais o quê de seus admiradores. Mas, conforme crescia a adulação das massas, sua solidão aumentava. Adorada como deusa por milhões, estava completamente sozinha e desanimada na noite em que se suicidou. Com toda a sua fama e fortuna, por que não conseguiu passar a noite sozinha? Por que sentia um mal-estar tão fatal? Acredito que esta não é uma questão psiquiátrica, psicológica nem filosófica. Acredito que seja espiritual. Marilyn Monroe perdera a alma para a adulação. Em seu caso, cada fotografia sensual sugava um pouco de sua força vital. Uma ou duas, ou mesmo centenas, não teriam feito diferença. Mas multiplicadas milhões de vezes, essas pequenas sanguessugas acabaram esvaziando-a por completo. Sem que lhe restasse força na alma para sustentar-se, ficou vazia por dentro. Mas desejava a comunhão com aqueles que "possuíam" sua alma, o que é natural, mas em seu caso impossível. Se você tem uma alma gêmea (ou uma de cada vez!) pode comungar com aquela pessoa. Mas se sua alma foi parcelada entre milhões de adoradores em todo o mundo, fica-se sem forças para comungar com qualquer um deles. Seu mal-estar era extremo e ela sucumbiu.

O caso de Elvis

Não preciso contar a história de Elvis Presley, pois é paralela à de Marilyn. Exceto que o público de Elvis pode ter sido ainda maior que o dela, e o seu mal-estar, possivelmente bem maior. Tinha centenas de milhões de fãs e em seu ápice provavelmente era a pessoa mais reconhecida — e fotografada — do planeta. E provavelmente a mais infeliz. Esvaziado da força da alma, tentou encher o vazio com drogas. Esse vazio era tão grande que tomou drogas em quantidade suficiente para se matar.

O caso de Diana

Com o terceiro exemplo, vejamos a Princesa Diana da Grã-Bretanha. Era membro da realeza e famosíssima — e se os britânicos não se ofenderem, também um símbolo sexual. Carregava um fardo ainda mais pesado que o de Marilyn. Era também angustiadíssima em sua vida particular (atenção, mocinhas que sonham com o sapatinho de cristal de Cinderela). Na noite em que morreu naquele horrível acidente de carro em Paris, os *paparazzi* caçavam-na como sempre, pelo menos um deles numa motocicleta, como um cão de caça motorizado, levando a câmera do inferno. Esta moça infeliz foi quase literalmente adorada até a morte.

Sei que há muitas outras explicações possíveis para essas três mortes fora de hora. Alguns teóricos da conspiração acreditam que Marilyn foi assassinada pela CIA devido a seu suposto caso com John F. Kennedy e aos segredos de Estado que ele revelou. (Quem se recusaria a contar-lhe alguma coisa?) Outros acreditam que Elvis foi abduzido por seres de outro planeta — afinal de contas, ele ainda é visto em shopping centers sempre que lhe permitem visitar a Terra. Outros ainda acreditam que a Princesa Diana está viva e com saúde, escondida na Argentina com seu amante. Minha crença é que perderam a força da alma pela incapacidade de lidar com uma fama de tamanha magnitude.

Agora, algumas boas novas: a fama desta magnitude não drena necessariamente a força da alma de forma irrevogável. Líderes espirituais fortes a suportam porque, diferentemente das celebridades, realmente comungam em pessoa e regularmente com multidões de seus vastos rebanhos. Ao fazê-lo, oferecem amor, força, encorajamento, compaixão e esperança às massas, através do contato real com elas. E assim recuperam muitas vezes para si essas qualidades fortificantes. Em outras palavras, refazem e restauram sua alma.

E o contato com grandes almas ajudará você a recuperar sua própria vitalidade espiritual, se estiver aberto para receber este dom. Todos os que lhe ensinam alguma coisa são grandes de alguma forma e todos com quem você pode aprender alguma coisa também são grandes de alguma forma. Além disso, como diz Laotsé, até os homens maus são instrutores dos homens bons. Podemos e devemos aprender também com o mal (principalmente, aprender a não causá-lo e educar os outros para que também o evitem). Aprender na presença da grandeza o faz melhorar, não importa qual seja o assunto — arte, ciência, esporte, qualquer coisa. Através deste tipo de exposição, sua alma torna-se mais consciente da própria grandeza. Então, você pode ajudar a restaurar a vitalidade espiritual dos outros.

EXERCÍCIOS FILOSÓFICOS

1. Você tem praticado algo específico há mais de quinze anos, seja como profissão ou passatempo? Neste caso, como explicaria as principais técnicas a um iniciante? Como ilustraria suas idéias básicas a um aluno intermediário? Como demonstraria seu espírito a um aluno adiantado?
2. Se respondeu "Não" à primeira pergunta, pratique alguma coisa durante quinze anos mais ou menos e volte a tentar respondê-la.
3. Qual o ensinamento esotérico deste capítulo que mais o atraiu? Sua missão é encontrar um professor nessa tradição e aprender com ele alguma coisa.
4. Abraham Lincoln disse: "Muitas vezes fui deixado de joelhos pela convicção de que não tinha mais para onde ir." O que exatamente ele procurava ali, de joelhos?

11
COMO LIDAR COM AS MUDANÇAS?

O universo é mudança; nossa vida é o que dela fazem nossos pensamentos.

Marco Aurélio

A mudança é sempre poderosa. Lança sempre teu anzol. No lago onde menos espera, estará o peixe.

Ovídio

DE UM JEITO OU de outro, a maioria das Grandes Questões para as quais todos buscam orientação filosófica envolve mudanças. As situações da vida estão num fluxo constante e, assim, todos estão perpetuamente em busca de modos de compreender e lidar construtivamente com as mudanças.

As mudanças acontecem, queiramos ou não. Também acontecem em contraste com seu complemento, a constância, aquilo que não muda, pois se tudo mudasse o tempo todo o universo como o conhecemos não poderia existir e seríamos incapazes de entender o mundo à nossa volta. Precisamos que a constância das leis naturais, físicas, químicas e outras, seja um pano de fundo para a mudança. Também precisamos de mudanças regulares e cíclicas na natureza, como as estações, para nos dar um contexto para as mudanças irregulares e acíclicas do mundo humano.

Como seres incorporados, mudamos, queiramos ou não. Nascemos, crescemos, amadurecemos, envelhecemos e morremos. Podemos participar da nossa mudança comendo alimentos melhores ou piores, aprendendo lições melhores ou piores, aproveitando melhor ou pior as circunstâncias da nossa vida, adotando princípios melhores ou piores para governar nossa conduta. Mas não podemos mudar a direção da própria mudança, que progride de forma tão inexorável quanto o tempo e não pode ser cancelada nem revertida, embora às vezes possa ser desviada, acelerada ou retardada. As coisas que se mantêm imutáveis e insensíveis ao tempo existem numa dimensão fora dele: seu espírito interior, sua beleza intrínseca, suas grandes idéias, seu verdadeiro amor, sua herança para os outros e, fora de si, as forças que mantêm essas coisas e a dimensão de eternidade que as preserva.

As pessoas buscam orientação filosófica quando sentem algum mal-estar derivado da mudança: ou as circunstâncias estão mudando de melhor para pior ou já pioraram e não estão melhorando. Talvez haja uma crise num relacionamento ou na carreira; algum amigo ou membro da família esteja doente; tenha ocorrido um desastre natural ou causado pelo homem. Talvez haja insulto, divórcio, falência, um sonho destruído ou alguma outra situação desagradável a enfrentar. E no fim de toda vida, não importa quão suave ou turbulenta tenha sido, vem a mudança inevitável chamada morte.

Quando ocorrem mudanças devastadoras ou quando a mudança traz consigo um estado devastador que não parece mudar, quem fica preso nessas circunstâncias pode precisar de vários tipos de ajuda: médica, psicológica, teológica, social, legal e assim por diante, sem falar no apoio emocional dos entes queridos. Entretanto, em última instância o necessário é, no fundo e tantas vezes, entender as situações que mudam (ou que não mudam) para recuperar a harmonia ou equilíbrio interior que a mudança abala com tanta freqüência. A filosofia pode ajudar muito nisso. Embora as idéias sozinhas não possam mudar a própria mudança, podem mudar de forma vital o modo como você reage à mudança. As boas idéias podem ajudá-lo a interpretar sob a luz mais favorável as mudanças em andamento. Ao fazê-lo, você não só melhora seu ponto de vista atual como também aprimora os pontos de vista futuros.

O caso de Jim: enfrentando um prognóstico fatal

Minha querida amiga e colega Vaughana Feary foi pioneira ao oferecer aconselhamento filosófico a duas populações muito diferentes e problemáticas: jovens infratores encarcerados, muitos dos quais precisam da habilidade crítica de pensar só para compreender por que acabaram atrás das grades; e pacientes de câncer, muitos dos quais buscam orientação filosófica para travar suas batalhas médicas e éticas, quer ganhem ou percam. Ela mesma corajosa sobrevivente do câncer, Vaughana é capaz de guiar os outros com sua própria experiência e convicção.

Vaughana disse que os sanguinhos estavam florindo em frente à janela de seu escritório no dia em que Jim veio para sua primeira sessão. Com cinqüenta e três anos, tinha esposa e três filhos adolescentes e era vice-presidente de uma grande seguradora. Também fora diagnosticado com um câncer de pulmão impossível de operar. A avaliação que Jim fez de sua situação foi a seguinte:

— Primeiro, fiquei amortecido. Agora acho que estou maluco. Há tantos pensamentos correndo pela minha cabeça que não consigo pensar. Uma amiga da minha mulher esteve num dos seus programas. Linda achou que você poderia me apresentar uma filosofia que talvez me dê uma razão para não pular da ponte. Eu só não quero prolongar este inferno para mim e para minha família. Sou responsável por esta bagunça, mas ainda tenho o direito de acabar com as coisas do meu jeito, não tenho? Por que sofrer e fazer minha família sofrer quando não há esperança? O especialista acha que tenho uma chance de 15% no máximo de vencer isso e diz que provavelmente não verei outra primavera.

A avaliação de Jim era semelhante à que Vaughana ouvira de outros pacientes de câncer e de sua própria análise do problema na época de seu diagnóstico. E era filosoficamente suspeita por várias razões. Em primeiro lugar, havia tensões filosóficas não resolvidas entre o desejo de Jim de encontrar algum significado no sofrimento e alguma base para esperança e seu desejo de garantir o direito de morrer "do seu jeito". Em segundo lugar, o que queria dizer com "direito de morrer"? "Sofrimento"? "Esperança"? "Responsabilidade"? Como esses conceitos deveriam ser compreendidos? Em terceiro lugar, Jim fizera várias suposições questionáveis numa época em que admitia não conseguir pensar direito. Seria melhor para ele e para sua família que morresse? Sua morte de câncer era inevitável? O câncer era culpa sua? O prognóstico do especialista estava correto? Em quarto lugar, como Jim reconhecia, seu ponto de vista filosófico atual não o levava a lutar pela vida.

Vaughana garantiu a Jim que respeitava seu direito de tomar decisões autônomas sobre a vida e a morte e concordava que, em alguns casos, o suicídio era uma opção racional. No entanto, ressaltou que as decisões tomadas no calor da emoção raramente eram racionais. Sugeriu-lhe que procurasse uma assistente social especializada em oncologia no hospital e participasse de um grupo de apoio para elaborar seu compreensível sentimento de desespero. Contudo, deixou clara a disposição de discutir com ele as opções para dar fim à vida numa data mais avançada e, como os amigos de Sócrates, de estar presente a seu lado, caso necessário. Depois dessas garantias, ele disse que não se sentia mais desamparado. Agora estava pronto para concentrar-se na luta pela vida, em vez de acabar com ela. Sua razão e sua paixão estavam trabalhando juntas.

Vaughana então examinou o pensamento crítico de Jim e, pelo diálogo, concordaram em três pontos. Primeiro, era possível que sua conclusão de que o câncer era inoperável estivesse errada. Sugeriu-lhe que fizesse outros exames e consultasse outros especialistas. Os outros especialistas que Jim consultou ficaram divididos quanto à questão da propriedade da cirurgia. Depois de examinar os prós e os contras em termos de um sistema de valores no qual dava primazia ao "tempo de qualidade com a família", optou por um tratamento agressivo, porque lhe oferecia uma possibilidade maior de retardar o progresso da doença.

Em seguida, examinaram a "esperança" como disposição de supor que a felicidade é possível mesmo em face de uma terrível adversidade. Concordaram que a esperança, ao reduzir o estresse, pode promover a cura; que a cura tinha dimensões emocionais, mentais e espirituais; que quem tem esperança se cura ou tem uma morte melhor.

Em terceiro lugar, examinaram diferentes sentidos de "responsabilidade" para diminuir o fardo da culpa que só poderia enfraquecer a confiança de Jim em si mesmo. Concordaram que, embora fosse parcialmente responsável por fumar durante tantos anos, em questões de saúde o fator pessoal muitas vezes está ligado ao político. A política da indústria do fumo e dos prestadores de assistência médica, motivados pelo interesse econômico, responde por boa parte da campanha que considera os pacientes inteiramente responsáveis por sua saúde. Também concordaram que, como agente moral responsável, ele tinha a obrigação, que negligenciara, de superar o vício de nicotina que lhe arruinara a saúde.

Depois do tratamento agressivo, Jim gozou a vida ao máximo enquanto seu câncer esteve em remissão. Ele e Vaughana tiveram outros diálogos sobre a filosofia asiática, que Jim creditava por sua capacidade de viver o momento e aceitar a impermanência da vida. Acabou morrendo em tratamento hospitalar, uma semana depois de saber que o câncer voltara. Mas desde a primeira sessão, Jim vira os sanguinhos florirem duas vezes.

> No canto da cigarra, nada diz que seu fim não tarda.
>
> Basho

O caso de Lisa: ganhar na loteria e perder a identidade

Um psicólogo que conheço tinha uma cliente, Lisa, que enfrentara uma mudança pouco comum: ganhara na loteria. Talvez você ache que essa é uma razão estranha para procurar ajuda, mas às vezes as coisas boas trazem consigo coisas más. O sonho de que a riqueza súbita vai tornar a vida perfeita ou permitir a compra da felicidade raramente se realiza. Como Lisa descobriu, a riqueza instantânea pode trazer uma horda de conseqüências indesejáveis.

Na cidadezinha de Lisa, em que todos se conheciam, qualquer mudança na situação de alguém — uma cerca recém-pintada, um carro novo na garagem, um novo acréscimo à família — pode ter impacto sobre muita gente. A sorte súbita de Lisa, mais dinheiro que qualquer membro da comunidade seria capaz de ver na vida inteira, criou tensões imensas no tecido social. Ela sabia que, se desse presentes em dinheiro, os amigos e vizinhos ficariam ofendidos em aceitar — pareceria caridade. E como ela calcularia as quantias, afinal? Se não desse presentes, pareceria egoísta. E se recusasse o prêmio da loteria, não pareceria estar com o juízo perfeito. Sentia muita energia negativa (inveja, malícia e coisas assim) circulando pela cidadezinha, dirigida contra ela, e houve muita fofoca maldosa. Ela perdeu o *status* confortável de seu lugar na comunidade.

Assim, buscou aconselhamento. Sabia que precisava se ajustar à nova riqueza e, em particular, aos efeitos desagradáveis provocados em sua identidade social. Não havia orientadores filosóficos por perto e assim Lisa procurou um psicólogo, que mais tarde me perguntou como um filósofo trataria de um caso como este.

Se Lisa tivesse vindo ao meu escritório, eu poderia discutir com ela a fábula "O aguilhão do rei". Mogli, o menino-lobo, encontra na selva um aguilhão para elefantes incrustado de pedras preciosas, parte de um tesouro real há muito perdido. Leva-o consigo porque brilha, mas logo o abandona, porque é inútil para ele. No dia seguinte, Mogli encontra rastros humanos que partem daquele lugar, mas não vê o aguilhão. Segue os rastros, que levam ao corpo de um homem, morto por causa do aguilhão. Assim, Mogli segue o rastro do assassino só para encontrar seu cadáver, e o aguilhão novamente sumido. E segue o novo rastro. Reconstrói com brilho cada crime a partir das pistas no local, usando seu conhecimento da selva. Acaba reencontrando o aguilhão num lugar onde duas pessoas se mataram para ficar com ele. Assim, Mogli enterra-o no fundo da selva, dizendo:

— Se ficar à vista, com certeza continuará a matar um homem atrás do outro, tão depressa como as nozes caem com o vento forte (...) Não quero que morram seis numa noite.

Embora o dinheiro não seja a raiz do mal, com certeza o amor ao dinheiro é. A cobiça ou a riqueza súbita podem despertar extremos de mau comportamento nas pessoas. No fundo, a parábola de Kipling também é sobre a falta de valor do dinheiro em comparação com a família, a comunidade, o amor e a amizade.

Podia também ter receitado um pouco de "terapia televisiva". Por que não? A televisão causou tantos danos à cultura — à capacidade de atenção, à leitura, ao pensamento, ao filosofar e à socialização — que podemos também usá-la para alguma coisa positiva! Se Lisa pudesse passar algum tempo num arquivo de televisão assistindo a episódios de *The Millionaire*, seriado clássico norte-americano do final da década de 1950, conseguiria algumas pistas valiosas sobre como os outros administraram a riqueza súbita. Em cada episódio da série, um bilionário excêntrico dava um milhão de dólares a um cidadão comum, que então pode resolver alguns problemas urgentes com o dinheiro mas também descobre que, em geral, ganhos de um tipo costumam provocar perdas de outro tipo.

O episódio de Cathy Munson seria bem relevante para Lisa. Cathy e sua irmã gêmea idêntica, Carrie, moravam juntas numa cidadezinha do Meio-Oeste americano e administravam uma escola de beleza. Mas enquanto Carrie era extrovertida, atraente, vivaz e tinha um pretendente bastante fervoroso, Cathy era introvertida, pouco atraente, sem brilho e sem namorados à vista. Quando Cathy ganhou um milhão de dólares, usou-os para conquistar a independência de Carrie, em cuja sombra vivia. Mudou-se para Chicago, construiu seu próprio instituto de beleza, tornou-se mais glamourosa que Carrie e atraiu o pedido de casamento de Alan, o belo arquiteto que fizera o projeto do prédio.

Cathy sempre sentira que Carrie, de alguma forma, levava a vida *em vez* dela, e agora o milhão de dólares lhe permitia levar a própria vida pela primeira vez. Mas havia algo errado. Cathy ficava cada vez mais infeliz. Queria aceitar o pedido de casamento de Alan, mas não conseguia. Ficou desanimada demais para trabalhar. O dinheiro de Cathy não podia comprar o que ela realmente precisava: a bênção da irmã Carrie para levar a própria vida. Assim, as irmãs se reuniram em Chicago, onde (depois de algumas reviravoltas, inclusive um encontro de Alan com Carrie fingindo ser Cathy) aquela bênção foi concedida. Cathy deu seu instituto de beleza a Carrie, casou-se com Alan e mudou-se com ele para Nova York. Uma moral da história é que, embora o dinheiro possa facilitar as transformações pessoais, não resolve as tensões dos relacionamentos humanos. Isso sempre exige a própria humanidade.

O Tao traz outra moral às histórias de Cathy e Lisa: ganho e perda são também gêmeos inseparáveis (embora não idênticos). O Tao dá também um conselho específico para Lisa: "(...) o Sábio não acumula. Quanto mais ajuda os outros, mais se beneficia; quanto mais dá aos outros, mais obtém." Isso sugere que Lisa devia encontrar modos de canalizar o dinheiro de volta à sua comunidade, através de instituições de caridade, fundos de auxílio ou fundações. Também podia dar à cidade um belo presente — um parque, uma biblioteca, um centro comunitário. Há muitas maneiras de transformar a perda que acompanha um ganho em ganho para os outros.

POR QUE A MUDANÇA É UM PROBLEMA?

Somos criaturas de hábitos. Cultivamos preferências pessoais que, embora mutáveis com o passar do tempo, tendem a fixar-se por longos períodos. Usamos as mesmas roupas várias vezes, freqüentamos restaurantes favoritos e seguimos o mesmo caminho todo dia em nosso passeio noturno. A espontaneidade é maravilhosa, mas por definição impossível de praticar! Os hábitos nos isolam da mudança; permitem-nos manter um porto seguro num mar de fluxo, dando-nos a noção (ou ilusão!) confortadora do cenário permanente numa paisagem que está sempre mudando.

Os maus hábitos são fáceis de adquirir mas difíceis de perder; os bons hábitos são mais difíceis de adquirir mas mais fáceis de perder. Os hábitos pessoais e sociais que as pessoas cultivam costumam basear-se em seus hábitos de pensamento (ou falta de pensamento). Assim, seus hábitos são, na verdade, um reflexo do seu pensamento, porque constituem afirmativas muito vigorosas sobre as coisas que você quer manter constantes. O que deseja preservar tem de ser importante para você. Assim, os hábitos são uma forma de compreender não só a personalidade, mas também a filosofia de vida de alguém.

Novamente, às vezes ansiamos por mudanças e as buscamos com avidez. Todos precisam, periodicamente, de uma reforma pessoal, uma nova decoração, novos relacionamentos, carreiras diferentes. Somos como os animais que precisam trocar de pele ou concha para acomodar seu crescimento. Paradoxalmente, embora tantas vezes desejemos ditar as mudanças de nossa vida, com freqüência temos de admitir que na verdade não sabemos exatamente o que fazer. As circunstâncias às vezes são mais sábias do que quem está preso a elas. Assim, acabamos numa luta entre a resistência à mudança e a sua aceitação. Buscamos a mudança e depois resistimos a ela caso não seja exatamente o que imaginávamos. Ou buscamos evitar mudanças, inclusive as potencialmente benéficas.

O hábito pode nos levar a crenças e expectativas, mas não ao conhecimento, e menos ainda à compreensão das relações legítimas.

David Hume

O caso do Sr. Park: assistência de qualidade e feridas da diversidade

Este caso ilustra a importância de aprender a lidar com a mudança e as armadilhas da falta de aprendizado. Meu colega Kenneth Kipnis é filósofo na Universidade do Havaí e também trabalha como especialista em ética médica num grande hospital de Manoa. Certo dia foi chamado para atender a um paciente coreano idoso, o Sr. Park. Este senhor tinha deixado perplexa a equipe médica, porque de um lado recusara-se a debelar uma doença tratável com um prognóstico razoável e ao mesmo tempo assinara um pedido para ser ressuscitado em caso de falência cardíaca ou outra emergência que pusesse sua vida em risco. Assim, parecia que queria morrer mas queria viver — uma clara contradição. Foi examinado por um psiquiatra e considerado saudável. Assim, quando tudo o mais falhou, chamaram a "arma secreta": um filósofo.

Ken foi ao fundo da questão. Interrogou pacientemente o Sr. Park durante quarenta minutos sobre a aparente contradição, mas no começo não conseguia entendê-la. Era óbvio que o senhor idoso escondia uma informação essencial. Finalmente, talvez cansado do interrogatório persistente, o Sr. Park perguntou baixinho se podia dizer uma coisa embaraçosa. Na voz mais temerosa, perguntou se alguém notara que todos os seus médicos eram japoneses.

Isso foi como um relâmpago para Ken, que imediatamente compreendeu o significado do que estava acontecendo. Durante a maior parte da primeira metade do século XX, o Japão imperial ocupara e oprimira a Coréia, como a Alemanha nazista ocupou e oprimiu a Polônia durante a Segunda Guerra Mundial.

Explorados como seres inferiores, muitos coreanos idosos ainda alimentam hoje poderosos sentimentos antijaponeses. O infeliz Sr. Park via-se em posição extremamente vulnerável, cercado pelos opressores tão conhecidos de tanto tempo atrás.

Ninguém notara que os médicos do Sr. Park eram todos japoneses porque a aldeia global contemporânea (para os que desejam habitá-la) é cada vez mais um lugar etnicamente diversificado, no qual quase qualquer um pode ser encontrado fazendo quase qualquer coisa. O Havaí é um estado norte-americano diferente, com muitos caucasianos e quase a mesma quantidade de nipo-americanos. Há também uma mistura cosmopolita de chineses, filipinos, havaianos, samoanos, coreanos, porto-riquenhos, índios norte-americanos, afro-americanos e outros grupos. Cerca de 40% dos casamentos são inter-raciais.

No entanto, quem quer que conheça o suficiente da história nipo-coreana pode avaliar a preocupação do Sr. Park. "Sabia" por que estava piorando: os médicos japoneses não tentavam fazê-lo melhorar (assim imaginava, com base em sua experiência durante a guerra). O que os médicos viam como erros a corrigir, ele via como tentativas bem-sucedidas de piorar o seu estado. Para complicar as coisas, o Sr. Park conhecia bastante bem os ideais ocidentais de tolerância, igualdade e individualismo para saber que, no Havaí, era politicamente incorreto exprimir sua sincera opinião sobre os médicos japoneses.

Havia, contudo, uma anotação incompreensível em seu prontuário: certa vez perguntara a uma enfermeira se podia ter um médico que usasse terno. O Sr. Park notara, como Ken descobriu depois, que todos os médicos japoneses usavam jalecos brancos, mas muitos dos outros médicos usavam ternos. Quando seu estratagema fracassou, tentou fugir às "receitas mortais" de seus médicos japoneses recusando suas ofertas de tratamento. Paradoxalmente, para salvar a vida recusava um tratamento capaz de salvar vidas.

Pondo de lado as considerações éticas e filosóficas, o dilema do Sr. Park foi resolvido quando o deixaram aos cuidados de médicos não japoneses. Então ele aceitou tratar-se. Mas, para mim, há aqui uma moral predominante que talvez o Sr. Park fosse velho demais ou acostumado demais a pensar para poder avaliar. Em resumo, é o seguinte: graças à mudança, o futuro nem sempre se parece com o passado. Os países que já tinham guerreado agora estavam em paz. O Sr. Park não era paranóico nem sofria de delírios (até os psiquiatras acharam que estava bem). Adquirira o hábito de imaginar o pior sobre certos aspectos do mundo mas, há mais de meio século, esses aspectos já não correspondiam à realidade. Fora negativamente condicionado por experiências infelizes muito tempo atrás, mas a aversão impedira-o de ser recondicionado pelas boas experiências dos anos que se seguiram.

A filosofia de causação e mudança de Thomas Hobbes e de David Hume mostra de maneira muito convincente que só porque uma coisa aconteceu de um certo jeito no passado, mesmo que muitas vezes, isso ainda não prova que continuará a acontecer do mesmo jeito no futuro. Em outras palavras, o fato de que o passado está fechado não significa que o futuro não esteja aberto. O leopardo não pode mudar suas manchas, mas o comportamento político e militar de um determinado conjunto de pessoas não pode ser usado para estigmatizar seus descendentes. Os médicos nipo-americanos de hoje não podem ser responsabilizados pelas ações do antigo Exército Imperial japonês nem considerados seguidores de nada que se pareça com aquelas ações.

> (...) pois embora o homem sempre veja o dia e a noite sucederem-se um ao outro desde então; nem assim pode concluir que devem fazê-lo ou que o fizeram eternamente; a experiência nada conclui em termos universais.
>
> Thomas Hobbes

O LIVRO DAS MUTAÇÕES

A filosofia chinesa oferece um sapientíssimo conjunto de respostas à questão perene de quando resistir à mudança, quando aceitá-la e quando saber se uma dada mudança é para melhor ou para pior. Essas respostas estão contidas num livro chamado *I Ching*. Literalmente, o título significa "O livro das mutações". Esta grande obra anônima, prática e sublime influenciou fortemente ambas as escolas clássicas do pensamento chinês, o taoísmo e o confucionismo.

A filosofia básica do *I Ching* é a própria simplicidade. Em todas as situações da vida, você pode escolher uma ação melhor ou pior. Mas, como vimos no capítulo 9, a vida não se parece com o xadrez, no qual sempre há a melhor jogada. Em vez disso, a vida é uma seqüência de situações muito mais nebulosas e complexas, sobre as quais você tem um conhecimento parcial, nunca perfeito. Nem sempre existe uma única jogada "melhor" — ou, se há, pode não haver um meio seguro de encontrá-la. Assim, o *I Ching* faz uma distinção mais simples (mas, neste contexto, mais útil): em cada situação da vida, você pode fazer uma escolha melhor ou pior. Se for sábio, escolherá o melhor caminho; se tolo, o pior.

Sua situação atual é influenciada mas não completamente determinada pelas situações passadas. Sua situação futura é determinada em parte pela situação atual, herdada do passado, e em parte pelo que você decide fazer com o presente — seu legado futuro para si mesmo. Embora possa ser afetado por circunstâncias fora do seu controle, você ainda toma decisões vitais, sejam quais forem as circunstâncias. Está livre para escolher as ações à luz dos princípios em que baseia sua vida e antecipando os fins buscados. O *I Ching* ajuda a identificar as ações, princípios e resultados melhores e piores e deixa a escolha por sua conta.

MAGIA OU ESPELHO?

Algumas pessoas consideram o *I Ching* um oráculo e o consultam atrás de profecias para o futuro, mas prefiro pensar nele como um espelho que revela o que está no coração e na mente de alguém em determinado momento, permitindo-nos ver nossos sentimentos e pensamentos mais internos. Há coisas inegavelmente estranhas neste mundo que esperam uma explicação, mas não vejo necessidade de considerar o *I Ching* como parte do reino parapsicológico. Qualquer um pode colher seus conselhos sábios e claros sobre as melhores e piores conseqüências que brotam de melhores ou piores escolhas, suas idéias profundas sobre as relações sociais e políticas e sua sabedoria sobre a natureza cíclica da mudança. Para obter o melhor resultado possível numa época de crise, é preciso agir com visão, integridade e autenticidade. O *I Ching* é um revelador infalível dos princípios, propósitos e aspirações de cada um. Mais ou menos, é como um teste de Rorschach filosófico, uma mancha de tinta conceitual na qual você avista ao mesmo tempo suas virtudes e vícios.

Recebi aplausos e críticas por recomendar o *I Ching*. As queixas mais comuns que recebo vêm dos racionalistas, que não confiam na abordagem intuitiva do *I Ching*. (Caso você tenha faltado às aulas de filosofia do ensino médio, o racionalismo defende que podemos entender as coisas, inclusive a nós mesmos e nosso lugar no mundo, por meio apenas da razão.) Fazem objeções ao método pelo qual temos acesso à sabedoria do *I Ching*: jogando moedas para construir um "hexagrama" — um tipo de código que indica a você uma passagem específica dentre as sessenta e quatro possíveis. Como o texto que você acaba consultando parece ter sido escolhido ao acaso, os racionalistas acham que o método é irracional e alguns torcem o nariz ao seu uso.

Na verdade, jogar moedas é mais racional que abrir o livro ao acaso. Se fizer isso, o mais provável é encontrar com mais freqüência os hexagramas do meio e mais raramente os primeiros ou os últimos, como acontece quando se corta um baralho. As moedas garantem que você tem possibilidades iguais de encontrar qualquer passagem dada — todas as passagens lhe estão igualmente acessíveis.

Além disso, é importante lembrar que muitos racionalistas também supõem que coisas valiosas *podem* acontecer por acaso, inclusive a criação do universo, segundo muitos cosmólogos, e a origem da vida, segundo muitos biólogos. Vamos lá, somos um produto da combinação de muitíssimas probabilidades, já que nossa concepção dependeu de um espermatozóide que fecundou um óvulo. A probabilidade de qualquer espermatozóide específico chegar primeiro àquele óvulo e se transformar em você era uma em centenas de milhões. Isto significa que sua vida não tem significado, só porque sua concepção dependeu em parte da sorte? É claro que tem significado! E os segredos do universo e os mistérios da vida não são interessantes e dignos de nossa compreensão, quer tenham acontecido por acaso ou de propósito? É claro que são! E não se deve buscar bons conselhos para o bem, ainda que às vezes os encontremos jogando moedas? É claro que sim!

Também é possível que o acaso não exista, no sentido de "acidente aleatório". Mesmo coisas que parecem aleatórias podem ter sido produzidas pelo contrário do acaso, como um computador gera seqüências de números "pseudo-aleatórios" que, na verdade, são produzidos por instruções deterministas. Numa interpretação holística ou gestaltista dos acontecimentos, cada instante é uma manifestação única de um conjunto de processos interligados. Segundo este ponto de vista, jogar uma moeda para obter determinado resultado é interdependente com sua situação e com seu estado de espírito naquele momento. Jung chamava isso de "sincronicidade".

> A sincronicidade faz com que a coincidência de acontecimentos no tempo e no espaço signifique algo mais que o mero acaso, quer dizer, seja uma interdependência específica de eventos objetivos entre si assim como com estados subjetivos (psíquicos) da mente do observador ou dos observadores.
>
> Carl Jung

E um dos maiores céticos de todos os tempos, David Hume, que não acreditava em nenhum tipo de misticismo ou religião, também não acreditava no próprio acaso, que chamava de sinônimo de nossa ignorância.

> Não há nenhum *acaso* no mundo, nossa ignorância da causa real de qualquer acontecimento tem a mesma influência sobre a compreensão e gera uma espécie semelhante de crença ou opinião.
>
> David Hume

Todos os grandes racionalistas, como Platão, Descartes, Leibniz e Kant, admitiam que nossa razão tem suas limitações e que ela, sozinha, não pode responder nem responde a todas as nossas Grandes Questões. Esses grandes pensadores reconheceram, ainda que com relutância, que compreensão, revelação, percepção e intuição também podem ser formas legítimas de promover nosso conhecimento e atingir a sabedoria. Teriam aprovado o *I Ching* se o conhecessem (como Leibniz conhecia e aprovou). Para todos que o lêem, é óbvio que o livro está cheio de bons conselhos. Nenhuma pessoa racional poderia negar o mérito de um sistema que nos ajuda a identificar com segurança nossas "melhores" jogadas.

CONSTRUÇÃO DO HEXAGRAMA

É fácil usar moedas para chegar a um trecho específico do *I Ching*. (Pule esta seção, se já sabe como é.) Jogue três moedas numa superfície plana. Conte cada cara como 2, cada coroa como 3 e some. O total (que será sempre 6, 7, 8 ou 9) vai lhe dizer se tem uma "linha yin" ou uma "linha yang", e se está "em mutação" ou "sem mutação". Esta tabela resume os quatro resultados possíveis das suas moedas:

Configuração das moedas	Valor do resultado	Tipo e nome da linha
3 caras	2 + 2 + 2 = 6	-- -- linha yin (ou quebrada), em mutação
2 caras e 1 coroa	2 + 2 + 3 = 7	—— linha yang (ou contínua), sem mutação
1 cara e 2 coroas	2 + 3 + 3 = 8	-- -- linha yin (ou quebrada), sem mutação
3 coroas	3 + 3 + 3 = 9	—— linha yang (ou contínua), em mutação

Repita este processo seis vezes, colocando os resultados um em cima do outro, de baixo para cima. Ou seja, o primeiro número que obtiver — a primeira linha — fica embaixo; o sexto é a linha de cima. Eis o seu hexagrama. O trecho correspondente do livro refere-se à sua situação atual. Se obtiver todas as linhas sem mutação, o conselho se aplica indefinidamente. Mas se obteve algum 6 ou 9, mais conselhos o esperam. Sendo esta uma filosofia chinesa, as linhas em mutação se transformam em seus complementos: yin em yang, yang em yin, em mutação vira sem mutação. Comentários especiais no texto abordam cada hexagrama com linhas em mutação. Depois de ler seu hexagrama e o comentário especial, troque as linhas em mutação para obter um novo hexagrama. A sabedoria ali contida pertence à sua próxima situação e lhe dará conselhos sobre o futuro.

O caso de Martha: o progresso pelo conflito

Martha, advogada de quarenta anos, altamente racional e ao mesmo tempo profundamente intuitiva, consultou o *I Ching* quando sua razão foi incapaz de resolver os problemas da mudança das circunstâncias de seu casamento e de sua carreira.

Ela se mudara para o litoral leste dos Estados Unidos depois de casar-se com um empresário bem-sucedido e aceitou um emprego num prestigiado escritório de advocacia de Boston para ficar perto dele e também avançar na carreira. Mas agora, alguns anos depois, havia tensões tanto no casamento quanto na carreira. O marido, Sam, queria que ela usasse seus conhecimentos legais para ajudar a empresa. Isso ela fez, um favor ao homem que amava, mas ele a pressionava para dedicar a isso cada vez mais energia. Ao mesmo tempo, o escritório pressionava-a cada vez mais e colocaram sob sua responsabilidade o máximo de casos que ela poderia administrar.

Perfeccionista por natureza, Martha aceitava todos os casos que chegavam sem pensar duas vezes. Mas agora estava com tanto trabalho que sentia não ter vida fora da carreira. Estava comprometida demais e dormindo mal. Tinha ataques de asma, engordara e sofria de leve depressão. Mas também tinha muita força de vontade e estava decidida a fazer o casamento sobreviver e a ser sócia do escritório.

Sua vida saiu mesmo do prumo quando Sam anunciou de repente que queria o divórcio. (Ele estava tendo um caso.) Continuar a vida sem Sam resolvia metade do dilema em que sentia estar presa, mas uma questão candente permanecia: devia manter a panela de pressão do emprego? Se agüentasse mais um ou dois anos, teria uma excelente reputação profissional e seus contatos começariam a lhe dar um bom retorno. E ela nunca fora de abandonar nada. Por outro lado, o emprego a deixava tão estressada que começara a odiá-lo. Além disso, seus pais e irmãos casados moravam na costa oeste e vinham passando por vários problemas que ela poderia ajudar a resolver, se não morasse tão longe.

Quando Martha jogou as moedas, obteve o hexagrama número 6, Conflito, com linhas em mutação na segunda e na quinta posições. O conselho era, entre outras coisas: "Se uma pessoa está envolvida num conflito, a única salvação é manter-se com a mente tão clara e com tanta força interna que fique sempre pronta a fazer as pazes ao encontrar o adversário no meio do caminho (...) Em tempos de luta, deve-se evitar cruzar a grande água, ou seja, os empreendimentos perigosos não devem ser iniciados, porque para ter sucesso é preciso a unidade conjunta das forças." Outro trecho afirmava: "Se os direitos e deveres estão exatamente definidos ou se, num grupo, as tendências espirituais dos indivíduos se harmonizam, a causa do conflito é removida com antecedência."

A linha em mutação na segunda posição acrescentou este comentário: "Não se pode envolver-se no conflito. Volta-se para casa, desiste-se (...) A retirada no momento certo impede más conseqüências. Se, por um falso senso de honra, a mulher cai na tentação de entrar num conflito desigual, trará o desastre sobre si mesma. Neste caso, a atitude sábia e conciliadora beneficia toda a comunidade."

Para Martha, o hexagrama dizia com clareza que não devia continuar buscando ser sócia do escritório, porque sua vida pessoal estava cheia de conflitos naquela época para que ela pudesse concentrar seus esforços. Igualmente importante, seus chefes a tinham iludido com seus deveres para com o escritório mas jamais tinham definido corretamente seus direitos, e o excesso de trabalho a tinha deixado meio cega para os problemas de seu próprio casamento. A melhor escolha, sentiu ela, era mudar-se para a região onde morava sua família de modo a ajudá-la e aceitar uma oferta de trabalho num escritório da vizinhança, menos famoso mas de convivência mais agradável.

Quando Martha trocou ambas as linhas em mutação por seus complementos, o hexagrama foi o 35, Progresso, que apresenta circunstâncias muito otimistas. Era exatamente o que encontraria quem escolhesse a melhor opção.

O caso de Jonathan: um fim que dura

Jonathan também encontrou um guia valioso no *I Ching*. Médico de sucesso com quase cinqüenta anos, fora fiel à esposa Yvonne durante os primeiros doze anos do casamento. Mas em anos mais recentes seu relacionamento azedara na medida em que Yvonne aos poucos se afastara dele e de seus interesses mútuos, até que pareciam levar vidas essencialmente separadas. Yvonne voltava tarde do trabalho toda noite, tinha seu próprio círculo de amigos, não assumia as responsabilidades domésticas e simplesmente não estava disponível para ele ou para sua parceria conjugal. Jonathan, então, envolveu-se num caso com Megan.

Megan era médica-residente e tinha quase trinta anos; admirava e venerava Jonathan. Jonathan e Yvonne acabaram se separando legalmente, mas como às vezes acontece, Jonathan e Megan logo tiveram problemas. Embora tivessem permanecido juntos durante o último ano do casamento dele, Megan rompeu a relação poucos meses depois que ele se separou de Yvonne. Confessou que vinha saindo com outras pessoas, apesar da atração mútua. No meio desse drama, Yvonne tentou reconciliar-se com Jonathan, ao perceber, depois de algum tempo separada, que sua apatia e negligência tinham sufocado o relacionamento.

Confuso com seu interlúdio agradável mas tempestuoso com Megan e perplexo com o desejo de Yvonne de fazer as pazes, Jonathan procurou a orientação do *I Ching* para entender tudo isso. Não podia ter obtido um hexagrama mais esclarecedor se quisesse forçar a queda das moedas. O número 54, A Donzela Noiva, disse, em parte: "Comprometer-se traz infortúnio. Nada disso prosperará. Uma moça trazida para a família mas não como esposa principal deve comportar-se com cautela e reserva especiais. Não deve considerar que seu papel é suplantar a dona da casa, pois isso significaria desordem e levaria a relações insustentáveis."

Na antiga China, o marido tinha apenas uma esposa oficial. Esses casamentos costumavam ser arranjados por razões políticas e não românticas e, assim, tornava-se parte do "dever gracioso" da esposa ajudar o marido a satisfazer suas inclinações pessoais trazendo uma mocinha para a casa. O relacionamento conjugal podia tornar-se "belo e aberto", embora o *I Ching* alerte que "é um assunto muito difícil e delicado, que exige tato da parte de todos os envolvidos". (Isso também está no hexagrama número 54.)

Megan realmente se comportara sem tato e fez todo o possível para "suplantar a dona da casa", e isso logo provocou a desordem entre ela e Jonathan e uma relação insustentável entre eles. É claro que Jonathan também estimulara esta desordem, talvez para facilitar sua separação de Yvonne e, com certeza, como reação à sua sensação de desajuste com ela.

Outra parte do hexagrama dizia: "Assim o homem superior compreende o transitório à luz da eternidade do fim (...) toda relação entre indivíduos traz consigo o perigo das atitudes erradas, levando a interminável desentendimento e discórdia (...) Se, pelo contrário, o homem fixa a mente num fim que dura, terá sucesso ao evitar os recifes que se opõem ao relacionamento mais íntimo das pessoas."

Mas exatamente o que é "um fim que dura" no fluxo constante de mudança? Esta é uma questão filosófica duradoura que Jonathan teve de considerar, assim como incontáveis pensadores (e amantes) antes dele. O que é um fim que dura? Se conseguisse responder a isso, saberia como e onde investir sua capacidade de amar. Esta não é uma questão só para Jonathan, mas para todo mundo.

O QUE DURA?

A morte é uma coisa que aparentemente dura pela eternidade. Todos os relacionamentos — mesmo os casamentos para a vida toda — são transitórios em face da morte. Mas o amor imorredouro, ainda que professado por um ser transitório, de certo modo dura para sempre. Dizer a alguém: "vou amá-lo para sempre" é fixar a mente num "fim que dura", porque ainda que o "eu" e o "você" mudem, o amor propriamente dito permanece.

O espírito do amor não pode ser desgastado pelo tempo e a luz do amor não pode ser extinta pela morte.

Como ilustração, eis aqui dois curtos poemas celtas cheios de profunda percepção da eternidade do amor em face da mudança. Um é do poeta escocês Robert Burns; outro, do poeta e místico irlandês W. B. Yeats. Burns fala com a voz da esposa que declara amor eterno ao marido, ainda que a mudança os tenha envelhecido. Yeats fala com voz amorosa mas póstuma ao seu verdadeiro amor, agora envelhecido pela mudança.

John Anderson

John Anderson, meu amado,
Quando vim a conhecê-lo,
Era tão negro o seu cabelo,
E tão liso o sobrecenho;
Hoje a fronte é calva, John,
Seu cabelo está nevado,
Mas que branco abençoado,
John Anderson, meu amado.

John Anderson, meu amado,
Juntos o monte galgamos,
E os dias doces foram tantos
Que nós dois juntos gozamos;
Hoje mal andamos, John,
Ao sopé, e de mãos dadas,
Lá dormimos abraçados,
John Anderson, meu amado.*

---

*Tradução de Péricles Eugênio da Silva Ramos.
John Anderson
John Anderson my jo, John, / When we were first accquent, / Your locks were like the raven, / Your bonnie brow was brent; / But now your brow is beld, John, / Your locks are like the snow; / But blessings on your frosty pow, / John Anderson my jo.

John Anderson my jo, John, / We clamb the hill thegither, / And mony a canty day, John, / We've had wi' ane anither: / Now we maun totter down, John, / But hand in hand we'll go, / And sleep thegither at the foot, / John Anderson, my jo.

Agora o espírito dela e o de John estão há muito separados e seus restos mortais jazem juntos no túmulo, no sopé do monte que subiram no fulgor da juventude. Então, o que mais dura? Este poema, cheio do seu eterno amor. Se você o leu e seu coração se emocionou, foi porque sentiu o amor dela por ele, que realmente sobreviveu à morte dos dois.

Quando fores velha

Quando já fores velha, e grisalha, e com sono,
Pega este livro: junto ao fogo, a cabecear,
Lê com calma; e com os olhos de profundas sombras
Sonha, sonha com o teu antigo e suave olhar.

Muitos amaram-te as horas de alegria e graça,
Com amor sincero ou falso amaram-te a beleza;
Só um, amando em ti a alma peregrina,
De teu rosto a mudar amou cada tristeza.

E curvando-te junto à grade incandescente,
Murmura com amargura como o amor fugiu
E caminhou montanha acima, a subir sempre,
E o rosto em multidão de estrelas encobriu.*

---

*Tradução de Péricles Eugênio da Silva Ramos.
When You Are Old
When you are old and grey and full of sleep, / And nodding by the fire, take down this book, / And slowly read, and dream of the soft look, / Your eyes once had, and of their shadows deep.

How many loved your moments of glad grace, / And loved your beauty with love false or true, / But one man loved the pilgrim soul in you / And loved the sorrows of your changing face.

And bending down beside the glowing bars, / Murmur, a little sadly, how Love fled / And paced among the mountains overhead / And hid his face amid a crowd of stars.

O amor dele por ela não morreu com a morte. "Voou" de volta ao cosmo, de onde se originou e no qual se dissipou. Mas se seu coração foi tocado por este poema, então o amor dele por ela também sobreviveu à morte.

> É o amor, e não a razão, que é mais forte do que a morte.
>
> Thomas Mann

FORMAS IMUTÁVEIS

As idéias também duram. Os filósofos trocam idéias, é claro, e este é um modo popular de olhar a eternidade. Platão foi uma fonte espantosa de idéias duradouras e quero dar-lhe aqui apenas um exemplo, porque representa uma maneira útil de ver a mudança.

Quando Platão abordou a mudança, tinha muita experiência pessoal para inspirar-se. Acompanhou muitas mudanças difíceis de sua amada Atenas que, sem dúvida, lhe provocaram muito mal-estar. Sua cidade-estado tão culta travara uma guerra com Esparta e nunca recuperara a antiga grandeza. Viu seu mentor, Sócrates, ser forçado a morrer por levar a pesquisa filosófica às arenas pública e política. Sua própria Academia tornou-se corrupta e gerou tiranos em vez de reis filósofos.

A reação pessoal de Platão a essas mudanças foi inventar um sistema político imune a elas: sua lendária *República*. Não importava que não funcionasse na prática; com certeza a probabilidade de criar uma utopia permanente na Terra varia de pouca a nenhuma. Platão incorporou algo verdadeiramente eterno em sua concepção visionária (embora muitas vezes violenta) da Grande Sociedade: sua idéia sobre as próprias idéias.

Diversamente das coisas, as idéias perfeitas ficam fora do espaço e do tempo e, portanto, não estão sujeitas a mudanças.

Por exemplo, a idéia da esfera perfeita é imutável. Qualquer um pode imaginar uma esfera perfeita. E se você recorda a matemática da escola, pode até escrever sua equação ($x^2 + y^2 + z^2 = r^2$). Mas Platão afirmou que nunca podemos construir uma esfera perfeita. Planetas, luas, bolas, abóboras, laranjas e esferas de rolamentos são todos cópias melhores ou piores da esfera perfeita, mas todas as cópias têm irregularidades ou imperfeições. Além disso, todas as cópias mudam no espaço e no tempo e costumam acumular mais irregularidades e imperfeições, ou se transformam completamente em outra coisa (como suco de laranja ou torta de abóbora). Somente a esfera perfeita é sem falhas e permanece sem falhas, mas isso porque é ideal, não uma coisa material. No sistema de Platão, é uma forma pura. Não pode ser melhorada e todas as esferas que descobrimos ou fazemos são meramente cópias melhores ou piores deste ideal.

Há ideais platônicos para tudo: a nuvem ideal, a montanha ideal, o amante ideal, o cônjuge ideal, o filho ideal, o romance ideal, a sinfonia ideal, o filme ideal, o cidadão ideal, o estado ideal, a economia ideal, a vida ideal, até mesmo a morte ideal. A grandeza está em emular o ideal da forma mais fiel possível. Platão diria que o poema de amor que o emocionou capturou um pouco da essência do amor, porque o poeta avistou ou sentiu a forma pura ou ideal do amor. E para se emocionar, você deve tê-la avistado ou sentido por ter passado tempo suficiente fora da caverna.

O propósito da mudança, para Platão, é o aprimoramento. Isso começa com o apuro da compreensão, pois é somente pelo óculo da mente e por sua capacidade de compreender que se podem observar as formas puras. Isso inclui os ideais de verdade, beleza e justiça. Conforme aprimoramos nossa compreensão, aprimoraremos as cópias que fazemos de nossos ideais. Em grande parte, este aprimoramento é obtido pela educação. Nem a doutrinação política nem a regurgitação do aprendizado livresco preparará a mente para apreender as formas. A educação ideal não ensina apenas fatos sobre o mundo, embora haja informações essenciais que é preciso saber, mas também desperta a compreensão filosófica, de modo que se possa aproveitar o amor à sabedoria para perceber as formas puras.

Assim, Platão é inimigo da mudança que parte da cegueira ou da ignorância das formas, porque essa mudança sempre piorará as coisas, em vez de melhorá-las. E é amigo da mudança que parte da percepção ou da compreensão das formas, porque essa mudança sempre melhorará as coisas, em vez de piorá-las.

> Devem elevar os olhos da alma para aquilo que lança luz sobre todas as coisas; e quando virem o próprio Bem, usá-lo como padrão para o correto ordenamento do estado e do indivíduo, inclusive deles.
>
> Platão

ZENON, MUDANÇA E FELICIDADE

Muitos filósofos consideraram nosso mundo como um véu cambiante que mascara uma realidade absoluta que não muda. Quando confundimos aparência com realidade, ou o véu com as coisas veladas, sentimos mal-estar. Os filósofos ocidentais tentaram muitas vezes perfurar o véu apenas com a mente — sendo uma das mais nobres a tentativa de Platão. Os filósofos orientais basearam-se no ser, em vez do pensar, para perfurar o véu. O caminho ocidental costuma terminar em paradoxo. Isso pode ser bom, no sentido de que um paradoxo é como o véu final que fica entre nossa mente e nossa compreensão de alguma idéia duradoura. Quando resolvemos com sucesso um paradoxo, compreendemos uma verdade que nunca compreendemos antes. Isso é progresso.

O antigo filósofo Zenon de Eléia, no século V antes de nossa era, buscou demonstrar que, na verdade, o movimento é impossível. Se o movimento é impossível, a mudança também é. E se a mudança é impossível, então há uma realidade absoluta ou duradoura.

Para isso, Zenon inventou quatro paradoxos que tentavam mostrar, de maneiras levemente diferentes, que o movimento ordinário não pode acontecer. Embora esses paradoxos contradigam nossa experiência cotidiana, foram tecnicamente impossíveis de resolver até o final do século XIX, quando se desenvolveram ferramentas matemáticas à altura da tarefa. Foi isso que os tornou paradoxais durante dois mil e trezentos anos. E ainda podem nos ensinar alguma coisa sobre a mudança.

Um paradoxo basta para esclarecer a questão: Aquiles e a Tartaruga. É claro que Aquiles tem pés velozes, enquanto a tartaruga é lentíssima. Mas Zenon afirma que, se a tartaruga tiver uma boa vantagem na corrida, Aquiles nunca conseguirá ultrapassá-la. Seu argumento é assim: imagine que a tartaruga percorra uma certa distância antes de Aquiles começar a correr. Quando Aquiles cobrir aquela distância, a tartaruga terá avançado mais um pouco. E quando Aquiles cobrir aquela distanciazinha adicional, a tartaruga terá avançado mais um pouquinho. E assim por diante, com a tartaruga sempre na frente com distâncias cada vez menores. A distância entre eles continua a diminuir, mas nunca desaparece. Aquiles nunca conseguirá alcançá-la, ainda que corra mais depressa.

Vou poupar-lhe a matemática e resolver o paradoxo em palavras. É claro que Aquiles pode ultrapassar a tartaruga, assim como qualquer coisa mais veloz pode ultrapassar outra mais lenta, mas o faz com uma curiosa condição. Há um único instante no espaço e no tempo em que Aquiles chega exatamente ao mesmo nível da tartaruga. Antes deste momento, estava atrás da tartaruga; depois dele, estará à sua frente. Mas não há um momento final localizado logo *antes* de Aquiles ultrapassar a tartaruga. Dizendo de outro modo, há um lugar e uma hora definidos em que Aquiles alcança a tartaruga. Mas antes disso não há um último lugar nem um último momento definidos em que Aquiles não alcança a tartaruga.

Foi o que Zenon achou tão paradoxal. Se não há um fim finito para Aquiles não alcançar a tartaruga, como pode haver um início finito para que consiga ultrapassá-la? Na verdade esta é uma questão brilhante que se mostrou matematicamente impossível de resolver durante vinte e três séculos. Antes que os matemáticos alcançassem Zenon, ninguém conseguia explicar direito por que ele estava errado ao concluir que Aquiles não podia alcançar a tartaruga.

O que tudo isso tem a ver com a mudança na vida? Tudo! Quem está no meio de uma mudança desagradável provavelmente sente mal-estar. Em parte isso acontece porque acha que as mudanças nunca mudarão — as coisas serão desagradáveis para sempre. Mas como também acredita que há movimento e mudança acontecendo, não deveria pensar que as coisas podem mudar para melhor? Por que não se concentrar na possibilidade de que situações agradáveis possam resultar das desagradáveis? Por que não acreditar que a mudança vai levá-lo para um lugar melhor? Nada disso pode mudar a situação, mas muitas vezes mudar a atitude frente à situação é tudo o que se precisa para aliviar o mal-estar que dela nasce.

Um fenômeno semelhante acontece com quem está no meio de uma mudança *agradável* e ainda assim sente mal-estar. Você fica achando que a mudança está sujeita a mudanças; acredita que, mais cedo ou mais tarde, o agradável se transformará em desagradável. A moral é que a vivência da própria mudança provavelmente causa mal-estar, quer a mudança seja para melhor ou para pior.

Agora, uma página de Zenon para ajudá-lo a alterar sua visão inútil da mudança. Imagine que você é como Aquiles e tenta ultrapassar a tartaruga. Pense nessa corrida como "a busca da felicidade". Aplicando a lição que Zenon nos ensinou, não há um momento final no espaço nem no tempo no qual você deixa de ser infeliz (assim como não há momento final no qual Aquiles não alcança a tartaruga). Há, no entanto, um primeiro momento no espaço e no tempo no qual você consegue ser feliz (assim como há um primeiro momento no qual Aquiles consegue ultrapassar a tartaruga). Em outras palavras, embora talvez não haja um lugar e um instante definidos no qual termine sua infelicidade, pode haver um lugar e um instante definidos onde começa sua felicidade. Isto não é um paradoxo: é uma boa razão para adotar o movimento e, portanto, a mudança. Quem não consegue ver o fim de sua infelicidade pode ficar cego para o início da felicidade.

O caso de Andre: um pastor moribundo

Para os seres humanos, a mudança mais drástica é a morte. E embora a televisão e o cinema glorifiquem cada vez mais a morte violenta, na realidade as pessoas precisam de ajuda para lidar com a morte. A filosofia pode ajudar. Meu colega britânico Alex Howard orientou um pastor chamado Andre, que sabia ter apenas alguns meses de vida. Diversamente do caso de Jim, que já apresentamos neste capítulo, Andre estava mesmo além de toda cura possível (a não ser por milagre) e até de algum provável prolongamento de sua vida através de algum tratamento agressivo. Os medicamentos lhe aliviavam a dor; agora, buscava a filosofia para aceitar a morte.

Andre tinha muitas questões filosóficas não resolvidas sobre a vida (quem não tem?) e queria usar o tempo que lhe restava para ponderar sobre algumas delas. Era sua "última chance" de ser um filósofo e não queria desperdiçá-la. Isso me soa verdadeiro. Conheci muita gente realizada nos negócios, na política e na arte que diz que quer ser filósofo na próxima vida. Sempre lhes digo que podem começar agora mesmo!

Andre tinha tantas perguntas e tão pouco tempo. "Por que nascemos? Por que morremos? Por que alguns morrem jovens? O que acontecerá depois? O que foi a minha vida? O que foi e o que será importante? Por que fazemos essas perguntas? Por que nossas respostas nem sempre são satisfatórias? O que teria de acontecer para que fossem satisfatórias? Que perguntas estou evitando? O que deixei sem fazer? Do que me orgulho mais? Do que mais me arrependo? O que sei realmente sobre Deus?"

Regularmente, durante quatro semanas, Alex e Andre travaram um diálogo sobre essas questões. As questões de Andre eram pessoais, forçosas e urgentes. Mas Alex sabia que eram também questões de todo mundo, não importando quanto tempo se tem para pensar nelas. É claro que não encontraram todas as respostas antes que Andre morresse. Mas houve momentos de ritmo velocíssimo.

Certa vez Alex lhe disse:

— Talvez você possa se acalmar sem saber por que ou sem encontrar razões. Ouvir você falando agora é como ouvir um canário cantando numa gaiola. É um belo som, ressoando pelo vasto espaço.

Esta imagem transportou Andre para fora de seu torvelinho. Podia ver-se de longe; sua canção humana foi silenciosamente absorvida pelos enigmas que o cercavam. Esta imagem ressoou dentro dele com muita força. Andre não tinha de descobrir todas as respostas. Os canários cantam. Os seres humanos filosofam. É o que fazemos. É um mistério maravilhoso. André relaxou e sorriu. E às vezes ficavam apenas sentados juntos, em silêncio.

> O mar escurece; a voz dos patos selvagens é
> levemente branca.
>
> Basho

MUDANÇA E PROPÓSITO NOS PIORES CASOS

Você pode ser capaz de entender melhor a mudança desagradável caso consiga discernir nela um propósito. É por isso que os pais que perderam um filho podem obter algum conforto em seu terrível mal-estar buscando impedir que um destino parecido recaia sobre outras famílias (como no grupo norte-americano

Mães Contra Dirigir Alcoolizado). Também podem pensar em doar órgãos, para resgatar dons preciosos da vida das garras da própria morte. Transformar o luto pessoal em benefício de outros é uma das ações mais nobres, corajosas e caritativas que se pode realizar e pessoas comuns fazem isso todo dia. É um testemunho das maravilhas do espírito humano.

Como vimos no capítulo 5, a pior coisa que você pode fazer com seu mal-estar é espalhá-lo à sua volta (como se fosse uma doença contagiosa). Fazer os outros sofrerem por causa de seu próprio sofrimento só vai fazer você sofrer ainda mais. É isso que o terrorismo faz: multiplica o mal-estar, em vez de suavizá-lo. Perpetua o sofrimento, em vez de aliviá-lo.

Procurar significado e propósito nas mudanças que está vivendo vai levá-lo ao melhor caminho e o guiará até o bem-estar. A arte é usar a mudança para descobrir o que não muda e usar o que não muda para aceitar a mudança.

EXERCÍCIOS FILOSÓFICOS

1. Quais são as melhores mudanças que você já viveu? O que fez para torná-las ainda melhores? Ou piores?
2. Quais são as piores mudanças que você já viveu? O que fez para torná-las melhores? Ou piores?
3. Qual é a melhor mudança que você consegue imaginar? O que faz para promover seu acontecimento?
4. Qual é a pior mudança que você consegue imaginar? O que faz para impedir que ocorra?
5. Se pudesse mudar alguma coisa em si mesmo, o que seria?

Parte III

12
COMO CONSTRUIR SUA CASA FILOSÓFICA

Mais uma vez, a obra do homem só se realiza de acordo com a sabedoria prática e também com a virtude moral; pois a virtude nos faz visar ao que é certo e a sabedoria prática nos faz adotar os meios certos.

Aristóteles

Nada pode lhe trazer a paz senão o triunfo dos princípios.

Ralph Waldo Emerson

O MODO COMO VOCÊ SE comporta se deve a um conjunto complicado de razões que inclui características de personalidade biologicamente fixadas, hábitos adquiridos, condicionamento imposto e fortes emoções. Mas você também age de acordo com sua razão, experiência, crenças, princípios e deveres; em outras palavras, segundo sua filosofia de vida. Todo mundo tem uma filosofia de vida, embora em muitos casos suas idéias básicas possam estar implícitas e não explícitas. Nem todos são capazes de articular com exatidão sua filosofia. A questão importante é se sua filosofia de vida funciona para você, contra você ou não funciona.

Quando Sócrates proclamou que "a vida não examinada não vale a pena ser vivida", é claro que estava receitando um exame filosófico. Assim como o médico examina seu corpo; o psicólogo, a sua psique; o contador, a sua situação financeira; e o mecânico, o seu carro, um filósofo pode examinar sua vida. No entanto, embora você não vá confiar em si mesmo para fazer seu *check-up* físico anual ou uma auditoria complicada, examinar a própria vida de forma filosófica não só é possível como também recomendável.

Depois que suas idéias implícitas ficarem explícitas, será muito mais fácil levar uma vida examinada. Aí você poderá articular sua filosofia de vida e ver se a está seguindo bem ou mal. Pode comparar sua abordagem com a dos outros e talvez modificá-la ou aprimorá-la de algum modo. Pode ajustar sua filosofia de acordo com as lições aprendidas em novas experiências da vida. Pode, em resumo, garantir que sua filosofia funcione para você e não contra você.

O método MEANS, neste capítulo, vai ajudá-lo a examinar sua própria vida de maneira filosófica. Pense nele como uma inspeção da casa filosófica que você habita, fazendo alguns melhoramentos domésticos importantes e redecorando ou remobiliando um ou dois cômodos durante o processo. Se quer começar do chão, criar uma filosofia de vida é análogo a construir a própria casa. Você tem o terreno para construí-la (sua própria vida), o material de construção (o poder da sua razão e as experiências de vida) e as ferramentas (a sabedoria filosófica acumulada em várias épocas). Agora, precisa seguir um projeto e mais alguns conhecimentos práticos sobre a seqüência, o conteúdo e a coordenação das etapas de construção para ajudar a torná-lo real. É nisso que este capítulo será útil.

O nome do método que sugiro, MEANS, é uma sigla. Vou fazê-lo passar por Momentos de verdade, Expectativas, Apegos, emoções Negativas e opções Sagazes, todos explicados com detalhe mais adiante. Não fique com a idéia, contudo, de que este é um projeto para um dia só. Construir uma casa não é montar uma tenda e exige muito tempo e esforço. Não pode ser feito de uma só vez. As instruções são simples e diretas (o que pode ser enganoso), mas aplicá-las vai levar um tempo diferente dependendo do indivíduo e da situação — de onde você começa, aonde quer chegar, quanto tempo quer dedicar ao projeto e assim por diante. E mesmo depois que sua casa estiver pronta, sempre serão necessários reparos e manutenção.

MOMENTOS DE VERDADE

> Pelo fogo se prova o ouro; pela adversidade, os fortes.
>
> Sêneca

Todos nós passamos por momentos de verdade na vida; isto é, épocas em que somos duramente postos à prova pelas circunstâncias. Esses momentos podem surgir de acidentes, ferimentos, doenças, a perda de um ente querido, um casamento rompido, uma mudança súbita de carreira ou qualquer situação igualmente catártica para a qual não há solução imediata e da qual não há refúgio aparente. Embora a compreensão permita preciosos pequenos consolos no próprio momento, esses períodos de mal-estar tão difíceis de suportar (que podem se estender por semanas, meses e até anos) são também a melhor oportunidade para dar saltos qualitativos no crescimento pessoal.

Esses momentos são mais significativos pela verdade que revelam do que pelo sofrimento que provocam. Lançam fora seu bem-estar normal de viver, mostrando até que ponto você está equipado para lidar com eles. O equipamento é nada mais nada menos que sua filosofia de vida.

Quando as coisas vão bem, é raro alguém questionar as circunstâncias da vida ou buscar orientação. Todos sentem que, pessoalmente, merecem uma vida boa e é provável que não passem muito tempo agradecendo por tudo ou exprimindo gratidão aos muitos que os ajudam, nem ajudando os menos afortunados. Mas quando as coisas vão mal, de repente ficam cheios de perguntas sobre as circunstâncias da vida: Quem me fez isso? Por que isso está acontecendo? Qual o seu significado? Qual o propósito? O que devo fazer? O que não devo fazer? E assim por diante.

Nos tempos bons, todos querem levar o crédito; nos maus, todos querem jogar a culpa em alguém. Ninguém questiona os bons tempos; nos maus, de repente, todo mundo vira filósofo. Como o mau tempo é inevitável, é melhor ter uma filosofia de vida já pronta à espera para ajudá-lo quando ele chegar. Como um salva-vidas ou um bote inflável, sua filosofia pode mantê-lo à tona caso haja um naufrágio. Também vai lhe ser útil nos bons tempos, ajudando-o a aproveitá-los ao máximo.

É só quando enfrentamos circunstâncias difíceis que nossas força e fraqueza interiores e as idéias que mais valorizamos são postas à prova da forma mais extenuante. Assim, passar algum tempo em dificuldades é a mais verdadeira prova do caráter. Oferece a maneira mais rápida de trocar de pele e crescer e ilumina com brilho máximo seus mais profundos princípios. Este é o famoso outro lado da moeda: a oportunidade de bons resultados que surge com as más situações. É claro que cabe a você atender à porta ou não quando a oportunidade bater.

Para abrir esta porta, a primeira coisa de que precisa é reconhecer um momento determinante de verdade. Qual ou quais acontecimentos calamitosos foram divisores de águas em sua vida, quando foi obrigado a formar algum estoque filosófico sério? Sua infância pode ter sido uma paisagem paradisíaca, mas talvez tenha havido algumas cenas traumáticas. Essas cenas foram momentos de verdade. Seu casamento pode ter sido uma festa de alegre união, mas se terminou em divórcio este foi um momento de verdade. O nascimento de seu filho pode ter sido um acontecimento abençoado, para sempre gravado como uma lembrança maravilhosa. Mas se a criança nasceu com alguma doença ou incapacidade grave ou sofreu mais tarde um acidente grave ou fatal, foi um momento de verdade. Apaixonar-se por alguém ou amar alguém é magnífico, nem dá para descrever. Perder o ente querido é um momento de verdade. Encontrar a alma gêmea é mágico, além da imaginação; perder a alma gêmea é um momento de verdade. Construir uma casa ou criar um lar é encontrar um lugar neste mundo; ver a casa destruída por forças fora do seu controle ou o lar abalado por comportamentos fora do seu controle é um momento de verdade. Atingir o sucesso na carreira é sinal de distinção; ser vítima das maquinações malévolas dos outros é um momento de verdade. Sonhar um lindo sonho é tecer um casulo de fantasia; acordar de um pesadelo, com medo de que seja real, é um momento de verdade. Passar a vida isolado de todos os riscos é evitar a vitalidade; enfrentar a morte com as mãos nuas é um momento de verdade. Receber como amigo e abraçar o demônio que você conhece é entregar-se a uma falsidade familiar; não se furtar a enfrentar o demônio que não conhece é um momento de verdade. Seguir os caminhos que outros marcaram para você é negligenciar-se; abrir sua própria trilha é um momento de verdade. Proferir as palavras da página impressa é ocultar-se por trás de um véu ilusório de conforto; preencher você mesmo a página em branco ou aceitar seu vazio é um momento de verdade. Manter-se voluntariamente cego é desperdiçar o precioso presente da visão; abrir o presente e ver o que há dentro é um momento de verdade.

Exercício 1. Faça uma listinha dos seus momentos de verdade até agora. Se quer ou precisa, escolha o mais importante da lista e desenvolva-o. Escreva sua história, seja um parágrafo, uma página ou um livro inteiro. Agora, responda: quando chegou ao seu momento de verdade, qual foi a idéia básica que o ajudou a atravessá-lo? Se for capaz, escreva as idéias básicas que o ajudaram em cada momento de verdade de sua lista. Essas idéias básicas são o projeto de sua casa filosófica.

Com as idéias de que filósofo ou escola de filosofia as suas idéias básicas mais se parecem? Pode pensar de novo nos casos que já vimos ou dar uma olhada na "Parada de Sucesso" de filósofos no fim deste livro, para encontrar um pensador ou um sistema de pensamento que se harmonize com você. Identificar a filosofia de vida que o guiou em seus momentos de verdade é o caminho mais rápido para compreendê-la. E compreender sua própria filosofia é o primeiro passo para examinar a sua vida.

EXPECTATIVAS

> Assim, cuidai para não elevar vossas esperanças (...) alto demais e, portanto ter a experiência de quem vê coisas debaixo d'água e espera que sejam tão grandes quanto as vê, de cima, através da água, quando a imagem é ampliada sob a luz; e quando as pesca, irrita-se ao descobrir que são muito menores (...) tereis a vós mesmos para culpar por vossas expectativas.
>
> Luciano

Todos nós abrigamos determinadas expectativas. Expectativas sobre nós mesmos, os outros, coisas específicas ou o mundo em geral. Meu conselho é livrar-se de todas elas! Quanto mais expectativas tiver, mais elas vão interferir em uma filosofia de vida construtiva.

Se já teve férias arruinadas pelo mau tempo, vivenciou exatamente o que quero dizer. Suas férias só podem ter sido arruinadas por sua expectativa não atendida de bom tempo, não pelo tempo em si. Ou talvez seus pais tenham ficado desapontados com você por não ter escolhido a carreira que desejavam. Na verdade, só podem ter ficado desapontados com as próprias expectativas que alimentavam sobre você e que não se cumpriram, não pelas suas opções. Talvez seu cônjuge o irrite por nem sempre se comportar ou reagir como você gostaria; você só pode ficar irritado com suas próprias expectativas não atendidas sobre o comportamento de seu cônjuge, e não com o próprio cônjuge.

Toda expectativa nos prepara para um episódio de mal-estar. Livre-se das expectativas e se livrará também dos mal-estares. Praticamente todo mal-estar é causado por alguma expectativa não atendida. O exemplo mais horrível costuma envolver a morte súbita de um ente querido. Todos sabemos perfeitamente bem que ninguém é imortal, mas de algum modo esperamos que a morte só aconteça com os outros, não com nossos próprios familiares e amigos.

O mundo assistiu a uma ilustração pungente de expectativas irreais quando o avião espacial *Challenger* explodiu pouco depois da decolagem. A catástrofe foi transmitida ao vivo pela televisão, assim como as entrevistas com alunos espantados e colegas chocados da professora e astronauta civil Christa McAuliffe, que estava a bordo. Havia uma enorme festa na escola em que trabalhava para comemorar o lançamento e agora os convidados enfrentavam as câmeras, lágrimas escorrendo pelo rosto, ainda usando chapéus de festa e segurando suas línguas-de-sogra; seu júbilo transformou-se instantaneamente em devastação.

A verdadeira causa dessa devastação não foi a explosão da *Challenger*. Foi a expectativa não examinada nem questionada de que a amada professora voltaria da missão sã e salva, uma heroína, um personagem histórico. Mas as viagens espaciais são arriscadíssimas. Se existe alguma expectativa realista em trabalhos de alto risco, com certeza é de que alguma coisa pode dar muito errado praticamente a qualquer momento. Se algo não dá errado todos devem sentir-se agradecidos, gratos ou agradavelmente surpresos. Mas espantar-se quando algo dá errado num empreendimento de alto risco é muito pouco realista: contraria por completo a natureza das coisas.

Quando os homens iam-se ao mar em navios, as esposas não davam festas na praia para vê-los partir. Em vez disso, oravam solenemente pela volta dos maridos sãos e salvos. Sua expectativa correta era de que muitos navios e tripulações nunca voltam. Uma expectativa realista como esta é melhor do que outra irreal, porque nos prepara para o pior. Se o pior acontecer, pelo menos não será um choque. E se o pior não acontecer, então haverá motivo para comemorar.

Não ter expectativas é melhor ainda, porque nada pode acontecer ao contrário das expectativas que você não tem. Não ter expectativas permite-lhe aproveitar ao máximo cada circunstância da vida e não apenas aquelas que se amoldam às suas próprias noções (talvez arbitrárias) do que "deveria" acontecer. Se você reduz sua expectativa do que *deveria* acontecer, raramente ficará desapontado pelo que poderia acontecer e pode exercer mais influência geral sobre o que *realmente* acontece. Reduzir as expectativas não significa abandonar a atenção ou os esforços; pelo contrário, significa não considerar coisa alguma como pressuposta.

Isso se aplica também a uma escala muito menor. Não ter expectativas sobre o fim do dia ao sair para trabalhar pela manhã, por exemplo, permite que vivamos de forma mais completa o momento presente.

Se você pensar nos mal-estares por que passou na vida, estou certo de que descobrirá que em muitos deles pode rastrear as expectativas que alimentava. Se está infeliz em sua carreira atual, é provável que esperasse fazer outra coisa. Se sua expectativa era irreal, por que a alimentou? Se era realista, por que não está sendo cumprida? Se você não tivesse nenhuma expectativa de carreira, poderia estar feliz por ter conseguido a que tem hoje. Para dar outro exemplo, suponha que esteja zangado de ter levado um bolo. Deve ter alimentado a expectativa de que sua namorada apareceria. Embora esta seja uma expectativa razoável, a realidade é que muitas coisas podem acontecer para atrasar uma pessoa. Sem expectativas, você simplesmente ficará feliz quando sua namorada chegar, e não ficará irritado caso ela não apareça. Em vez de zangar-se com alguém que não está lá, tente envolver-se com alguém que esteja.

Exercício 2. 1. Faça uma listinha de suas expectativas não atendidas e, ao lado de cada uma, descreva o tipo de mal-estar que lhe causou.

2. Depois, faça uma lista de suas expectativas atuais e, ao lado de cada uma, descreva o tipo de mal-estar que está preparando para si mesmo.

Não seria melhor se não tivesse expectativas? Livrar-se delas limpa o terreno da sua casa filosófica.

APEGOS

> Do apego nasce a tristeza (...) Para quem está livre do apego, não há tristeza.
>
> Gautama Buda

Todos nós formamos apegos, tanto benéficos quanto prejudiciais. Seja como for, os apegos costumam pertencer a dois tipos diferentes: apetites e aversões. Os dois podem ser normais, tais como apetite por comida e aversão a um prato específico devido a alergia ou sabor, ou apetite por amizade e aversão a uma pessoa específica que nos causa antipatia. Precisamos tanto de apetites quanto de aversões para funcionar biológica e socialmente, mas se levados longe demais eles atrapalham nosso funcionamento filosófico. Os apetites podem transformar-se em obsessões e as aversões podem tornar-se preconceitos. Ter apegos fixos diminui nossa possibilidade de sentir bem-estar e alegria no mundo e aumenta a probabilidade de sentir mal-estar e infelicidade quando o mundo deixar de conformar-se à idéia que fazemos dele.

Parte da razão pela qual as crianças são tão encantadoras e se encantam com tanta facilidade é que não desenvolveram apegos profundos a demasiadas pessoas ou eventos e estão, em vez disso, imbuídas da alegria de viver. Assim, se um brinquedo não está disponível, brincam felizes com algum outro. Se um amigo está ocupado, brincam felizes com outro.

As expectativas, na verdade, são um tipo de apego. Se você espera encontrar-se com seu irmão para almoçar e zanga-se caso ele não apareça, é porque estava apegado à idéia de que ele estaria ali. Se em vez disso tivesse se preparado para improvisar, ficaria contente quer ele aparecesse ou não, porque não estaria apegado à idéia de algum conjunto específico de acontecimentos e, portanto, estaria aberto a outros acontecimentos possíveis. Isso lhe permite aproveitar ao máximo qualquer situação, ao invés de desperdiçá-la.

Diversamente das expectativas, os apegos podem espalhar-se muito mais no espaço e no tempo. Por exemplo, considere seu apego a outras pessoas, que em geral se estende por longos períodos. Quando se permite que chegue ao extremo, o apego a outra pessoa pode tornar-se um sentimento de posse. Se a pessoa cujo amor você pensa que possui oferece este amor a outro, o mal-estar que você vai sofrer é resultado de seu apego ao amor como se fosse sua propriedade. Mas se você consegue receber o que lhe é oferecido quando é oferecido (seja amor ou qualquer outra coisa) sem ficar excessivamente apegado, então também pode deixá-lo ir sem remorsos quando deixar de ser oferecido.

O desapego não significa falta de gozo. A idéia é gozar o que existe quando existe, mas não lamentar quando não existe e não ansiar por sua presença quando está ausente. Numa conferência na universidade, ouvi o Abade Fukushima Keido, do Mosteiro Tofukuji, falar de como gostava de viajar de Tóquio a Nova York na classe executiva para sua visita anual. Disse que adorava a deliciosa comida, especialmente os chocolates Godiva que eram oferecidos. Mas deixou claro que o significado e o propósito de sua vida não mudaria caso nunca mais voasse na classe executiva ou se um chocolate Godiva nunca mais passasse entre seus lábios. Em outras palavras, ele aproveitava ao máximo essas coisas sem formar apego algum a elas.

Isso não é necessariamente fácil de fazer, como até o abade admitiu, e com certeza é difícil não ter apego nenhum. O melhor, então, é formar apenas apegos positivos e evitar os negativos. Saber a diferença é sua primeira tarefa.

Antes que você pense que é simples, considere um problema freqüente trazido pelos clientes, convencidos de que seus apegos são causas primárias de seu mal-estar: como podem evitar apegar-se aos filhos? A resposta mais simples é: como no caso de qualquer apego, você pode se apegar aos filhos de forma positiva ou negativa. Amá-los pelo bem deles é positivo; pelo seu próprio bem, negativo. Ser seu guardião e guia na vida é positivo; tratá-los como sua propriedade, negativo. Ajudá-los a concretizar sua excelência é positivo; transformá-los em extensões de você mesmo (vivendo por procuração através deles) é negativo. Sujeitá-los a uma certa estrutura e disciplina para o bem deles é positivo; mimá-los ou puni-los para sua própria conveniência é negativo.

Eis dois casos que ilustram este ponto. Daniel sofreu com o apego negativo dos pais, enquanto Justine se beneficiou do apego positivo.

O caso de Daniel: apego parental negativo

No início da adolescência, Daniel tinha um talento visível para tocar violino e compor, mas seus pais estavam economizando para a escola de medicina. O pai de Daniel tinha uma empresa de sucesso mas nenhuma tendência artística nem apreciação pela música clássica. A mãe queria dar ao filho as coisas materiais que nunca teve quando criança e desejava que tivesse segurança financeira quando adulto.

Daniel queria atender aos desejos dos pais, mas também queria seguir carreira na música. Não podia preparar-se ao mesmo tempo para a escola de medicina e para o conservatório, já que ambos eram extremamente disputados. As duas preparações exigiam dedicação integral. Daniel acabou sucumbindo à pressão dos pais e entrou para a faculdade de medicina.

Mas ele odiava medicina (um apego negativo) e ainda amava a música (um apego positivo), embora não tivesse tempo de tocar. Os pais estavam tão ocupados vivendo por procuração através do "Dr. Daniel" (um apego negativo) que não conseguiram perceber os sinais de seu crescente conflito interior. Certo dia Daniel simplesmente se partiu, como se fosse uma corda de violino esticada demais. Sofreu o que antigamente se chamava de "colapso nervoso"; largou a faculdade e, enraivecido, parou de falar com os pais. Também ficou temporariamente incapaz de tocar violino. Foi hospitalizado e recebeu doses maciças de antidepressivos. Acabou se recuperando e, embora nunca tenha voltado à faculdade de medicina, logo começou a tocar violino outra vez. Hoje, leva uma vida modesta como músico. E adora cada minuto.

A moral filosófica desta história é que os pais de Daniel estavam tão apegados a um futuro para o filho que ele não queria nem precisava, que perderam a oportunidade de guiá-lo positivamente no desenvolvimento de sua idéia. Isso atrapalhou não só a capacidade de Daniel realizar-se na vida como sua capacidade de relacionar-se com eles.

> Não confina teu filho a teus próprios ensinamentos, pois nasceram em outra época.
>
> Talmude

O caso de Justine: apego parental positivo

Justine, mãe divorciada e dedicada de duas crianças em Manhattan, teve dificuldades para pagar as contas com seu salário de higienista bucal e, assim, trabalhava à noite, nos fins de semana, como dançarina exótica. Algumas pessoas que sabiam de seu "segundo turno" condenavam-na moralmente e ela também alimentava várias dúvidas sobre a retidão de seu segundo emprego.

Kirsten, filha de Justine, tinha paixão e talento pelo balé e pela dança moderna. Justine encorajou o desenvolvimento desse dom e a filha acabou sendo admitida numa das melhores escolas de dança de Manhattan, paga com os rendimentos da dança exótica da mãe. Quer Kirsten fizesse carreira ou não dançando em palcos artisticamente mais renomados que os freqüentados pela mãe, a ajuda de Justine foi fundamental para Kirsten desenvolver sua excelência e talvez realizar seus sonhos. Justine tinha um apego positivo à filha, e isso ajudou Kirsten a realizar-se.

Muitas escolas filosóficas importantes alertaram contra as armadilhas do apego. Na antiga Índia, o Bhagavad Gita descreveu assim alguém espiritualmente desperto: "Nada espera, tem a mente e a personalidade controladas, sem ganância, realizando apenas ações corporais; embora aja, mantém-se impoluto (...) Aquele que não tem apego é livre, sua mente centrada na sabedoria, suas ações, realizadas como um sacrifício, não deixam rastros."

Ou seja, nenhum rastro de mal-estar. Do mesmo modo, sem uma doutrina cármica mas como meio de ter a melhor vida terrena possível, os estóicos aconselharam o abandono de todos os apegos insalubres a coisas que os outros nos podem tirar — até mesmo, e inclusive, nossa vida.

> Deve-se contar cada dia como uma vida separada.
>
> Sêneca

APEGOS A LEMBRANÇAS

Assim como o mal-estar é provocado pelas expectativas, que são apegos a acontecimentos futuros, também pode ser causado pelo apego a acontecimentos passados — suas lembranças.

De certo modo, sua identidade é a soma total de suas lembranças. A maioria das pessoas armazena todo tipo de lembrança, as boas, as más e as feias, e, juntas, elas lhe dão uma boa idéia do tipo de vida que você levou. Parte significativa de sua área de armazenamento da memória pode estar na mente inconsciente. Se Freud estiver certo, é ali que encontraremos as lembranças desagradáveis que reprimimos para defender nosso ego. Mas o dito de Sócrates "conhece-te a ti mesmo" significa que o conhecimento consciente da memória inconsciente é vital para a compreensão de si mesmo.

Falando em termos filosóficos, você tem mais poder sobre o mal-estar causado por lembranças desagradáveis do que admitem muitas teorias psicológicas e psicanalíticas. O que acontece em sua memória é apenas outro conjunto de circunstâncias da vida. Nenhum de nós tem o poder de mudar os acontecimentos passados e devemos enfrentar o passado da maneira mais honesta possível para compreender esses eventos e nós mesmos. Mas os acontecimentos passados e nosso papel neles são meros conjuntos de circunstâncias apresentados à mente ativa e (com a filosofia como um guia útil) você tem bastante espaço para escolher sua visão ou sua interpretação do passado. Como Epicteto nos recorda, não são as próprias circunstâncias que provocam bem-estar ou mal-estar, mas a opinião que formamos delas.

Você também escolhe o modo como se envolve nos acontecimentos atuais e, deste modo, como forma seu próximo passado. Se quer ter lembranças melhores, comece a trabalhar no presente! As boas coisas que fizer hoje serão boas lembranças amanhã.

Você devia se esforçar para dissolver seu apego às más lembranças. Se conseguir, vai se poupar de muito mal-estar. É claro que precisa saber como efetuar esta dissolução. Não precisa apagar as células do cérebro nem erradicar suas recordações. Uma das piores maneiras é tentar fugir do passado. Quem tenta evitar a lembrança de coisas desagradáveis ou busca anestesiar-se do sofrimento produzido pela recordação delas (com álcool, drogas ou outros meios) acaba reforçando seu apego a essas lembranças.

É muito melhor perguntar-se: "Essas lembranças são de quem, afinal?" Embora "você" tenha uma "identidade" baseada em grande parte em suas lembranças específicas e nas lembranças dos outros sobre "você", sua essência humana mais profunda — você de verdade — independe dessas próprias lembranças. Descubra quem é "você" — sozinho, sem as recordações — e dissolverá seu apego às lembranças que sua "identidade" possui. Sem a lembrança-identidade, você é um vaso cheio de idéias, avaliações, apetites, aversões, desejos e apegos de todos os tipos. Mas originalmente o vaso estava vazio. Volte àquele estado original e sua memória será como tantas folhas das árvores, folhas que são lindas de se ver mas que mudam seus atributos com as estações. Apreciar a beleza das folhas que mudam é como recordar as coisas, mas sem apego. O novo desabrochar da primavera ou as cores do outono não causam mal-estar a ninguém que admire a floresta. Pelo contrário! Nem as lembranças delicadas ou coloridas deveriam causar mal-estar a ninguém que admire a vida. Pelo contrário!

Em resumo, tudo o que você está acostumado a fazer pode ser mais bem feito sem apego. Além disso, dissolver seus apegos melhora o bem das coisas que faz e reduz igualmente o mal e a feiúra.

Exercício 3. Faça uma lista de seus maiores apetites e aversões e depois tente distinguir quais são mais úteis a você (isto é, quais promovem seu bem-estar de viver) e quais os mais inúteis (isto é, que promovem seu mal-estar de viver.) Em seguida, dê mais um passo e faça uma lista das idéias pelas quais você tem o maior apetite e a maior aversão e veja quais lhe são mais úteis. Essas idéias mais úteis são os alicerces de sua casa filosófica.

EMOÇÕES NEGATIVAS

> Enquanto nosso pulso bate e sentimos emoção, vamos deixar o assunto de lado. As coisas vão realmente parecer diferentes quando nos aquietarmos e esfriarmos. A princípio é a paixão que está no comando, é a paixão que fala, não nós.
>
> Michel de Montaigne

As emoções fazem parte de nossa biologia e, junto com sua tradução em sentimentos que identificamos em nossa psique, são importantíssimas para o funcionamento humano normal. Sem amor, empatia ou compaixão, não poderíamos criar famílias nem sociedades progressistas. Contudo, emoções e sentimentos negativos como ódio, hostilidade ou ressentimento podem ser igualmente poderosos. As emoções negativas nos impelem a fazer o mal em vez do bem e a sentir (e causar) mal-estar.

Veja a raiva, por exemplo. Todos se enraivecem mais cedo ou mais tarde e, a curto prazo (como vimos no capítulo 3), a paixão é definitivamente mais forte que a razão. Mesmo que você medite regularmente, tome "pílulas da felicidade" ou trabalhe para reduzir suas expectativas e apegos, haverá momentos em que a prevenção falha e a provocação faz efeito. Além disso, algumas pessoas são por natureza mais plácidas e lentas para enraivecer-se, enquanto outras são mais irritáveis e destemperadas. Para todos nós, a questão é o que faremos com nossa raiva quando ela surge.

Estou certo de que você já testemunhou ou vivenciou muitas maneiras nada apropriadas nem eficazes de exprimir a raiva: explodir, absorver a dor, espalhar o mal-estar, tramar a vingança. Retaliar é uma reação puramente emocional e, embora produza uma descarga de energia raivosa, esta energia é descontrolada e tem muito mais probabilidade de causar mal do que bem. Absorvê-la também provoca mal-estar (e talvez até doença), a menos que se consiga neutralizar o que for absorvido. Envenenar os outros com sua raiva, pelo lixo tóxico emocional da fofoca maliciosa, da propaganda insidiosa, da doutrinação política etc., também envenena você. Tramar a vingança pode adiar e controlar a expressão da raiva, mas não pode transformar sua energia negativa em positiva.

Numa família cheia de gente de pavio curto, o filósofo residente também conhecido como mamãe costumava dizer: "Por mais que você perca a paciência, nunca conseguirá se livrar dela." Se prefere sabedoria mais antiga que a da minha mãe, que tal Filemon: "Ficamos todos loucos quando estamos com raiva." Para evitar o mal-estar (e preservar a sanidade), passe o mínimo de tempo possível nas garras desses sentimentos negativos. A curto prazo, a melhor maneira de lidar com a raiva é não senti-la de modo algum. Se conseguir não levar as coisas demais para o lado pessoal — ou seja, se conseguir minimizar o envolvimento do seu ego na vida — será uma pessoa mais feliz e muito menos enraivecida.

Se conseguir isso a curto prazo, não precisará de estratégias de longo prazo. Mas caso tenha seus momentos ruins, como todos nós, e queira modos adequados de administrar sua raiva quando ela se acender, tenho uma sugestão: transformação. Todo tipo de energia — física, química, biológica e outras — pode se transformar em outro. Assim como as estrelas transformam a energia da fusão atômica em calor e luz e as plantas transformam a energia do sol em açúcar, os seres humanos podem transformar as energias emocionais, mentais e espirituais de várias maneiras: em vez de usar a força letal, criar arte; em vez de oprimir os outros, elevar-se; em vez de espalhar a toxina do ódio, aplicar o bálsamo do amor.

Você pode transformar a sua raiva e outras emoções negativas de dois modos básicos: convertendo a energia negativa em energia neutra ou em energia positiva. Com "energia neutra" quero dizer uma atividade ou diversão que lhe permita dissipar a raiva sem prejudicar ninguém. Exercícios físicos, como cortar lenha, jogar golfe ou pedalar, são ótimos para isso. Você também pode fazer a conversão pelo exercício mental: xadrez, cartas, jogos de tabuleiro e atividades semelhantes não prejudicam ninguém e servem como ralos para as fontes de raiva.

Melhor ainda, transforme a energia negativa em positiva. Em vez de simplesmente evitar prejudicar os outros, transpirar energia positiva pode realmente ajudar os outros. Seja como for, você ajuda a si mesmo, então por que não escolher o caminho melhor? A arte é o principal canal aqui: pode ser escrever um diário, poesias, contos ou romances; atuar, encenar, tocar um instrumento musical ou compor; praticar as belas-artes, tais como pintura, escultura, fotografia ou cerâmica; participar de artes dinâmicas como debates, teatro, dança ou cinema. Se conseguir aprender a ser um cadinho para este tipo de transformação, isso lhe dará, a você e aos outros, um mundo de coisas boas e você aproveitará da melhor maneira possível sua energia negativa.

Finalmente, observe que muitos, se não todos, dos nossos sentimentos negativos são despertados por nossos velhos inimigos, as expectativas e os apegos. Reduzindo as expectativas e os apegos, mas não as realizações e os prazeres, podemos diminuir a freqüência e a intensidade dos sentimentos negativos.

Exercício 4. Faça uma lista de coisas que o deixam zangado ou ocasiões em que ficou enraivecido. Ao lado de cada um, escreva a expectativa ou o apego que tornou possível sua raiva. Que passos pode dar para reduzir suas expectativas e apegos habituais e, assim, manter sua equanimidade? Que passos pode dar para converter a energia emocional negativa em energia neutra ou positiva? Dar esses passos constrói os andares que faltam em sua casa filosófica.

OPÇÕES SAGAZES

> Entre nossos maiores ganhos devemos reconhecer esta possibilidade de opção, o reconhecimento de muitos modos possíveis de viver, onde outras civilizações só reconheceram um.
>
> Margaret Mead

Todos nós, regularmente, fazemos opções na vida, em assuntos que vão do crucial ao trivial. Uma filosofia de vida deveria oferecer orientação quando ela é mais necessária, ou seja, devia nos ajudar a tomar as decisões mais difíceis.

Se pensarmos na vida como um jogo, queremos fazer nossa melhor jogada em cada situação. No entanto, como vimos, no jogo da vida nunca temos a garantia de que existe uma "melhor jogada" em toda situação; nem estamos certos de que podemos encontrá-la, caso exista. Assim, em geral temos de nos contentar com uma opção imperfeita ou relativa, ou seja, escolher entre uma jogada superior ou inferior, uma decisão sábia ou tola. Às vezes, até isso pode ser difícil. No entanto, este é o nosso maior desafio: fazer as melhores opções em vez das piores.

Até aqui espero que você tenha encontrado algumas idéias e recursos que o ajudem a formular ou elaborar sua filosofia de vida pessoal. Neste caso, então, agora você deve estar numa posição mais adequada para avaliar o que é melhor ou pior e selecionar e seguir aqueles princípios que aumentam seu bem-estar e reduzem seu mal-estar. A própria vida não é uma doença: é uma oportunidade de vivenciar todo tipo de coisa. Aquilo por que você passa na vida pode não dizer respeito apenas a você; afinal de contas, com tantos bilhões de pessoas na Terra, é impossível não cruzar o caminho da experiência dos outros (para o bem ou para o mal) enquanto desenvolve a sua. Ainda assim, o modo que você escolhe para entender sua experiência em grande parte só diz respeito a você. Seja sábio ou tolo, como quiser, e assim se transforme. Espero que sua filosofia de vida o leve a transformações positivas, e neste caso você será alegre nos bons tempos e nunca estará longe demais do bem-estar, mesmo nos piores tempos.

Exercício 5. Faça uma lista das decisões mais difíceis da sua vida e ao lado de cada uma anote a idéia que usou para guiar sua decisão. Essas idéias são a mobília de sua casa filosófica. Depois de empregar este método MEANS para construir e mobiliar sua casa filosófica, ela se tornará seu lar filosófico.

Parte IV
Recursos adicionais

Apêndice I

PARADA DE SUCESSO DAS IDÉIAS: NOVENTA E NOVE PENSADORES ÚTEIS NO ACONSELHAMENTO FILOSÓFICO

Aristóteles (384-322 antes da E.C)
Filósofo grego, cientista e naturalista
Temas: Lógica, metafísica, ética
Refrão: O meio-termo é de ouro (evitar os extremos nos ideais e no comportamento).
Maiores sucessos: *Metafísica*, *Ética a Nicômaco*
Aluno da Academia de Platão, a maior preocupação de Aristóteles era o conhecimento acumulado pela observação dos fenômenos naturais. Adorava classificar as coisas (chegou a escrever um livro chamado *Categorias*). Praticamente inventou a lógica e foi o pioneiro de várias ciências. Também foi professor de Alexandre, o Grande. Durante quase dois milênios, Aristóteles foi conhecido como "O Filósofo".

Agostinho (354-430 da E.C.)
Filósofo e teólogo do norte da África
Tema: O pecado original
Refrão: A redenção não está neste mundo.
Maiores sucessos: *Confissões*, *A cidade de Deus*
Agostinho, filósofo platônico e bispo de Hipona, estava por acaso em Roma quando a cidade foi saqueada por Alarico, em 410.

Mas Roma já se convertera ao cristianismo e, assim, estava supostamente sob a proteção de Deus. Agostinho resolveu este problema inventando a doutrina do pecado original. Também é famoso por uma oração em suas *Confissões*: "Tornai-me casto — mas não agora."

Marco Aurélio (121-180 da E.C.)
Imperador romano e filósofo estóico
Tema: Estoicismo
Refrão: Não supervalorize o que os outros lhe podem tirar.
Maior sucesso: *Meditações*
"Até num palácio é possível viver bem." Marco Aurélio não era um imperador inteiramente feliz, mas consolava-se com a filosofia estóica. Quando as pessoas falam em "aceitar as coisas filosoficamente", em geral querem dizer "estoicamente", ou seja, com indiferença frente às dores e aos prazeres mundanos.

Francis Bacon (1561-1626)
Filósofo e político britânico
Tema: Empirismo
Refrão: Conhecimento é poder.
Maiores sucessos: *Novum Organum*, *O elogio do conhecimento*
Padrinho da revolução científica, Bacon defendia que casos específicos de fenômenos observados deviam ser generalizados em leis ou teorias científicas que pudessem ser comprovadas pela experimentação. Morreu devido a uma de suas próprias experiências, quando contraiu pneumonia depois de tentar congelar galinhas em Hampstead Heath.

Basho (Matsuo Munefusa) (1644-94)
Mestre japonês do *hai-kai*
Tema: Compreender vai além de intelectualizar
Refrão: A verdade reside na simplicidade; o bem-estar da mente, na obediência às leis naturais.
Maior sucesso: *Trilha estreita ao confim*

Basho talvez seja o maior poeta do *hai-kai* e usou seu domínio desta forma de arte para transmitir verdades profundas com imagens enganosamente simples, mas poderosas. Influenciado pelo filósofo Chuang-tsé, do século IV antes da E.C, Basho ensina que seguir o modo da natureza é o melhor caminho para os seres humanos.

Simone de Beauvoir (1908-86)
Filósofa e feminista francesa
Temas: Existencialismo, feminismo
Refrão: Responsabilidade moral, diferenças naturais entre os sexos.
Maiores sucessos: *O segundo sexo*, *A ética da ambigüidade*
Simone de Beauvoir foi valente defensora do tipo de existencialismo de Jean-Paul Sartre, além de sua alma gêmea. Escreveu de forma eloqüente e filosófica sobre a diferença sexual humana e suas conseqüências sociais.

Jeremy Bentham (1748-1832)
Filósofo britânico
Tema: Utilitarismo
Refrão: A maior felicidade do maior número.
Maior sucesso: *Uma introdução aos princípios de moral e legislação*
Fundador do utilitarismo, o principal argumento de Bentham é que as ações são morais caso maximizem o prazer e minimizem a dor para aqueles afetados pelos atos. Isso se chama o "cálculo hedonista". Os ossos encerados de Bentham estão vestidos e em exposição nos corredores do University College, em Londres, fundado por ele. Segundo seu testamento, seus restos mortais são levados ao conselho deliberativo todos os anos, onde é registrado como "presente mas não votante".

Henri Bergson (1859-1941)
Filósofo e humanista francês; Prêmio Nobel de Literatura de 1927
Temas: Vitalismo, dinamismo
Refrão: *Élan vital* ("força vital" não explicável pela ciência).
Maior sucesso: *Evolução criadora*
Bergson criticava a maneira mecanicista e materialista de ver o mundo, defendendo uma abordagem mais espiritual (mas não necessariamente religiosa) da vida.

George Berkeley (1685-1753)
Filósofo e bispo irlandês
Tema: Idealismo
Refrão: Ser é ser percebido.
Maiores sucessos: *A Treatise Concerning the Principles of Human Knowledge* [Tratado sobre os princípios do conhecimento humano], *Three Dialogues Between Hylas and Philonous* [Três diálogos entre Hilas e Filonos]
Berkeley negava a existência independente das coisas materiais, argumentando que a realidade é formada das mentes e suas idéias. As "coisas" só existem por serem percebidas. Assim, Berkeley aproximou-se da tese de Buda de que os fenômenos são uma criação da mente.

Bhagavad Gita, autor anônimo (atribuído ao sábio mítico Viasa) (250 antes da E.C.-250 E.C.)
Antigo poema épico indiano, sexto livro do Mahabharata.
Temas: Consciência espiritual, extinção dos anseios insalubres, dever, carma
Refrão: Atman se iguala a Brahma: sua alma "pessoal" é parte da Grande Alma divina.
O Bhagavad Gita está cheio de ensinamentos úteis sobre o sofrimento humano, sua causa e sua cura. Abraça a doutrina clássica da reencarnação e do progresso no caminho espiritual rumo à consciência cósmica.

Helena Blavatsky (1831-91)
Teósofa russa
Tema: Nenhuma religião acima da verdade
Refrão: Os ensinamentos esotéricos de todas as tradições de sabedoria compartilham uma raiz comum.
Maior sucesso: *A doutrina secreta*
"Madame Blavatsky", como é mais conhecida, combinou a teologia à filosofia para fundar o movimento da teosofia. Seu ensinamento essencial é que todas as tradições místicas, do Oriente e do Ocidente, contêm caminhos transcendentes para verdades maiores que os seres humanos podem descobrir e vivenciar por si mesmos. O universo é holográfico; cada parte contém informações sobre o todo.

Anício Boécio (*circa* 480-524 da E.C.)
Filósofo, teólogo e cônsul romano
Temas: Platonismo, cristianismo, paganismo
Refrão: O uso da filosofia para obter a perspectiva de todas as coisas.
Maior sucesso: *A consolação da filosofia*
Boécio, aristocrata romano, obteve poder considerável antes de ser derrubado e condenado à morte. Escreveu sua obra-prima na prisão, à espera da execução, e ainda é uma obra viva e inspiradora.

Martin Buber (1878-1965)
Filósofo e teólogo judeu-alemão
Temas: Relações humanas e relações humano-divinas
Refrão: Eu-isso contra eu-tu.
Maior sucesso: *Eu e tu*
Para Buber, os relacionamentos são conexões mútuas e recíprocas entre iguais ou relações sujeito-objeto que envolvem certo grau de controle de um pelo outro. Os relacionamentos entre seres humanos ou entre uma pessoa e Deus devem ser do primeiro tipo ("Eu-Tu", e não "Eu-Isso").

Buda (Sidarta Gautama) (563-483 antes da E.C.)
Sábio e mestre indiano
Tema: Budismo
Refrão: Como superar a tristeza.
Maiores sucessos: *As quatro nobres verdades*, *Dhamapada* e muitos *sutras* (ensinamentos), registrados por seus alunos e seguidores.
"Buda" é um título que significa "o iluminado" ou "o que despertou para a verdade". Sidarta Gautama é o fundador do budismo. Seus ensinamentos e práticas, que compreendem um ramo não ortodoxo da teologia/filosofia indiana, indicam o caminho mais claro para levar uma vida útil, cheia de significado, com compaixão e livre de dor sem invocar a superstição religiosa. Mais uma vez, alguns praticam o budismo como se fosse uma religião. Seja como for, seu núcleo é puro.

Albert Camus (1913-60)
Romancista e filósofo francês; Prêmio Nobel de Literatura de 1957
Tema: Existencialismo
Refrão: Faça a coisa certa, ainda que o universo seja cruel ou sem sentido.
Maiores sucessos: *O estrangeiro*, *A peste*
Os romances e ensaios de Camus exploraram a experiência de não acreditar em nada além da liberdade e das ações individuais de uma pessoa e as conseqüências morais deste modo de pensar.

Thomas Carlyle (1795-1881)
Homem de letras, historiador e crítico social escocês
Temas: Individualismo, romantismo
Refrão: A realização é individual.
Maior sucesso: *On Heroes, Hero-Worship and the heroic in History* [Os heróis e o culto dos heróis]
Calvinista apóstata, Carlyle rejeitou os modos mecanicista e utilitário de ver o mundo em troca de um ponto de vista

dinâmico. Acreditava na moralidade individual do "homem justo e forte", em oposição à vontade das massas e à influência dos acontecimentos ordinários. É interessante que também acreditava que nenhum enganador jamais conseguiria fundar uma grande religião.

Chuang-tsé (369-286 antes da E.C.)
Filósofo e sábio chinês, fica atrás apenas de Lao-tsé como taoísta renomado
Tema: Taoísmo (compreender "O Caminho", a ordem natural das coisas)
Refrão: Aprender a agir pela *wu-wei*, a "ação sem ação".
Maior sucesso: *Obras completas de Chuang-tsé*
Chuang-tsé foi um taoísta exemplar que nunca se diria taoísta. Buscou maneiras de levar a vida com benevolência e retidão, cheia de humor, livre de brigas, ilimitada por convenções sociais e civis.

Confúcio (Kung Fu Tzu) (551-479 antes da E.C.)
Filósofo, professor e oficial do governo chinês
Tema: Confucionismo
Refrão: Siga o Caminho pelo ritual, pelo serviço e pelo dever.
Maior sucesso: *Analectos*
Confúcio defendia o governo pela virtude e não pela força. Atinge-se a felicidade pela busca da excelência na vida pessoal e na vida pública. Defendia a piedade, o respeito, o ritual religioso e a retidão como componentes da vida harmoniosa. Sua influência sobre a cultura chinesa é comparável, se não maior, à de Aristóteles no Ocidente.

Nichiren Daishonin (1222-82)
Monge budista, professor e reformador japonês
Tema: Budismo
Refrão: O Caminho de Buda está aberto a todos, nesta vida atual.

Maior sucesso: "Nam-myoho-rengue-kio" (mantra que incorpora o Sutra do Lótus)
Nichiren era monge e estudioso dos ensinamentos de Gautama (Shakiamuni) e teve sucesso ao enfrentar o ambiente religioso budista corrupto de seu tempo. Destilou o Sutra do Lótus num mantra poderoso, "Nam-myoho-rengue-kio", que devolveu a essência do budismo à gente comum mas também o deixou em sérios problemas políticos que fazem lembrar Sócrates, Jesus, Lutero e reformadores semelhantes. Escapou por pouco da execução e foi exilado. Mas o budismo de Nichiren viceja no mundo todo hoje através da Soka Gakkai International.

René Descartes (1596-1650)
Filósofo e matemático francês
Temas: Ceticismo, dualismo
Refrão: Penso, logo existo.
Maiores sucessos: *Meditações*, *Discurso sobre o método*
Fundador da filosofia moderna, Descartes nos deixou a distinção completa entre mente e matéria (o "dualismo cartesiano"). Enfatizava a importância da certeza, obtida através da dúvida, como base do conhecimento. Lutou para unificar as ciências num único sistema de saber. Foi professor de Catarina, rainha da Suécia.

John Dewey (1859-1952)
Filósofo, educador e reformador social norte-americano
Tema: Pragmatismo
Refrão: A investigação corrige a si mesma.
Maiores sucessos: *Reconstruction in Philosophy* [Reconstrução da filosofia], *Experience and Nature* [Experiência e natureza], *The Quest for Certainty* [A busca da certeza]
Dewey popularizou os ideais pragmáticos, científicos e democráticos. Buscou fazer com que a educação valorizasse o processo de investigação, em contraste com a transmissão

mecânica de conhecimentos. Tragicamente, a filosofia de Dewey foi levada ao extremo na educação norte-americana do final do século XX, resultando na demonização do conhecimento e na transmissão mecânica do barbarismo.

Eclesiastes (*circa* século III antes da E.C.)
Rei de Jerusalém (em hebraico, "Koheleth"); às vezes identificado com Salomão
Tema: O propósito e a condução da vida
Refrão: Tudo é vaidade e correr atrás do vento.
Maior sucesso: Eclesiastes (um livro do Antigo Testamento)
Eclesiastes preocupava-se com o egoísmo e a mortalidade do homem. Seus textos podem ser interpretados de forma otimista ou pessimista e às vezes foram proibidos por rabinos que os consideravam hedonistas demais. Seu livro deu títulos a romancistas, como *Earth Abides* [A terra espera], de George Stewart, e *O sol também se levanta*, de Ernest Hemingway. Deu ao grupo The Byrds a letra de seu sucesso "Turn, Turn, Turn". Também deixou vários grandes aforismos, como "Não há nada de novo sob o sol" e "Lança teu pão sobre as águas".

Albert Einstein (1879-1955)
Físico e humanitário judeu-alemão, naturalizado norte-americano; Prêmio Nobel de Física de 1921
Tema: Sondar os mistérios da realidade
Refrão: Devemos defender os ideais de bondade, beleza e verdade.
Maiores sucessos: As teorias especial e geral da relatividade, o efeito fotoelétrico, $E = mc^2$
Einstein é sinônimo de gênio e foi considerado a mente mais brilhante de todos os tempos numa pesquisa realizada no ano 2000. Mas era uma pessoa humilde que via profundamente as leis da natureza, acreditava que o universo faz sentido e defendia a contemplação pacífica como missão mais elevada do homem.

Deplorava a ditadura e a guerra e manteve famosa correspondência com Freud sobre a essência da natureza humana.

Ralph Waldo Emerson (1803-82)
Filósofo, poeta, ensaísta e conferencista norte-americano
Tema: Transcendentalismo da Nova Inglaterra
Refrão: A humanidade deve descobrir seu verdadeiro potencial interior.
Maiores sucessos: coletânea de ensaios como "Confiar em si mesmo", "História", "Leis espirituais"
Emerson foi o principal personagem do idealismo norte-americano, também conhecido como transcendentalismo da Nova Inglaterra. Defensor da filosofia, da arte, do individualismo e da harmonia com a natureza e adversário da escravidão e de todas as formas de opressão, Emerson (e seu círculo, que incluía Thoreau) deixou um legado notável de pensamento esclarecido, aforismos inspiradores e um exemplo brilhante de virtude cívica.

Epicteto (*circa* 55-135 da E.C.)
Filósofo e professor romano
Tema: Estoicismo
Refrão: Apego apenas às coisas totalmente sob o seu poder (como a virtude)
Maiores sucessos: *Diatribes*, *Manual* (ou *Enquiridion*)
Escravo liberto que foi professor de Marco Aurélio, Epicteto concentrava-se na humildade, na filantropia, no autocontrole e na independência da mente. Diziam que era mais sereno que o imperador a quem servia.

Epicuro (341-270 antes da E.C.)
Filósofo e professor grego
Tema: Sabedoria prática
Refrão: Superioridade dos prazeres contemplativos sobre os hedonistas.

Maiores sucessos: *Da Natureza* (restaram fragmentos), *De Rerum Natura* (poema de Lucrécio refletindo a filosofia epicurista)
Embora o epicurismo tenha sido erradamente identificado com o hedonismo ("Come, bebe e diverte-te, pois amanhã morreremos"), na verdade Epicuro defendia prazeres moderados como a amizade e as realizações estéticas. Fundou uma das primeiras comunas ("O Jardim") e via a filosofia como um guia prático para a vida. Pode ter sido o primeiro *hippie*.

Erasmo de Rotterdam (1466-1536)
Humanista e teólogo holandês
Tema: Liberalização das instuições cristãs medievais
Refrão: O espírito humano exige estar livre da corrupção, da superstição e do dogma.
Maiores sucessos: *Elogio da loucura, Queixa da Paz*
Erasmo criticava e satirizava as fraquezas de seu tempo: principalmente os efeitos estupidificantes da religião institucionalizada sobre as aspirações da humanidade. Padre ordenado, Erasmo nunca se sentiu à vontade nos claustros nem nas universidades monásticas de seu tempo. Pensador e estudioso influente, embora rebelde, os senhores do poder na Europa buscaram seus conselhos.

Sigmund Freud (1856-1939)
Fisiologista judeu-alemão, médico, psicólogo e inventor da psicanálise
Tema: O que faz as pessoas explodirem?
Refrão: Há uma base científica para a compreensão do pensamento e do comportamento humanos.
Maiores sucessos: *A interpretação dos sonhos, O mal-estar da civilização*
Freud foi um pensador brilhante e original que desejou levar as leis científicas para o domínio psicológico. Suas teorias continuam atuais e controvertidas. Inventou a psicanálise, influenciou profundamente a psicologia ocidental e atraiu muitos

discípulos talentosos (como Adler, Jung, Reich) que mais tarde romperam com ele e fundaram escolas rivais. Sem que Freud soubesse, boa parte de sua filosofia da natureza humana foi articulada por Thomas Hobbes quase três séculos antes.

Mahatma Gandhi (1869-1948)
Filófoso, ativista e estadista indiano
Tema: Resistência não violenta à opressão
Refrão: Podemos mobilizar a força espiritual e moral para atingir fins políticos importantes.
Maiores sucessos: *Uma autobiografia: a história de minhas experiências com a verdade*
Gandhi adaptou e aplicou os principais preceitos da filosofia indiana (por exemplo, *ahimsa*, ou não violência), juntamente com os princípios de desobediência civil de Thoreau, para efetuar a independência da Índia do domínio britânico. Seus métodos influenciaram profundamente Martin Luther King nos Estados Unidos. Gandhi ensinou lições morais a seus opressores purificando seu ser num "espelho" que, sem violência, refletia as más ações, de forma a torná-los conscientes e mortificados com isso. Assim, cessariam a opressão por vontade própria.

Khalil Gibran (1883-1931)
Poeta e filófoso libanês-norte-americano
Tema: Romantismo árabe
Refrão: Imaginação, emoção, poder da natureza.
Maior sucesso: *O profeta*
O belo livro de imagens e aforismos filosóficos de Gibran tornou-se um favorito perene dos jovens.

Kurt Gödel (1906-78)
Matemático, lógico e filósofo tcheco-alemão-norte-americano
Tema: Teoremas da incompletude
Refrão: Nem tudo pode ser provado ou refutado.

Maior sucesso: *On Formally Undecidable Propositions of Principia Mathematical and Related Systems I* [Das proposições formalmente impossíveis de decidir nos princípios da matemática e sistemas relacionados I]
Kurt Gödel foi capaz de provar, em 1931, que nem toda pergunta matemática ou lógica pode ser respondida. Isso deu fim, efetivamente, à busca racionalista do conhecimento perfeito e completo. Depois de emigrar para os Estados Unidos, Gödel fez companhia a Einstein no Instituto de Estudos Avançados de Princeton e provou que viajar no tempo não é impossível. Às vésperas de se tornar cidadão norte-americano, Gödel encontrou uma falha lógica na Constituição que permitiria a um ditador tomar o poder legalmente. Seu amigo Oskar Morgenstern convenceu-o a não levá-la à atenção do juiz em seu juramento de fidelidade ao país adotivo.

Thomas Green (1836-82)
Filósofo britânico
Tema: Idealismo
Refrão: Ser real significa estar relacionado com outras coisas.
Maior sucesso: a introdução à sua edição da obra de Hume *Prolegômenos à Ética*
Contrário ao empirismo, Green via a mente como mais do que um depósito de percepções, emoções e experiências; em vez disso, é a sede da consciência racional, capaz de produzir relações, intenções e ações. Sua idéia de que todas as nossas crenças são interdependentes antecipou a famosa "rede de crenças" ("*web of belief*") de Quine.

Tenzin Gyatso (décimo quarto Dalai Lama) (1935-)
Líder budista tibetano, chefe de Estado exilado do Tibete; Prêmio Nobel da Paz de 1989
Tema: Budismo
Refrão: Esclarecimento, compaixão e paz mundial.

Maior sucesso: *A arte da felicidade: um manual para a vida*
O décimo quarto Dalai Lama é o maior expoente do budismo tibetano a serviço do progresso individual, dos direitos humanos e da paz mundial. Embora seu país natal, o Tibete, esteja ocupado pela China há cinqüenta anos, sua missão filosófica e política é de paciente reconciliação e ensinamentos compassivos. Os tibetanos têm suportado uma situação terrível e reagiram distribuindo pelo mundo seu dom do budismo. Esta filosofia é o pólo oposto do terrorismo e a melhor esperança para a decência e o florescimento humanos.

Georg Wilhelm Friedrich Hegel (1770-1831)
Filósofo alemão
Temas: História, política, lógica
Refrão: A liberdade como consciência de si mesmo numa comunidade racionalmente organizada.
Maiores sucessos: *Fenomenologia do espírito*, *Ciência da lógica*, *Enciclopédia das ciências filosóficas*, *Princípios da filosofia do Direito*
Hegel foi e ainda é um filósofo muito influente, com idéias abrangentes sobre liberdade, progresso histórico, instabilidade da consciência própria e sua dependência do reconhecimento pelos outros. Infelizmente, Hegel também influenciou Marx e Engels e tornou-se, sem querer, apologista de doutrinas totalitárias.

Heráclito de Éfeso (morto depois de 480 antes da E.C.)
Filósofo grego
Tema: Mudança
Refrão: Todas as coisas estão em fluxo; não se pode pisar no mesmo rio duas vezes.
Maior sucesso: *Do universo* (restaram fragmentos)
Heráclito defendia a união dos opostos e propunha o *logos* (razão ou conhecimento) como força organizadora do mundo.

Hillel (*circa* 70 antes da E.C.-10 E.C.)
Rabino, estudioso e legalista nascido na Babilônia
Tema: Moralidade, piedade, humildade
Refrão: O que é odioso para ti, não faze com teu próximo.
Maior sucesso: *As sete regras de Hillel* (aplicações práticas das leis judaicas)
Hillel foi um dos organizadores da primeira parte do Talmude e defensor da interpretação liberal das escrituras. Foi reverenciado como grande sábio e seus alunos definiram o judaísmo durante muitas gerações.

Thomas Hobbes (1588-1679)
Filósofo britânico
Tema: Materialismo, autoritarismo
Refrão: Os seres humanos estão naturalmente numa guerra de "todos contra todos" e precisam de um poder comum "para mantê-los a todos no temor".
Maior sucesso: *Leviatã*
Thomas Hobbes fundou o campo da ciência política e da psicologia empírica. Foi o maior filósofo desde Aristóteles e sabia disso. Queria como seu epitáfio: "Aqui jaz a verdadeira pedra filosofal". Sua visão dos seres humanos como supremamente egoístas, loucamente passionais, facilmente enganados, sempre famintos de poder e, portanto, como seres perigosíssimos, era muito pouco popular, mas aparentemente sensata. Defendia que a política não devia ser um ramo da teologia e que só um governo forte pode impedir a violência e a anarquia. Fazia muito sentido e fez muitos inimigos. Sua filosofia antecipou a psicologia freudiana e provocou o contramovimento romântico capitaneado por Rousseau. Ensinou geometria ao príncipe Charles II no exílio durante a Guerra Civil inglesa, mas foi proibido de dar-lhe instrução política.

David Hume (1711-1776)
Filósofo escocês
Tema: Empirismo
Refrão: "Todas as nossas idéias são copiadas de nossas impressões".
Maior sucesso: *Um tratado da natureza humana*
Notável empirista cético, Hume foi apelidado de "o infiel". Oposto a Platão, acreditava que nenhuma idéia é inata. Também negava a realidade do "eu", a necessidade de causa e efeito e a derivação dos valores a partir dos fatos. Tudo isso o tornou muito impopular por algum tempo. Também sugeriu que as obras metafísicas fossem queimadas e consolava-se com longas caminhadas, bebedeiras e jogatina.

Aldous Huxley (1894-1963)
Ensaísta, romancista e homem de letras britânico
Tema: Individualismo
Refrão: Resistência ao condicionamento psicológico, à engenharia social, à tirania política.
Maiores sucessos: *Admirável mundo novo, As portas da percepção, A filosofia perene*
Neto do biólogo T. H. Huxley (o "buldogue de Darwin"), Aldous anteviu os perigos de supor que a ciência e a engenharia social poderiam dar origem à utopia. Como alerta, criou uma distopia duradoura e profética em *Admirável mundo novo*. Grande intelectual, explorou a consciência, deplorou a guerra, experimentou o psicodelismo e apreciou a sabedoria do Oriente.

I Ching (*Livro das mutações*), autor(es) anônimo(s) (*circa* século XII antes da E.C.)
Tema: Tao, sabedoria prática
Refrão: Como escolher as ações sábias em vez das tolas.
O *I Ching* defende que as situações pessoais, familiares, sociais e políticas podem mudar de acordo com leis naturais que os sábios compreendem e levam em conta quando tomam decisões. Agindo

de acordo com o Tao, faz-se a coisa certa na hora certa e, assim, aproveita-se o melhor de qualquer situação. Venho consultando o *I Ching* há trinta anos e nunca me arrependi.

Daisaku Ikeda (1928-)
Budista, educador, escritor, poeta japonês e presidente da Soka Gakkai International
Tema: Budismo
Refrão: Esclarecimento, compaixão e paz mundial.
Maiores sucessos: *A revolução humana*, *O Buda vivo*, *Choose Life* [Prefira a vida]
Daisaku Ikeda foi o terceiro presidente da Soka Gakkai, organização leiga dedicada à pratica e ao ensinamento do budismo de Nichiren. É presidente fundador da Soka Gakkai International, que leva o budismo de Nichiren ao mundo inteiro. Foi autor e co-autor de dezenas de livros, construiu universidades no Japão e nos Estados Unidos e patrocinou muitas outras atividades culturais a serviço do progresso individual e da paz global.

William James (1842-1910)
Psicólogo e filósofo norte-americano
Tema: Pragmatismo
Refrão: "Valor monetário" (uma idéia devia ser julgada por sua produtividade).
Maiores sucessos: *Principles of Psychology* [Princípios da psicologia], *The Varieties of Religious Experience* [A variedade de experiências religiosas]
James revelou seu duplo interesse pela filosofia e pela psicologia ao adotar uma abordagem prática da filosofia (pragmatismo), acreditando que uma idéia é "verdadeira" se tem resultados úteis. Enfatizou tanto a abordagem experimental e laboratorial da psicologia quanto a reflexão analítica sobre a experiência.

Cyril Joad (1891-1953)
Filósofo e psicólogo britânico
Temas: Holismo, humanismo
Refrão: O universo é mais rico, mais misterioso e ainda assim mais ordenado do que imaginamos.
Maiores sucessos: *Guide to Modern Thought* [Guia do pensamento moderno], *Journey Through the War Mind* [Viagem pela mente guerreira]
Joad é um filósofo tristemente negligenciado que acreditava em enriquecer a compreensão por meios de investigação múltiplos e igualmente compensadores: lógico, matemático e científico, mas também estético, ético e espiritual. Grande moralista e humanista, preocupava-se também com a filosofia e a psicologia do conflito humano.

Carl Jung (1875-1961)
Psicanalista e filósofo suíço
Temas: Inconsciente coletivo, sincronicidade
Refrão: Viagem de desenvolvimento rumo a um objetivo final (espiritual).
Maiores sucessos: *Tipos psicológicos*, *Sincronicidade*
A princípio Jung era o principal discípulo de Freud e seu herdeiro aparente, mas separou-se dele devido a uma importante questão filosófica. Enquanto Freud postulava uma base biológica para todas as neuroses ou psicoses, Jung passou a acreditar que os problemas psicológicos são manifestações de crises espirituais não resolvidas. Escreveu introduções importantes para o *I Ching* (edição de Wilhelm-Baynes) e para o *Livro tibetano dos mortos* (edição de Evans-Wentz), tornando essas grandes obras acessíveis ao Ocidente.

Immanuel Kant (1724-1804)
Filósofo alemão
Temas: Filosofia crítica, teoria da moral

Refrão: O imperativo categórico: "Age somente segundo aquela máxima que, ao mesmo tempo, tens vontade que se torne uma lei universal."
Maiores sucessos: *Crítica da razão pura, Prolegômenos à metafísica da moral*
Kant foi um racionalista muito influente que tentou determinar os limites da razão. Sua teoria da moralidade como dever frente a princípios superiores e não como antecipação das conseqüências é atraente para os idealistas seculares.

Søren Kierkegaard (1813-55)
Filósofo e teólogo dinamarquês
Tema: Existencialismo
Refrão: Vontade livre, escolha individual.
Maiores sucessos: *A alternativa, O desespero humano*
Kierkegaard, o primeiro existencialista, rejeitou a filosofia sistemática de Hegel e a religião organizada. Em sua opinião, o juízo humano é incompleto, subjetivo e limitado. Mas também somos livres para escolher e responsáveis por nossas escolhas. Só ao explorar e fazer as pazes com as angústias fundamentais podemos nos libertar dentro de nossa ignorância.

Martin Luther King Jr. (1929-68)
Líder afro-americano do movimento dos direitos civis, ativista pela paz e ensaísta; Prêmio Nobel da Paz de 1964
Tema: Direitos iguais para todos
Refrão: O protesto político e o progresso social devem ser não violentos.
Maiores sucessos: *Carta da prisão de Birmingham*, "Eu tenho um sonho" (discurso)
O Dr. Martin Luther King Jr. combinou com sucesso a filosofia de desobediência civil de Thoreau com o programa de Gandhi de resistência não violenta à opressão e, assim, foi um pioneiro da integração racial nos Estados Unidos. Era um líder nobre, um escritor apaixonado e um orador carismático. Tristemente,

muitos americanos (de todas as cores) ainda não aprenderam a julgar as pessoas pelo "conteúdo do seu caráter", como insistia King para que houvesse harmonia racial. Ignorando-o, confundem sistemas de quotas com justiça social.

Arthur Koestler (1905-83)
Intelectual, escritor e filósofo social judeu-húngaro
Tema: Liberdade da opressão política
Refrão: As tentativas de politizar ou cientizar a humanidade são enganosas e prejudiciais.
Maiores sucessos: *Do zero ao infinito*, *The Ghost in the Machine* [O fantasma na máquina]
Arthur Koestler, como George Orwell e muitos outros intelectuais ocidentais, viu inicialmente o socialismo e o comunismo como movimentos políticos utópicos e foi enganado pela dialética marxista-leninista e pela propaganda stalinista. Mas quando seus olhos se abriram para os horrores do totalitarismo ao estilo soviético, Koestler escreveu uma denúncia brilhante e cáustica da revolução bolchevique: seu romance *Do zero ao infinito*. Passou a defender a liberdade e a criatividade humanas de várias formas, inclusive a liberdade da ciência comportamental.

Alfred Korzybski (1879-1950)
Filósofo polonês-norte-americano
Tema: Semântica geral
Refrões: Os seres humanos são os únicos que têm consciência do tempo (animais "temporais"); a socialização convencional e a linguagem promovem conflitos desnecessários.
Maiores sucessos: *Science and Sanity* [Ciência e sanidade], *Manhood of Humanity* [A humanidade dos homens]
Korzybski é outro filósofo esquecido mas importante que via o animal humano como se estivesse em sua infância coletiva; ele indicou maneiras para que cheguemos a amadurecer como espécie. Explicou como as estruturas da linguagem e os hábitos

de pensamento condicionam e deflagram emoções destrutivas e buscou modos de reestruturar nosso pensamento.

Gottfried Wilhelm Leibniz (1646-1716)
Matemático, filósofo e historiador alemão
Tema: Racionalismo
Refrão: Este é o melhor de todos os mundos possíveis.
Maiores sucessos: *Novos ensaios sobre o entendimento humano*, *Teodicéia*, *Monadologia*
Embora Voltaire tenha ridicularizado a crença de Leibniz de que este é o "melhor de todos os mundos possíveis" através do personagem Dr. Pangloss, em *Cândido*, Leibniz acreditava mesmo que tudo acontece por razões suficientes, muitas das quais, contudo, não conseguimos entender. Leibniz (ao mesmo tempo que Newton) inventou o cálculo matemático; também inventou os números binários. Acreditava no livre-arbítrio.

Emmanuel Levinas (1906-95)
Filósofo judeu-francês
Tema: O Outro
Refrão: A existência de outros nos obriga a sermos seres morais.
Maiores sucessos: *Entre nós: ensaios sobre a alteridade*, *Totalidade e infinito*
Levinas preocupava-se fundamentalmente com a tendência ocidental de centrar a filosofia e a moralidade no próprio ser da pessoa, negligenciando o Outro. Sua obra sobre a fenomenologia existencial influenciou Sartre, Merleau-Ponty e Derrida.

John Locke (1632-1704)
Filósofo e médico britânico
Temas: Empirismo, ciência, política
Refrão: A experiência é a base do conhecimento; a mente humana é uma *tabula rasa* no nascimento.
Maiores sucessos: *Ensaio sobre o intelecto humano*, *Tratado do governo civil*

Locke é um importante empirista britânico. Médico, salvou a vida do Conde de Shaftesbury ao inserir, inovadoramente, um tubo para drenar um abscesso abdominal. Isso lhe trouxe os favores de gente poderosa que buscava seus conselhos filosóficos. Em termos políticos, Locke defendia as liberdades individuais e o governo constitucional, o que o colocou à frente de seu tempo na Inglaterra. Exerceu influência considerável no nascente pensamento político norte-americano.

Nicolau Maquiavel (1469-1527)
Consiglieri italiano
Tema: Filosofia política
Refrão: Para ser um líder de sucesso é preciso agir do modo que funcione, sem preocupação com a moralidade convencional.
Maior sucesso: *O príncipe*
Com realismo chocante na época, Maquiavel declarou que o mundo não é um lugar moral e que a política, em especial, não é um empreendimento ético. Bertrand Russell chamou *O príncipe* de "manual para bandidos", mas eu diria que é mais "Despotismo para burros".

Thomas Mann (1875-1955)
Escritor alemão-norte-americano; Prêmio Nobel de Literatura de 1929
Tema: O destino da arte e da civilização
Refrão: O vaivém cultural desafia constantemente nossa noção de progresso.
Maiores sucessos: *Os Buddenbrooks, Morte em Veneza, A montanha mágica*
Mann previu a ascensão do fascismo na Alemanha e fugiu antes de ser envolvido. Escreveu de forma brilhante sobre a luta entre a grande arte e a sociedade burguesa e sobre a morte do classicismo e a própria civilização.

John McTaggart (1866-1925)
Filósofo britânico
Tema: Idealismo
Refrão: A realidade é mais do que material.
Maior sucesso: *The Nature of Existence* [A natureza da existência]
McTaggart acreditava que não há Deus, mas acreditava na imortalidade individual. Sua filosofia do tempo (série b) é um relato duradouro da resistência.

John Stuart Mill (1806-73)
Filósofo, economista e político escocês
Tema: Utilitarismo, indeterminismo, igualitarismo
Refrão: Liberdade individual.
Maiores sucessos: *Sobre a liberdade*, *Utilitarismo*, *A System of Logic* [Um sistema de lógica], *On the Subjection of Women* [Sobre a sujeição das mulheres]
Mill achava que as restrições à liberdade individual só deviam ser permitidas para evitar que houvesse dano a outros e era defensor ardente da liberdade de expressão, da responsabilidade individual e do igualitarismo social. Seu tipo de utilitarismo diferia do de Bentham, já que Mill achava que o prazer não era a única medida do bem. "É melhor Sócrates insatisfeito que um porco satisfeito", afirmava.

Michel de Montaigne (1533-92)
Pensador e ensaísta da Renascença, judeu-francês
Tema: A busca da verdade
Refrão: Descobrem-se as verdades sobre a humanidade compreendendo-se a si mesmo.
Maior sucesso: *Ensaios*
Montaigne questionava se o homem é "superior" às feras meramente por possuir (ou pensar que possui) o verdadeiro conhecimento do mundo. Seu ceticismo o fez distinguir conhecimento de sabedoria.

George Edward Moore (1873-1958)
Filósofo britânico
Temas: Filosofia analítica, idealismo
Refrão: "A defesa do bom senso". O Bem não pode ser definido, mas é intuitivamente compreendido.
Maior sucesso: *Principia Ethica*
Moore é mais famoso por sua chamada "falácia naturalista", o erro que afirmava cometermos quando tentamos identificar o "bem" com qualquer objeto ou propriedade existente na natureza ou tentar medi-lo de alguma forma. Ainda assim, Moore afirmava que as ações podem ser certas ou erradas, ainda que o "bem" não possa ser definido.

Lewis Mumford (1895-1990)
Humanista e escritor norte-americano
Tema: Humanismo
Refrão: Sustentar e recuperar nossa humanidade em face da tecnologia.
Maiores sucessos: *Técnica e civilização*, *The Myth of the Machine* [O mito da máquina]
Mumford foi chamado de "último grande humanista". Tinha uma preocupação apaixonada pela desumanização do homem pela máquina; pela arte, pela arquitetura e o meio ambiente; pela civilização e pelo progresso.

Iris Murdoch (1919-99)
Filósofa e romancista britânica
Temas: Religião e moralidade
Refrão: A reafirmação do propósito e do bem num mundo fragmentado.
Maior sucesso: *The Sovereignty of Good* [A soberania do bem]
Murdoch reviveu o platonismo como antídoto para a falta de significado e de moralidade no mundo do século XX. Transmitiu sua filosofia de forma artística principalmente em seus romances.

Leonard Nelson (1882-1927)
Filósofo alemão
Tema: Síntese de racionalismo e empirismo
Refrão: Podemos raciocinar a partir de nossas experiências específicas para chegar à compreensão do que é universal.
Maior sucesso: *Socratic Method and Critical Philosophy* [O método socrático e a filosofia crítica]
Nelson deu uma contribuição valiosíssima à prática filosófica ao desenvolver a teoria e o método do diálogo socrático. Quando adequadamente aplicado, o diálogo socrático nelsoniano dá respostas definitivas a questões universais, como "O que é liberdade?", "O que é integridade?", "O que é amor?" e assim por diante.

John von Neumann (1903-57)
Matemático e filósofo húngaro-norte-americano
Temas: Teoria dos jogos, computação, física
Refrão: Na teoria dos jogos, a tomada de decisões em situações de risco, conflito de interesses ou incerteza pode ser analisada para determinar a melhor escolha.
Maior sucesso: *Theory of Games and Economic Behavior* [A teoria dos jogos e o comportamento econômico] (com Oskar Morgenstern)
John von Neumann contribuiu de forma brilhante em vários campos, como a matemática, a teoria da computação e a mecânica quântica. Sua invenção (com Morgenstern) da teoria dos jogos marca a concepção de um ramo inteiramente novo da matemática, que tem aplicações em filosofia, psicologia, sociologia, biologia, economia e ciência política, sem mencionar o aconselhamento filosófico.

Friedrich Nietzsche (1844-1900)
Filósofo alemão
Tema: Anticonvencionalismo extravagante
Refrão: Desejo de poder, homem *versus* super-homem.

Maiores sucessos: *Assim falou Zaratustra, Além do bem e do mal, A genealogia da moral*
Filósofo, poeta, profeta e sifilítico, os textos de Nietzsche raramente são monótonos. Desdenhava a linha principal da sociedade e atacava o cristianismo como religião para escravos. Defendia o surgimento de um *übermensch* (super-homem) que transcenderia a moralidade convencional — uma idéia muito mal usada pelos nazistas. É interessante que também atrai os pós-modernistas, cuja política tende para o outro extremo. Isso é testemunho do gênio (ou loucura, talvez) de Nietzsche. Criou aforismos suculentos e preparou muitos pratos provocantes para o cérebro (por exemplo, "Deus está morto", "Sócrates era ralé").

Martha Nussbaum (1947-)
Filósofa norte-americana
Temas: Justiça legal, social e global
Refrão: É preciso uma reforma educacional contínua para melhorar a situação do mundo.
Maiores sucessos: *The Therapy of Desire* [A terapia do desejo], *Sex and Social Justice* [Sexo e justiça social]
Nussbaum é uma acadêmica renomada, professora, escritora e ativista importante. Publicou numerosos livros e obras aclamadas para promover a causa das mulheres assim como interesses mais amplos em questões legais, educacionais e sociais.

José Ortega y Gasset (1883-1955)
Filósofo, ensaísta e humanista espanhol
Tema: Emancipação política
Refrão: Devemos resistir aos regimes autoritários ou sucumbir à tirania.
Maior sucesso: *A revolta das massas*
Ortega y Gasset escreveu ensaios eloqüentes sobre vários tópicos mas é mais conhecido por suas ousadas previsões políticas para o homem moderno. Viu claramente que os movimentos de massa (como o bolchevismo e o fascismo) anunciavam a tirania das

maiorias inconscientes (o "homem-massa") sob o domínio de déspotas impiedosos sobre o indivíduo consciente. Os movimentos de massa anunciam a morte da cultura e a decadência da civilização.

Blaise Pascal (1623-62)
Filósofo e matemático francês
Tema: Iluminismo
Refrão: Equilibrar teologia e ciência para redefinir o lugar do homem no cosmo.
Maiores sucessos: *Provinciales*, *Pensamentos*
Pascal deu muitas contribuições importantes à matemática (por exemplo, o triângulo de Pascal, a teoria da probabilidade) e formulou sua famosa "aposta" teórica da decisão: É melhor acreditar ou não acreditar na existência de Deus, dado que Deus pode ou não existir? (Ele calculou que é melhor acreditar.) Pascal via o homem como um ser contraditório consigo mesmo, um "monstro incompreensível", capaz de extremos tanto de grandeza quanto de angústia.

Charles Sanders Peirce (1839-1914)
Filósofo e cientista norte-americano
Tema: Pragmatismo
Refrão: A verdade é uma opinião com a qual acabamos todos concordando e representa uma realidade objetiva.
Maiores sucessos: *Antologia filosófica*
Peirce é o fundador do pragmatismo norte-americano, posteriormente desenvolvido de forma diferente por Dewey e James. Para distinguir sua versão da de James, Peirce cunhou o termo "pragmaticismo", que não pegou. A filosofia de Peirce foi criticada por Russell por sua aparente subjetividade, mas de fato Peirce tinha um ponto de vista muito científico.

Platão (*circa* 429-347 antes da E.C.)
Filósofo e acadêmico grego
Tema: Essencialismo
Refrões: As essências do Bem, do Belo e da Justiça só podem ser compreendidas através de uma jornada filosófica.
Maiores sucessos: *Os diálogos de Platão* (inclusive a *República*).
Platão fundou a Academia (protótipo da universidade) em Atenas. Seus diálogos, envolvendo seu professor Sócrates, compreendem a maior parte do que sabemos sobre a filosofia deste último, e assim pode ser difícil separar as idéias dos dois. Platão é considerado o fundador do estudo e do discurso filosófico como ainda se praticam hoje em dia.

Protágoras de Abdera (*circa* 485-420 antes da E.C.)
Filósofo e professor grego.
Temas: Relativismo, sofismo
Refrão: O homem é a medida de todas as coisas.
Protágoras acreditava que as doutrinas morais podiam ser aprimoradas, ainda que seu valor fosse relativo. Também acreditava que a virtude podia ser ensinada. Desenvolveu métodos dialéticos e retóricos mais tarde divulgados por Platão como método socrático. Embora "sofisma" tenha uma conotação pejorativa imerecida, os sofistas ensinavam as pessoas, em troca de pagamento, a argumentar de forma convincente na defesa de qualquer ponto de vista, não importa se fosse visivelmente falso ou injusto. Os sofistas treinaram a primeira geração de advogados.

Pitágoras (nascido *circa* 570 antes da E.C.)
Filósofo e matemático grego
Temas: Metempsicose e matemática
Refrão: Todas as coisas se baseiam em formas geométricas.
Maiores sucessos: Teorema de Pitágoras, coma musical pitagórica
Atribuem-se mais coisas a Pitágoras do que realmente se conhece a seu respeito. Parece que ensinou a doutrina da metempsicose (a

transmigração das almas, ou reencarnação) e não comia feijão. Credita-se a ele o famoso teorema da geometria euclidiana que leva seu nome. Também se credita a ele a descoberta de que a escala musical de doze tons (diatônica) não permite que os instrumentos sejam afinados com perfeição. Esta anomalia acabou levando, na época de J. S. Bach, à afinação por igual temperamento (como no *Cravo bem temperado*).

Willard Quine (1908-2000)
Filósofo norte-americano
Tema: Filosofia analítica
Refrão: Todas as crenças dependem de outras crenças.
Maior sucesso: *O sentido da nova lógica*
Quine foi o filósofo norte-americano mais importante da segunda metade do século XX. Suas contribuições começaram na lógica e na teoria dos conjuntos e continuaram em teorias do conhecimento e do significado. É famoso por questionar Kant, por se afastar do positivismo lógico e por reenquadrar a idéia de Green de que as crenças são sempre mantidas em conjunto com outras crenças.

Bhagwan Sri Rajneesh (1931-90)
Guru e filósofo indiano
Tema: Tornar-se um só com o universo
Refrão: Todas as tradições místicas contêm ensinamentos valiosos e práticas viáveis.
Maior sucesso: *Tao, o caminho sem caminho*
Rajneesh foi um dos mais carismáticos gurus ecléticos, segundo a maioria dos seguidores do caminho que com ele aprenderam (*saniasins*). Abraçava uma mistura sincrética de todas as grandes religiões do mundo, filosofias esotéricas, abordagens terapêuticas e práticas iogues. Como muitos gurus carismáticos, foi cercado de mística e escândalo.

Ayn Rand (1905-82)
Escritora e filósofa norte-americana nascida na Rússia
Temas: Ética objetivista, capitalismo romântico (indeterminismo)
Refrão: As virtudes do egoísmo, os vícios do altruísmo.
Maiores sucessos: *A nascente*, *Quem é John Galt?*, *A virtude do egoísmo*
Ayn Rand é uma pensadora importante e original que defendeu a integridade e a habilidade como pontos básicos para uma sociedade produtiva e próspera. Em sua opinião, o capitalismo sem exploração (interesse próprio esclarecido) é o melhor sistema; o socialismo com exploração (interesse coletivo não esclarecido) é o pior. Os capitalistas fictícios de Rand são todos treinados na filosofia e todos seres virtuosos.

Sogyal Rinpoche (1946-)
Budista, mestre de meditação, professor e escritor tibetano
Tema: Budismo
Refrão: Esclarecimento, compaixão e paz mundial.
Maior sucesso: *O livro tibetano do viver e do morrer*
Sogyal Rinpoche é da tradição Dzogchen de budismo tibetano, que ensina algumas práticas poderosas. Fundou a Escola Rigpa em Londres, que se transformou numa rede que hoje opera em onze países. "Rigpa" significa "natureza mais interior da mente", e Sogyal Rinpoche ajudou muitos a avistá-la.

William Ross (1877-1971)
Filósofo britânico
Tema: Teoria das obrigações *prima facie*
Refrão: Alguns deveres devem ser seguidos mais estritamente que outros; a prioridade depende de cada caso.
Maiores sucessos: *The Right and the Good* [O certo e o bom], *Foundations of Ethics* [Fundamentos da ética]
Ross ressalta que os deveres entram em conflito, no sentido de que muitas vezes temos de cumprir uma obrigação à custa de

outra. Sua teoria sugere que devemos priorizar cuidadosamente nossos deveres, de acordo com cada situação.

Jean-Jacques Rousseau (1712-78)
Filósofo suíço
Tema: Romantismo
Refrão: O ser humano nasce um "selvagem nobre" e é corrompido pela civilização.
Maiores sucessos: *O contrato social*, *Discurso sobre a origem da desigualdade entre os homens*
Rousseau concentrou-se na disputa entre o homem e a natureza e na tensão entre o intelecto e a emoção, recomendando a natureza e a emoção como forma superior de ser. Embora seu romantismo seja um contrapeso ao autoritarismo de Hobbes, a filosofia da educação de Rousseau é uma receita de desastre.

Jelaluddin Rumi (1207-73)
Poeta persa e mestre sufi
Tema: União com a divindade
Refrão: A completude vem do vazio; a compreensão, do paradoxo.
Maiores sucessos: *Teachings of Rumi* [Ensinamentos de Rumi], *The Essential Rumi* [A essência de Rumi]
A vida acadêmica de Rumi se transformou quando conheceu um dervixe, Shams de Tabriz. Tornou-se também dervixe. Seus poemas são um sopro de ar fresco; persuadem e estimulam a consciência. Nenhum assunto é tabu para Rumi: ele se delicia com surpresa e candura.

Bertrand Russell (1872-1970)
Filósofo britânico, Prêmio Nobel de Literatura de 1950
Temas: Realismo, empirismo, lógica, filosofia social e política
Refrão: A filosofia é uma tentativa incomumente engenhosa de pensar com falácias.

Maiores sucessos: *Principia Mathematica* (em co-autoria com Whitehead), *História do pensamento ocidental*, *O conhecimento humano: sua finalidade e seus limites*, *Ensaios impopulares*
Russell publicou mais de setenta livros em vida; suas análises filosóficas cobriram quase todos os assuntos concebíveis. Foi um grande homem de cultura que não fugia às causas políticas e à controvérsia social. Ficou famosa a ocasião em que lhe negaram um cargo no City College de Nova York depois que um tribunal estadual declarou que ele era uma influência imoral na sociedade, principalmente devido às suas opiniões então vanguardistas (hoje comuns) sobre casamento aberto e divórcio. Enquanto os atenienses mataram Sócrates por, supostamente, "corromper a juventude", os norte-americanos meramente negaram um emprego a Russell. Ele deve ter admitido que isso significava progresso social.

George Santayana (1863-1952)
Filósofo, poeta e crítico literário e cultural hispano-americano
Tema: Filosofia americana clássica
Refrão: A filosofia e a literatura deveriam ser guias para o que é valioso na vida.
Maiores sucessos: *A vida da razão*, *O último puritano*
Santayana era um filósofo muito criativo e cultíssimo. Nascido e criado na Espanha, ensinou em Harvard durante oito anos e teve enorme influência na cultura norte-americana, principalmente através de livros populares. Contudo, passou a maior parte de sua vida adulta na Europa, como escritor, e recusou cargos de prestígio em grandes universidades dos EUA, como Yale, Harvard, Princeton, Columbia, Dartmouth, Cornell, Pennsylvania, Brown e Oxbridge, para fugir aos "espinhos do academicismo trivial e estreito" tão predominantes nas escolas. Valorizava a criatividade e a liberdade intelectual acima de tudo o mais.

Jean-Paul Sartre (1905-80)
Filósofo e romancista francês; Prêmio Nobel de Literatura de 1964
Temas: Existencialismo, política, marxismo
Refrão: Livre-arbítrio; a "má-fé" vem da negação da responsabilidade por nossas ações.
Maiores sucessos: *Náusea, O ser e o nada, O existencialismo é um humanismo*
Sartre foi o principal intelectual francês de sua época. Estudou com Husserl (fundador da fenomenologia) e Heidegger (principal personagem alemão do existencialismo). Marxista por convicção, tentou fundar na França um partido político. Apesar de seus compromissos marxistas, defendia firmemente sua crença na responsabilidade individual.

Arthur Schopenhauer (1788-1860)
Filósofo alemão
Temas: Volição, resignação, pessimismo
Refrão: A vontade está fora do espaço e do tempo, mas seguir seus ditames leva ao sofrimento no mesmo instante.
Maior sucesso: *O mundo como vontade e representação*
Schopenhauer era muito instruído, fluente em várias línguas européias e clássicas e tinha um relacionamento sabidamente difícil com a mãe. É famoso por tentar e não conseguir substituir Hegel, que via como sofista e charlatão. Buscou refúgio do sofrimento emocional na filosofia indiana. Escreveu ensaios pungentes e aforismos acerbos e foi um dos poucos filósofos que Wittgenstein leu ou admirou. Se isso é ou não um elogio a Schopenhauer depende se você leu ou admira Wittgenstein.

Lúcio Sêneca (4 antes da E.C.-65 E.C.)
Filósofo e estadista romano
Temas: Estoicismo, ética
Refrão: A filosofia, como a vida, deve ser principalmente sobre a virtude.

Maior sucesso: *Cartas morais*
Sêneca saiu da obscuridade na província de Córdoba para tornar-se tutor, tenente e finalmente vítima do imperador Nero. Viveu e morreu segundo os ditames morais do estoicismo, suportando as dificuldades, o triunfo e a morte com equanimidade. Suicidou-se na tradição romana, cortando as veias num banho quente, quando recebeu ordens de fazê-lo de um Nero insano e paranóico.

Shantideva (685-763)
Monge budista, professor e escritor indiano
Tema: Budismo madhyamika
Refrão: Como ajudar a si mesmo e aos outros a escapar do sofrimento.
Maior sucesso: *O caminho para a iluminação*
Os ensinamentos de Shantideva sobre as fontes do sofrimento e sua extinção são especialmente claros e compassivos, e também provocadores. O próprio Dalai Lama revela que os ensinamentos de Shantideva exerceram uma profunda influência sobre sua prática e sua compreensão.

Sócrates (*circa* 470-399 antes da E.C.)
Filósofo e professor grego
Tema: O método socrático
Refrão: A boa vida é a vida examinada, passada na busca da sabedoria a todo custo.
Maiores sucessos: As idéias de Sócrates estão preservadas somente nos diálogos de Platão, e às vezes é difícil separar o homem Sócrates do personagem Sócrates e distinguir os pensamentos de Sócrates dos de Platão. Ainda assim, o Sócrates histórico e o Platão histórico são fáceis de separar. Sócrates (como Buda, Jesus e Gandhi) foi um sábio influente que não teve emprego nem cargo oficial mas cuja sabedoria atraiu muitos seguidores importantes e que cresceu em estatura depois de sua morte. Via-se como um moscardo político, provocando o tempo

todo os atenienses a tomarem consciência de suas imperfeições filosóficas. Permitiu-se ser condenado à morte pelo estado corrupto, porque seu raciocínio o obrigou a ficar, ainda que os amigos tivessem lhe organizado a fuga. Assim, valorizava a filosofia acima da própria vida. Platão nunca perdoou os atenienses por executarem Sócrates. Os cristãos acreditam que Jesus morreu para redimir a humanidade do pecado; pode-se afirmar com segurança que Sócrates morreu para redimir os filósofos do desemprego.

Baruch Spinoza (1632-77)
Filósofo e fabricante de lentes judeu-holandês
Tema: Racionalismo
Refrão: Todo conhecimento pode ser deduzido.
Maiores sucessos: *Tratado teológico-político*, *Ética*
As opiniões de Spinoza conseguiram fazê-lo ser expulso da comunidade judaica, enquanto seus textos eram atacados e banidos pelos teólogos cristãos. Chegou a atrair hostilidade até na tolerante Holanda, que adotara como refúgio filosófico. Acreditava que as paixões humanas de autopreservação (ou seja, os apetites e aversões) levam a atos predeterminados, mas que podemos nos tornar livres libertando nossa razão das algemas da paixão. Como Hobbes, Spinoza achava que não gostamos de alguma coisa porque seja boa; em vez disso, dizemos que é "boa" porque gostamos dela.

Thomas Szasz (1920-)
Psiquiatra norte-americano
Tema: Os abusos da medicina
Refrão: "Doença mental" não é doença real.
Maior sucesso: *O mito da doença mental*
Szasz é um personagem importante e controvertido da medicina norte-americana: um psiquiatra que afirma que a noção de "doença mental" não é científica, mas sim, em última instância, política. Afirma que a psiquiatria tem sido usada principalmente

para o controle social e, portanto, que a literatura de
"diagnóstico" é, na maior parte, falsa.

Rabindranath Tagore (1861-1941)
Humanista, poeta, teatrólogo e escritor indiano; Prêmio Nobel
de Literatura de 1914
Tema: O amor à humanidade
Refrão: Humanismo robusto, sensibilidade moral transcendente,
criatividade abundante.
Maiores sucessos: *O encarregado dos Correios*, *A casa e o mundo*
Tagore foi um ser humano notável cujos poemas, peças e
histórias de sua Bengala natal tocaram o mundo com a
universalidade de seu sentimento e compaixão. Como Gandhi
(com quem discordava publicamente às vezes), era uma alma
verdadeiramente grandiosa.

Paul Tillich (1886-1965)
Filósofo e teólogo alemão-norte-americano
Temas: Filosofia e teologia cristãs
Refrão: A inevitabilidade da busca de Deus pelo homem.
Maior sucesso: *Dinâmica da fé*
Tillich é um moderno filósofo cristão interessante e importante,
cujas obras justapõem problemas existenciais concernentes ao ser
e ao tempo com soluções oferecidas pela teologia cristã.

Henry David Thoreau (1817-62)
Escritor, poeta e filósofo norte-americano
Tema: Transcendentalismo da Nova Inglaterra (indeterminismo)
Refrão: A inquestionável capacidade do homem de elevar sua
vida pelo esforço consciente.
Maiores sucessos: *Walden*, "Desobediência Civil"
Thoreau defendia a simplicidade, a responsabilidade individual e
a comunhão com o ambiente natural como coisas básicas para a
boa vida. Vivia e respirava sua filosofia. Sua teoria da

desobediência civil teve influência fundamental sobre Gandhi e Martin Luther King Jr.

Chogyam Trungpa (1939-87)
Mestre de meditação, estudioso e artista tibetano
Tema: Shambhala
Refrão: A experiência de "ser" com imediatismo, dignidade e totalidade.
Maior sucesso: *Shambala: a trilha sagrada do guerreiro*
Trungpa fundou o Instituto Naropa e desenvolveu o treinamento Shambhala para aspirantes ao caminho da existência integral dentro de si mesmos e entre os outros. Seus ensinamentos são fascinantes e únicos.

Lao-tsé (*circa* século VI antes da E.C.)
Filósofo chinês
Tema: Taoísmo
Refrão: Complementaridade dos opostos, realização sem disputa, relações harmoniosas.
Maior sucesso: *Tao Te Ching* (*O caminho e seu poder*)
A identidade de Lao-tsé e o século em que viveu ainda são debatidos mas suas idéias sobre viver a vida em harmonia com o Caminho continuam poderosas e influentes. Parece que foi um alto funcionário público que escreveu sua filosofia ao aposentar-se — de forma apócrifa, por ordem de um guarda de fronteira, que não o deixaria partir da província se assim não fosse. Redigiu um guia filosófico realmente grandioso e, assim, fundou o taoísmo.

Sun-tzu (*circa* século IV a.E.C.)
Conselheiro militar chinês
Tema: Filosofia da guerra
Refrão: Ser invencível está dentro de si mesmo.
Maior sucesso: *A arte da guerra*

Sun-tzu redefiniu o conflito como uma forma de arte filosófica. Ensinava que o "pináculo de excelência" é subjugar seu inimigo sem lutar. Sua filosofia da guerra pode ser aplicada de forma análoga a muitos outros tipos de conflito humano, da briga de casais à política de escritório.

Voltaire (François Marie Arouet) (1694-1778)
Filósofo, escritor e crítico cáustico francês
Tema: Iluminismo francês
Refrão: Contar "como é".
Maior sucesso: *Cândido*
Preso por satirizar o governo e exilado por insultar um nobre, Voltaire não evitava as piadas verbais. Seu humor o fez amado por muitos. Parodiou de forma selvagem o idealismo de Leibniz em *Cândido*. Contam que, no leito de morte, disse aos padres que lhe deram uma última chance de renunciar a Satã: "Não é hora de fazer novos inimigos."

Max Weber (1864-1920)
Filósofo alemão da sociedade
Tema: O estudo científico da sociedade (sociologia)
Refrão: Entender os significados subjetivos que as pessoas acrescentam às ações sociais.
Maior sucesso: *A ética protestante e o espírito do capitalismo*
Weber foi um dos fundadores da sociologia. Buscou explicar os fenômenos sociais de sua época, da burocracia à ética protestante do trabalho. Esses fenômenos, entre outros, ainda persistem e suas explicações continuam pertinentes.

Alfred North Whitehead (1861-1947)
Filósofo britânico
Tema: Empirismo
Refrão: A ciência natural deveria estudar o conteúdo de nossas percepções.

Maiores sucessos: *Princípios da Matemática* (em colaboração com Russell), *O conceito de Natureza, Processo e realidade*
Whitehead buscou uma interpretação unificada de tudo, da física à psicologia.

Elie Wiesel (1928-)
Humanista, estudioso e escritor judeu-romeno-norte-americano; Prêmio Nobel da Paz de 1986
Tema: Explorar os mistérios mais profundos da vida
Refrão: Devemos viver como se Deus existisse.
Maiores sucessos: *A noite*, *The Forgotten* [O esquecido], *All Rivers Run to the Sea* [Todos os rios correm para o mar]
Sobrevivente de Auschwitz, jornalista experiente, professor de letras e ciências humanas, estudioso da cultura judaica, intérprete do Livro de Jó e testemunha da humanidade, Wiesel já publicou mais de quarenta obras. Grande alma, ensina o perdão ao lado da lembrança.

Ludwig Wittgenstein (1889-1951)
Filósofo austríaco
Tema: Filosofia da linguagem
Refrão: O alcance e os limites da linguagem; a linguagem como instrumento social.
Maiores sucessos: *Tratado lógico-filosófico*, *Investigações filosóficas*
Wittgenstein acreditava que a filosofia tinha pelo menos uma tarefa "terapêutica": esclarecer desentendidos e imprecisões da linguagem que dão origem a problemas filosóficos. É um dos filósofos mais influentes do século XX.

Mary Wollstonecraft (1759-97)
Filósofa e feminista britânica
Tema: Igualitarismo
Refrão: A função social não deveria basear-se na diferença entre os sexos.

Maiores sucessos: *Vindication of the Rights of Women* [Em defesa dos direitos das mulheres], *Vindication of the Rights of Men* [Em defesa dos direitos dos homens]
Wollstonecraft esteve à frente de seu tempo na defesa dos direitos das mulheres. Escrevia de forma articulada e persuasiva a favor do igualitarismo. Sua correspondência com o grande conservador Edmund Burke foi esclarecedora. Mãe de Mary Shelley, que escreveu *Frankenstein*.

Zenon de Eléia (490-430 antes da E.C.)
Filósofo eleata
Tema: Filosofia de Parmênides
Refrão: Negação de que mudança e movimento possam acontecer.
Maiores sucessos: Os quatro paradoxos do movimento
Em defesa de seu professor Parmênides e contra as doutrinas de Pitágoras, Zenon queria demonstrar que nossas sensações ordinárias do mundo, como a mudança e o movimento, são ilusórias. Com este fim, imaginou quatro paradoxos produzidos a partir da vivência comum do movimento, que só foram satisfatoriamente resolvidos depois de vinte e três séculos.

Apêndice 2
ENTIDADES DE PRÁTICA FILOSÓFICA

American Philosophical Practitioners Association (APPA, Associação Americana de Profissionais Filosóficos)

A APPA, fundada em 1999, é uma associação educacional sem fins lucrativos que encoraja a consciência filosófica e defende uma vida examinada. Os membros da APPA aplicam sistemas, idéias e métodos filosóficos para administrar problemas humanos e melhorar o estado do indivíduo. A filiação à APPA está aberta a todos.

Membros autorizados
Os membros autorizados são os filósofos devidamente qualificados que concluem os programas de treinamento da APPA e cumprem outras exigências. Estão citados na Listagem de Profissionais Autorizados pela APPA e podem receber encaminhamento de clientes e outros benefícios profissionais. Obedecem ao Código de Prática Ética Profissional da APPA e dedicam-se ao desenvolvimento profissional constante.

Membros filiados
Os membros filiados são profissionais de orientação ou consultoria em outros campos (como medicina, psiquiatria, psicologia, assistência social, administração, direito) que desejam identificar-se com a prática filosófica e conhecê-la melhor mas

não buscam, necessariamente, a chancela da APPA. Os filiados devidamente qualificados podem tornar-se membros autorizados.

Membros adjuntos
Os membros adjuntos são formados em filosofia, em nível de graduação ou pós-graduação, ou têm histórico filosófico equivalente. Podem freqüentar os programas de treinamento para autorização da APPA, dos níveis básico (I) ao avançado (II), cuja conclusão lhes permite tornarem-se membros autorizados.

Membros auxiliares
São membros auxiliares os amigos e partidários da prática filosófica. A APPA aceita todos os que queiram se unir a ela, como alunos, trabalhadores ou aposentados. Não são necessárias qualificações especiais além do interesse em levar uma vida examinada.

Todos os membros da APPA recebem nosso boletim, convites para eventos e outros benefícios.
A APPA é uma entidade inclusiva. Aceita membros autorizados, filiados e adjuntos com base apenas em suas respectivas qualificações e membros auxiliares e organizacionais com base apenas em seu interesse e seu apoio à prática filosófica. A APPA não discrimina membros nem clientes com base em nacionalidade, raça, etnia, sexo, orientação sexual, idade, crença religiosa, opção política ou nenhum outro critério irrelevante em termos profissionais ou filosóficos. Para obter formulários de filiação e outros dados na internet, visite o *site* da APPA em www.appa.edu ou escreva para:
APPA
The City College of New York
137th Street at Convent Avenue
New York, NY 10031
tel.: 212-650-7827
fax: 212-650-7409
e-mail: admin@appa.edu

Entidades nacionais no exterior

Alemanha
International Society for Philosophical Practice
Hermann-Loens Strasse 56c
D-51469 Bergisch Gladbach
Alemanha
tel.: 2202-951903
fax: 2202-951907
achenbach@igpp.org
www.igpp.org

Presidente: Gerd Achenbach
www.achenbach-pp.de

Canadá
Canadian Society for Philosophical Practice
1119-942 Yonge Street
Toronto, Ontario M4W 3S8
Canadá
tel.: 416-935-1694
info@philosophicalpractice.ca
www.philosophicalpractice.ca

Presidente: Michael Picard
Secretária/Tesoureira: Sylvia O'Callaghan-Brown

Eslováquia
Slovak Society for Philosophical Practice
Department of Social & Biological Communication
Slovak Academy of Sciences
Klemensova 19, 81364 Bratislava
Eslováquia
tel.: 00421-7-375683

fax: 00421-7-373442
e-mail: ksbkemvi@savba.sk

Presidente: Emil Visnovsky

Finlândia
Finnish Society for Philosophical Counseling
Tykistonkatu 11 B 30
SF-00260 Helsinki
Finlândia
asmattil@helsinki.fi

Presidente: Antti Mattila
Vice-Presidente: Arto Tukiainen

Holanda
Dutch Society for Philosophical Practice (VFP)
W.vanderVlist@tebenet.nl

Presidente: Yvonne Verweij
Postelstraat 42a, 5211 EB Den Bosch
Holanda
tel.: +31-736138126
yvonne.verweij@wxs.ni

Secretário: Wim van der Vlist
Ed. Schilderinkstraat 80, 7002 JH Doetinchem
Holanda
tel.: +31-31433470.

Tesoureiro/gerência de filiações: Dick Kleinlugtenbelt
Cattepoelseweg 14, 6821 JW Arnhem
Holanda
tel.: +31-264437250

Israel
Israel Society for Philosophical Inquiry
Horkania 23, Apt. 2
Jerusalém 93305
Israel
tel.: 972-2-679-5090
msshstar@pluto.mscc.huji.ac.il
www.geocities.com/Athens/Forum/5914

Investigador Chefe: Shlomit Schuster

Noruega
Norwegian Society for Philosophical Practice
Cappelens vei 19c
1162 Oslo
Noruega
tel.: 47-88-00-96-69
contactus@nsfp.no
www.nsfp.no

Presidente: Henning Herrestad

Reino Unido
Society for Philosophy in Practice
2 Wynnstow Park
Oxted, Surrey, RH8 9DR
Reino Unido
www.society-for-philosophy-in-practice.org

Presidente: Nigel Laurie
nigel.laurie@managementphilosophers.com

Vice-Presidente: Susan Wright
susanewri@aol.com

Editor-Chefe do PPP: Tim LeBon
timlebon@aol.com

Apêndice 3

LISTA DE ORIENTADORES FILOSÓFICOS APROVADOS PELA APPA

A lista atualizada está em nosso *site*: www.appa.edu.

Estados Unidos

Alabama
James Morrow, Jr.
1055 W. Morrow St.
Elba, AL 36323
tel.: 334-897-6522
orientador

Arizona
Richard Dance
6632 East Palm Lane
Scottsdale, AZ 85257
tel.: 480-947-4288
fax: 480-429-0737
e-mail:
   rdance@mindfulmedicine.com
orientador

Paul Gatto
3983 N. Paseo de la Canchas
Tucson, AZ 85716
tel.: 520-881-9053
e-mail: pgatto@ucsd.edu
orientador

Robert Nagle
8075 E. Morgan Trail
Suite #1
Scottsdale, AZ 85258
tel.: 480-649-8430
tel.: 480-905-7325
fax: 480-969-5322
orientador

Califórnia
Peter Atterton
1566 Missouri Street
San Diego, CA 92109
tel.: 858-274-2977
e-mail: atterton@rohan.sdsu.edu
orientador

Wills Borman
22477 Highway 94
Dulzura, CA 91917
tel.: 619-468-9693
e-mail: wborman@mindspring.com
orientador

Harriet Chamberlain
1534 Scenic Avenue
Berkeley, CA 94708
tel.: 510-548-9284
e-mail: think@flash.net
orientador, facilitador

Kyle Dupen
303 Avenue Cabrillo
Half Moon Bay, CA 94019
tel.: 650-726-2522
e-mail: kdupen@coastside.net
orientador

Julie Grabel
Academy of Philosophical Midwifery
1011 Brioso Dr. #109
Costa Mesa, CA 92627
tel.: 949-722-2206
fax: 949-722-2204
e-mail: julieg@deltanet.com
orientador

Pierre Grimes
Academy of Philosophical Midwifery
947 Capital
Costa Mesa, CA 92627
tel.: 949-722-2206
fax: 949-722-2204
e-mail: pierreg@concentric.et
orientador, corpo docente da APPA

Sushma Hall
315 W. Radcliffe Drive
Claremont, CA 91711
tel.: 909-626-2327
e-mail: sushmahall@hotmail.com
orientador

John Hanley Jr.
34341 Aukland Ct.
Fremont, CA 94555
tel.: 510-792-7346
fax: 561-679-7769
e-mail: johnhanleyjr@msn.com
orientador, facilitador

James Heffernan
Department of Philosophy
University of the Pacific
Stockton, CA 95211
tel.: 209-946-3094
e-mail: jheffernan@uop.edu
orientador

Michael Hermon
1306 Via Del Rio
Corona, CA 92882
tel.: 909-898-5962
e-mail: mhermon@msn.com
orientador

Gerald Hewitt
Department of Philosophy
University of the Pacific
Stockton, CA 92511
tel.: 209-946-2282
e-mail: ghewitt@uop.edu
orientador

Robert Makus
Department of Philosophy
University of San Francisco
2130 Fulton Street
San Francisco, CA 94117
tel.: 415-422-2414
e-mail: makusr@usfca.edu
orientador

Lou Matz
Department of Philosophy
University of the Pacific
Stockton, CA 95211
tel.: 209-946-3093
e-mail: lmatz@uop.edu
orientador

Jason Mierek
8831 Hillside St. #C
Oakland, CA 94605
tel.: 510-777-0923
e-mail: jmierek@msn.com
orientador

Christopher McCullough
175 Bluxome St., #125
San Francisco, CA 94107
tel.: 415-357-1456
e-mail: cmccul1787@aol.com
orientador, facilitador

J. Michael Russell
Philosophy and Human Services
California State University
Fullerton, CA 92834
tel.: 714-278-2752
fax: 714-278-1274
e-mail: jmrussell@fullerton.edu
orientador, corpo docente da APPA

Paul Sharkey
819 West Avenue H-5
Los Angeles, CA 93534
tel.: 661-726-0102
cell: 661-435-3077
fax: 661-726-0307
e-mail: pwsharkey@email.msn.com
orientador, facilitador, consultor,
  corpo docente da APPA

Regina Uliana
16152 Beach Blvd.
#200 East
Huntington Beach, CA 92647
tel.: 714-841-0663
fax: 714-847-8685
e-mail: rlu@deltanet.com
orientador

Lawrence White
1345 Arch Street
Berkeley, CA 94708
tel.: 510-845-0654
fax: 510-845-0655
e-mail: LWWHITEMD@aol.com
orientador

Eleanor Wittrup
Department of Philosophy
University of the Pacific
Stockton, CA 95211
tel.: 209-946-3095
orientador

Kritika Yegnashankaran
tel.: 650-654-5991
e-mail: kritika@stanfordalumni.org
orientador

Martin Young
1102 S. Ross Street
Santa Ana, CA 92707
tel.: 714-569-9225
e-mail: mzyoung@uci.edu
orientador

Colorado
Jeanette Crooks
1239 S. Iris Street
Lakewood, CO 80232

tel.: 303-980-8346
e-mail: myrtlemaryj@aol.com
orientador

Alberto Hernandez
1112 N. Wahsatch, Apt. A
Colorado Springs, CO 80903
tel.: 719-448-0337
e-mail:
 aherandez@coloradocollege.edu
orientador

Ania Rowan
1633 4th Street
Boulder, CO 80302
tel.: 303-786-8068
e-mail: ania@qwest.net
orientador

Distrito de Columbia
Alicia Juarrero
4432 Volta Place NW
Washington, D.C. 20007
tel.: 202-342-6128
fax: 202-342-5160
e-mail: ja83@umail.umd.edu
orientador

Professor Wilfried ver Eecke
Department of Philosophy
Georgetown University
Washington, DC 20057
tel.: 202-687-7613
fax: 202-687-4493
e-mail: Vereeckw@Georgetown.edu
orientador

Flórida
Robert Beeson
1225 Osceola Dr.

Fort Myers, FL 33901
tel.: 941-332-7788
fax: 941-332-8335
e-mail: rbsun@cyberstreet.com
orientador

Carl Colavito
The Biocultural Research Institute
7131 NW 14th Avenue
Gainesville, FL 32605
tel.: 904-461-8804
fax: 352-332-9931
e-mail: encc@aug.com
orientador

Maria Colavito
The Biocultural Research Institute
7131 NW 14th Avenue
Gainesville, FL 32605
tel.: 352-332-9930
fax: 352-332-9931
e-mail: diotima245@aol.com
orientador

Antonio T. de Nicolas
The Biocultural Research Institute
7131 NW 14th Avenue
Gainesville, FL 32605
tel.: 352-332-9930
fax: 352-332-9931
e-mail: diotima245@aol.com
orientador

Charles Poole
75 SW 75 Street, #C-14
Gainesville, FL 32607
tel.: 352-332-3691
e-mail: charlespoole@sprintmail.com
orientador

Georgia

Christopher Graves
1721 Kings Down Circle
Atlanta, GA 30338
tel.: 770-396-5507
e-mail: nous777@compuserve.com
orientador

Mark M. du Mas
2440 Peachtree Road NW
Number 25
Atlanta, GA 30305
tel.: 404-949-9113
fax: 404-846-0081
e-mail: mmdumas@msn.com
orientador, consultor

Illinois

Avner Baz
5555 N. Sheridan Road
Chicago, IL 60640
tel.: 773-784-4728
e-mail: abaz2@uic.edu
orientador

F. Byron (Ron) Nahser
President & CEO
The Nahser Agency, Inc.
10 South Riverside Plaza
Suite 1830
Chicago, IL 60606
tel.: 312-750-9220
fax: 312-845-9075
e-mail: fbnahser@nahser.com
consultor

Tim Weldon
University of St. Francis
500 Wilcox
Joliet, IL 60435
tel.: 815-740-3451
e-mail: timweldon20@hotmail.com
orientador

Indiana

Karen Iseminger
19814 Tomlinson Road
Westfield, IN 46074
tel.: 317-758-4913
e-mail: kiseminger@uindy.edu
orientador

Maryland

Ruth Kastner
125 Hedgewood Drive
Greenbelt, MD 20770
e-mail: vze445xa@verizon.net
http://www.wam.umd.edu//
 rkastner/counselor

Sidney Rainey
P.O. Box 1451
Bethesda, MD 20827
tel.: 505-983-7011
e-mail: sidneyrainey@earthlink.com
consultor

J. Carol Williams
4010 32nd Street
Mt. Rainier, MD 20712
tel.: 301-779-4755
e-mail: bar2jcw@yahoo.com
orientador

Minnesota

Todd Wadsworth
2048 Summit Avenue
St. Paul, MN 55105
tel.: 651-698-8066
e-mail: trw41@mail.com
orientador

Missouri

David Hilditch
7439 Wayne Avenue
St. Louis, MO 63130
tel.: 314-727-1675
e-mail: hilditch@wnr.com
orientador

Montana

Sean O'Brien
Davidson Honors Hall
University of Montana
Missoula, MT 59812
tel.: 406-243-6140
orientador

Nevada

Claude Gratton
Philosophy Department
University of Las Vegas at Nevada
4505 Maryland Parkway, Box 455028
Las Vegas, NV 89154
tel.: 702-895-4333
voice mail: 702-897-3727
e-mail: grattonc@nevada.edu
orientador

New Hampshire

James Donelan
35 Blueberry Lane
Peterborough, NH 03458
tel.: 603-924-9628
e-mail: donelaj@fpc.edu
orientador

New Jersey

Peter Dlugos
355 Lincoln Ave., Apt. 1C
Cliffside Park, NJ 07010
tel.: 201-943-8098
e-mail: pdlugos@bergen.cc.nj.us
e-mail: pdlugos@aol.com
orientador, facilitador

Amy Hannon
2 River Bend Road
Clinton, NJ 08809
tel.: 908-735-0728
e-mail: ardea@csnet.net
orientador

Vaughana Feary
37 Parker Drive
Morris Plains, NJ 07950
tel./fax: 973-984-6692
e-mail: VFeary@aol.com
orientador, facilitador, consultor,
   corpo docente da APPA

Jean Mechanic
1365 North Avenue, Apt. 9D
Elizabeth, NJ 07208
tel.: 908-351-9605
e-mail: mechanicdr@aol.com
orientador

Charles Ottinger
206 Davis Station Rd., Box 98
Imlaystown, NJ 08526
tel.: 609-259-4187
e-mail: cfottinger@earthlink.net
orientador

Novo México

Jennifer Goldman
619 Don Felix St., Apt.B
Santa Fe, NM 87501
tel.: 505-982-9189
orientador

Nova York

Richard Allen
150 Joralemon St., #10B,
Brooklyn, NY 11201
tel.: 718-852-4149
http://client-centered.com
orientador

Barbara Cutney
782 West End Avenue, #81
New York, NY 10025
tel.: 212-865-3828
orientador, consultor

Micah Daily
44 Avenue B
New York, NY 10009
tel.: 212-477-9641
micah_daily@hotmail.com
orientador

Michael Davidovits
Psychiatry, Mt. Sinai Medical Center
Box 1228
New York, NY 10029
tel.: 212-241-6881
e-mail:
   michael.davidovits@mountsinai.org
orientador

Andrew Gluck
392 Central Park West, #8C
New York, NY 10025
tel.: 212-316-2810
fax: 212-316-4982
e-mail: andy_gluck@msn.com
consultor

Edward Grippe
117 Lakeside Drive
Pawling, NY 12564
tel.: 914-855-0992
fax: 914-855-3997
e-mail: ejgphil@aol.com
orientador

Michael Grosso
26 Little Brooklyn Road
Warwick, NY 10990
tel.: 845-258-4283
e-mail: mgrosso@warwick.net
orientador

Rony Guldmann
178 W 82 Street, Apt. 1
New York, NY 10024
tel.: (917) 596-5723
e-mail: ronyguldmann@hotmail.com
orientador

George Hole
291 Beard Avenue
Buffalo, NY 14214
tel.: 716-832-6644
e-mail: holegt@buffalostate.edu
orientador, consultor

Craig Irvine
220 Manhattan Ave., Apt. 5V
New York, NY 10025
tel.: 212-305-0980
e-mail:
   irvinec@cpmc3.cpmc.columbia.edu
orientador

Chris Johns
Department of Philosophy, 213
   Harriman
SUNY Stony Brook, NY 11794
e-mail: cjohns@ic.sunysb.edu
orientador

Onno de Jong
348 East 9th St. #16
New York, NY 10003
tel.: 212-982-3188
fax: 845-236-4416
e-mail: onno@erols.com
orientador

David R. Koepsell, JD/PhD
Adjunct Assistant Professor, Dept. of
   Philosophy
SUNY Buffalo
tel.: 716-913-2422
fax: 689-1498 (favor avisar antes)
e-mail: david@drkoepsell.com
http://www.drkoepsell.com
orientador

Lou Marinoff
Philosophy Department
The City College of New York
137th Street at Convent Avenue
New York, NY 10031
tel.: 212-650-7647
fax: 212-650-7409
e-mail: marinoff@mindspring.com
orientador, facilitador, consultor,
   corpo docente da APPA

Bruce Matthews
531 West 26th Street, Loft 3R
New York, NY 10001
tel.: 212-239-9223
e-mail: philobam@interport.net
orientador

Christopher Michaelson
PricewaterhouseCoopers, LLP
1177 Avenue of the Americas
New York, NY 10036
tel.: 212-597-3844
fax: 212-596-8988
e-mail:
   christopher.michaelson@us.pwcglobal.com
consultor

Annselm Morpurgo
6 Union Street
Sag Harbor, NY 11963
tel.: 516-725-1414
e-mail: morpurgo@msn.com
orientador

William Murnion
P.O. Box 23, Bellvale NY 10912
tel.: 845-986-5406
e-mail: wmurnion@warwick.net
orientador

Elizabeth Randol
17 Mather Street, #2F
Binghamton, NY 13905
tel.: 607-771-0475
e-mail: lizard2471@aol.com
consultor

Bernard Roy
396 Third Avenue, #3N
New York, NY 10016
tel.: 212-686-3285
fax: 212-387-1728
e-mail: ernard_roy@baruch.cuny.edu
orientador, facilitador

Charles Sarnacki
199 Flat Rock Road
Lake George, NY 12845
tel.: 518-668-5397
e-mail: csarnacki@hotmail.com
orientador

Mehul Shah
66 Dogwood Lane
Irvington, NY 10533
tel.: 914-591-7488
e-mail: mshah1967@aol.com
orientador, facilitador, consultor

Wayne Shelton
P.O. Box 407
North Chatham, NY 12132
tel.: 518-262-6423
fax: 518-262-6856
e-mail: sheltow@mail.amc.edu
orientador, consultor

Peter Simpson
College of Staten Island
2800 Victory Blvd. 2N
Staten Island, NY 10314
tel.: 718-982-2902
fax: 718-982-2888
e-mail:
    simpson@postbox.csi.cuny.edu
endereço em Manhattan:
425 W. 24th St. #3C
New York, NY 10011
tel.: 212-633-9366
orientador

Nicholas Tornatore
585 Bay Ridge PKWY
Brooklyn, NY 11209
tel.: 718-745-2911 or 212-535-3939
orientador

Carolina do Norte
Andrew Koch
625 Lower Rush Branch Road
Sugar Grove, NC 28679
tel.: 828-297-4548
e-mail: kocham@appstate.edu
consultor

Ohio
Lynn Levey
1959 Fulton Place
Cleveland, OH 44113
tel.: 216-651-0009
e-mail: lynnlevey@aol.com
orientador

Svetlana Rura
Philosophy Department
College of Mount St. Joseph
Cincinnati, OH
tel.: 513-533-3610
e-mail: svetlana_rura@mail.msj.edu
orientador

Pensilvânia
Eric Hoffman
131 Cynwyd Road
Bala Cynwyd, PA 19004
tel.: 215-419-6542
e-mail: eeworkshop@comcast.net
orientador, facilitador, consultor

Craig Munns
Central Pennsylvania College
College Hill Rd.
Summerdale, PA 17025
tel.: 717-728-2244
e-mail: craigmunns@centralpenn.edu
orientador

G. Steven Neeley
900 Powell Ave.
Cresson, PA 16630
tel.: 814-472-3393
orientador

David Wolf
P.O. Box 162
Lake Como, PA 18437
tel.: 570-798-2235
e-mail: socratix@epix.net
orientador

Tennessee
Ross Reed
3778 Friar Tuck Road
Memphis, TN 38111
tel.: 901-458-8112
e-mail: doctorreed@yahoo.com
orientador

Texas
Amelie Benedikt
3109 Wheeler Street
Austin, TX 78705
tel.: 512-695-7900
e-mail: afb@io.com
orientador

Amy McLaughlin
6811 Daugherty Street
Austin, TX 78757
tel.: 512-467-8049
e-mail: episteme@swbell.net
orientador

Andrea Messineo
1418 Richmond Avenue
Houston, TX 77006
tel.: 713-526-8810
e-mail: panzanella@pdq.net
orientador

Virgínia
Bruce Thomas
8 Huntington Drive
Williamsburg, VA 23188
tel.: 757-229-9835
e-mail: sthomas@widomaker.com
consultor

Washington
Sandra Dreisbach
6608 A Stanton Ct. SW
Tumwater, WA 98501
tel.: 360-357-0842
e-mail: java@mac.com
orientador

Christine Gehrett
1970 Pinecrest Avenue
Coupeville, WA 98239
tel.: 360-678-1454
e-mail: cgehrett@whidbey.net
orientador

Britni Weaver
1715 W. Pacific #C
Spokane, WA 99204
tel.: 509-838-4886
e-mail: britnijw@yahoo.com
orientador

Outros países

Canadá
Stanley Chan
270 Old Post Road
Waterloo, Ontario
Canada N2L, 5B9
tel.: 519-884-5384
fax: 519-884-9120
e-mail: stanleyknchan@hotmail.com
orientador

Wanda Dawe
Dawe Counselling Services
163 LeMarchant Rd.
St. John's, NF
Canada A1C 2H5
tel.: 709-754-5607
fax: 709-754-8629
e-mail: wanda.dawe@thezone.net
orientador, facilitador

Anthony Falikowski
Sheridan College
1430 Trafalgar Rd.
Oakville, Ontario
Canada L6L 1X7
tel.: 905-845-9430 x2508
fax: 905-815-4032
e-mail:
 tony.falikowski@sheridanc.on.ca
consultor

David Jopling
Department of Philosophy
York University
4700 Keele Street
Toronto, Ontario
Canada M3J 1P3
tel.: 416-736-2100 ext. 77588
fax: 416-736-5114
e-mail: jopling@yorku.ca
orientador, corpo docente da APPA

Cheryl Nafziger-Leis
16 Meadowlark Road
Elmira, Ontario
Canada N3B 1T6
tel.: 519-669-4991
fax: 519-669-5641
e-mail: Leis@sentex.net
consultor

Sean O'Connell
1806, 8920-100 St.
Edmonton, Alberta
Canada T6E 4YB
tel.: 780-439-9752
e-mail: phipsibk@netscape.net
orientador

Michael Picard
Pyro Philosophy Shop
565 Fisgard Street, 3rd Floor
Victoria, B.C.
Canada V8W 1R5
tel.: 250-385-4646
e-mail: pyro@philosophy-shop.com
www.philosophy-shop.com
orientador

Peter Raabe
46-2560 Whitely Court
North Vancouver, B.C.
Canada V7J 2R5
tel.: 604-986-9446
e-mail: raabe@interchange.ubc.ca
orientador

Hugh Williams
P.O. Box 547, 359 Debec Road
Debec, N.B.
Canada E7N 3B2
tel.: 506-328-8472
fax: 506-325-9159
e-mail: hwilliam@nbnet.nb.ca
orientador

França
Anette Prins
Nombre d'Or
Route de Valensole
04800 Gréoux les Bains

France
tel.: 33-04-9274-2344 ou
33-06-8152-1579
e-mail: anette.prins@libertysurf.fr
orientador, corpo docente da APPA

Holanda
Dries Boele
Spaarndammerplantsoen 108
1013 XT Amsterdam
tel.: 31-20-686-7330
orientador, facilitador, corpo docente
da APPA

Will Heutz
Schelsberg 308
6413 AJ Heerlen
tel.: 31-45-572-0323
orientador, consultor, corpo docente
da APPA

Ida Jongsma
Hotel de Filosoof
Anna Vondelstraat 6
1054 GZ Amsterdam
tel.: 31-20-683-3013
fax: 31-20-685-3750
e-mail: ijongsma@hotelfilosoof.nl
orientador, facilitador, consultor,
corpo docente da APPA

Israel
Lydia Amir
The New School of Media Studies
The College of Management
9 Shoshana Persitz St.
Tel-Aviv, 61480 Israel
tel.: 972-3-744-1086

fax: 972-3-699-0458
e-mail: lydamir55@hotmail.com
orientador, corpo docente da APPA

Ora Gruengard
43 Yehuda Hanasi Street
Tel-Aviv, 69391 Israel
tel.: 972-3-641-4776
fax: 972-3-642-2439
e-mail: egone@mail.shenkar.ac.il
orientador, corpo docente da APPA

Eli Holzer
33 Halamed Heh Street
Jerusalem, 93661 Israel
tel.: 972-02-567-2033
e-mail: esholzer@netvision.net.il
orientador

Itália
Paola Grassi
via Paolo Uccello, 16
Milano, Italia 20148
tel.: 39-02-3651-1112
e-mail: e-mail@paola-grassi.it
orientador

Noruega
Anders Lindseth
University of Tromso
N-9037 Tromso, Noruega
e-mail: andersl@fagmed.uit.no
orientador, corpo docente da APPA

Portugal
Manuel João Antunes
Rua Conde de Redondo 59-2º B
Lisboa 1150-102, Portugal

tel.: 351-919-115756
e-mail: joao.antunes@netcabo.pt
orientador

Maria Oliveira
Rua Conde de Redondo 59-2° B
Lisboa 1150-102, Portugal
tel.: 351-917-090821
e-mail: escreve-me@netcabo.pt
orientador

Reino Unido
Alex Howard
8 Winchester Terrace
Newcastle upon Tyne
United Kingdom, NE4 6EH
tel.: 44-91-232-5530
e-mail:
   consult@alexhoward.demon.co.uk
orientador

Judy Wall
The CPD Centre
51A Cecil Road
Lancing, West Sussex
United Kingdom, BN15 8HP
tel.: 011-44-0193-764301
fax: 011-44-0193-765970
e-mail: lifeplan@cwcom.net
consultor

Turquia
Harun Sungurlu
P.K. 2 Emirgan
Istanbul, Turquia 80850
e-mail: sungurludh@superonline.com
orientador

Apêndice 4

OUTRAS LEITURAS

Achenbach, Gerd, *Philosophische Praxis,* Köln, Alemanha: Jürgen Dinter, 1984.

Borman, William, *Gandhi and Non-Violence,* Albany: State University of New York, 1986.

Bucke, Richard Maurice, *Cosmic Consciousness,* Nova York: The Citadel Press, 1970.

Causton, Richard, *The Buddha in Daily Life: An Introduction to the Buddhism of Nichiren Daishonin,* Londres: Rider, 1995.

Cohen, Elliot, *Philosophers at Work,* New York: Holt, Rinehart and Winston, 1989.

Cooper, Rabino David A. *God Is a Verb: Kabbalah and the Practice of Mystical Judaism,* New York: Riverhead Books, 1997.

De Waelens, Alphonse e Wilfried Ver Eecke, *Phenomenology and Lacan on Schizophrenia: After the Decade of the Brain,* Leuven: Leuven University Press, 2001.

Deurzen, Emmy van, *Paradox and Passion in Psychotherapy,* New York: John Wiley and Sons, 1998.

Ehrenwald, Jan, ed., *The History of Psychotherapy,* Northvale, NJ: Jason Aronson Inc., 1997.

Erwin, Edward, *Philosophy and Psychotherapy,* London: Sage Publications, 1997.

Grimes, Pierre, *Philosophical Midwifery,* Costa Mesa: Hyparxis Press, 1998.

Hadot, Pierre, *Philosophy As a Way of Life,* London: Blackwell, 1995.

Held, Barbara, *Back to Reality: A Critique of Postmodern Theory in Psychotherapy,* New York: W.W. Norton & Co., 1995.

Herrestad, Henning, Anders Holt e Helge Svare, eds. *Philosophy in Society*, Oslo: Unipub Forlag, 2002.

Howard, Alex, *Philosophy for Counseling and Psychotherapy*, London: Macmillan Press Ltd., 2000.

Kapleau, Philip, *The Three Pillars of Zen*, New York: Doubleday, 1969.

Kennedy, Robert, *Zen Spirit, Christian Spirit*, New York: The Continuum Publishing Company, 1997.

Kessels, Jos, *Socrates op de Markt, Filosofie in Bedrijf*, Amsterdam: Boom, 1997.

Lahav, Ran e Maria Tillmanns, eds. *Essays on Philosophical Counseling*, Lanham: University Press of America, Inc., 1995.

LeBon, Tim, *Wise Therapy*, Londres: Continuum, 2001.

Marinoff, Lou, *Plato, Not Prozac!: Applying Philosophy to Everyday Problems*, New York: HarperCollins, 1999.

Mattila, Antti, *Seeing Things in a New Light. Reframing in Therapeutic Conversation*, Helsinki: Helsinki University Press, 2001.

McCullough, Chris, *Nobody's Victim: Freedom from Therapy and Recovery*, New York: Clarkson Potter, 1995.

Morris, Tom, *If Aristotle Ran General Motors*, New York: Henry Holt & Co., 1997.

Nahser, F. Byron, *Learning to Read the Signs: Reclaiming Pragmatism in Business*, Woburn: Butterworth-Heinemann, 1997.

Nelson, Leonard, *Socratic Method and Critical Philosophy*, traduzido por Thomas Brown III. New York: Dover Publications, 1965.

Nicolas, Antonio de, *The Biology of Religion: The Neural Connection between Science and Mysticism*, Tokyo, Honganji: International Buddhist Study Center, 1990.

Russell, Bertrand, *The Conquest of Happiness*, New York: Garden City Publishing Co., 1930.

Schramme, Thomas e Johannes Thorne, eds. *Philosophy and Psychiatry*, Berlin: De Gruyter, 2003.

Sharkey, Paul, ed. *Philosophy, Religion and Psychotherapy: Essays in the Philosophical Foundations of Psychotherapy*, Washington: University Press of America, 1982.

Spinelli, Ernesto, *The Interpreted World*, London: Sage Publications, 1989.

Szasz, Thomas, *The Myth of Mental Illness*, New York: Harper & Row, 1961.

Woolfolk, Robert, *The Cure of Souls: Science, Values and Psychotherapy*, San Francisco: Jossey-Bass Publishers, 1998.

Este livro foi composto na tipografia ClassGaramond
BT, em corpo 10,5/14, e impresso em papel
off-white no Sistema Digital Instant Duplex da
Divisão Gráfica da Distribuidora Record.